TUTELA PENAL
DA ORDEM ECONÔMICA:
O CRIME DE FORMAÇÃO
DE CARTEL

RODOLFO TIGRE MAIA

TUTELA PENAL DA ORDEM ECONÔMICA: O CRIME DE FORMAÇÃO DE CARTEL

TUTELA PENAL DA ORDEM ECONÔMICA:
O CRIME DE FORMAÇÃO DE CARTEL
© 2008 – Carlos Rodolfo Fonseca Tigre Maia

ISBN: 978-85-7420-881-7

Direitos reservados desta edição por
MALHEIROS EDITORES LTDA.
Rua Paes de Araújo, 29, conjunto 171
CEP 04531-940 – São Paulo – SP
Tel.: (11) 3078-7205 Fax: (11) 3168-5495
URL: www.malheiroseditores.com.br
e-mail: malheiroseditores@terra.com.br

Composição
Acqua Estúdio Gráfico Ltda.

Capa
Criação: Vania L. Amato
Arte: PC Editorial Ltda.

Impresso no Brasil
Printed in Brazil
08.2008

*Para Sylvia, Regina Helena,
Roberta e Bárbara.*

The definition of specified acts as illegal is a prerequisite to white collar crime, and to that extent the political society is necessarily organized against white collar crime. The statutes, however, have little importance in the control of business behavior unless they are supported by an administration which is intent on stopping the illegal behavior. In turn the political administration has little force in stopping such behavior unless it is supported by a public which is intent on the enforcement of the law. This calls for a clearcut opposition between the public and the government, on the one side, and the businessmen who violate the law, on the other. This clear-cut opposition does not exist and the absence of this opposition is evidence of the lack of organization against white collar crime. What is, in theory, a war loses much of its conflict because of the fraternization between the two forces. White collar crimes continue because of this lack of organization on the part of the public.

EDWIN H. SUTHERLAND

SUMÁRIO

A) Introdução
I – Objeto e estrutura do enfoque 13
II – Globalização econômica, Estado Democrático de Direito e direito penal 17
   II.1 A globalização econômica 19
   II.2 O Estado Democrático de Direito 22
   II.3 O direito penal e o processo penal 26

B) O Crime de Formação de Cartel
I – Noção preliminar
   I.1 O art. 4º, I, "a", da Lei federal 8.137/1990 34
   I.2 A formação de cartel em sentido estrito 36
II – Objetividade jurídica
   II.1 Objetos material, formal e jurídico 38
   II.2 Questões preliminares 41
      II.2.1 *Bens jurídicos coletivos ou transindividuais* 41
      II.2.2 *Legitimidade da proteção dos bens jurídicos coletivos* 46
      II.2.3 *Tipos de mera conduta* 48
      II.2.4 *Tipos de perigo abstrato* 50
      II.2.5 *Validade da proteção por tipos de perigo abstrato* .. 53
      II.2.6 *A questão do direito penal econômico: objeto, autonomia e conceito* 56
         II.2.6.1 Critérios conceituais 63
         II.2.6.2 Crimes econômicos em sentido estrito 65
         II.2.6.3 Crimes econômicos em sentido amplo 66
         II.2.6.4 Limitação do objeto do direito penal econômico 67

II.2.6.5 Subsistema operacional do direito penal 70
II.2.6.6 Um conceito provisório 72
II.3 A ordem econômica na Constituição de 1988 72
    II.3.1 *Conceito restrito de "ordem econômica" e Constituição Econômica* 73
    II.3.2 *A livre iniciativa e seus pressupostos* 78
    II.3.3 *A livre iniciativa e seus limites constitucionais* 80
    II.3.4 *A livre iniciativa e a defesa dos consumidores* 82
    II.3.5 *A livre iniciativa e a livre concorrência* 84
    II.3.6 *Caráter instrumental da ordem econômica* 86
    II.3.7 *As funções do Estado* 87
    II.3.8 *As normas programáticas e seu conceito* 89
    II.3.9 *As normas programáticas e seus efeitos* 90
    II.3.10 *As políticas públicas* 92
II.4 A proteção administrativa da ordem econômica. A legislação antitruste 97
II.5 A proteção administrativa da ordem econômica "vs." a proteção penal. A questão da autonomia de instâncias 110
II.6 A dignidade e a necessidade de proteção penal da ordem econômica 122

III – Tipo objetivo
  III.1 Generalidades
    III.1.1 *Objetividade jurídica* 133
    III.1.2 Direito Comparado
        III.1.2.1 União Européia e Portugal 134
        III.1.2.2 Estados Unidos da América 137
        III.1.2.3 Reino Unido 140
    III.1.3 *Proteção de bem jurídico coletivo e tipo material de perigo abstrato* 143
    III.1.4 *Crime de forma livre* 145
  III.2 Elementos descritivos e elementos normativos 148
  III.3 O poder econômico e o seu abuso 151
  III.4 O ajuste ou acordo entre empresas 157
    III.4.1 *Conceitos de "empresa", "empresário" e "estabelecimento"* 158
    III.4.2 *Conceitos de "ajuste" e "acordo"* 160
    III.4.3 *Ajustes ou acordos legítimos* 162

SUMÁRIO

III.5 O mercado e seu domínio 164
III.6 A concorrência e sua eliminação 182
III.7 Consumação, tentativa e tempo do crime 196
III.8 Autoria e participação 201

IV – Tipo subjetivo
IV.1 Dolo, elementos normativos e especial fim de agir 211
IV.2 Elementos normativos e o erro de tipo 214

V – Sanções aplicáveis
V.1 Privação da liberdade ou multa 215
V.2 Substituição da pena privativa da liberdade por multa 217
V.3 Infração de menor potencial ofensivo? 219
V.4 Cabimento da privação da liberdade 221
V.5 Causas especiais de aumento da pena 222
V.6 Delação premiada 226
V.7 Acordo de leniência em sede administrativa e seus efeitos penais 228

VI – Jurisprudência: a questão da competência
VI.1 Competência federal "vs." competência estadual 239
VI.2 Precedentes e a posição dominante no STJ 241
VI.3 Critérios para fixação da competência federal 254

Bibliografia 257

APÊNDICE LEGISLATIVO

A) Legislação Interna

I – Constituição da República Federativa do Brasil, de 5.10.1988 (Consoante o texto consolidado até a Emenda Constitucional 56, de 20.12.2007) 275

II – Lei Federal 8.137, de 27.9.1990 (*Define crimes contra a ordem tributária, econômica e contra as relações de consumo, e dá outras providências*) 283

III – Lei Antitruste – Lei Federal 8.884, de 11.6.1994 (*Transforma o Conselho Administrativo de Defesa Econômica/CADE em autarquia, dispõe sobre a prevenção e a repressão às infrações contra a ordem econômica*) 286

B) Direito Comparado

IV – Estados Unidos da América: *U.S. Code, Title 15, Chapter 1* .. 311
V – União Européia: Tratado de Maastricht/1992 (Com a consolidação efetuada pelo Tratado de Amsterdã/1997) 328
VI – Portugal: Lei 18/2003 (Publicada no *Diário da República* 134/ Série I-A, de 11 de junho) 331
VII – Reino Unido: *Enterprise Act 2002 (Part 6 – Cartel Offence)*..

A)
INTRODUÇÃO[1]

I – Objeto e estrutura do enfoque. II – Globalização econômica, Estado Democrático de Direito e direito penal: II.1 A globalização econômica – II.2 O Estado Democrático de Direito – II.3 O direito penal e o processo penal.

I – Objeto e estrutura do enfoque

1. O presente estudo tem por objetivos precípuos efetuar a investigação, a análise e a explicitação do perfil normativo do crime contra a ordem econômica consubstanciado no *abuso do poder econômico* por intermédio da criação de uma modalidade associativa empresarial ilícita designada como *cartel*, nos moldes em que tal conduta se encontra descrita na alínea "a" do inciso I do art. 4º da Lei federal 8.137/1990:

"Art. 4º. Constitui crime contra a ordem econômica: I – abusar do poder econômico, dominando o mercado ou eliminando, total ou parcialmente, a concorrência mediante: a) ajuste ou acordo de empresas; (...).

"Pena – reclusão, de dois a cinco anos, ou multa."

2. Para além do que já de imediato deflui de sua explícita objetividade jurídica, o tipo penal transcrito – por remeter diretamente a temas como o poder econômico e o seu abuso, o mercado e o seu controle, a concorrência e a sua eliminação – encontra-se profundamente imbricado com a realidade social, política e – principalmente – econômica da

---

1. Esta obra é a versão modificada da Dissertação de Mestrado apresentada pelo autor à Universidade de Lisboa e que contou com a orientação da professora Dra. MARIA FERNANDA PALMA. A freqüência às aulas do Mestrado só foi possível graças ao convênio mantido entre a Universidade e a Escola Superior do Ministério Público da União, bem como ao apoio institucional do Conselho Superior do Ministério Público Federal.

sociedade brasileira. Esta realidade, por sua vez, insere-se em uma contextura global mais ampla, contemporaneamente consolidada sob a forma de uma nova ordem mundial, cujas características definidoras são a interligação das diferentes economias locais, visualizada em sua indiscutível interdependência, e a crise dos Estados Nacionais, manifestada na crescente erosão de suas fronteiras jurídicas e políticas tradicionais. Por isso mesmo, neste primeiro momento, de índole meramente introdutória, gizaremos ligeiro esboço das multifacetadas e complexas relações existentes entre a economia globalizada, o Estado Democrático de Direito e o ordenamento jurídico-penal, como o pano de fundo do palco no qual se entretecem, em sua concretude histórica, as atividades humanas que caracterizam a atividade ilícita estudada e no qual ecoam as questões teóricas enfrentadas pelo labor hermenêutico encetado neste texto.

3. Em seguida, na segunda e última etapa, a partir de uma perspectiva que considere criticamente os atuais limites da dogmática jurídica tradicional,[2] pretende-se, quanto ao ilícito penal estudado:

(a) delinear seus antecedentes históricos, a natureza e as características essenciais do bem jurídico por ele resguardado, particularmente nos aspectos específicos do perfil da sua proteção constitucional, assim como nos de sua inerente dignidade, que recomenda sua preservação por intermédio de uma norma jurídico-penal, e da necessidade de seu amparo por meio da ameaça de inflição de uma pena, quando confrontado por determinadas condutas gravosas;

---

2. Em nosso sentir, a dogmática jurídica não deve ser reduzida à mera expressão teórica unidimensional – formalizada e axiomática – que emerge de uma atividade hermenêutica direcionada aos conteúdos fático-valorativos constantes de um direito positivo que se deseja seja fruto de um legislador racional e se quer seja apto a disciplinar com eficiência as relações sociais em bases axiologicamente neutras. Impõe-se uma nova visão crítica e multidisciplinar da dogmática, que não ignore que nos defrontamos atualmente, na esfera da ciência jurídica, com uma etapa de verdadeira revolução paradigmática, na acepção que lhe empresta Thomas Kuhn, como relembra José Eduardo Faria (*O Direito na Economia Globalizada*, 1ª ed., 4ª tir, pp. 39-58, *passim*). Transformação cuja radicalidade também está evidenciada na crise resultante da crescente inadequação do seu instrumental teórico, erigido em razão de determinadas condições sociais, econômicas e políticas que resultaram nas aparentemente sólidas construções do monismo jurídico ínsito ao Estado-Nação soberano. Aquelas bases materiais e suas estruturas teóricas, todavia, aos poucos se desmancham no ar por força das candentes mutações trazidas pela globalização econômica.

(b) identificar e delimitar o injusto penal, com a indicação dos elementos típicos que o constituem, quer os integrantes do tipo objetivo, quer aqueles constantes do tipo subjetivo, e avançar na determinação da sua inter-relação de contradição com o ordenamento jurídico (tipo de injusto), bem como sopesar a reverberação neste patamar da existência no âmbito sancionador do direito administrativo concorrencial de outras salvaguardas do mesmo valor protegido;

(c) configurar, para os fins da culpabilidade penal, quais devem ser os critérios aplicáveis quanto à fixação da sua autoria, inclusive, no que concerne à autoria mediata, à possibilidade da imputação penal da pessoa jurídica, e os parâmetros para fixação das atividades de direção no quadro da divisão de trabalho na empresa;

(d) questionar a espécie e a quantificação das penas cominadas ao delito pelo legislador para sua reprovação, considerando-se, ainda, as causas especiais de aumento da pena, e determinar as possibilidades de substituição da reprimenda prisional ali prevista por outras sanções alternativas; e

(e) complementar o desenho típico resultante de nossa análise anterior com as características que se atribuem a este ilícito quando da sua aplicação concreta, conforme constatada na – antecipe-se – escassa jurisprudência existente sobre o tema nos tribunais superiores brasileiros (STF e STJ).

4. Esclareça-se, também, que, para alcançar as metas referidas no item anterior, quando for o caso, teremos de suscitar algumas premissas teóricas situadas fora dos lindes estreitos de nossos objetivos neste ensaio, mas que, em nosso juízo, impende sejam levadas em conta para a melhor compreensão das diferentes facetas da figura jurídico-penal estudada. Assinale-se, por outro lado, que, sendo de extrema relevância intrínseca e guardando inegável vinculação com nossa análise, estas questões aparecem em nossa construção como incidentais e sempre serão vistas na ótica de uma sumária e elíptica delimitação, direcionada apenas ao que relevar imediatamente ao nosso estudo. Desta maneira, serão trazidas à colação tão-somente quando nossa abordagem tornar imprescindível seu enfrentamento, qual seja, na oportunidade mesma em que tais pressupostos teóricos mais gerais atingem o patamar de matrizes heurísticas específicas que podem melhor iluminar a compreensão de alguns conceitos operantes no interior de nossa ordem própria de questões. A concisão neste particular resulta inevitável, por não serem o vetor mesmo de nossa intervenção e por consubstanciarem temário de tal complexidade específica que o aprofundamento do mesmo, por si só, extrapolaria os limites materiais desta obra. Em nossa perspectiva, todavia – reafirme-se –, por constituírem muitas vezes verdadeiros antecedentes lógico-jurídicos de vários aspectos da nossa questão central, há casos em que sua suscitação – efetuada nos precários moldes anunciados – configura-se como sendo uma etapa metodológica incontornável, sob o risco de inviabilizarmos o próprio sentido do esforço analítico ulterior.

5. Destarte, eventualmente, e na medida assinalada, no decorrer do percurso dogmático de reconstrução da estrutura típica do crime de formação de cartel poderão surgir circunstâncias analíticas que mediatamente redundem na necessidade de referências:

(a) à problematização da proteção criminal emprestada aos bens jurídicos coletivos, nomeadamente à ordem econômica e à livre concorrência, questionando-se os aspectos da dignidade desta proteção e da necessidade desta incriminação, com a discussão das diferentes estratégias adotadas para tal fim (proteção penal *vs.* proteção administrativo-concorrencial);

(b) ao estabelecimento e exposição das implicações que defluem de múltiplas e diferenciadas relações jurídicas, presentes por força da defesa plural do mesmo bem jurídico que conduz à concomitância de decisões oriundas das instâncias judiciais (especialmente as criminais) e administrativas na punição dos cartéis;

(c) ao enfrentamento da controvérsia doutrinária acerca da autonomia do chamado *direito penal econômico* em relação ao direito penal tradicional, diante de certas especificidades que para alguns, inclusive, implicariam a autonomia daquele ou, ao menos, a necessidade de formulação de uma parte geral própria para tratar das suas questões;

(d) à reflexão sobre os limites de validade constitucional impostos ao emprego de elementos normativos – inclusive conceitos juridicamente indeterminados – no aspecto objetivo do tipo-de-ilícito, à adoção de crimes de mera conduta e/ou de perigo abstrato e à utilização de normas penais em branco;

(e) ao questionamento acerca da viabilidade da responsabilização penal das pessoas jurídicas, ao menos no que diz respeito aos delitos econômicos, bem como da utilidade do critério de "atividades de direção" para fixação da autoria nestes casos.

II – Globalização econômica, Estado Democrático de Direito e direito penal

6. Constitui verdadeiro truísmo afirmar que a crescente complexidade das sociedades modernas exacerbou ao limite certos desafios que desde sempre fizeram parte integrante das metas consubstanciais a toda regulação jurídica. Com efeito, agora se tornou muito mais árdua a tarefa de assegurar a legitimidade[3] e de garantir a eficácia[4] dos mandamentos valorativos que integram determinado ordenamento jurídico,[5] diante de uma realidade social confrontada permanentemente por numerosas, profundas e céleres transformações.[6] Nos dias de hoje, no âmbito da doutrina penal, a invocação do chamado processo de globalização ou a abordagem do surgimento da denominada sociedade de risco e de seus efeitos atingiram a condição de uma espécie de indispensável rito de passagem, aparecendo como o palco cênico da específica

---

3. Na esteira da chamada "legitimidade jurídico-racional" formulada por Max Weber (*Economia e Sociedade*, vol. 1, especialmente pp. 139-198), deve-se reconhecer que: "(...) como sistema de governo, o Estado defronta-se com o problema da legitimidade, ou seja, quer que os cidadãos se submetam à sua autoridade, não pela inércia de uma rotina irracional nem por calculismo utilitário de vantagens pessoais, mas pela convicção de que a obediência é a conduta certa. Para isso, cada sistema de governo deve propor entendimentos que, uma vez compartilhados pelos cidadãos, incutirão em suas determinações uma qualidade de obrigação moral por parte dos que as recebem e executam. (...) o ideal moral que fundamentalmente legitima o Estado Moderno é a domesticação do poder através da despersonalização de seu exercício. Quando o poder é gerado e regulamentado através de leis gerais, a probabilidade de seu exercício arbitrário é minimizada (...). No fundo, em suas relações políticas, os indivíduos não obedecem uns aos outros, mas à lei (...). Em qualquer caso, dentro do sistema de governo, o Direito é o modo clássico de expressão do Estado, a sua própria linguagem, o veículo essencial da sua atividade. Pode-se visualizar o Estado, em seu todo, como um conjunto legalmente constituído de órgãos para criação, aplicação e cumprimento de leis" (Gianfranco Poggi, *A Evolução do Estado Moderno*, pp. 110-111).
4. Sobre a eficácia do Direito como espiral interativo e sua dupla função, v. Alfred Büllesbach, "Saber jurídico e ciências sociais", in Arthur Kaufmann e Winfried Hassemer (orgs.), *Introdução à Filosofia do Direito e à Teoria do Direito Contemporâneas*, pp. 481-509.
5. Ordenamento que se pretende revestido de unidade, coerência e completude, na acepção que se dá a tais termos na formulação clássica de Bobbio (*Teoria do Ordenamento Jurídico*, 1989).
6. Acerca da celeridade e da radicalidade das transformações que marcaram o século passado leia-se Eric J. Hobsbawn, *Era dos Extremos – O Breve Século XX (1914-1991)*, 1996.

atividade intelectiva que se realize.[7] Neste sentido, consoante a escolha da perspectiva teórica que reputamos como mais adequada ao esclarecimento do assunto, muitas vezes surgirá o risco – quiçá inevitável – de inserirmos em nossos fundamentos analíticos conteúdos teóricos de mera extração político-ideológica, de contaminarmos o terreno analítico com um indesejável reducionismo economicista ou, ainda, o de nele edificarmos construções que ao cabo se desnudem etnocêntricas. O problema mais delicado imposto por esta opção prévia, pois, reside, sobretudo, nos desafios sempre envolvidos na eleição de uma determinada visão da sociedade globalizada no quadro da multiplicidade e da disparidade das incontáveis análises acerca do assunto que nos são ofertadas.[8]

7. Ao proceder desta forma, porém, busca-se a inserção da abordagem teórica encetada no mundo dos fatos, no qual – despido da roupagem da abstração – o injusto penal assume a inteira dramaticidade do real. Diante da avassaladora força transformadora do globalismo, inclusive na seara particular ao direito penal, serão as especificidades mesmas desta multifacetada realidade política, social e econômica circundante que fornecerão os ingredientes da política criminal implantada

---

7. O que em parte, como afiançamos anteriormente, pode ser visto como um sintoma do apontado déficit explicativo da dogmática jurídica diante desta nova realidade transnacional.

8. Aqui, cabe explicitarmos os marcos teóricos mais relevantes nos quais se abebera nossa análise sumária da globalização. Para uma percepção global dos aspectos mais gerais e abrangentes deste processo histórico de expansão e intercâmbio transnacional do saber, da informação, da Economia, do Direito e do poder nos referenciamos aos textos de Zygmunt Bauman (*O Mal-Estar da Pós-Modernidade*, 1998) e de Michael Hardt e Antonio Negri (*Multidão – Guerra e Democracia na Era do Império*, 2005). Para a compreensão predominantemente jurídico-penal da questão, dentre outros, e sem que as escolhas destacadas expressem uma adesão integral aos respectivos enfoques, consultamos os contributos de Jorge de Figueiredo Dias ("O direito penal na 'sociedade do risco'", in *Temas Básicos da Doutrina*, pp. 155 *usque* 185), José Francisco de Faria Costa ("O fenômeno da globalização e o direito penal econômico", *Revista Brasileira de Ciências Criminais* 35/9-25), Augusto Silva Dias ("*What if everybody did it?*: sobre a '(in)capacidade de ressonância' do direito penal à figura da acumulação", *Revista Portuguesa de Ciência Criminal* 3/303-345), Jesús-María Silva Sánchez (*La Expansión de del Derecho Penal – Aspectos de la Política Criminal en las Sociedades Postindustriales*, 2001), Luigi Ferrajoli ("Criminalidade e globalização", *Revista do Ministério Público* 96/7-20) e Bernd Schünemann ("Del derecho penal de la clase baja al derecho penal de la clase alta. ¿Un cambio de paradigma como exigencia moral?", in *Temas Actuales y Permanentes de Derecho Penal Después del Milenio*, pp. 49-69).

em uma dada formação social e que determinarão o modelo penal vigente.[9] É preciso, pois, descortinar as modificações estruturais decorrentes deste processo para, na elaboração e implantação do direito repressivo, não descurar da consideração e da observância de consolidados predicativos legitimadores que em épocas anteriores foram incorporados aos ordenamentos jurídicos democráticos como requisitos de sua legitimidade. Como já antecipamos (item **2**, retro), o tema desenvolvido neste estudo, em razão do próprio tipo penal que é objeto de nossa investigação, com suas manifestas ligações com o processo econômico, encontra-se inserido no âmago mesmo do turbilhão da economia globalizada. Há válidas razões, assim, em nosso juízo, que recomendam não abdicar do passo que agora ensaiamos.

II.1 A globalização econômica

8. Escolhida dentre inúmeras outras disponíveis como sendo uma descrição sintética e acurada do fenômeno da globalização, inclusive, por ressaltar sua matriz econômica, que constitui seu núcleo essencial, mas partindo de uma leitura jurídica do mesmo, utilizaremos aquela que compreende este processo, no essencial, como sendo:

"(...) uma integração de natureza eminentemente *sistêmica*, acima de tudo alicerçada na especialização e 'mercantilização' do conhecimento, na eficiência, na tecnologia, na competitividade, na produtividade e no dinheiro. (...) por *globalização* se entende basicamente essa integração sistêmica da economia em nível supranacional, deflagrada pela crescente diferenciação estrutural e funcional dos sistemas produtivos e pela subseqüente ampliação das redes empresariais, comerciais

---

9. Política criminal cuja relevância, com o resgate da contribuição seminal de von Liszt, foi restabelecida por Claus Roxin em estudo agora tido pelo consenso dos penalistas como um clássico ("Kriminalpolitik und Strafrechtsystem" – na verdade, originariamente, uma palestra proferida em Berlim no dia 13.5.1970, in Claus Roxin, *Política Criminal e Sistema Jurídico-Penal*, p. 20). Sobre o modelo tripartido do que foi designado por Franz von Liszt como "ciência global do direito penal" (*gesamte Strafrechtswissenschaft*), abrangendo a dogmática jurídico-penal, a criminologia e a política criminal, remete-se à percuciente análise de Jorge de Figueiredo Dias, "A 'ciência conjunta do direito penal' – Da política criminal, da dogmática jurídico-penal, da criminologia e das suas mútuas relações", in *Temas Básicos da Doutrina Penal*, pp. 3-31.

e financeiras em escala mundial, atuando de modo cada vez mais independente dos controles políticos e jurídicos ao nível nacional, (...).

"(...) Perda da autonomia decisória dos governos, unificação dos mercados num só sistema econômico de amplitude mundial, superação das barreiras geográficas, estreitamento das práticas políticas democráticas convencionais, advento de novas ordens normativas ao lado da tradicionalmente regida pelo direito positivo e exaustão paradigmática do repertório de categorias, conceitos, procedimentos e teorias constituído à luz do Estado-Nação e do princípio da soberania (...)."[10]

9. Dentro deste quadro mais geral, a regulação jurídica da ordem econômica nacional e das suas relações com os operadores que nela atuam não surge como um mero reflexo das condições históricas locais que presidem sua elaboração no interior de uma dada formação social soberana. Há outras influências subjacentes interferindo neste processo, vetores que se originam das tensões dialéticas trazidas pela divisão de poder e pela correlação de forças nos planos interno e internacional, bem como resultam de reverberações das políticas econômicas desenvolvidas por outros Estados e por blocos econômicos que os congregam e amplificam sua potência. Nesta conjuntura, a prevalência de um único modelo de organização dos fatores produtivos – como resultado do desaparecimento da dicotomia *socialismo real* vs. *capitalismo* –, ao invés de eliminar ou, pelo menos, amenizar estas tensões estruturais, como se esperava, acabou por agravá-las. É que este novo panorama internacional favoreceu a expansão do poder amealhado pelas gigantescas empresas multinacionais e revigorou sua conseqüente capacidade de influir e,

---

10. José Eduardo Faria, *O Direito na Economia Globalizada*, 1ª ed., 4ª tir., pp. 52-54, *passim*. Por sua vez, esclarecem Hardt e Negri que "a ordem global contemporânea já não pode ser entendida adequadamente em termos de imperialismo, tal como era praticado pelas potências modernas, com base essencialmente na soberania do Estado-Nação ampliada para territórios estrangeiros. Em vez disso, surge agora um 'poder em rede', uma nova forma de soberania, que tem como seus elementos fundamentais, ou pontos nodais, os Estados-Nação dominantes, juntamente com as instituições supranacionais, as grandes corporações capitalistas e outros poderes. Consideramos que este poder em rede é 'imperial', e não 'imperialista'. Naturalmente, nem todos os poderes na rede do Império são iguais – pelo contrário, alguns Estados-Nação têm um poderio imenso, e outros quase nenhum, o mesmo se aplicando às diferentes corporações e instituições que constituem a rede –, mas apesar das desigualdades eles precisam cooperar para criar e preservar a atual ordem global, com todas suas divisões e hierarquias internas" (*Multidão – Guerra e Democracia na Era do Império*, pp. 10-11).

mesmo, de determinar as políticas públicas, os estatutos normativos e a atuação das agências fiscalizadoras capazes de interferir em suas respectivas áreas de atuação.

10. Agrega-se que no evolver deste processo foram unilateralmente exacerbadas as grandes benesses concedidas ao funcionamento do mercado, sempre em prol dos agentes econômicos mais poderosos nele atuantes, mesmo quando estes sabidamente atuam de forma gananciosa e irracional, dilapidando o patrimônio energético mundial e destruindo o meio ambiente global. A hegemonia das grandes corporações empresariais transnacionais muitas vezes se estabelece em detrimento dos interesses nacionais, e elas freqüentemente operam com claro menosprezo aos direitos dos consumidores e em nítido prejuízo dos interesses dos trabalhadores. Isto se evidencia no plano normativo *(a)* pela crescente desregulamentação econômica, abrindo caminho para as práticas monopolistas e oligopolistas, essencialmente violadoras da livre iniciativa e da concorrência, dentre as quais se insere a formação de cartéis. Manifesta-se *(b)* na eliminação das barreiras tributárias e dos demais mecanismos de preservação das economias nacionais e do mercado de trabalho interno. Constata-se, ainda, *(c)* no concomitante desmantelamento das garantias assistenciais oferecidas nas áreas de saúde, saneamento básico, educação, habitação etc., que anteriormente eram asseguradas ou, ao menos em tese, perseguidas como metas pelo Estado do Bem-Estar Social; e, também, verifica-se *(d)* no evidente esfacelamento das estruturas sindicais e jurídicas destinadas à defesa e à proteção dos interesses dos trabalhadores urbanos e rurais.

11. No preciso diagnóstico de Bauman: "(...). A desregulamentação universal – a inquestionável e irrestrita prioridade outorgada à irracionalidade e a cegueira moral da competição de mercado –, a desatada liberdade concedida ao capital e às finanças à custa de todas as outras liberdades, o despedaçamento das redes de segurança socialmente tecidas e societariamente sustentadas e o repúdio a todas as razões que não econômicas deram um novo impulso ao implacável processo de polarização, outrora detido (apenas temporariamente, como agora se percebe) pelas estruturas legais do Estado do Bem-Estar, dos direitos de negociação dos sindicatos, da legislação do trabalho e – numa escala global (embora, neste caso, de modo muito menos convincente) – pelos primeiros efeitos dos órgãos internacionais encarregados da redistribuição do capital (...). O desvio do projeto da comunidade como defensora do direito universal à vida decente e dignificada para o da promoção do mercado como garantia suficiente da universal oportunidade de autoenriquecimento aprofunda mais o sofrimento dos novos pobres, a seu mal acrescentando o insulto, interpretando a pobreza com humilhação e com a negação da liberdade do consumidor, agora identificada com a Humanidade. (...). Nenhum emprego é garantido, nenhuma posição é inteiramente segura, nenhuma perícia é de utilidade duradoura, a experiência e a prática se convertem em responsabilidade logo que se tornam haveres, carreiras sedutoras muito freqüentemente se revelam vias suicidas. Em sua versão presente, os direitos humanos não trazem consigo a aquisição do direito a um emprego, por mais que bem desempenhado, ou – de um modo mais geral – o direito ao cuidado e à consideração por causa de méritos passados. Meio de vida, posição social, reconhecimento da utilidade e merecimento da auto-estima podem todos desvanecer-se simultaneamente da noite para o dia e sem se perceber (...)".[11]

II.2 O Estado Democrático de Direito

12. O cenário político-jurídico visto como hegemônico em termos mundiais e no qual eclodem todos estes elementos peculiares à globalização é aquele no qual se tornou predominante um determinado modelo de Estado Constitucional.[12] Ao menos na vertente continental européia ocidental, aqui considerada, assim como nas demais formações sociais nela inspiradas, nas quais ele aparece sob os influxos da II Guerra Mundial e da superação das severas conseqüências dos fenômenos totalitários que a ela conduziram. Este modelo, na Modernidade, caracteriza-se:

---

11. Zygmunt Bauman, *O Mal-Estar da Pós-Modernidade*, pp. 34-35. V., ainda, com perspectivas diferenciadas, as instigantes obras de Robert Castel, *As Metamorfoses da Questão Social – Uma Crônica do Salário*, 3ª ed., 1998, e de Bauman, *Vidas Desperdiçadas*, 2005, quanto à repercussão das perversões da globalização na esfera da questão social, degradando o trabalho assalariado com as realidades do desemprego massivo, da instabilidade empregatícia, da inadequação dos mecanismos clássicos de proteção e, sobretudo, da criação de uma nova e imensa categoria social dos "refugos" deste processo: os "inempregáveis".
12. Para um inventário histórico-conceptual dos traços mais marcantes dos paradigmas constitutivos do novo Estado Constitucional, por todos, J. J. Gomes Canotilho, *Direito Constitucional e Teoria da Constituição*, 7ª ed., especialmente pp. 51-100 e 243-526.

INTRODUÇÃO 23

(a) por sua estruturação em Estado Democrático de Direito (consagrando a regra da predominância da vontade da maioria, mas resguardando direitos às minorias), como a forma de expressão organizada de um poder autônomo que se manifesta e organiza através de um pacto jurídico fundante, que é a Constituição. Este poder é projetado no território nacional e implica, no plano multilateral, a soberania que se materializa na sua capacidade plena de autodeterminação e na independência no seu relacionamento com os demais Estados com os quais convive internacionalmente;[13]

(b) pela adoção do princípio da dignidade da pessoa humana, que passa a ser o fundamento máximo e o principal estalão do conjunto de valores que são consagrados no pacto político fundante, iluminando toda produção normativa como exigência incontornável para sua higidez e colocando-se como condição indispensável para sua efetividade;[14]

(c) pelo reconhecimento, constitucionalização[15] e ampliação dos direitos humanos, agora tidos por fundamentais e expressos através de um amplo rol de direitos e garantias, caracterizado quase sempre pela presença de uma cláusula aberta ou pelo chamado *princípio da não-tipicidade*[16] (tornando-se passível nos dias de hoje, inclusive, de uma com-

---

13. As inúmeras e problemáticas questões jurídicas que resultam desta noção de soberania em um contexto de integração política e econômica que caracteriza a globalização são objeto do estudo de Luigi Ferrajoli, *A Soberania no Mundo Moderno – Nascimento e Crise do Estado Nacional*, 2002.

14. Neste diapasão, de nítida inspiração kantiana, arrimam-se os arts. 1º e 2º da Constituição da República Portuguesa de 1982 e o art. 1º da Constituição da República Federativa do Brasil de 1988 (doravante, CF) ("Art. 1º. A República Federativa do Brasil, formada pela união indissolúvel dos Estados e Municípios e do Distrito Federal, constitui-se em Estado Democrático de Direito e tem como fundamentos: ... III – a dignidade da pessoa humana; ..."). Sobre este princípio e seu alcance, por todos, consulte-se Jorge Reis Novais, *Os Princípios Constitucionais Estruturantes da República Portuguesa*, pp. 51-68.

15. Aprendizado oriundo do desastre decorrente da possibilidade de alteração legislativa ordinária da Carta de Direitos, como facultado pela Constituição de Weimar (neste sentido: Otto Bachof, *Normas Constitucionais Inconstitucionais?*, p. 12).

16. Jorge Miranda, *Manual de Direito Constitucional*, 3ª ed., t. IV, p. 162. O autor relembra que o primeiro exemplo relevante de preceptivo aberto nestes moldes foi fornecido pela Nona Emenda à Constituição norte-americana de 1787 (ob. cit., p. 163). Como se sabe, ela integrou o grupo de 10 emendas constitucionais promulgadas em 15.12.1791, conformando o que ficou conhecido como o *Bill of Rights*, e na mesma se afiança que: "The enumeration, in the Constitution, of certain rights shall not be construed to deny or disparage others retained by the people".

plementação por normas oriundas do direito internacional público); e que se recomenda sejam objeto de políticas públicas vocacionadas às suas consecuções, dirigidas, sobretudo, em prol dos menos favorecidos;[17] e

(d) pelo estabelecimento de mecanismos restritivos a serem observados no processo legislativo que objetive a modificação das normas integrantes da Carta Política, como evidência de sua predominância no quadro da elaboração legislativa estatal,[18] barreiras ainda mais reforçadas no âmbito protetivo daqueles direitos essenciais.[19]

13. Ao mesmo tempo, em termos de redistribuição política e de reorganização jurídica do poder, deflui daí que a globalização também se consolida como sendo um dos pólos de uma relação dialética a qual possui como seu contraponto antitético o Estado Democrático de Direito, nacional e soberano. Neste plano, pois, a disjuntiva oferecida pelo processo globalizante parece estar configurada em uma tensão antagônica resultante do espraiamento mundial destes dois processos sóciopolíticos intrinsecamente contraditórios: de um lado, o que pareceu ser a alvissareira perspectiva de uma efetiva disseminação global da democracia e dos direitos fundamentais; de outra parte, o que se revelou co-

---

17. Como Claude Lefort anotou, com acuidade: "(...) a partir do momento que os direitos do homem são postos como referência última, o Direito estabelecido está destinado ao questionamento. (...). Por mais eficazes que sejam os meios de que dispõe uma classe para explorar em proveito próprio e denegar às outras garantias do direito, ou aqueles meios de que dispõe o poder para subordinar a si a administração da justiça ou sujeitar as leis aos imperativos da dominação, esses meios permanecem expostos a uma oposição de direito. (...). O Estado de Direito sempre implicou a possibilidade de uma oposição ao poder, fundada sobre o Direito (...). Sobretudo o Estado Democrático excede os limites tradicionalmente atribuídos ao Estado de Direito. Experimenta direitos que ainda não lhe estão incorporados, é o teatro de uma contestação cujo objeto não se reduz à conservação de um pacto tacitamente estabelecido, mas que se forma a partir de focos que o poder não pode dominar inteiramente" (*A Invenção Democrática (Os Limtes do Totalitarismo)*, pp. 55-56).

18. Aliás, há muito reconhecida alhures: "É preceito claro demais para ser contestado que a Constituição se sobrepõe a qualquer ato legislativo contrário a ela (...). Entre as alternativas não há meio-termo. Ou bem a Constituição é uma lei mais alta, suprema, inalterável por meios ordinários, ou está no nível dos atos legislativos comuns, e, assim, é alterável quando à legislatura aprouver. Se a primeira é correta, então, um ato legislativo contrário à Constituição não é lei; se a segunda é a correta, então, as Constituições escritas não passam de tentativa da parte do povo para limitar um poder de natureza ilimitável" (voto do *Justice* Marshall, *5 U.S. (1 Cranch) 137*; *2 L. Ed. 60 (1803)*).

19. Muitas vezes, inclusive, erigindo aqueles direitos e garantias à dignidade de cláusulas pétreas. Assim, *e.g.*, o art. 60, § 4º, da CF de 1988.

mo a trágica consolidação de um efetivo estado de guerra, localizada, mas permanente, com vistas à satisfação pontual de interesses econômicos e estratégicos imperiais. Neste processo a democracia tem sido freqüentemente derrotada pelos contingenciamentos normativos e materiais impostos aos direitos fundamentais de todos os cidadãos em nome de alegações que vão desde os "limites da reserva do possível" aos "graves" riscos existentes para a segurança e a necessidade de adoção de defesas "severas" e de respostas "duras" contra as ameaças "terríveis" quer do terrorismo, quer do crime organizado.

14. Mas não é só: "(...). Dada a natureza do jogo agora disputado, as agruras e tormentos dos que dele são excluídos, outrora encarados como um malogro *coletivamente* causado e que precisava ser tratado com meios coletivos, só podem ser redefinidos como um *crime individual*. As 'classes perigosas' são assim redefinidas como *classes de criminosos*. E, desse modo, as prisões, agora, completa e verdadeiramente, fazem as vezes das definhantes instituições do bem-estar. A crescente magnitude do comportamento classificado como criminoso não é um obstáculo no caminho para a sociedade consumista plenamente desenvolvida e universal. Ao contrário, é seu natural acompanhamento e pré-requisito. É assim, reconhecidamente, devido a várias razões, mas eu proponho que a principal razão, dentre elas, é o fato de que os 'excluídos do jogo' (os *consumidores falhos* – os consumidores insatisfatórios, aqueles cujos meios não estão à altura dos desejos, e aqueles que recusaram a oportunidade de vencer enquanto participavam do jogo de acordo com as regras oficiais) são exatamente a encarnação dos 'demônios interiores' peculiares à vida do consumidor. Seu isolamento em guetos e sua incriminação, a severidade dos padecimentos que lhes são aplicados, a crueldade do destino que lhes é imposto, são – metaforicamente falando – todas as maneiras de exorcizar tais demônios interiores e queimá-los em efígie. As margens incriminadas servem de esgotos para onde os eflúvios inevitáveis, mas excessivos e venenosos, da sedução consumista são canalizados, de modo que as pessoas que conseguem permanecer no jogo do consumismo não se preocupem com o estado da própria saúde. Se, contudo, esse for, como sugiro ser, o estímulo primordial da atual exuberância do que o grande criminologista norueguês Nils Christie denominou 'a indústria da prisão', então, a esperança de que o processo possa ter a marcha abrandada, para nem se falar em ser suspensa ou invertida, numa sociedade inteiramente desregulamentada e privatizada, animada e dirigida pelo mercado consumidor, é vaga – para se dizer o mínimo (...)".[20]

II.3 O direito penal e o processo penal

15. Neste patamar histórico-evolutivo, em que, como visto, se destacam a marcante reverberação constitucional dos direitos fundamentais e as contradições decorrentes das céleres mudanças políticas, sociais e econômicas transnacionais, quando cogitamos da produção normativa de preceptivos jurídico-penais a questão toda é agudizada. Desde logo se diga, ao menos em seus aspectos mais relevantes, que isto decorre de uma vocação ínsita a tais preceitos, eis que estes atuam intensamente na esfera da dignidade da pessoa humana, por projetarem efeitos constritivos em um largo espectro dos direitos e garantias individuais. Em conseqüência, a elaboração das normas penais incriminadoras e a definição dos seus mecanismos de incidência terão de ser consentâneas com uma perspectiva de proporção e de equilíbrio com os demais valores constitucionais e serão sempre inevitavelmente permeadas por opções políticas.[21] Por isso, no domínio normativo assiste-se contemporaneamente a

---

20. Zygmunt Bauman, *O Mal-Estar da Pós-Modernidade*, p. 57.
21. É que, "em substância, existe uma intrínseca e específica politicidade do direito penal que deriva ou da absoluta falta de qualquer espaço de autonomia privada ou da natureza privada ou da natureza da soma de bens que este se propõe a tutelar com o aguçado instrumento da pena criminal. Teme-se, em razão disso, o perigo da tentação de um 'abuso político' do direito penal, para o qual as modernas Constituições liberal-democráticas não ficam insensíveis" (Francesco Palazzo, *Valores Constitucionais e Direito Penal*, p. 17). A mesma influência encontra-se presente no processo penal, em razão de que "quase não há um instituto de processo penal que não revele a sua intrínseca natureza política e não seja, portanto, a expressão duma idéia que supera o plano da realidade prática e a espelha em termos de orientação política" (Giuseppe Bettiol, *Instituições de Direito e Processo Penal*, p. 195). Uma perspectiva interessante é a relembrada por Massimo Donini: "A ciência penal tem uma relação tormentosa com a Política porque nenhum outro ramo do Direito tem a ver com a irracionalidade como o direito penal: o direito penal disciplina comportamentos irracionais e prevê reações irracionais. Apenas em parte são condutas que remetem a uma *rational choise*, a uma *rationaler Verbrecher*. Disto resulta que a irracionalidade das ofensas e das possíveis reações privadas condiciona a racionalidade da resposta. O direito penal é uma contínua tentativa de racionalização de uma necessidade de defesa-vingança. A Política, ao contrário, tentando buscar consenso no âmbito das vítimas potenciais das ofensas, mediante a escolha de ameaçar males futuros à criminalidade, está em mais imediata e constante tensão com as necessidades irracionais da 'democracia penal' (...)" ("Meto-

um crescente processo de constitucionalização do direito penal e do processo penal.[22] Esse fenômeno é particularmente constatável no que concerne à escolha dos bens jurídicos que poderão merecer a proteção repressiva penal e no que se refere aos mecanismos de defesa assegurados ao indivíduo contra o uso da violência legítima pelo Estado. Os preceptivos incriminadores penais surgem para um melhor e maior resguardo de certos aspectos de determinados bens da vida, tidos por coletivamente valiosos; buscam definir como sendo indesejáveis determinadas condutas humanas que são especialmente gravosas para aqueles valores; além de fixarem os contornos e os limites da responsabilidade decorrente de sua realização. De outro lado, os comandos processuais penais procuram precipuamente estabelecer os métodos de apuração da verdade material acerca da existência do crime e os critérios para a atribuição de sua autoria, bem como definir os parâmetros utilizáveis para a aplicação justa e razoável da reprimenda penal correspondente ao ilícito que foi perpetrado. A elaboração de ambas as modalidades normativas, em qualquer caso, deverá estar estritamente sintonizada com os ditames constitucionais pertinentes, porque atualmente nos sistemas de constituições rígidas a formulação legislativa de qualquer norma jurídica já não pode olvidar os aspectos concernentes à sua indispensável compatibilidade formal e material com a Carta Política.

do democratico e metodo scientifico nel rapporto fra diritto penale e Politica", *Rivista Italiana di Diritto e Procedura Penale* 1/30).
22. V. Claus Roxin, *Derecho Penal – Parte General*, t. I, pp. 55-56, e Emilio Dolcini/Giorgio Marinucci, "Constituição e escolha de bens jurídicos", *Revista Portuguesa de Ciência Criminal* 2/151-198. Neste campo, como ressalta Palazzo, impõe-se "a valorização constitucional do direito penal, não somente como limite à liberdade, mas, também, como instrumento de liberdade individual contra as agressões provenientes do Estado ou de particulares" (*Valores Constitucionais e Direito Penal*, p. 18). Sobre os princípios limitativos do direito penal com assento constitucional discorre minuciosamente José de Souza e Brito, "A lei penal na Constituição", in *Textos de Direito Penal*, t. II, pp. 7-63. Por outro lado, como enfatiza Maria Fernanda Palma ("Constituição e direito penal – As questões inevitáveis", in Jorge Miranda (org.), *Perspectivas Constitucionais nos 20 Anos da Constituição de 1976*, vol. II, pp. 227-237), as relações entre a Constituição e o direito penal implicam o enfrentamento de questões inevitáveis e essenciais concernentes *(a)* à legitimação do direito de punir estatal, *(b)* aos parâmetros constitucionais das normas penais e de seu conteúdo, *(c)* à existência de um dever punitivo obrigatório decorrente da prática de determinadas condutas e *(d)* aos reflexos do direito penal na Constituição formal (p. 228).

16. Assim, como condição da validade constitucional das normas incriminadoras do direito penal nos Estados Democráticos de Direito, *em primeiro lugar*, é imperioso que de fato existam bens jurídicos relevantes nelas embutidos como objeto de proteção dos tipos penais.[23] Nesta seara das tipificações, como corolário do princípio da reserva legal ou princípio da legalidade penal,[24] que também assume um conteúdo material (para além da faceta de anterioridade formal que o reveste e cuja mera observância é insuficiente para legitimar a edição de uma norma repressiva), as normas legais que sujeitam deverão obrigatoriamente ter por escopo resguardar importantes valores sociais, reputados como indispensáveis à vida comunitária. E só terá assegurada sua compatibilidade constitucional aquela norma penal incriminadora que, tendo sido originada de um regular processo legislativo, seja integrante de lei (*stricto sensu*) e resguarde bem(ns) jurídico(s) selecionado(s) como expressão da vontade popular, democraticamente estabelecida por intermédio da maioria de seus representantes. Estas normas, ainda, devem estar em absoluta convergência com o respeito e a preservação dos direitos humanos de todos, e seus dispositivos sancionadores não podem comprimir de maneira desproporcionada os demais princípios e garantias igualmente assegurados aos indivíduos pelo Pacto Fundamental.[25] Neste aspecto, a seleção destes importantes bens da vida sempre sofre os influxos de cambiantes relações de poder e de mutações valorativas comuns no evolver histórico-cultural no qual se circunscreve à produção normativa, mas esta influência se constata agudizada nestes

---

23. Sobre *bem jurídico* leiam-se Eduardo Correia, *Direito Criminal*, vol. I, pp. 12 e 28-34, e Claus Roxin, *Derecho Penal – Parte General*, t. I, pp. 52 e 55-70. Para diferenciadas perspectivas críticas do conceito, consultem-se Alessandro Baratta, "Funções instrumentais e simbólicas do direito penal – Lineamentos de uma teoria do bem jurídico", *Revista Brasileira de Ciências Criminais* 5/5-24, especialmente pp. 11-21, e Günther Jakobs, *Derecho Penal – Parte General: Fundamentos y Teoría de la Imputación*, 2ª ed., pp. 47-68.

24. Insculpido no art. 5º, XXXIX, da CF 1988 e no art. 1º do CP. Sobre o princípio e sua evolução, v., por todos, Claus Roxin, *Derecho Penal – Parte General*, t. I, pp. 134-175.

25. Neste sentido, dentre muitos, J. J. Gomes Canotilho e Vital Moreira, *Fundamentos da Constituição*, p. 192. Sobre a relevância limitativa da dignidade da pessoa humana e de outros princípios na edição de normas penais incriminadoras: Claus Roxin, "Que comportamentos pode o Estado proibir sob ameaça de pena? Sobre a legitimação das proibições penais", in *Estudos de Direito Penal*, pp. 31-53.

tempos de globalização. Estas inter-relações muitas vezes resultam no surgimento de novos objetos de proteção/regulação, de que são exemplos: *(a)* as normas protetivas das inúmeras relações jurídicas derivadas da Cibernética, em particular as decorrentes deste inigualável canal transnacional de comunicação e distribuição de saber, de informações de produtos e de serviços que é a *Internet*; *(b)* a preservação de bens de significação ecológica, hoje erigidos à dignidade de direitos fundamentais e constituindo uma nova "geração" daqueles direitos; *(c)* a incriminação das atividades características da criminalidade organizada, em especial o branqueamento de ativos, etc.[26]

17. Em *segundo lugar*, na esfera do *accertamento del reato*, em um Estado Democrático de Direito no qual os imputados têm sua inocência presumida até o término de um processo desenvolvido nos moldes acusatórios, em resumo, pode-se traçar o seguinte perfil geral de prerrogativas processuais que devem ser asseguradas aos investigados e aos réus: *(a)* garantia de um julgamento efetuado por um poder independente e imparcial; *(b)* observância do devido processo legal; *(c)* diferenciação entre investigação e processo, bem como das autoridades intervenientes em cada uma delas; *(d)* limitação do julgamento aos fatos descritos na imputação e desta aos constantes dos autos do apuratório; *(e)* direito de ser ouvido, antes da tomada de uma decisão judicial que de qualquer modo afete direitos e garantias; *(f)* integral igualdade de armas com os demais atores processuais; *(g)* possibilidade real de contraditar a acusação; *(h)* garantia de recurso contra decisões que contrariem seus interesses processuais; e *(i)* reconhecimento de que, apesar de tais direitos não serem absolutos, eles tão-somente encontram limites em outros princípios e regras relevantes, igualmente previstos no ordenamento, sob uma ótica de razoabilidade. Neste aspecto, por força também dos influxos da globalização, é de se destacar a contínua adoção de novos métodos e

---

26. Sobre o processo de criação de novos tipos penais e o estabelecimento de critérios para justificação de suas incriminações, consulte-se a síntese encetada por Maria Fernanda Palma, "Novas formas de criminalidade: o problema do direito penal do ambiente", in Luís M. Vaz das Neves, António Oliveira Simões e Dina Monteiro (coords.), *Estudos Comemorativos do 150º Aniversário do Tribunal da Boa-Hora*, especialmente pp. 203-204) – que, em resumo, indica como parâmetros desejáveis: *(a)* a necessidade de proteção do bem jurídico; *(b)* o relevo ético das condutas incriminadas; *(c)* a coerência axiológica sistêmica; *(d)* o consenso sobre a dignidade punitiva da conduta; e, ainda, *(e)* a ineficácia de outros meios dissuasórios (*ultima ratio*).

técnicas investigativas destinadas à obtenção de provas de crimes, elaboradas e aplicadas ao custo de uma significativa mitigação dos direitos individuais. Isto aparece em razão da crescente exacerbação dos mecanismos de vigilância da sociedade pelo Estado e da amplificação do poder de ingerência deste na vida privada das pessoas. Esta *performance* invasiva é igualmente constatável no que tange às modificações de feição restritivas dos direitos do acusado implementadas na conformação, na estrutura e na dinâmica dos atos processuais, particularmente no campo do desenvolvimento do *thema probandum in judicio*.[27]

18. No que diz respeito especificamente às questões debatidas no presente estudo, cabe assinalar que é acertada a percepção integrante do imaginário social acerca da intensa lesividade da criminalidade organizada, sobretudo nas suas variantes com repercussão transnacional,[28] atividades ilegais que se constata estarem em estágio de franco incremento nestes tempos de globalização. De se remarcar, todavia, que esta percepção, embora correta no essencial, é por vezes radicalizada e exacerbada pelos meios de comunicação de massa, porventura portadores de outros interesses subjacentes, e não deve ser utilizada como instrumento a serviço do autoritarismo e do aumento indiscriminado de medidas repressivas na formulação da política criminal.[29] Em especial, tampouco, esta constatação não deve conduzir a que se abdique, na confecção das normas penais e processuais penais, dos cânones de salvaguarda democrática integrantes da técnica garantística que deve presidir

27. Como ilustração destas restrições em Portugal mencionem-se aquelas previstas na Lei 93/1999, de 14 de julho (objeto de regulamentação pelo Decreto-lei 190/2003, de 22 de agosto). Estas normas legais disciplinam o programa de proteção às testemunhas e aos informantes, para resguardar suas incolumidades físicas e estimular a prática de tais condutas, tidas por indispensáveis para uma maior eficácia na luta contra o crime organizado. V., ainda, a abordagem de Anabela Miranda Rodrigues, "A defesa do argüido: uma garantia constitucional em perigo no *Admirável Mundo Novo*", *Revista Portuguesa de Ciência Criminal* 4/549-571.
28. Quer aquela de natureza corporativa (lesões ambientais, concorrenciais ou aos consumidores, por exemplo), quer aquela estruturada para a prática de ilícitos tradicionais (*e.g.*, tráfico de drogas e de armas).
29. Eric J. Hobsbawn assinalou, com precisão, que "todo observador realista e a maioria dos governos sabiam que não se diminuía nem mesmo se controlava o crime executando-se criminosos ou pela dissuasão de longas sentenças penais, mas todo político conhecia a força enorme e emocionalmente carregada, racional ou não, da exigência em massa dos cidadãos comuns para que se punisse o anti-social" (*Era dos Extremos – O Breve Século XX (1914-1991)*, p. 335).

sua construção em um Estado de Direito, em nome de um "combate" mais "eficiente" e "duro" ao crime organizado tradicional de variados matizes,[30] pugnando, inclusive, pela utilização das Forças Armadas em atividades repressivas de feição policial. Por outro lado, a faceta econômica do crime organizado – a saber, a criminalidade corporativa e os "crimes de colarinho branco", que atingem com maior severidade os bens jurídicos coletivos – dificilmente chega ao noticiário com o mesmo destaque e raramente motiva o desencadeamento de campanhas de recrudescimento do arsenal repressivo. Acresce, ainda, por outro viés, que a utilização da privação da liberdade, como metodologia por excelência da repressão criminal, e da prisão como universo topológico para sua aplicação é hoje questionada pela quase-unanimidade dos estudiosos do assunto, sendo consensual a importância de sua substituição por penas alternativas nos casos de menor lesividade social das condutas incriminadas. Esta crescente consciência crítica, dentre outras coisas, conduz a uma inequívoca relutância de muitos magistrados na aplicação das penas privativas da liberdade quando demasiadamente elevadas. O que se constata especialmente nas hipóteses nas quais estes concluem que a legislação exacerba em demasia a reposta penal para certas condutas, exatamente por sua incriminação não gozar de uma aceitabilidade legitimadora, quer em razão de questionamentos quanto à sua efetiva lesividade ao bem da vida protegido, quer por dúvidas fundadas quanto ao grau de intensidade no qual o atingem. Como veremos adiante, entretanto, no que concerne ao delito aqui estudado não se apresentam, aqui, maiores problemas no que tange à dosimetria de sua reprimenda penal, que é proporcional à sua intensa lesividade. Por outro lado, em geral constata-se muitas vezes um tratamento que pode ser rotulado de leniente e diferenciado para os crimes praticados por "colarinhos bran-

30. Ao que se indica, cuida-se de situação que vem ocorrendo com certa intensidade nos Estados Nacionais europeus. Assim, constata Loïc Wacquant que, "apesar da grande diversidade das tradições e das situações nacionais, as políticas penais das sociedades da Europa Ocidental tornaram-se em conjunto mais duras, mais envolventes, mais abertamente viradas para a 'defesa social' em detrimento da reinserção, no momento justamente em que essas sociedades reorganizavam seus programas sociais num sentido mais restritivo e o seu mercado de emprego num sentido permissivo" (*As Prisões da Miséria*, pp. 124-125). Neste sentido já apontava incisivamente um estudo anterior de Ian Taylor ("Criminology post-Maastricht", in *Crime, Law & Social Change* 30-4/333-346).

cos", que muito raramente são efetivamente levados aos cárceres – situação contrastante com a resposta freqüentemente mais dura e severa que se dá aos autores dos crimes característicos das classes populares. Trata-se, por evidente, de um contexto de todo indesejável, não só por caracterizar inequívoca situação de desigualdade material, de sinal trocado entre ricos e pobres, como por redundar em uma crise de legitimidade do sistema penal, em particular, e do próprio Estado como um todo.[31]

---

31. Para crítica da utilização da prisão como resposta repressiva, apenas exemplificativamente, cita-se o texto clássico de Michel Foucault, *Vigiar e Punir*, 1977. Sobre os problemas contemporâneos no âmbito da finalidade da pena: Maria Fernanda Palma, "As alterações reformadoras da Parte Geral do Código Penal na Revisão de 1995: desmantelamento, reforço e paralisia da sociedade punitiva", in Maria Fernanda Palma, Carlota Pizarro de Almeida e José Manuel Vilalonga (coords.), *Casos e Materiais de Direito Penal*, pp. 40 ss. Sobre este tratamento diferenciado na esfera da administração da justiça penal e suas conseqüências no campo da igualdade, por todos, remete-se ao estudo de Cláudia Maria Cruz Santos, *O Crime de Colarinho Branco (Da Origem do Conceito e sua Relevância Criminológica à Questão da Desigualdade na Administração da Justiça Penal)*, pp. 197-267.

B)
O CRIME DE FORMAÇÃO DE CARTEL

I – Noção preliminar: I.1 O art. 4º, I, "a", da Lei federal 8.137/1990 – I.2 A formação de cartel em sentido estrito. II – Objetividade jurídica: II.1 Objetos material, formal e jurídico – II.2 Questões preliminares: II.2.1 Bens jurídicos coletivos ou transindividuais – II.2.2 Legitimidade da proteção dos bens jurídicos coletivos – II.2.3 Tipos de mera conduta – II.2.4 Tipos de perigo abstrato – II.2.5 Validade da proteção por tipos de perigo abstrato – II.2.6 A questão do direito penal econômico: objeto, autonomia e conceito: II.2.6.1 Critérios conceituais – II.2.6.2 Crimes econômicos em sentido estrito – II.2.6.3 Crimes econômicos em sentido amplo – II.2.6.4 Limitação do objeto do direito penal econômico – II.2.6.5 Subsistema operacional do direito penal – II.2.6.6 Um conceito provisório – II.3 A ordem econômica na Constituição de 1988: II.3.1 Conceito restrito de "ordem econômica" e Constituição Econômica – II.3.2 A livre iniciativa e seus pressupostos – II.3.3 A livre iniciativa e seus limites constitucionais – II.3.4 A livre iniciativa e a defesa dos consumidores – II.3.5 A livre iniciativa e a livre concorrência – II.3.6 Caráter instrumental da ordem econômica – II.3.7 As funções do Estado – II.3.8 As normas programáticas e seu conceito – II.3.9 As normas programáticas e seus efeitos – II.3.10 As políticas públicas – II.4 A proteção administrativa da ordem econômica. A legislação antitruste – II.5 A proteção administrativa da ordem econômica "vs." a proteção penal. A questão da autonomia de instâncias – II.6 A dignidade e a necessidade de proteção penal da ordem econômica. III – Tipo objetivo: III.1 Generalidades: III.1.1 Objetividade jurídica – III.1.2 Direito Comparado: III.1.2.1 União Européia e Portugal – III.1.2.2 Estados Unidos da América – III.1.2.3 Reino Unido – III.1.3 Proteção de bem jurídico coletivo e tipo material de perigo abstrato – III.1.4 Crime de forma livre – III.2 Elementos descritivos e elementos normativos – III.3 O poder econômico e o seu abuso – III.4 O ajuste ou acordo entre empresas: III.4.1 Conceitos de "empresa", "empresário" e "estabelecimento" – III.4.2 Conceitos de "ajuste" e "acordo" – III.4.3 Ajustes ou acordos legítimos – III.5 O mercado e seu domínio – III.6 A concorrência e sua eliminação – III.7 Consumação, tentativa e tempo do crime – III.8 Autoria e participação. IV – Tipo subjetivo: IV.1 Dolo, elementos normativos e especial fim de agir – IV.2 Elementos normativos e o erro de tipo. V – Sanções aplicáveis: V.1 Privação da liberdade ou multa – V.2 Substituição da pena privativa da liberdade por multa – V.3 Infração de menor potencial ofensivo? – V.4 Cabimento da privação da liberdade – V.5 Causas especiais de aumento da pena – V.6 Delação premiada – V.7 Acordo de leniência em sede administrativa e seus efeitos penais. VI – Jurisprudência: a questão da competência: VI.1 Competência federal "vs." competência estadual – VI.2 Precedentes e a posição dominante no STJ – VI.3 Critérios para fixação da competência federal.

I – Noção preliminar

I.1 O art. 4º, I, "a", da Lei federal 8.137/1990

19. Constitui antiga tradição do direito penal brasileiro a adoção de rubricas antecedendo a norma incriminadora e explicitando o *nomen juris* da figura típica, ao menos quando esta é enunciada na Parte Especial da legislação codificada. A Lei Complementar 95/1998, que regulamenta o parágrafo único do art. 59 da Carta de 1988,[1] todavia, não contém qualquer referência à mencionada tradição, mas todas as leis ordinárias modificativas da Parte Especial do Código Penal, mesmo aquelas editadas já na sua vigência, observaram a citada praxe. Nas leis penais especiais, todavia, em geral tal procedimento não é observado, encarregando-se normalmente a doutrina – *de jure constituendo* – da escolha destes rótulos para os ilícitos previstos nas mesmas. Assim, como se constata da sua leitura, na Lei federal 8.137/1990[2] não consta qualquer rubrica indicativa da presença de um crime de "formação de cartel", e nem mesmo existe a expressão vernacular "cartel" no bojo dos inúmeros tipos penais que são ali enunciados. Como resultado de uma verdadeira interpretação autêntica, entretanto, juntamente com outros que são previstos na mesma lei de regência, o tipo penal por nós analisado foi inserido em um grupo de crimes a que o próprio legislador

---

1. "Art. 59. Lei complementar disporá sobre a elaboração, redação, alteração e consolidação das leis."
2. Esta lei penal encontra-se reproduzida, nos aspectos que releva destacar, no "Apêndice Legislativo", item **II**, infra.

designou coletivamente com o *nomen juris* "formação de cartel". Com efeito, em razão da redação dada pela Emenda Constitucional 19/1998 ao inciso I do § 1º do art. 144 da CF de 1988,[3] que passou a prever a existência de infrações penais com repercussão interestadual ou internacional, que demandariam repressão uniforme e cuja apuração passaria a ser incluída no escopo de atribuições funcionais da Polícia Federal, promulgou-se a Lei federal 10.446/2002, com o manifesto propósito de regulamentar o referido preceito. E, ao relacionar exemplificativamente as referidas infrações, o art. 1º dessa lei[4] utilizou a designação "formação de cartel" (inciso II) para fazer uma remissão expressa aos crimes que estavam previstos nos incisos I, "a", II, III e VII, todos integrantes do art. 4º da Lei federal 8.137, de 27.12.1990.[5]

---

3. "Art. 144. A segurança pública, dever do Estado, direito e responsabilidade de todos, é exercida para a preservação da ordem pública e da incolumidade das pessoas e do patrimônio, através dos seguintes órgãos: I – Polícia Federal; (...).

"§ 1º. A Polícia Federal, instituída por lei como órgão permanente, organizado e mantido pela União e estruturado em carreira, destina-se a: I – apurar infrações penais contra a ordem política e social ou em detrimento de bens, serviços e interesses da União ou de suas entidades autárquicas e empresas públicas, assim como outras infrações cuja prática tenha repercussão interestadual ou internacional e exija repressão uniforme, segundo se dispuser em lei; (...)."

4. "Art. 1º. Na forma do inciso I do § 1º do art. 144 da Constituição, quando houver repercussão interestadual ou internacional que exija repressão uniforme, poderá o Departamento de Polícia Federal do Ministério da Justiça, sem prejuízo da responsabilidade dos órgãos de segurança pública arrolados no art. 144 da Constituição Federal, em especial das Polícias Militares e Civis dos Estados, proceder à investigação, dentre outras, das seguintes infrações penais: (...) II – formação de cartel (incisos I, 'a', II, III e VII do art. 4º da Lei n. 8.137, de 27 de dezembro de 1990); (...)."

5. "Art. 4º. Constitui crime contra a ordem econômica: I – abusar do poder econômico, dominando o mercado ou eliminando, total ou parcialmente, a concorrência mediante: a) ajuste ou acordo de empresas; (...) II – formar acordo, convênio, ajuste ou aliança entre ofertantes, visando: a) à fixação artificial de preços ou quantidades vendidas ou produzidas; b) ao controle regionalizado do mercado por empresa ou grupo de empresas; c) ao controle, em detrimento da concorrência, de rede de distribuição ou de fornecedores; III – discriminar preços de bens ou de prestação de serviços por ajustes ou acordo de grupo econômico, com o fim de estabelecer monopólio, ou de eliminar, total ou parcialmente, a concorrência; (...) VII – elevar sem justa causa o preço de bem ou serviço, valendo-se de posição dominante no mercado."

1.2 A formação de cartel em sentido estrito

20. Ao editar a referida lei,[6] o legislador brasileiro buscou consolidar em uma única lei os crimes fiscais, até então previstos em várias normas especiais esparsas,[7] e procurou promover a adequação da estrutura normativa daqueles ilícitos à nova disciplina da ordem tributária trazida pela Constituição Federal de 1988 ("Título VI – Da Tributação e do Orçamento"). Na referida norma legal, todavia, foram incluídos diversos outros preceitos penais[8] que estão predestinados à defesa de bens jurídicos muito diferenciados e que são dotados de tais particularidades que justificariam plenamente um tratamento específico alhures.[9] Dentre estes crimes foram inseridos aqueles cometidos contra a Previdência Social ("Título VIII – Da Ordem Social" da Constituição Federal) e passaram a integrar esta mesma lei, também, a proteção penal de outras objetividades jurídicas ainda mais complexas, como são aquelas referentes às relações de consumo[10] e à ordem econômica e financeira.[11] Como foi assinalado preambularmente, limitar-nos-emos à análise daquela figura delitiva constante do art. 4º, I, "a", da Lei federal 8.137/1990, qual seja, *o abuso do poder econômico, dominando o mercado ou eliminando a concorrência, total ou parcialmente, mediante a efetivação de ajuste ou acordo entre empresas*.[12] É que, em

---

6. A ementa da Lei federal 8.137/1990 consigna que a mesma "define crimes contra a ordem tributária, econômica e contra as relações de consumo, e dá outras providências".
7. Dentre as quais a principal era a revogada Lei federal 4.729/1965.
8. O que não nos parece ser da melhor técnica legislativa. É que, nos termos da Lei Complementar 95/1998, "excetuadas as codificações, cada lei tratará de um único objeto" (art. 7º, I).
9. Embora possam até ser vistos como englobados dentro de uma perspectiva mais ampla da conceituação da "ordem econômica", como se verá adiante.
10. Estas infrações teriam sido mais adequadamente adunadas ao rol dos crimes constantes da Lei federal 8.078/1990, que estatuiu o Código de Defesa do Consumidor. Observa-se, ainda, a persistências de outros crimes contra as relações de consumo constantes das Leis federais 1.521/1951, 4.591/1964 e 6.766/1979, além do próprio Código Penal (*e.g.*, art. 175 – fraude no comércio), o que dificulta sobremaneira a tarefa do exegeta.
11. Agrupadas no "Título VII – Da Ordem Econômica e Financeira" da Constituição Federal. Os crimes contra o Sistema Financeiro Nacional permaneceram regrados por norma específica – a saber: a Lei federal 7.492/1986, integralmente recepcionada pela nova ordem constitucional.
12. Doravante será especificamente a este tipo-de-ilícito que estarão vinculadas todas as referências efetuadas no texto ao crime de *formação de cartel* ou, *tout court*, crime de *cartel*.

nosso ponto de vista, é esta a única das modalidades previstas naquela lei que de fato melhor se aproxima da incriminação do fenômeno econômico que classicamente constitui o chamado "cartel".[13] Com efeito, em geral, este termo designa o arranjo efetuado entre empresas concorrentes para limitar ou eliminar a competição entre elas, que se manifesta através da divisão do mercado ou da fixação conjunta de preços, ou da divisão de clientelas ou da limitação da produção etc. Isto sempre é feito com o escopo precípuo de organizar as condições da participação das empresas cartelizadas no âmbito do mercado de modo a que estas logrem atingir um controle do mesmo que lhes possibilite otimizar seus ganhos, para além do que ocorreria em uma situação normal de concorrência, e sem oferecer aos consumidores qualquer vantagem objetiva adicional.[14]

21. Ao que se acresce, ainda, a constatação de que o tipo penal escolhido caracteriza em certo sentido a modalidade mais genérica ou abrangente, em torno da qual, em certa medida, gravitam as demais condutas que são objeto das outras figuras típicas da mesma lei e que igualmente foram *a posteriori* agrupadas pelo legislador sob aquele mesmo rótulo geral. Neste sentido, o crime previsto no *inciso II do art. 4º*, para além de agasalhar formas associativas empresariais presentes em contexto mais específico (*ofertantes*) ou que tenham requisitos caracterizadores mais estáveis (*aliança*) ou mais formais (*convênio*), contenta-se, ainda, com a simples constatação de que estas articulações negociais persigam certas e mais restritas finalidades especiais de atuação (*e.g.*, o *controle regionalizado do mercado*), independentemente da efetiva con-

---

13. Assim, *e.g.*, o dicionário jurídico especializado do *Justice* H. Black define *cartel* como sendo "a combinação de produtores de qualquer produto que se associam para controlar sua produção, venda e preços, bem como para obter um monopólio e restringir a competição em determinada indústria ou de determinada mercadoria (...)" (*Black's Law Dictionary (with Pronunciations)*, 6ª ed, p. 215). Na Ciência Econômica – ensina Paulo Sandroni – igualmente se entende por *cartel* o "grupo de empresas independentes que formalizam um acordo para sua atuação coordenada, com vistas a interesses comuns. O tipo mais freqüente de cartel é o de empresas que produzem artigos semelhantes, de forma a constituir um monopólio de mercado" (Paulo Sandroni (org. e superv.), *Novíssimo Dicionário de Economia*, 11ª ed., p. 84).

14. Foi utilizado neste passo, como em outras caracterizações de processos e de conceitos relacionados à Economia efetuadas ao longo desta obra, o *Glossary of Terms Used in EU Competition Policy*, editado pela *European Commission*, órgão da União Européia (texto obtido pelo autor em acesso realizado em agosto/2006 ao sítio da Internet *http://ec.europa.eu*).

secução dos resultados previstos, que, no caso, é despicienda. No *inciso III*, por sua vez, a criação de uma associação empresarial para lograr o controle monopolista do mercado ou o alijamento da competição está prevista como mero fim de agir, e este deverá estar evidenciado, ainda, através de determinadas e específicas práticas comerciais expressamente tidas por indesejáveis (*e.g., fixação artificial de preços*). Por seu turno, quanto ao *inciso VII*, neste caso, a rigor, sequer se pode propriamente falar na presença de um cartel, pois para sua consumação basta que uma empresa singular – dona de posição dominante em dado setor do mercado – se utilize desta hegemonia para pôr em prática a elevação arbitrária dos preços dos bens produzidos ou dos serviços prestados, o que poderia caracterizar apenas uma situação de monopólio. Assim, no presente texto, salvo expressa menção em contrário, a expressão "crime de formação de cartel" vincula-se ao *tipo penal do art. 4º, I, "a"*, da Lei federal 8.137/1990.

II – Objetividade jurídica

II.1 Objetos material, formal e jurídico

22. Tendo em conta, como antes ressaltado, que a constrição da liberdade dos indivíduos em decorrência da aplicação da norma jurídico-penal incriminadora somente é justificável em razão de que a função primordial daquela é exatamente a de proteger bens jurídicos relevantes para a vida comunitária,[15] cumpre, nesta etapa do nosso estudo, delinear

---

15. Sobre esta missão protetiva do direito penal, por todos: Hans-Heinrich Jescheck e Thomas Weigend, *Tratado de Derecho Penal – Parte General*, 5ª ed., pp. 7-9. Assinala Claus Roxin que "a questão teórica do conceito material de delito segue sem estar clara, pois até agora não se logrou precisar o conceito de 'bem jurídico' de modo que possa oferecer uma delimitação juridicamente fundada e satisfatória no seu conteúdo" (*Derecho Penal – Parte General*, t. I, p. 54). A importância (e a dificuldade) da utilização do conceito de *bem jurídico* – enquanto vetor operacional que "funciona como *fundamento* e *limite* da legitimidade do direito penal" – na interpretação dos crimes contra ordem econômica é evidenciada no estudo de Manuel da Costa Andrade, "A nova Lei dos Crimes Contra a Economia (Decreto-lei 26/1984, de 20 de janeiro) à luz do conceito de 'bem jurídico'", in *Direito Penal Econômico*, pp. 71-105. Este autor adota um conceito funcional de *bem jurídico* que se identifica com o formulado por Jorge de Figueiredo Dias como sendo a "unidade de aspectos ônticos e axiológicos, através da qual se exprime o interesse, da pessoa ou da comunidade, na manu-

com maior precisão dogmática a objetividade jurídica do delito de formação de cartel. À partida, relembre-se que a doutrina penal costuma distinguir entre *(a)* o objeto material ou substancial, *(b)* o objeto jurídico e *(c)* o objeto formal do crime. Este último pode ser definido como "a ofensa sempre irrogada pela ação delituosa ao direito público subjetivo do Estado à observância do preceito penal".[16] Já o *objeto material* do crime é "aquela porção do mundo exterior sobre a qual incide a atividade delituosa. Assim, a coisa material do delito de furto, o corpo humano no delito de homicídio ou de lesões".[17] Acresce que "se entende por objeto jurídico o bem a que o Direito outorga sua proteção e que, precisamente por isso, se denomina bem jurídico; quer dizer, aquele *quid* que a norma, mediante a ameaça da pena, pretende tutelar de possíveis agressões".[18] Para Jescheck e Weigend "o bem jurídico é reconhecido como base da estrutura e da interpretação dos tipos. Seu conceito, sem embargo, não deve ser equiparado com a *ratio legis*, mas deve possuir em si mesmo um nítido conteúdo real preexistente à norma penal, já que do contrário não poderia atender à sua função sistemática como critério para o conteúdo, significado e delimitação da disposição penal. Neste sentido, o bem jurídico deve ser entendido como um valor abstrato da ordem social protegido juridicamente, em cuja defesa está interessada a comunidade e cuja titularidade pode corresponder a

---

tenção ou integridade de um certo estado, objecto ou bem, em si mesmo socialmente relevante e por isso valioso" (Manuel da Costa Andrade, ob. cit., p. 83).
16. Heleno Cláudio Fragoso, *Lições de Direito Penal – A Nova Parte Geral*, 10ª ed., p. 275.
17. Giuseppe Bettiol, *Direito Penal*, vol. I, p. 229.
18. Francesco Antolisei, *Manual de Derecho Penal – Parte General*, p. 133. Sobre a evolução histórica do conceito de "bem jurídico" – que surge como problema no âmbito penal no início do século XIX com Feuerbach, em razão da discussão das teorias do contrato social – na qual é decisiva a contribuição de Binding (que o conceitua como uma determinada situação que é valorada pelo legislador em virtude de sua relevância social) –, consultem-se Heleno Fragoso, "Objeto do crime", in *Direito Penal e Direitos Humanos*, pp. 33-56; e Manuel da Costa Andrade, "A nova Lei dos Crimes Contra a Economia (Decreto-lei 26/1984, de 20 de janeiro) à luz do conceito de 'bem jurídico'", in *Direito Penal Económico*, pp. 77 e ss. Acerca das diferentes funções exercidas dogmaticamente por este conceito, v. Hans-Heinrich Jescheck e Thomas Weigend, *Tratado de Derecho Penal – Parte General*, 5ª ed., pp. 276-278. Para um amplo inventário e discussão dos principais problemas teóricos sobre o tema, por todos, remete-se à obra coletiva organizada por Rolland Hefendehl, *La Teoría del Bien Jurídico. ¿Fundamento de Legitimación del Derecho Penal o Juego de Abalorios Dogmático?*, 2007.

um indivíduo ou à coletividade. A doutrina mais moderna, com razão, destaca que os bens jurídicos não devem ser compreendidos como bens materiais, senão que se trata das relações das pessoas com os interesses reais (...)".[19]

23. Dilucida Bettiol, para evitar indesejável confusão entre os objetos substancial e jurídico do crime, que este último "é o 'valor' que a norma jurídica tutela, valor que não pode jamais ser considerado como algo de material, embora encontrando na matéria o seu ponto de referência".[20] Assim, ainda que não consubstancie em si mesmo uma realidade empírica, mas um vínculo relacional abstrato, estabelecido entre pessoas, bens e interesses, que é valorado no tipo penal,[21] caracterizando o que a doutrina designa por *valor espiritual da ordem social*,[22] constata-se que o bem jurídico se encontra sempre referenciado a determinado substrato material. Este poderá ser uma unidade psíquico-corporal, um valor social, um valor econômico, como coisa material ou imaterial ou como utilidade.[23] Tal perspectiva é importante, também, no aspecto de explicitar que à norma jurídico-penal não cabe criar os relevantes

---

19. Hans-Heinrich Jescheck e Thomas Weigend, *Tratado de Derecho Penal – Parte General*, 5ª ed., p. 275. Para Claus Roxin, por exemplo, eles podem ser considerados "como circunstâncias reais dadas ou finalidades necessárias para uma vida segura e livre, que garanta todos os direitos humanos e civis de cada um na sociedade ou para o funcionamento de um sistema estatal que se baseia nestes objetivos. A diferenciação entre realidades e finalidades indica aqui que os bens jurídicos não necessariamente são fixados ao legislador com anterioridade, como é o caso, por exemplo, da vida humana, mas que eles também possam ser criados por ele, como é o caso das pretensões no âmbito do direito tributário" (*A Proteção de Bens Jurídicos como Função do Direito Penal*, pp. 18-19).
20. Giuseppe Bettiol, *Direito Penal*, vol. I, p. 229.
21. "Surge, assim, o crime, como realização de um desvalor social, que o direito penal procura evitar cominando a sanção criminal para a violação da norma, visando, pois, por parte dos destinatários da mesma, a uma conduta que se ajuste aos princípios éticos dominantes e seja socialmente valiosa. Tal desvalor expressa-se com a ofensa a um bem jurídico, por um lado, tendo-se em vista o dano ou perigo que o crime causa a um bem particular da vida humana ou da coletividade, e, por outro, com a valoração da conduta em si, ou seja, com a afirmação do desvalor da ação através da imposição de um dever jurídico que o fato punível viola" (Heleno Fragoso, "Objeto do crime", in *Direito Penal e Direitos Humanos*, p. 56).
22. Assim em Jescheck e Weigend, *Tratado de Derecho Penal – Parte General*, 5ª ed., p. 277.
23. Ainda na esteira de Jescheck e Weigend, *Tratado de Derecho Penal – Parte General*, 5ª ed., p. 278.

bens comunitários que protege (eles, na verdade, preexistem àquela), senão que subsidiariamente tutelá-los (dignidade penal) contra determinadas condutas que são gravosas (princípio da ofensividade ou da lesividade) a ponto de justificar a inflição de uma pena (merecimento penal), por inexistirem outros remédios jurídicos capazes de propiciar esta mesma proteção (*ultima ratio*).

II.2 Questões preliminares

24. Como assinalado antes, pode-se extrair imediatamente da inequívoca redação da norma penal analisada ("Art. 4º. Constitui crime contra a ordem econômica ...") qual é o bem jurídico nela protegido. Antes mesmo, todavia, de explicitarmos o significado, o conteúdo e o alcance desta objetividade jurídica (*ordem econômica*), e como requisito que se reconhece incontornável para obtenção de sua melhor exegese, em nosso juízo impõe-se travar uma discussão preliminar que envolve: *(a)* discorrer sobre a questão da peculiar natureza desta modalidade de objeto de proteção e estabelecer sua legitimidade constitucional; *(b)* enfrentar as dificuldades que decorrem das fórmulas típicas normalmente utilizadas para explicitar sua defesa objetiva; e, em razão de suas especificidades, *(c)* estabelecer se este bem jurídico demanda, para sua adequada compreensão, que se adote um instrumental teórico próprio, autônomo em relação ao direito penal geral, que seria o chamado *direito penal econômico*.

É o que passamos a fazer.

II.2.1 *Bens jurídicos coletivos ou transindividuais*

25. Assim, *em primeiro lugar*, defrontamo-nos com um daqueles objetos tutelados pela norma penal que está incluído no rol dos que a doutrina denomina de *bens jurídicos coletivos*. Nestes bens jurídicos a proteção penal transcende interesses de cariz puramente individual e corresponde aos interesses da coletividade, considerada como um todo. Uma das marcas mais características das sociedades industriais contemporâneas é a presença no tecido social de inúmeras e diferenciadas articulações institucionais de bens e interesses socialmente relevantes. Embora tendo existência autônoma e importante *status* jurídico por si mesmos, estes valores muitas vezes estão interligados, conformando verdadeiras teias axiológicas transindividuais, que adquirem identidade própria e, inclusive, passam a gozar de uma relevância constitucional sistêmica (*e.g.*, sistema econômico e financeiro, arrecadação tributária, ecologia, saúde pública, relações de consumo, previdência social etc.).[24] Quanto a estas estruturas jurídicas, bem como quanto aos interesses e relações jurídicas nelas envolvidos, poder-se-ia, de modo geral, estabelecer que:[25] *(a)* no plano de sua pertinência subjetiva, por estarem irmanados por uma reconhecível vinculação jurídica intersubjetiva, este feixe de valores caracteriza-se por não pertencer isoladamente a um determinado indivíduo ou a certo grupo de indivíduos passível de individuação, mas se destaca por interessar a um conjunto indeterminável de pessoas, entre as quais inexistem liames jurídicos, mas apenas vínculos fáticos; e *(b)* no plano ontológico, por revestir-se de indivisibilidade que não permite seu fracionamento em unidades autônomas, com vistas a uma transmissão, disposição e/ou fruição individual, e impõe uma inexorável comunhão na sua fruição, e desta resulta, *(c)* por serem *res omnium*, que "a satisfação de um só implica por força a satisfação de todos, assim como a lesão de um só constitui, *ipso facto*, lesão da inteira coletividade".[26]

24. Aduza-se que, por força da globalização, a existência destas redes complexas de processos diferenciados é igualmente constatável no que concerne à articulação transnacional de indivíduos e de organizações vocacionados à prática de crimes característicos da chamada *criminalidade organizada*. Neste sentido manifesta-se Anabela Miranda Rodrigues, "Criminalidade organizada – Que política criminal?", *Themis* 6/29-46.
25. Na esteira da lição (adaptada) de José Carlos Barbosa Moreira ao cuidar dos chamados "interesses difusos" ("A legitimação para a defesa dos 'interesses difusos' no Direito Brasileiro", *Ajuris* 32/81-86). Sobre a repercussão especificamente na esfera da tutela penal destes interesses, no Direito Brasileiro, ainda que não aborde especificamente a ordem econômica, existe monografia de Gianpaolo Poggio Smanio, *Tutela Penal dos Interesses Difusos*, 2000. Na doutrina internacional, a propósito dos *bens jurídicos coletivos*, cabe destacar as contribuições de Robert Alexy (para o qual "um bem é um bem colectivo de uma classe de indivíduos se conceptual, fáctica, ou juridicamente, é impossível dividi-lo em partes e atribuir estas aos indivíduos. Se assim for, o bem tem um carácter não-distributivo. Os bens colectivos são bens não-distributivos") e de Rolland Hefendehl (*Kollektive Rechtsgüter im Strafrecht*, Köln-München, ed. Heymanns, 2002), como registra Augusto Silva Dias ("*What if everybody did it?*: sobre a '(in)capacidade de ressonância' do direito penal à figura da acumulação", *Revista Portuguesa de Ciência Criminal* 3/306, nota 7).
26. José Carlos Barbosa Moreira, "A legitimação para a defesa dos 'interesses difusos' no Direito Brasileiro", *Ajuris* 32/81. Não é relevante para os fins deste estudo

26. Estas novas modalidades de bens que se pretende sejam também tuteladas, quando necessário, pelo ordenamento penal desafiam o conceito dogmático de "bem jurídico" tradicionalmente utilizado. Este é construído unicamente a partir de realidades e relações materiais mais elementares, que em geral são divisíveis, estão vinculadas a bens e/ou interesses individuais e são passíveis de repercussão danosa para interessados e/ou vítimas determinadas ou, ao menos, determináveis (*e.g.*, a vida, a integridade física, a propriedade privada, a honra, a disponibilidade sexual etc.). Para estes bens é perfeitamente aplicável o conceito monista-individual de "bem jurídico" – *e.g.*, aquele utilizado por Eugenio Raúl Zaffaroni, no sentido de que "o 'ente' ao qual a ordem jurídica tutela contra certas condutas que o afetam não é a 'coisa em si mesma', senão que a 'relação de disponibilidade' do titular com a coisa. Dito de modo mais simples: *os bens jurídicos são os direitos que temos a dispor de certos objetos*. Quando uma conduta nos impede ou perturba a disposição destes objetos, essa conduta afeta o bem jurídico e algumas destas condutas estão proibidas pela norma que origina o tipo penal".[27] E este perfil remete a um viés de proteção jurídico-penal que é articulado a partir de certas características gerais que não se coadunam com as particularidades assinaladas em relação àqueles outros bens jurídicos de natureza coletiva e que não podem ser a estas redutíveis, sob pena de sua completa desnaturação e da conseqüente ineficácia de sua proteção. Não se aceita, destarte, a posição que, apesar de reconhecer os bens jurídicos pessoais como distintos dos coletivos, todavia sustenta que os

---

a distinção que se efetiva neste plano entre os *interesses difusos* e os *coletivos*, que residiria apenas no aspecto de que – no patamar da sua titularidade – os últimos pertenceriam a uma coletividade que se encontra vinculada normativamente (*e.g.*, o Estatuto dos Advogados), enquanto entre os titulares dos primeiros inexistiria sequer este liame. Com efeito, em uma perspectiva penal, sob a denominação de "bens jurídicos coletivos" estão abrangidos não apenas os bens/interesses difusos, como igualmente os coletivos, em razão da predominância que em qualquer caso se reconhece às suas notas comuns de transindividualidade (subjetiva) e de indivisibilidade (objetiva).

27. Eugenio Raúl Zaffaroni, *Manual de Derecho Penal – Parte General*, 6ª ed., p. 390. Sobre a discussão monismo *vs*. dualismo na esfera do bem jurídico e forma de proteção deste, v. a análise de Augusto Silva Dias, "Entre 'comes e bebes'. Debate de algumas questões polémicas no âmbito da proteção jurídico-penal do consumidor", *Revista Portuguesa de Ciência Criminal* 1/65-75; e o ensaio de Luís Greco, "'Princípio da ofensividade' e crimes de perigo abstrato – Uma introdução ao debate sobre bem jurídico e as estruturas do delito", *Revista Brasileira de Ciências Criminais* 49/89-147.

últimos – como condição de sua validade – devem sempre ter os primeiros por referência obrigatória. Para Jorge de Figueiredo Dias, "o que parece haver de injustificável nesta limitação (e pode vir a afectar a efectividade de uma tutela penal das gerações futuras) é que, com ela, continuam a considerar-se os bens jurídicos colectivos como puros 'derivados' de bens jurídicos individuais; e, deste modo, a perspectivar a protecção penal colectiva como tutela antecipada de bens jurídicos individuais, em particular os da vida, da saúde e do património de pessoas singulares e concretas. Com esta formulação uma tal tese parece incompatível com o reconhecimento de verdadeiros bens jurídicos colectivos. Estes devem ser antes aceitos, sem tergiversações, como autênticos bens jurídicos universais, transpessoais ou supra-individuais (...)".[28]

27. Na sociedade pós-industrial globalizada a crescente adoção e validação protetiva de bens jurídicos supra-individuais no bojo de normas estritamente penais têm provocado acerbas críticas de várias correntes doutrinárias. Destacam-se especialmente aquelas admoestações oriundas dos influentes doutrinadores que integram ou se filiam ao pensamento da chamada Escola Penal de Frankfurt.[29] Estes teóricos, em apertado resumo, pregam o retorno a um conceito monista-individual de "bem jurídico" e apontam que a proliferação de objetos de proteção de natureza coletiva no bojo dos tipos penais seria sintomática de um discurso de caráter funcional-repressivo que, na realidade, acabaria por redundar em uma hipertrofia aplicativa do direito criminal, e esta colocaria em sério risco os direitos e garantias fundamentais.[30] Segundo,

---

28. Jorge de Figueiredo Dias, "O papel do direito penal na protecção das gerações futuras", *Boletim da Faculdade de Direito*, Universisdade de Coimbra, Volume Comemorativo – 75 anos, pp.1.131-1.132.

29. Referência que se encontra, por exemplo, em Bernd Schünemann ("Del derecho penal de la clase baja al derecho penal de la clase alta. ¿Un cambio de paradigma como exigencia moral?", in *Temas Actuales y Permanentes de Derecho Penal Después del Milenio*, p. 49). Para pertinente crítica às concepções ditas de Frankfurt: Jorge de Figueiredo Dias, "O direito penal na 'sociedade do risco'", in *Temas Básicos da Doutrina*, p. 165).

30. Neste sentido, dentre outros, remete-se à formulação precursora de Winfried Hassemer, "História das idéias penais na Alemanha do pós-guerra", *Revista Brasileira de Ciências Criminais* 6/62 e ss. Analisando o problema já em tempos de acentuada globalização: Jesús-María Silva Sánchez, *La Expansión de del Derecho Penal – Aspectos de la Política Criminal en las Sociedades Postindustriales*, especialmente pp. 21-61; e Luigi Ferrajoli, "Criminalidade e globalização", *Revista do Ministério Públi-*

ainda, seus defensores, o direito penal estaria sendo utilizado como uma espécie de panacéia universal para os males da globalização e, destarte, passando a abranger virtualmente todo e qualquer bem tido por socialmente relevante, mesmo quando despido de assento constitucional.[31] Para estes autores, em resumo, esta forma de superfetação repressiva só se tornaria factível à custa da desnaturação da regra da taxatividade na construção das normas penais incriminadoras, do sacrifício do caráter seletivo de bens jurídicos por elas protegidos e da perda da perspectiva de intervenção mínima do direito criminal, princípios que integram o coração, mesmo, da dogmática penal democrática.[32]

28. Assim, *e.g.*, Luigi Ferrajoli registra a prossecução do que denomina de uma "(...) deriva inflacionista do direito penal, que está levando à ruína a máquina judiciária. Precisamente numa fase de crescimento da criminalidade organizada, em que se justificariam uma deflação

---

co 96/12-16. Para uma abordagem da questão da subsidiariedade do direito penal no âmbito da União Européia, com seus marcos teóricos alinhados com a Escola de Frankfurt, remete-se a Massimo Donini, "Metodo democratico e metodo scientifico nel rapporto fra diritto penale e politica", *Rivista Italiana di Diritto e Procedura Penale* 1/141-183.

31. Sobre esta discussão remete-se ao estudo de Emilio Dolcini e Giorgio Marinucci, "Constituição e escolha de bens jurídicos", *Revista Portuguesa de Ciência Criminal* 2/164/170, bem como ao ensaio sobre o tema de Maria Fernanda Palma, "Constituição e direito penal – As questões inevitáveis", in Jorge Miranda (org.), *Perspectivas Constitucionais nos 20 Anos da Constituição de 1976*, vol. II, pp. 227-237.

32. Como afirma Maria Fernanda Palma, "o direito penal tem, com efeito, uma inevitável âncora constitucional, na medida em que as suas sanções são restrições fortíssimas dos direitos fundamentais e, por isso, têm de ser justificadas pela defesa necessária, adequada e proporcionada de bens fundamentais" ("Consumo e tráfico de estupefacientes e Constituição: absorção do direito penal de justiça pelo direito penal secundário?", *Revista do Ministério Público* 96/21). Esta premissa legitimadora, como assinala a professora de Lisboa, tem, dentre outros corolários incontornáveis, os seguintes: *(a)* o reconhecimento da existência de esferas de projeção essencial de direitos individuais que não podem ser sujeitas ao direito penal, sob pena de inviabilizar seu exercício; *(b)* a certeza de que certas concepções sociais morais ou ideológicas não possuem dignidade axiológica capaz de ensejar a proteção penal; *(c)* a aceitação de que as relações do indivíduo com ele próprio, por integrar o campo da moralidade, não consubstanciam matéria de repercussão penal; *(d)* a explicitação de que é descabida a incidência puramente simbólica de normas penais – sem a base material de um bem jurídico – com a mera finalidade política de forjar uma dada concepção de coesão social ou paz pública (pp. 22-23). Neste mesmo diapasão, remete-se ao já mencionado estudo de Roxin sobre o tema, "Que comportamentos pode o Estado proibir sob ameaça de pena? Sobre a legitimação das proibições penais", in *Estudos de Direito Penal*, pp. 31-53.

penal e a concentração de energias, a máquina judiciária atinge o colapso porque está sobrecarregada por uma enorme quantidade de trabalho inútil, responsável ao mesmo tempo pela ineficácia e pela ausência de garantias. (...). E pense-se também em todo o extenso direito penal burocrático, gerado pela tendência para fazer acompanhar todas as leis e leizinhas de sanções penais, em parte pela bem conhecida ineficácia das outras formas de controlo, de tipo político ou administrativo, em parte pelo carácter simbólico e retórico da estigmatização penal. Assistimos, em suma, em todos os países do Ocidente, a uma crise de sobreprodução do direito penal, do Direito em geral, que está provocando o colapso da sua capacidade reguladora. As leis contam-se, em todos estes países, pelas dezenas de milhar, de tal forma que os nossos ordenamentos regrediram – por causa do caos normativo, da multiplicação das fontes e da sobreposição das competências – à incerteza e à arbitrariedade que caracterizaram o direito jurisprudencial pré-moderno. E, todavia, *com paradoxo aparente, à inflação legislativa corresponde a ausência de regras, de limites e controlos sobre os grandes poderes económicos transnacionais e sobre os poderes políticos que os sustentam. A globalização, como já afirmei, caracteriza-se, no plano jurídico, por um vazio de direito público no qual evoluem livremente formas de poder neo-absolutista cuja única regra é a lei do mais forte. O resultado desta bancarrota é um direito penal máximo, produzido à margem de qualquer projecto racional, e por isso todos os seus princípios garantistas clássicos de legitimação entraram em crise* (...)"[33] (grifei).

II.2.2 *Legitimidade da proteção dos bens jurídicos coletivos*

29. Em nosso juízo, a crítica ao reconhecimento e adoção pelo direito penal dos bens jurídicos transindividuais parece olvidar que a diferenciação entre bens jurídicos *pessoais* e *coletivos* se origina da própria dicotomia existente entre *interesse individual* e *interesse público*,[34]

---

33. Luigi Ferrajoli, "Criminalidade e globalização", *Revista do Ministério Público* 96/13.
34. Caracterizando para alguns um *tertium genus*. Assim, *e.g.*, assegura Mauro Cappelletti que "o interesse difuso, na medida em que a lei substantiva o transforma em direito, não é privado, nem público. Nem completamente privado, nem completamente público. Pensemos no ar que respiramos. O ar que respiramos não é meu, nem seu, é de todos e de ninguém, ao mesmo tempo. Não é de um indivíduo, nem do

que surge com a moderna democracia representativa nos marcos de um Estado laico, no qual cidadãos livres apenas se subordinam aos ditames da ordem jurídica legitimamente instituída. Acresce que é vetusta no âmbito do direito penal a presença de tipos penais que remetem a bens coletivos, sem que anteriormente tenham sido verberados pelos mesmos que agora se insurgem contra eles – sintomaticamente – no quadro de uma mudança nos segmentos sociais aos quais pertencem os responsáveis pela violação das novéis normas penais incriminadoras.[35] Assim, utilizando apenas alguns dos muitos exemplos que resultam da distribuição sistemática em que está organizada a Parte Especial do Código Penal de 1940, podemos referir os seguintes bens jurídicos coletivos em sentido estrito:[36] a paz pública (*e.g.*, crime de quadrilha – art. 288), a fé pública (*e.g.*, crime de moeda falsa – art. 289), a Administração Pública (*e.g.*, crime de corrupção passiva – art. 317) etc.

30. Em outra perspectiva, inúmeros bens jurídicos coletivos alcançaram contemporaneamente inegável legitimidade constitucional[37] e, consequentemente, passaram a ter dignidade penal assegurada (assim, *e.g.*, na Constituição de 1988, a ordem tributária, o sistema financeiro, a ordem econômica, o meio ambiente etc.), sendo certo que, eventualmente, até a própria Carta Constitucional reconhece a necessidade de

---

Estado. É algo distinto, *sui generis*, coletivo. Pensemos, ainda uma vez, no fenômeno do consumidor. Quando uma lesão é produzida em forma massiva, de massa, não apenas eu, sendo consumidor, mas muitos, muitos outros sendo consumidores também, o meu direito, minha lesão, não passa de um fragmento do dano total. Eis o ponto, jurídico, de partida. Interesses difusos, interesses fragmentários, não são totalmente privados, nem inteiramente públicos. (...)" ("Tutela dos interesses difusos", *Ajuris* 33/174).

35. Como refere o multicitado estudo de Schünemann, "Del derecho penal de la clase baja al derecho penal de la clase alta. ¿Un cambio de paradigma como exigencia moral?", in *Temas Actuales y Permanentes de Derecho Penal Después del Milenio*, especialmente pp. 54-56.

36. Aceitando como tais aqueles que não podem ser reduzidos ao conjunto resultante de um mero somatório de diversos bens jurídicos individuais homogêneos, como parece ocorrer no caso de diversos bens considerados como sendo coletivos em sentido amplo, como, por exemplo, a saúde pública.

37. Assim, por exemplo, a Constituição Federal de 1988, inclusive, atribuiu ao Ministério Público, dentre outras importantes funções institucionais, a missão de "promover o inquérito civil e a ação civil pública, para *a proteção do patrimônio público e social, do meio ambiente e de outros interesses difusos e coletivos*" (art. 129, III) (grifos nossos).

sua proteção penal. Assim, a Constituição determina que: "As condutas e atividades consideradas lesivas ao meio ambiente sujeitarão os infratores, pessoas físicas ou jurídicas, a *sanções penais* e administrativas, independentemente da obrigação de reparar os danos causados" (art. 225, § 3º – grifei). Por outra vertente, não se pode olvidar que vivemos em um mundo de recursos naturais que não são perpetuamente renováveis, no qual os ativos econômicos são sempre escassos e em que são enormes as demandas resultantes das carências estruturais das nações menos desenvolvidas, bem como originadas pelas profundas desigualdades sociais que separam ricos e pobres. Neste contexto, impõe-se a todos os súditos estatais – mas especialmente aos que dispõem de um controle quase-absoluto daqueles bens e que utilizam em exclusivo benefício próprio aqueles recursos – o compromisso de assegurar não só a diminuição das diferenças hoje constatadas (quer na titularidade, quer na fruição dos mesmos) como, também, o de garantir, em prol daqueles que ainda virão, a perspectiva de acesso aos mesmos bens no futuro.[38]

II.2.3 *Tipos de mera conduta*

31. *Em segundo lugar*, assevera-se, ainda, existir modernamente uma concomitante e indesejável opção pela utilização dos tipos penais de mera conduta. Quanto a estes, relembre-se que, mediante uma classificação específica, a doutrina penal distingue entre as diferentes repercussões na esfera fenomênica (modificando-a neste plano, ou não) que podem ser derivadas da conduta humana e que eventualmente podem ser tidas por relevantes pelo tipo legal. Por outra parte, como todo delito implica uma relação de contrariedade ao Direito, consubstanciada na violação da ordem jurídica, e como o princípio da ofensividade,

---

38. Repercutindo em nossa construção o pensamento desenvolvido por Schünemann ("Del derecho penal de la clase baja al derecho penal de la clase alta. ¿Un cambio de paradigma como exigencia moral?", in *Temas Actuales y Permanentes de Derecho Penal Después del Milenio*, especialmente pp. 60-61) e Jorge de Figueiredo Dias ("O direito penal na 'sociedade do risco'", in *Temas Básicos da Doutrina*, pp. 176-177, e "O papel do direito penal na protecção das gerações futuras", *Boletim da Faculdade de Direito de Coimbra*, Volume comemorativo – 75 anos, pp. 1.126-1.129). Mesmo no quadro de sistemas jurídicos de diferente estirpe – como o dos países que adotam a *Common Law* – é reconhecida a existência dos bens jurídicos coletivos e é reconhecida a legitimidade de sua proteção penal (assim, *e.g.*: Joel Feinberg, *Harm to Others. The Moral Limits of the Criminal Law*, vol. I, p. 11).

por seu turno, exige a presença de um atingimento de bens jurídicos, sob o ponto de vista estritamente normativo pode-se dizer que todo crime sempre produz um resultado. Ressalte-se que na tipologia referida e ora estudada são considerados apenas aspectos decorrentes da escolha consagrada na estrutura do tipo objetivo no particular (exigindo, ou não, a presença daquele resultado modificador da realidade concreta e apreensível pela consciência do observador). Não há nesta classificação, nestes termos, qualquer vinculação à forma (se através de uma conduta lesiva ou perigosa) pela qual se implementa a vulneração mediata do bem jurídico objeto de proteção, consoante o caso, com ou sem repercussão imediata em sua projeção concreta (objeto material). Assim, no que concerne especificamente aos efeitos naturalísticos da ação típica em relação ao seu objeto material, os delitos podem ser classificados em *materiais* e *formais* (distinguindo-se, ainda, para alguns autores, no bojo destes últimos, os designados como sendo *de mera conduta*). Os *crimes materiais* resultam em uma modificação no mundo natural circundante, perceptível e apreensível objetivamente, que é consubstanciada na produção de um determinado resultado distinto – no espaço e no tempo – da ação propriamente dita, mas vinculado a esta por um liame de causalidade cujo efetivo advento é exigível pelo tipo para sua consumação.[39]

32. Nos *crimes formais* o resultado naturalístico é secundário em termos valorativos de subsunção típica. Nestes delitos o resultado pode e deve fisicamente ocorrer, mas sua valoração típica limita-se aos casos em é considerado apenas iluminando o fim de agir do agente, já que o legislador antecipou a presença da tipicidade – sob o ponto de vista objetivo – para a simples constatação da efetiva realização da ação (ou omissão) prevista no tipo penal.[40] A presença do resultado, nestes casos, consubstanciará mero exaurimento de um crime já perpetrado, mas é a certeza daquele resultado indesejado que justifica o maior desvalor da conduta e a conseqüente intensificação da reprimenda penal a esta aplicável. Já nos crimes chamados *de mera atividade* ou *de mera conduta*, por não ser naturalisticamente factível, o resultado material não é con-

---

39. *E.g.*: no homicídio, a morte de alguém; no furto, a retirada do bem móvel da esfera de vigilância do dono ou do possuidor.
40. Justificando-se esta antecipação por força da estreita proximidade espacial/cronológica entre a ação e seus próprios efeitos – *e.g.*, no falso documental, ainda que exista o resultado (documento falsificado), a simples ação de falsificar já é tida por suficiente para caracterizar o crime.

siderado sequer mediatamente para fins de incidência típica, concentrando-se o desvalor exclusivamente no próprio agir ou omitir do agente quando direcionados para vulneração do bem jurídico protegido.[41] Para Manoel Pedro Pimentel: "(...) não é acertado, portanto, dizer que os crimes de mera conduta são crimes formais. Nestes – e daí a expressão 'formais' –, o resultado, de que depende a existência do crime, se realiza no *mesmo tempo* que a conduta, de sorte que a idéia de resultado é inseparável do seu conceito, idéia essa que é inteiramente estranha aos crimes de mera conduta. A diferença específica desta última categoria, portanto, está na inexistência de resultado material juridicamente relevante. (...). A conduta, e tão-somente a *conduta*, perfaz o elemento material do crime".[42]

II.2.4 Tipos de perigo abstrato

33. Por outro lado, integrando uma outra classificação doutrinária dos crimes, há os tipos que descrevem a ocorrência de lesões ou danos concretos aos seus objetos materiais de proteção[43] e aqueles nos quais estes são apenas colocados em situações de periclitação, que poderão ser concretas ou abstratas[44] (estas últimas muito utilizadas na proteção de bens coletivos e igualmente criticadas pelos próceres da Escola de Frank-

---

41. Por exemplo, os crimes de ameaça (art. 147 do CP) e de ato obsceno (art. 233 do CP).
42. Manoel Pedro Pimentel, *Crimes de Mera Conduta*, p. 63.
43. Para Hans Welzel, "na maior parte dos delitos é essencial, sem dúvida, a lesão ou o perigo a um bem jurídico, mas só como momento parcial da ação pessoalmente antijurídica, e nunca no sentido de que a lesão do bem jurídico caracterize suficientemente o injusto do fato. A lesão do bem jurídico (desvalor do resultado) tem relevância no direito penal somente no bojo de uma ação pessoalmente antijurídica (dentro do desvalor da ação)" (*Derecho Penal Alemán – Parte General*, 11ª ed., p. 92).
44. Giuseppe Bettiol rejeita esta dicotomia, afiançando ser melhor distinguir entre "crimes de perigo efetivo e crimes de perigo presumido: nos primeiros não há lugar para presunções, porque a efetividade do perigo deve ser sempre verificada, enquanto nos segundos a prova da não-efetividade do perigo não é admitida, já que se poderá verificar o caso de que em dada situação concreta a ação deve ser punida, mesmo que não tenha determinado aquele perigo que constitui a *ratio* da norma penal" (*Direito Penal*, vol. I, pp. 390 e ss.). Para Francesco Antolisei, "(...) o conceito de perigo abstrato é inadmissível, porque o perigo é a probabilidade de um acontecimento temido, não pode conceber-se uma *species* de perigo em que falte esta probabilidade. Em conseqüência, o perigo é sempre concreto" (*Manual de Derecho Penal – Parte General*, p. 195).

furt). Nos tipos de perigo concreto constata-se a efetiva probabilidade de dano ao objeto de proteção do tipo, risco que apenas não se materializa em lesão por mera acidentalidade, que independeu da vontade do agente.[45] Como ensina a doutrina de José Francisco de Faria Costa: "(...) há situação de perigo concreto, jurídico-penalmente relevante, quando, relativamente, aos resultados possíveis descritos na lei penal, a probabilidade do resultado desvalioso é superior à probabilidade da sua não-produção, quer dizer, é superior à produção do resultado valioso".[46] Nos crimes de perigo abstrato, como se sabe, há uma presunção da perigosidade ínsita a dada ação ou omissão quando esta se relaciona ao objeto material considerado (estabelecida *ex ante*), e tal presunção inadmite a demonstração em sentido contrário (a ser efetuada *ex post*). Em resumo, não é admitida a possibilidade da comprovação, pela defesa do imputado, de que, naquele caso considerado, o perigo para a higidez do objeto material de proteção não ocorreu.[47] Desta forma, ao contrário do que acontece com aqueles de risco concreto, nesta modalidade de crimes o perigo, na verdade, não integraria o rol dos elementos constitutivos do tipo objetivo.[48]

45. Relembra Juarez Cirino dos Santos que, nos termos da teoria normativa do resultado de perigo, desenvolvida por Schünemann, "o perigo concreto se caracteriza pela ausência *casual* do resultado lesivo, e a *casualidade* representa circunstância em cuja ocorrência não se pode confiar" (*A Moderna Teoria do Fato Punível*, 3ª ed., p. 40). São desta espécie no Código Penal brasileiro, *e.g.*, os crimes de perigo de contágio de doença venérea (art. 130) e de explosão (art. 251).
46. José Francisco de Faria Costa, *O Perigo em Direito Penal*, pp. 598-599.
47. No Código Penal, *e.g.*, podemos referir os crimes de abandono de incapaz (art. 133) e de posse de explosivos (art. 253). Relacionando a adoção de crimes de perigo abstrato com a obtenção de maior facilidade probatória da existência do crime, mas com a contrapartida da redução das possibilidades de defesa dos acusados, manifesta-se Winfried Hassemer, "Perspectivas de uma moderna política criminal", *Revista Brasileira de Ciências Criminais* 8/46. Acerca da freqüência da sua utilização no âmbito da criminalidade econômica européia manifestam-se José Francisco de Faria Costa e Manuel da Costa Andrade ("Sobre a concepção e os princípios do direito penal econômico – Notas a propósito do Colóquio Preparatório da AIDP (Freiburg, setembro de 1982)", in Roberto Podval (org.), *Temas de Direito Penal Econômico*, pp. 111-112), que concluem no sentido de que estes "são meios válidos de combate à criminalidade econômica desde que a conduta proibida seja claramente definida pelo legislador e se relacione directamente com interesses protegidos claramente identificados. A sua utilização como simples processo de facilitar a prova não se justifica" (ob. cit., p. 119).
48. Sustenta José Francisco de Faria Costa (*O Perigo em Direito Penal*, pp. 620-623) que, em verdade, o perigo estaria presente apenas no plano subjetivo, constituindo fator motivacional do legislador para a elaboração da norma incriminadora.

34. Para muitos esta última modalidade delitiva seria constitucionalmente inadmissível, quer por vulnerar o princípio da ofensividade ou da lesividade, quer por contrariar o preceito constitucional da culpabilidade, possibilitando incriminações sem que ocorra a efetiva vulneração de bem jurídico e, desta maneira, conduzindo a situações de responsabilidade penal objetiva.[49] Em conseqüência da adoção dos modelos de tipificação referenciados, argumenta-se que atualmente seriam reprimidos mesmo aqueles comportamentos capazes de apenas potencialmente atingir bens jurídicos; e, inclusive, em razão da antecipação do desvalor social da conduta humana para a esfera da mera violação de determinados deveres, estar-se-iam incriminando atos que tradicionalmente eram tidos por meramente preparatórios e impuníveis. A escolha do legislador penal em proceder nesta direção, sempre segundo a perspectiva frankfurtiana, implicaria uma antecipação da valoração penal para aquém da existência de um resultado fenomênico lesivo (de dano) ao bem jurídico protegido, contentando-se tão-somente com a própria realização da ação indesejada e/ou com a virtualidade de sua simples colocação presumida em perigo. Além disso, significaria igualmente que, para fins de incriminação, o injusto estaria confirmado com a simples constatação da realização de uma ação (ou omissão). Qual seja, mesmo quando esta objetivamente se reveste de reduzida perigosidade e/ou lesividade intrínsecas quando contrastadas ao bem jurídico, destarte, atribuindo-se a ela – apenas sob um ponto de vista estritamente subjetivo – uma carga de valoração meramente simbólica, segundo a qual a própria ação (ou omissão), em si mesma, seria legitimamente tida por contrária ao Direito e ensejadora da repressão penal. Recrimina-se duramente, também, a justificativa utilizada para esta demanda de menor lesividade da condu-

---

49. O enfrentamento desta questão suscitou a formulação de diferentes posicionamentos na doutrina penalista alemã. E, na síntese efetuada por Juarez Cirino dos Santos, "Jakobs fala da ilegitimidade da incriminação em áreas adjacentes à lesão do bem jurídico; Graul rejeita a presunção de perigo dos crimes de perigo abstrato; Schröder propôs admitir a prova da ausência de perigo; Cramer pretendeu redefinir o perigo abstrato como *probabilidade* de perigo concreto. (...). Horn e Brehm propõem fundar a punibilidade do perigo abstrato na *contrariedade ao dever*, como um perigo de resultado (e não como um *resultado de perigo*), e Frisch pretende compreender os delitos de perigo abstrato como *delitos de aptidão* (*Eignungsdelikte*), fundado na aptidão concreta *ex ante* da conduta para produzir a conseqüência lesiva" (*A Moderna Teoria do Fato Punível*, 3ª ed., p. 41).

ta reprovável. Esta se faz através do argumento central de que, mesmo nos casos em que, singularmente considerada, revela-se inócua ou de bagatela, quando sopesada sob uma ótica de cumulatividade constatar-se-ia que a admissão de sua reiteração indiscriminada e contínua pelo conjunto dos integrantes da sociedade repercutiria de modo particularmente ofensivo aos bens jurídicos protegidos.[50]

II.2.5 Validade da proteção por tipos de perigo abstrato

35. Em nosso ver, a crítica ao emprego dos crimes de perigo abstrato – como forma usual de proteção dos bens jurídicos coletivos – parece partir de premissas equivocadas, como corretamente aponta a doutrina sobre o tema.[51] Como assinalamos anteriormente, os crimes de perigo abstrato, sob o ponto de vista naturalístico-fenomênico, consubstanciam um momento de risco potencial a determinado objeto material (relacionado ao bem jurídico, mas que não se confunde com o mesmo, refletindo o caráter fragmentário do direito penal), antecedendo o estágio de sua concreta periclitação; e, por seu turno, esta última precede sua efetiva lesão material. Assim, sua valoração típica tem por pressuposto lógico a admissão normativa da efetiva viabilidade da produção futura de indesejável dano concreto ao objeto de proteção material da norma. Ora, como assinalamos, os bens coletivos distinguem-se dos demais exatamente pelo fato de configurarem estruturas institucionais de grande relevância comunitária que se apresentam articuladas sob a forma de intrincadas teias de valores, de relações e de interesses, em virtude de terem por conteúdo utilidades materiais complexas e indivisíveis que são titularizadas por um coletivo de pessoas indeterminadas, mas vinculadas entre si em razão de dadas situações de fato muito abrangen-

---

50. Acerca da problemática dos delitos cumulativos e doutrina existente sobre o tema, especialmente aquela de Rolland Hefendehl, remete-se ao já referido estudo de Augusto Silva Dias, *"What if everybody did it?*: sobre a '(in)capacidade de ressonância' do direito penal à figura da acumulação", *Revista Portuguesa de Ciência Criminal* 3/303-345. Especificamente sobre os reflexos da causalidade cumulativa no aspecto de imputação objetiva, consulte-se Maria Fernanda Palma, "A teoria do crime como teoria da decisão penal", *Revista Portuguesa de Ciência Criminal* 4/549-552.
51. Por todos, v. Bernd Schünemann, "Del derecho penal de la clase baja al derecho penal de la clase alta. ¿Un cambio de paradigma como exigencia moral?", in *Temas Actuales y Permanentes de Derecho Penal Después del Milenio*, p. 59.

tes. Destarte, revela-se ausente de sentido hermenêutico, quando se trata de bens jurídicos coletivos, a perquirição acerca da presença de perigo ou de lesão, ao menos no sentido que tradicionalmente se lhes empresta da teoria penalista. Sob tal perspectiva, que é naturalística, em razão da peculiar densidade que decorre da indivisibilidade destes bens jurídicos, via de regra as ações singulares e/ou isoladas contra eles não terão jamais o condão de atingi-los ou, mesmo, de periclitá-los em termos globais. Esses ataques repercutirão apenas em certos aspectos relacionais, parcelas ou segmentos materiais do bem jurídico coletivo, que, por serem fragmentos co-constitutivos do mesmo, são indissociáveis do seu todo; mas este último quase sempre permanece incólume ou é apenas minimamente atingido ou periclitado.[52] Será apenas através da sistemática repetição indiscriminada e generalizada destas agressões parcelares – assim mesmo, muitas vezes tão-somente quando tal reiteração é posta em uma perspectiva de longo prazo – que se poderá efetivamente chegar a um estágio de atingimento material relevante da integridade global destas modalidades de bens jurídicos.

36. Daí a precisa observação de Jorge de Figueiredo Dias no sentido de que "aqui se depara, de modo incontornável, com a necessidade de considerar muitas das ofensas colectivas jurídico-penalmente relevantes dentro dos quadros dos tipos chamados *aditivos* ou *cumulativos*. Seguro é que, quanto aos comportamentos susceptíveis de integrarem o fim de protecção da norma penal, a sua punição só se revelará legítima se as condutas que venham somar-se à do agente e contribuem assim para a lesão forem, mais que *possíveis*, indubitavelmente *previsíveis* e muito *prováveis*, para não dizer *certas*".[53] Por outro lado, também em

---

52. Como afirma Bernd Schünemann, "a crítica corrente ao emprego de delitos de perigo abstrato para a proteção dos bens jurídicos coletivos conduz por isso a um pleonasmo, que tem de substituir-se, de um lado, por uma análise detalhada da estrutura dos bens jurídicos coletivos, das suas condições de prejuízo e do seu merecimento de proteção penal, assim como, por outro lado, por uma teoria das necessidades político-criminais e da legitimidade constitucional da extensão antecipada da proteção do bem jurídico concreto-material através do delito de perigo abstrato" ("Del derecho penal de la clase baja al derecho penal de la clase alta. ¿Un cambio de paradigma como exigencia moral?", in *Temas Actuales y Permanentes de Derecho Penal Después del Milenio*, p. 59).

53. Jorge de Figueiredo Dias, "O papel do direito penal na protecção das gerações futuras", *Boletim da Faculdade de Direito*, Universisdade de Coimbra, Volume Comemorativo – 75 anos, p. 1.137.

conseqüência da apontada indivisibilidade intrínseca, a lesão efetiva do bem coletivo como um todo só será passível de comprovação material inequívoca com o advento da sua supressão total, o que, por força de sua enorme relevância social, é uma repercussão simplesmente insuportável. Assim, na estrutura dos tipos penais que buscam prevenir a vulneração destes bens, na condição de alicerce da própria possibilidade de existência do tipo objetivo criado, a perspectiva da lesão futura de feição globalizante estará sempre apenas normativamente pressuposta. Sua efetiva evitação dar-se-á pela carga simbólica contida na repressão da prática singular – seja potencial ou concretamente perigosa ou, mesmo, parcialmente lesiva ao objeto material – através da qual o atuar do agente já desnudou uma indiscutível postura de desapreço pelo objeto jurídico de proteção. E é o desvalor de tal conduta que não pode ser tolerado pelo ordenamento, sinalizando-se com sua punição, para os demais súditos e para o transgressor, que ela não deve ser repetida e que o relevante bem jurídico coletivo protegido pela norma penal incriminadora que foi violada é de preservação incontornável.

37. Parece haver igualmente uma confusão de setores da doutrina quanto ao real destinatário da crítica efetuada nestes casos. Muitas vezes, ao se criticar a adoção do crime de perigo para proteger os bens transindividuais, o que se pretende realmente desaprovar é a crescente adoção de crimes formais e – especialmente – de mera conduta. Ocorre que, como com acuidade observa Jorge de Figueiredo Dias, "a dificuldade não se desvanecerá, nem sequer se minorará, pela circunstância de que o delito colectivo seja tipicamente estruturado e dogmaticamente construído como crime de dano antes que de perigo, como crime de resultado antes que de mera actividade. O que nesta problemática substancial está em jogo não é a relação naturalística entre acção e objecto da acção, mas a relação normativa entre acção e bem jurídico".[54] Por outro lado, ao menos para os bens coletivos em sentido estrito, quais

---

54. Jorge de Figueiredo Dias, "O papel do direito penal na protecção das gerações futuras", *Boletim da Faculdade de Direito*, Universisdade de Coimbra, Volume Comemorativo – 75 anos, p. 1.136. Critica-se, também, a utilização da fórmula do perigo abstrato para proteção de bens coletivos em sentido amplo, quais sejam, aqueles que se resumem ao mero somatório de bens jurídicos individuais divisíveis (sobre este ponto, com vários exemplos: Bernd Schünemann, "Del derecho penal de la clase baja al derecho penal de la clase alta. ¿Un cambio de paradigma como exigencia moral?", in *Temas Actuales y Permanentes de Derecho Penal Después del Milenio*, pp. 59-60).

sejam, aqueles indivisíveis, parece auspiciosa a adoção dos diferenciados níveis de critérios legitimadores sugeridos por Schünemann para admitir sua proteção por tipos objetivos de perigo abstrato, a saber: "No *primeiro nível* deve-se indagar aonde se encontra, por assim dizer, a estação de distribuição da interação social na qual se tem que efetuar uma proteção efetiva do bem jurídico; no *segundo nível* de exame deve-se assegurar que através da extensão antecipada da penalidade não se compreendem as formas de comportamento que contenham reivindicações autorizadas da liberdade do indivíduo; no *terceiro nível* há que se ter em conta o princípio da certeza; e no *quarto nível* deve-se observar o principio de proporcionalidade".[55] Na esteira, ainda, da lição de Schünemann,[56] repele-se a crítica de que na criminalidade econômica e do meio ambiente se estariam atribuindo aos indivíduos responsabilidades decorrentes de problemas que seriam, na verdade, decorrentes do próprio sistema produtivo. Com efeito, em certa medida, toda e qualquer imputação penal por violação de bens jurídicos pode sempre ser vista como uma manifestação de origem sistêmica. Assim, *e.g.*, no furto – quase sempre provocado pela pobreza – pune-se o indivíduo que o perpetra em razão de uma limitação na distribuição igualitária de bens materiais que, em realidade, é imanente ao sistema capitalista e às desigualdades sociais dele decorrentes.[57]

II.2.6 *A questão do direito penal econômico:*
    objeto, autonomia e conceito

38. Admitindo-se, nestes termos, a viabilidade do eventual enquadramento da objetividade jurídica do crime de formação de cartel na categoria dos bens jurídicos coletivos, passíveis de proteção pelas formas diferenciadas da mera conduta e do perigo abstrato, *em terceiro lugar*, impende verificar previamente se, para sua melhor análise dogmática, há necessidade da adoção de um instrumental teórico próprio,

---

55. Bernd Schünemann, "Del derecho penal de la clase baja al derecho penal de la clase alta. ¿Un cambio de paradigma como exigencia moral?", in *Temas Actuales y Permanentes de Derecho Penal Después del Milenio*, p. 61.
56. Idem, p. 62.
57. Para uma perspectiva diferenciada de toda esta discussão, remete-se ao importante e controvertido estudo de Günther Jakobs sobre o tema, "Criminalización en el estadio previo a la lesión de un bien jurídico", in *Estudios de Derecho Penal*, pp. 293-324.

de caráter autônomo em relação ao direito penal tradicional. Para grande parte da doutrina existente sobre o tema a ordem econômica constitui o objeto central da reflexão da disciplina, articulando em torno de si as categorias heurísticas que conformam o denominado *direito penal econômico*[58] (denominação predominante, especialmente, nos âmbitos das doutrinas alemã – *Wirtschaftstrafrecht* –, portuguesa, brasileira e hispânica sobre o assunto; mas ele é também designado em outros países europeus pelos nomes de *diritto penale dell'economia*[59] ou *droit pénal des affaires*[60]). A I Grande Guerra Mundial (1914-1918) – que, de

58. Neste sentido, *e.g.*, Raúl Cervini distribui as principais linhas de pensamento acerca do tema em dois grandes grupos articulados em torno da ordem econômica, a saber: *(a)* a "corrente restritiva", para a qual o objeto do direito penal econômico identifica-se estritamente com o interesse público na preservação da ordem econômica vigente, qual seja, "o estatuto jurídico da economia de mercado, constituindo seus exemplos mais representativos as normas de repressão ao monopólio, as práticas restritivas e as demais ações que afetam a livre concorrência" ("Derecho penal económico – Concepto y bien jurídico", *Revista Brasileira de Ciências Criminais* 43/83); *(b)* a "corrente ampliativa" relaciona a ordem econômica com o conjunto de interesses patrimoniais individuais também presentes no sistema produtivo, deste modo, "nesta ótica, ao mesmo tempo em que se lesiona um bem jurídico individual (patrimônio) se está lesionando um supra-individual (ordem econômica). Assim, por exemplo, sustenta-se que ao castigar-se penalmente as falências fraudulentas se estão protegendo ao mesmo tempo os interesses pontuais dos credores e devedores como o próprio sistema creditício como expressão da ordem econômica" (ob. cit., p. 84). Com relação a esta última posição pode-se dizer, com Enzo Museo, que, "se há um setor da experiência penal representativo das instâncias político-culturais da orientação de pensamento que leva o nome de 'panpenalismo', este é precisamente o direito penal econômico, entendido em sentido amplo como aquele que compreende todas as figuras delitivas que de forma direta ou indireta tendem à tutela dos valores individuais ou coletivos de natureza precisamente econômica" ("El nuevo derecho penal económico entre Poder Legislativo y Poder Ejecutivo", in *Temas de Derecho Penal Económico*, p. 169).

59. Para uma indicação de autores e obras principais, nestes e em outros países, v. a síntese de João Gualberto Garcez Ramos, "Breve introdução ao direito penal econômico", *Boletim dos Procuradores da República* 66). Já "direito penal da Economia" parece ser a terminologia preferida na Itália (*e.g.*, Carlo Paterniti, *Diritto Penale dell'Economia*, 1995). Neste país há uma prestigiosa publicação periódica designada exatamente *Rivista Trimestrale di Diritto Penale dell'Economia*, editada em Pádua pela Casa Editrice Dott. Antonio Milani/CEDAM.

60. Termo preferido na doutrina francesa (*e.g.*, Mireille Delmas-Marty, *Droit Pénal des Affaires – Partie Générale: Responsabilité, Procédure, Sanctions*, 3ª ed., t. I; Michel Véron, *Droit Pénal des Affaires*, 1997). Setores da doutrina italiana utilizam a designação assemelhada "direito penal da empresa" (*e.g.*, Astolfo di Amato, *Diritto Penale dell'Impresa*, 1995).

certa forma, acelerou e generalizou o estágio das transformações capitalistas do conjunto da Europa – e o advento da Revolução de outubro/1917 – criando um pólo antagônico ao até então exclusivo sistema de controle privado dos meios de produção – produziram significativos efeitos sobre as economias dos países centrais. Estas eram antes hegemonizadas pela tradição liberal, caracterizada pela rígida separação entre o aparelho de estado e a economia, sintetizada na máxima do *laissez faire, laissez passer*, através da qual caberia ao Estado tão-somente fornecer as condições necessárias ao livre desempenho das forças produtivas, cabendo exclusivamente ao próprio mercado o enfretamento e a superação de eventuais disfunções sistêmicas que nele eclodissem.

39. Dissertando sobre as características principais do capitalismo gestadas no seu período de expansionismo liberal/colonialista, que pode ser periodizado como abrangendo parte do século XIX até a I Grande Guerra, Hobsbawn consigna: "O fato maior do século XIX é a criação de uma economia global única, que atinge progressivamente as mais remotas paragens do mundo, uma rede cada vez mais densa de transações econômicas, comunicações e movimentos de bens, dinheiro e pessoas ligando os países desenvolvidos entre si e ao mundo não-desenvolvido".[61] À crise econômica do pós-guerra – com todas suas diferenciadas e perversas facetas de depressão econômica, de desorganização das forças produtivas, de insuficiência da produção nacional para atender às demandas do mercado interno, de falta de abastecimento regular para suprir o consumo, da escassez e do açambarcamento de gêneros alimentícios essenciais, da especulação nos mercados financeiros, das falências fraudulentas, da carestia, da hiperinflação, da perda do poder aquisitivo dos salários, do desemprego etc. – associou-se uma perspectiva concreta para canalizar as insatisfações das classes populares, a partir do exemplo da transformação revolucionária do regime czarista na Rússia em 1917 e da organização da Internacional Comunista.[62] Esta

61. Eric Hobsbawn, *A Era dos Impérios* – 1875/1914, p. 95.
62. Cf. Eric Hobsbawn, *Era dos Extremos – O Breve Século XX (1914-1991)*, especialmente os capítulo intitulados "Rumo ao Abismo Econômico" (pp. 90-112) e "A Queda do Liberalismo" (pp. 113-177). O autor assinala que "para aqueles que, por definição, não tinham controle ou acesso aos meios de produção (a menos que pudessem voltar para uma família camponesa no interior), ou seja, os homens e mulheres contratados por salários, a conseqüência básica da Depressão foi o desemprego em escala inimaginável e sem precedentes, e por mais tempo do que qualquer um já ex-

situação internacional reflete-se inicialmente apenas na esfera da produção normativa regular, com a edição de incontáveis leis vocacionadas ao asseguramento da presença do Estado na regulação do funcionamento da economia.[63]

40. Se nesta primeira etapa ainda permaneciam intocados muitos dogmas e concepções liberais, e o Estado apenas timidamente interferia na economia, após a eclosão da II Grande Guerra assiste-se ao agudecer de toda esta problemática da crise econômica, agora associada à corrida armamentista que se estabelece entre os dois grandes blocos políticos que emergiram do conflito.[64] Constata-se, em conseqüência, que as novas ordens constitucionais, surgidas após seu término, passam a refletir a enorme importância adquirida pela organização da economia e pelo estabelecimento dos princípios reguladores da crescente intervenção do Estado em seu funcionamento.[65] Interferência que se evidencia em todos os diferenciados aspectos da economia, englobando a produção, a circulação e a distribuição de bens e serviços pelas empresas produtivas, assim como a relação das empresas entre si, com seus trabalhadores e os consumidores de seus produtos, e delas com o próprio poder estatal e com as políticas públicas dele emanadas (*ordem econômica*, em sentido amplo). Como inequívoco reflexo de sua crescente relevân-

---

perimentara. No pior período da Depressão (1932-1933), 22% a 23% da força de trabalho britânica e belga, 24% da sueca, 27% da americana, 29% da austríaca, 31% da norueguesa, 32% da dinamarquesa e nada menos que 44% da alemã não tinha emprego. E, o que é igualmente relevante, mesmo a recuperação após 1933 não reduziu o desemprego médio da década de 1930 abaixo de 16% a 17% na Grã-Bretanha e Suécia ou 20% no resto da Escandinávia. O único Estado ocidental que conseguiu eliminar o desemprego foi a Alemanha nazista entre 1933 e 1938. Não houvera nada semelhante a essa catástrofe econômica na vida dos trabalhadores até onde qualquer um pudesse lembrar. O que tornava a situação mais dramática era que a previdência pública na forma de seguro social, inclusive auxílio-desemprego, ou não existia, como nos Estados Unidos da América, ou, pelos padrões de fins do século XX, era parca, sobretudo para os desempregados a longo prazo" (ob. cit., p. 97).

63. Para a história do surgimento do direito penal econômico remete-se ao excelente estudo de Jorge de Figueiredo Dias em conjunto com Manuel da Costa Andrade, "Problemática geral das infracções contra a economia nacional", in Roberto Podval (org.), *Temas de Direito Penal Econômico*, especialmente pp. 69-80.

64. Sobre a corrida armamentista, ainda, Eric Hobsbawn, *Era dos Extremos – O Breve Século XX (1914-1991)*, sobretudo o capítulo "Guerra Fria", pp. 223-252.

65. Idem (especialmente o capítulo "A Revolução Social 1945-1990", pp. 282-313).

cia social e política, quase todas as Constituições editadas no pós-guerra passam a conter capítulos e normas específicas sobre tais temas. Inicia-se, igualmente, a disciplina legal específica que preconiza a supervisão estatal dos ângulos da captação de poupanças populares individuais, que estão dispersas capilarmente no sistema econômico, efetivada através de instituições em atuação na captação, gestão e aplicação de recursos financeiros e valores mobiliários de terceiros (*sistema financeiro*). Verifica-se também o incremento da regulação sistematizada da cobrança de tributos e de preços públicos necessários ao funcionamento do aparelho do Estado e ao desempenho por este de suas atividades precípuas (*ordem tributária*). Observa-se, ainda, nesta etapa, em uma nova perspectiva de autonomia que configura um segmento constitucional próprio, a criação de novos direitos dos trabalhadores e a ampliação dos mecanismos protetivos que perseguem as metas de justiça e bem-estar sociais, materializados agora sob a forma de direitos à previdência social, à saúde pública, à educação pública e gratuita, ao meio ambiente equilibrado e saudável etc. (*ordem social*).

41. Caracterizando-se, assim, o denominado "Estado do Bem-Estar Social" (*Welfare State*) que – *grosso modo* – perdurou até meados da década de 90 do século passado, cuja mitigação em virtude do fenômeno da globalização foi sumarizada na introdução deste trabalho, e no qual, como bem elucida Jorge Reis Novais: "(...) o Estado empenha-se então, consciente e deliberadamente, no processo produtivo, na redistribuição do produto social e na direcção ou mesmo planificação do processo econômico. A justiça social e a prossecução da igualdade material – e não já apenas da igualdade perante a lei – são elevadas a fins essenciais do Estado, que assim se afirma como Estado Social. Por um lado, pretende-se uma estruturação e regulação da vida social a partir do impulso e da conformação estaduais, quer através de uma política económica intervencionista, quer através da providência das condições de existência vital dos cidadãos, prestação de bens e serviços e criação de infra-estruturas materiais. Em contrapartida, reconhece-se e estimula-se a pressão e o controlo da sociedade sobre o Estado, visando à possibilidade de inflexão e apropriação social das decisões políticas através da acção permanente e institucionalizada dos partidos, grupos de interesse e organizações sociais sobre os aparelhos do Estado. A expressão 'Estado Social' procura sintetizar o sentido desse processo concertado de estadualização da sociedade e de recíproca socialização do Estado, sendo esta dupla dimensão que permite distinguir, de algum modo, o Estado Social das designações afins mais vocacionadas para traduzir apenas aspectos parcelares daquelas tendências (Estado Assistencial, Estado-Providência, Estado de Bem-Estar, Estado de Partidos, Estado Administrativo) (...)".[66]

42. Todas estas questões logo reverberam no campo direito penal, e, apesar de se recomendar seu emprego apenas como a *extrema ratio*, passa a ser freqüente e crescentemente adotado como o vetor assegurador da célere implantação das novas normas organizatórias das economias nacionais, pretensamente configurando-se como um dos mais eficientes instrumentos de intervenção do Estado na ordem econômica.[67]

66. Jorge Reis Novais, *Os Princípios Constitucionais Estruturantes da República Portuguesa*, p. 31. No que concerne à Constituição brasileira de 1988, Paulo Bonavides assevera que esta "é basicamente em muitas de suas dimensões essenciais uma Constituição do Estado Social. Portanto, os problemas constitucionais referentes a relações de Poderes e exercício de direitos subjetivos têm que ser examinados e resolvidos à luz dos conceitos derivados daquela modalidade de ordenamento. Uma coisa é a Constituição do Estado Liberal, outra a Constituição do Estado Social. A primeira é uma Constituição antigoverno e anti-Estado; a segunda uma Constituição de valores refratários ao individualismo no Direito e ao absolutismo no Poder" (*Curso de Direito Constitucional*, 22ª ed., p. 371). Por outro lado, Jorge Miranda observa que "os direitos sociais abrangem tanto a educação, a saúde, o trabalho, o lazer, a segurança, a previdência social, a protecção à maternidade e à infância e a assistência aos desempregados como os direitos dos trabalhadores atinentes à segurança do emprego, ao salário, à associação sindical, à greve e à participação (arts. 6º a 11º). No que é, por certo, a mais grave deficiência do texto constitucional, só muito depois surge a 'ordem social' (arts. 193º a 232º), evidentemente indissociável dos direitos sociais, mesmo quando se traduz em garantias institucionais e incumbências do Estado. Dominam aqui as normas programáticas, muitas delas de difícil cumprimento até longo prazo, pelo menos da mesma maneira num país tão diversificado como o Brasil (e cuja estrutura federativa deveria recomendar maior plasticidade)" (*Manual de Direito Constitucional*, t. I, p. 235).

67. Em alguns casos – pensamos especificamente na Alemanha e em Portugal – esta transição passa pela utilização de mecanismos de controle que se integram no âmbito funcional e competencial do direito administrativo, embora tenham natureza punitiva. Isto se dá por meio da criação dos chamados "ilícitos de mera ordenação social" (*Ordnungswidrigkeit*), que cominam prevalecentemente sanções pecuniárias (coimas). Quanto às suas origens históricas e às especificidades de sua introdução em Portugal: Jorge de Figueiredo Dias, "Para uma dogmática do direito penal secundário – Um contributo para a reforma do direito penal económico e social português", in *Direito e Justiça*, vol. IV, p. 16. Para um levantamento mais preciso do perfil doutrinário/dogmático do direito de mera ordenação social podem ser compulsados os contributos de: Jorge de Figueiredo Dias, "Do direito penal administrativo ao direito de mera ordenação social: das contravenções às contra-ordenações", in *Temas Básicos*

Assim, em setembro/1953, em Roma, no VI Congresso Internacional de Direito Penal, organizado pela Associação Internacional de Direito Penal/AIDP, o direito penal econômico já se coloca como o principal tema de discussão. Nada mais controverso e polêmico que os problemas teóricos acerca do objeto central de análise, do conceito e da autonomia deste novo enfoque – o que, sem qualquer dúvida, extrapola de muito o âmbito da análise aqui encetada.[68] Tendo em vista, todavia, a apontada coincidência entre a objetividade jurídica do crime que ora analisamos e o núcleo duro do direito penal econômico, em nosso sentir impõe-se como relevante uma reflexão sobre a eventual existência de um instrumental teórico próprio que lhe seria peculiar e da possível relevância da sua adoção como uma ferramenta útil para melhor compreensão da nossa ordem própria de questões. Assim, como mera exemplificação, veremos algumas das diferentes perspectivas conceituais adotadas

da Doutrina Penal, pp. 135-154; Maria Fernanda Palma e Paulo Otero, "Revisão do regime legal do ilícito de mera ordenação social: parecer e proposta de alteração legislativa", *Revista da Faculdade de Direito da Universidade de Lisboa* 37-2/557-591; Teresa Pizarro Beleza, *Direito Penal*, vol. I, pp. 101-129; Manuel da Costa Andrade, "Contributo para o conceito de contra-ordenação – A experiência alemã", in *Direito Penal Econômico e Europeu: Textos Doutrinários*, vol. I, "Problemas Gerais", pp. 75-107; José Francisco de Faria Costa, "A importância da recorrência no pensamento jurídico. Um exemplo: a distinção entre o ilícito penal e o ilícito de mera ordenação social", in *Direito Penal Econômico e Europeu: Textos Doutrinários*, vol. I, pp. 109-143; e Augusto Silva Dias, "Crimes e contra-ordenações fiscais", in *Direito Penal Econômico e Europeu: Textos Doutrinários*, vol. II, "Problemas Especiais", pp. 439-480, especialmente pp. 440-445.

68. Para um aprofundamento desta discussão no âmbito dos autores em língua portuguesa, e com as ressalvas concernentes aos aspectos das contra-ordenações, diante da estrutura própria do Direito Brasileiro, remete-se, dentre outros estudos sobre o assunto, aos textos oriundos de Coimbra, respectivamente de autoria de Jorge de Figueiredo Dias, "Para uma dogmática do direito penal secundário – Um contributo para a reforma do direito penal econômico e social português", in *Direito e Justiça*, vol. IV, pp. 7-57, e, em conjunto com Manuel da Costa Andrade, "Problemática geral das infracções contra a economia nacional", in Roberto Podval (org.), *Temas de Direito Penal Econômico*, pp. 64-98; José Francisco de Faria Costa, "O fenômeno da globalização e o direito penal econômico", *Revista Brasileira de Ciências Criminais* 35/9-25, e *Direito Penal Econômico*, 2003; deste último em conjunto com Manuel da Costa Andrade, "Sobre a concepção e os princípios do direito penal econômico – Notas a propósito do Colóquio Preparatório da AIDP (Freiburg, setembro de 1982)", in Roberto Podval (org.), *Temas de Direito Penal Econômico*, pp. 99-120; e de Manuel da Costa Andrade, "A nova Lei dos Crimes Contra a Economia (Decreto-lei 26/1984, de 20 de janeiro) à luz do conceito de 'bem jurídico'", *Direito Penal Econômico*, cit.

sobre o assunto, para em seguida explicitarmos os fundamentos de nosso posicionamento acerca do problema da necessidade de sua autonomização em relação ao direito penal, digamos, tradicional.[69]

II.2.6.1 Critérios conceituais

43. Parece relevante observar que as primeiras tentativas de sistematização das atividades delituosas que hoje constituem a área de atuação do direito penal econômico, especialmente nos Estados Unidos da América, partiram de uma perspectiva centrada naqueles que habitualmente eram os sujeitos ativos deste tipo de criminalidade, os "colarinhos brancos".[70] Esta terminologia – "crime de colarinho branco" – foi pela primeira vez utilizada em 1939 no discurso de posse do professor Edwin Sutherland na presidência da Associação Norte-Americana de Sociologia,[71] quando este o conceituou como "o crime cometido por uma pessoa de respeitabilidade e elevado *status* social no curso de sua ocupação profissional". Em que pese aos méritos do pioneirismo e da ruptura com a visão predominante à época de que os crimes eram vinculados exclusivamente aos pobres ou aos patologicamente condenados à sua prática, esta definição não parece a mais adequada quando trazida ao âmbito da dogmática.[72] O problema mais evidente, na perspectiva

---

69. Estas questões acerca do direito penal econômico (campo de incidência *vs.* autonomia) estão indissociavelmente vinculadas entre si, como aponta corretamente Michel Véron ao asseverar que "a tese da autonomia do direito penal dos negócios supõe que possamos determinar seu conteúdo com precisão e, mesmo aqui, está aberta uma discussão interminável" (*Droit Pénal des Affaires*, pp. 7-8).

70. Na esteira do citado estudo de Jorge de Figueiredo Dias e Manuel da Costa Andrade, "Problemática geral das infrações contra a economia nacional", in Roberto Podval (org.), *Temas de Direito Penal Econômico*, pp. 81-82.

71. Discurso do professor Edwin Sutherland intitulado "White collar criminality", publicado na *American Sociological Review* 5/1-12.

72. Aduza-se, como mérito adicional de seus estudos sobre o tema, que na versão sem cortes da sua obra magistral (na qual são desvendados os nomes das grandes corporações cujas práticas ilícitas foram por ele analisadas) Sutherland já apontava para a estreita ligação existente entre a criminalidade corporativa desenvolvida pelos "colarinhos brancos" e o crime organizado. Com efeito, ao concluir seu estudo ele assegura que "violações da lei cometidas por corporações são deliberadas e caracterizam crimes organizados. Isto não significa que as corporações nunca violem a lei inadvertidamente e de uma maneira desorganizada. Isto significa que uma porção substancial de suas violações é deliberada e organizada" (*"White Collar Crime" – The Uncut Version*, p. 239).

jurídico-penal, é que se trata de um conceito *ad hominem*, ou seja, define-se o *criminoso*, contudo não se estabelecem os contornos da *conduta criminosa* exigidos pelo princípio da reserva legal. Em segundo lugar, o conceito pode ser visto como reducionista, na medida em que restringe tais práticas *ao curso de uma ocupação profissional*, quando podem ocorrer fora deste âmbito estrito.[73] Esta mesma estratégia conceitual de predominante cariz criminológico ainda repercute modernamente no campo doutrinário, como, por exemplo, na definição do "direito penal dos negócios" formulada por Mireille Delmas-Marty como sendo "(...) *o ramo do Direito Penal que sanciona, de um lado, os prejuízos à ordem financeira, econômica, social e à qualidade de vida*; de outro lado, *os prejuízos à propriedade, fé pública, integridade física das pessoas, no momento em que o autor agiu no quadro de uma empresa, seja por conta desta, seja por sua própria conta, caso o mecanismo de infração esteja ligado à existência de poderes de decisão essenciais à vida da empresa*. Se insistimos sobre o critério do sujeito (referência à empresa) ou sobre o critério do objeto (tipologia das infrações no que diz respeito aos valores protegidos), é fato que um e outro conduzem a certo particularismo da política penal (...)".[74]

44. Por mais consentâneos com um direito penal democrático, construído em um Estado de Direito, parecem melhores aqueles conceitos estruturados com base nas infrações penais que constituiriam a matéria específica do direito penal econômico – a saber, os chamados *delitos econômicos*. Aqui surge uma primeira dificuldade dogmática, consubstanciada na inexistência no âmbito do ordenamento jurídico brasileiro de um "código de crimes econômicos" ou, mesmo, de um título ou capítulo do nosso Código Penal vigente que abrigasse sob tal designação determinadas normas incriminadoras. Ao contrário, estes crimes encontram-se dispersos quer no próprio Código Penal, quer na legislação penal especial. Por outro lado, diante da dinâmica própria da realidade

---

73. Mesmo quando constituem tipos próprios, ou seja, quanto no tipo objetivo se insere a exigência de dada qualidade do sujeito ativo – *e.g.*, vinculando-o à atividade exercida no âmbito de uma empresa (administrador, diretor, gestor etc.) –, tal elemento normativo de caráter subjetivo, por ser elementar do crime (*rectius*: por integrar o tipo objetivo da norma penal incriminadora), nos termos do Código Penal, comunicar-se-á ao *extraneus*, que poderá, assim, ser igualmente autor do crime.
74. Mireille Delmas-Marty, *Droit Pénal des Affaires – Partie Générale: Responsabilité, Procédure, Sanctions*, 3ª ed., t. I, pp. 8-9.

econômica, a solicitar respostas céleres e eficazes, mesmo cuidando-se de respostas penais, as normas que tratam do assunto não têm a costumeira estabilidade e permanência, sendo muitas vezes transitórias ou estruturadas como normas penais em branco, para viabilizar sua atualidade e eficácia, o que traz uma série de outros problemas adicionais, como adiante se verá. A matéria-prima tratada nestas normas repressivas – qual seja, a economia e as relações econômicas – consubstancia temário tecnicamente muito complexo, que implica a construção de injustos penais eivados de elementos normativos polissêmicos, inabituais no universo jurídico considerado (que demanda a observância dos rigores formais exigidos ao tipo penal de garantia) e que dificultam em muito a tarefa dos penalistas.[75]

II.2.6.2 Crimes econômicos em sentido estrito

45. Neste campo, ao que se indica, a melhor estratégia para a definição do objeto do direito penal econômico parece ser o da clivagem entre aqueles conceitos de *crime econômico* que partem de uma leitura da ordem econômica em sentido estrito daqueles outros que se alicerçam em uma visão ampla da mesma. A distinção essencial entre estas posições reside no reconhecimento da ordem econômica no primeiro caso como sendo um bem jurídico exclusivamente ou ao menos predominantemente supra-individual, enquanto a posição ampliativa inclui os interesses privados eventualmente atingidos. Nestes termos, para a perspectiva restritiva a ordem econômica propriamente dita é vista como sendo o conjunto de estruturas organizativas da produção, da circulação e da distribuição de bens e serviços existente em determinada formação social, em um dado momento histórico, numa perspectiva que é ancorada, ainda, no controle da observância, pelos agentes econômicos, de determinadas políticas públicas que emanam do Estado para sua regu-

---

75. Quando é dada a estes, e não aos economistas, a tarefa de colaborar em sua elaboração... Podemos mencionar, exemplificativamente, como outros fatores complicadores da construção dogmática da criminalidade econômica, as questões concernentes à aplicação da lei penal no espaço e na matéria probatória (necessidade da inversão de certos ônus probatórios em certos delitos), sobretudo em razão da projeção transnacional desta questão, como assinala José Francisco de Faria Costa ("O fenômeno da globalização e o direito penal econômico", *Revista Brasileira de Ciências Criminais* 35/20-21).

lação global ou setorial. Assim, ainda que mediatamente possam ser atingidos, no bojo da infração econômica, os eventuais interesses localizados de empresas e indivíduos, como requisitos formais indispensáveis sempre estarão presentes a vulneração ao interesse coletivo na preservação de dadas estruturas econômicas (que são vistas em uma óptica sistêmica) ou o desatendimento de uma determinada orientação estatal de interesse público destinada a manter, regular, modificar ou aperfeiçoar aquelas estruturas.[76]

II.2.6.3 Crimes econômicos em sentido amplo

46. Já, para o segundo grupo os bens jurídicos protegidos no âmbito da ordem econômica podem ser reduzidos a um somatório divisível de interesses individuais (bem coletivo em sentido amplo). Estariam abrangidas neste conceito, desde que tenham sido praticadas em um contexto de atividade econômica, mesmo aquelas infrações criminais há muito existentes e nas quais, na realidade, predominam interesses patrimoniais individuais. Em síntese, para esta posição a ordem econômica envolve não só os aspectos sistêmicos referidos, como também as relações existentes entre os próprios agentes econômicos, as estabelecidas entre estes e seus empregados e consumidores, inclusive abrangendo os ilícitos de concorrência desleal entre empresas, infrações à propriedade industrial e intelectual, violações societárias diversas, como a fraude de balanços em prejuízo dos acionistas ou lesões ao patrimônio das empresas causadas por funcionários etc. Incluiria, ainda, além da ordem econômica propriamente dita, as ordens tributária (crimes de sonegação fiscal, de contrabando e de descaminho) e social (crimes contra o meio ambiente, a saúde pública, a Previdência Social etc.); o Sistema Financeiro (crimes do mercado de capitais, contra as instituições

---

76. Nesta linha a conceituação utilizada por J. J. Gomes Canotilho e Vital Moreira: "Ao conjunto das normas e dos princípios constitucionais relativos à economia – isto é, à ordem constitucional da economia – pode dar-se, de acordo com um conceito já sedimentado na doutrina, o nome de constituição econômica. Trata-se do conjunto de normas e de princípios constitucionais que caracterizam basicamente a organização econômica, determinam as principais regras do seu funcionamento, delimitam a esfera de acção dos diferentes sujeitos econômicos, prescrevem os grandes objectivos da política econômica, enfim, constituem as bases fundamentais da ordem jurídico-política da economia" (*Constituição da República Portuguesa Anotada*, p. 383).

financeiras, de remessa de divisas, de câmbio, de usura etc.) e as relações de consumo (delitos contra os consumidores) e laborais (violações sistemáticas aos direitos trabalhistas nas relações de emprego, redução análoga à condição de escravo etc.).[77]

II.2.6.4 Limitação do objeto do direito penal econômico

47. A ordem econômica, em seu sentido estrito, passou a ter grande importância nas Constituições contemporâneas, que lhe reservam um capítulo próprio[78] e distinto dos diversos outros aspectos correlatos à mesma e que nela estariam incluídos, quando vista em sentido amplo; estes, por sua vez, também alcançaram autonomia e relevância próprias, com imediatos reflexos na legislação penal especial correspondente, que passou, igualmente, a tratá-los em blocos separados.[79] A associação desta constatação com as premissas que foram estabelecidas nos itens precedentes, quando foi abordada a questão dos bens coletivos, parece recomendar seja adotada a primeira linha conceptual referida (concep-

---

77. A abordagem de Juarez Cirino dos Santos exemplifica o amplo espectro de valores envolvidos nesta perspectiva do direito penal econômico: "(a) o patrimônio (1) do consumidor, (2) dos interessados/sócios de sociedades por ações, (3) da coletividade investidora, (4) imaterial das empresas, (5) dos credores destas; e (b) os fundamentos econômicos do sistema de livre empresa" ("Direito penal econômico", *Revista de Direito Penal e Criminologia* 33/197). Heleno Cláudio Fragoso observou, com justeza, que "desta forma, porém, estabelecemos um conceito demasiadamente amplo de delito econômico, incluindo o furto e o roubo comuns, que constituem a criminalidade convencional contra o patrimônio e que nada têm a ver com o fenômeno que se pretende caracterizar" ("Direito penal econômico e direito penal dos negócios", *Revista de Direito Penal e Criminologia* 33/123).
78. Como anotam J. J. Gomes Canotilho e Vital Moreira: "A Constituição portuguesa, tal como muitas outras Constituições contemporâneas, reserva uma divisão própria para a constituição econômica (...). E é este, aliás, um dos traços distintivos das Constituições actuais face às Constituições liberais. (...)" (*Constituição da República Portuguesa Anotada*, p. 383).
79. A Lei federal 8.137/1990, quanto aos crimes em espécie, os distribui em dois capítulos, respectivamente designados como "Dos Crimes Contra a Ordem Tributária" e "Dos Crimes Contra a Ordem Econômica e as Relações de Consumo". Observe-se quanto a este último que, embora reunidas no mesmo capítulo as infrações penais contra a ordem econômica e contra as relações de consumo, além da distinção que resulta da própria epígrafe utilizada, que separa as duas modalidades, igualmente distribuem-se os respectivos tipos penais em artigos bem diferenciados, nos arts. 4º a 6º aqueles contra a ordem econômica e no art. 7º os que atentam contra as relações de consumo.

ção restritiva).[80] Podemos adotar como ponto de partida para a construção de uma definição do direito penal econômico consentânea com esta perspectiva da ordem econômica uma noção operacional do que seria seu objeto (o crime econômico), similar àquela que foi formulada por Eduardo Novoa Monreal.[81] Este autor parte de um conceito relativamente genérico de *delito econômico*, como sendo *(a)* "a figura penal prevista pelo legislador para proteger os bens jurídicos mais relevantes e merecedores de amparo penal que propõem o chamado direito econômico".[82] Para seu melhor delineamento, o autor restringe sistemática e espacialmente esta perspectiva ampla, acrescentando que este delito *(b)* "terá como bem jurídico protegido próprio algum aspecto da ordem pública econômica concretamente estabelecida em um determinado país".[83] Como estalão axiológico das condutas a serem subsumidas nes-

---

80. Como exemplo de definições ampliativas, por paradigmática deste posicionamento, cite-se a usada por Massimo Donini: "(...) me refiro a uma categoria muito ampla de delitos contra a economia em sentido amplo, na qual *junto* à tutela eventual ou primária de bens *patrimoniais* em sentido estrito, ou *institucionais* (como, por exemplo, a tutela da atividade de vigilância dos órgãos de controle ou da confiança no respeito às regras do mercado), ou bens *funcionais* (como, por exemplo, a transparência), todos eles interesses tutelados de maneira imediata, se encontram também bens supra-individuais de tipo econômico, considerados em certas ocasiões como objeto, e em outras, mais que objetos, como objetivos da incriminação" ("¿Una nueva Edad Media penal? Lo viejo y lo nuevo en la expansión del derecho penal económico", in *Temas de Derecho Penal Económico*, p. 197). Na doutrina brasileira podemos citar a de Manoel Pedro Pimentel: "(...) conjunto de normas que têm por objeto sancionar, com as penas que lhes são próprias, as condutas que, no âmbito das relações econômicas, ofendam ou ponham em perigo bens ou interesses juridicamente relevantes" (*Direito Penal Econômico*, p. 10). Nesta linha, também, Juarez Cirino dos Santos, que o vê como um "setor especial do direito penal que tem por objetivo a proteção do patrimônio do consumidor, do interessado/sócio em sociedade por ações, do investidor, do participante no sistema de livre empresa, dos credores desses participantes, da população e do Estado, pela incriminação de práticas fraudulentas, monopolísticas e imprevidentes. Assim, pode-se dizer que o direito penal econômico brasileiro tem por objeto as práticas fraudulentas, imprudentes e monopolísticas lesivas do patrimônio da coletividade, nas dimensões do consumo, dos investimentos, da participação no sistema de livre empresa, da credibilidade/operacionalidade /funcionalidade desse sistema e dos recursos para sua garantia/reprodução pelo Estado" ("Direito penal econômico", *Revista de Direito Penal e Criminologia* 33/197-198).

81. Eduardo Novoa Monreal, "Reflexiones para la determinación y delimitación del delito económico", *Anuario de Derecho Penal y Ciencias Penales* XXXVI-1/43-75.

82. Idem, p. 46.

83. Idem, ibidem. Há outras definições de *crime econômico* tributárias de uma perspectiva restritiva da ordem econômica e que podem ser aqui referidas, como a

ta norma incriminadora, considera que *(c)* a ordem econômica – por expressar o interesse público coletivo – deve predominar quando contrastada por interesses individuais oriundos da esfera privada.[84] Aduz que seu cometimento *(d)* "não causa por si mesmo um dano (lesão ou perigo) a pessoa ou pessoas determinadas, senão que seu dano se difunde sobre toda a nação, sem radicar-se sobre alguém em particular; por esta razão se trata de um dano que não é quantificável nem singularizável".[85] A delimitação do objeto próprio ao direito econômico, por seu turno, é um

usada pelo professor Heleno Fragoso: "Pensamos que se deve adotar para o delito econômico um conceito restrito, cuja objetividade jurídica reside na ordem econômica, ou seja, em bem/interesse supra-individual, que se expressa no funcionamento regular do processo econômico de produção, circulação e consumo de riqueza" ("Direito penal econômico e direito penal dos negócios", *Revista de Direito Penal e Criminologia* 33/123-124). Neste mesmo diapasão, ainda, *e.g.*, a definição precursora de Eberhard Schmidt, para quem "uma infração será delito econômico quando vulnere o interesse do Estado na permanência e conservação da ordem econômica" (*apud* Raúl Cervini, "Derecho penal econômico – Concepto y bien jurídico", *Revista Brasileira de Ciências Criminais* 43/83), e a de Harro Otto, para quem "são delitos econômicos aqueles comportamentos descritos nas leis que lesionam a confiança na ordem econômica vigente, em geral, ou em algumas de suas instituições, em particular, e, portanto, põem em perigo a própria existência e as formas de atividade dessa ordem econômica" (idem, ibidem). Sobre esta elevação da confiança à condição de verdadeiro bem jurídico central na identificação do delito econômico: Jorge de Figueiredo Dias e Manuel da Costa Andrade, "Problemática geral das infracções contra a economia nacional", in Roberto Podval (org.), *Temas de Direito Penal Econômico*, pp. 83-84. Por outro ângulo, Klaus Volk critica acerbamente a utilização da "confiança" como elemento constitutivo dos crimes econômicos, inclusive asseverando que na verdade se cuida, nestes casos, de "uma confiança geral, abstrata, ou seja, segundo a terminologia sociológica, da confiança no sistema" (*Sistema Penale e Criminalità Economica – I Rapporti tra Dommatica, Politica Criminale e Processo*, p. 33).

84. Eduardo Novoa Monreal, "Reflexiones para la determinación y delimitación del delito económico", *Anuario de Derecho Penal y Ciencias Penales* XXXVI-1/46. Na lição de Celso Antônio Bandeira de Mello: "O princípio da supremacia do interesse público sobre o interesse privado é princípio geral de Direito inerente a qualquer sociedade. É a própria condição de sua existência. Assim, não se radica em dispositivo específico algum da Constituição, ainda que inúmeros aludam ou impliquem manifestações concretas dele, como, por exemplo, os princípios da função social da propriedade, da defesa do consumidor ou do meio ambiente (art. 170, III, V e VI), ou tantos outros. Afinal, o princípio em causa é um pressuposto lógico do convívio social" (*Curso de Direito Administrativo*, 25ª ed., p. 96). No que tange à concorrência entre interesses públicos e privados, com referência aos direitos fundamentais, por todos, remete-se ao texto de Peter Häberle, *La Libertad Fundamental en el Estado Constitucional*, pp. 53-67.

85. Eduardo Novoa Monreal, "Reflexiones para la determinación y delimitación del delito económico", *Anuario de Derecho Penal y Ciencias Penales* XXXVI-1/66.

complemento indispensável à compreensão do conceito de *crime econômico* adotado por Eduardo Novoa Monreal, e é definido por ele como sendo aquele *(e)* "ramo do Direito que reúne e sistematiza um conjunto de regras jurídicas de interesse público, destinadas a proteger e manter certa ordenação e organização da economia nacional com vistas ao bem-estar de toda a coletividade".[86]

II.2.6.5 Subsistema operacional do direito penal

48. E o instrumental teórico utilizado especificamente para a compreensão, a análise e a exegese dos crimes econômicos, assim definidos, caracterizaria um novo segmento da ciência jurídica? Como se sabe, o reconhecimento de uma nova disciplina jurídica alicerça-se na presença do trinômio *(a)* metodologia, *(b)* objeto e *(c)* princípios peculiares (autônomos).[87] Assim, seria necessário o reconhecimento da existência de um conjunto sistematizado de princípios e de normas jurídicas, que lhe seriam próprios, seja este de natureza pública ou de repercussão privada, mas configurando um todo logicamente articulado e sistematicamente organizado, que, por força de suas especificidades, lhe atribua uma autonomia funcional que possibilite seu reconhecimento como sendo distinto dos demais ramos do ordenamento jurídico. Visualizado nestes termos, como já evidencia sua própria designação, constata-se que o direito penal econômico, ao menos até o presente, configura tão-somente uma ramificação didática ou funcional integrante de um ramo mais amplo do ordenamento – este, sim, cientificamente autônomo e diferenciado dos demais ramos do conhecimento jurídico, que é o direito pe-

---

86. Idem, p. 74. Para Celso Ribeiro Bastos *direito econômico* é conceituado como "o estudo das normas que dispõem sobre a organização econômica de um país, é dizer, as leis que regem a produção, a distribuição, a circulação e o consumo de riquezas, tanto no plano nacional como no internacional. Trata-se, portanto, do estudo das leis econômicas que regem os preços, a moeda, o crédito e o câmbio. É, assim, o direito de economia. O direito econômico tem como objeto o estudo da base da organização jurídico-econômica e está voltado para o controle do poder econômico. Pode-se afirmar que o direito econômico é um ramo do direito público. Ele, como já foi dito, diz respeito também à intervenção do Estado na economia, é dizer, às normas que regem a política econômica estatal" (*Direito Econômico Brasileiro*, p. 58).

87. Acolhendo-se, no particular, o magistério de José Francisco de Faria Costa, *Direito Penal Económico*, pp. 18-20.

nal.[88] Aparece, de um lado, como uma das muitas manifestações características da historicidade própria às disciplinas de cariz valorativo,[89] sempre sensíveis às mudanças sociais, especialmente no caso do direito penal, em razão da relevância da política criminal que neste repercute e da sua crescente (e muitas vezes indevida) utilização como panacéia favorita para o tratamento dos males sociais contemporâneos.[90] Por outro lado, seu objeto precípuo – o delito econômico – nada mais é que uma espécie do gênero das normas jurídicas incriminadoras, as quais constituem exatamente a matéria-prima do direito penal, e, por outro lado, os princípios informativos assim como a metodologia que o direito penal econômico utiliza também são os mesmos que tradicionalmente informam aquele.

88. Neste sentido, *e.g.*, Francisco Muñoz Conde afiança que "o direito penal econômico é, sem dúvida, uma parte importante do moderno direito penal, e quiçá uma das que tenham mais futuro, mas, enquanto não se demonstre o contrário, são as categorias e princípios gerais do direito penal, em seu conjunto, as que devem ser empregadas para resolver seus problemas" ("Principios políticocriminales que inspiran el tratamiento de los delitos contra el órden socioeconómico en el Proyecto de Código Penal Español de 1994", *Revista Brasileira de Ciências Criminais* 11/20). Em sentido contrário, *e.g.*, manifesta-se Raúl Peña Cabrera ao consignar que "o direito penal econômico é um direito interdisciplinar punitivo que protege a ordem econômica como *ultima ratio*, qual seja, o último recurso a ser utilizado pelo Estado, após haver lançado mão de todos os demais instrumentos de política econômica ou de controle de que dispõe para uma eficaz luta contra as diversas formas de criminalidade econômica. As graves disfunções e crises socioeconômicas justificam a intervenção do Estado em matéria econômica, e recorrer ao direito penal para resolvê-las e assegurar o bem-estar comum" ("El bien jurídico em los delitos económicos (con referencia al Código Penal peruano)", *Revista Brasileira de Ciências Criminais* 11/42). Profligando igualmente a autonomia do direito penal dos negócios manifesta-se Mireille Delmas-Marty (*Droit Penal des Affaires – Partie Générale: Responsabilité, Procédure, Sanctions*, 3ª ed., t. 1, p. 3). No que concerne aos aspectos metajurídicos suscitados pelo conceito de *direito penal dos negócios*, em consonância com Carlo Paterniti, registra-se que, "sem indagar da utilidade deste método de estudo, é oportuno assinalar o perigo que dele decorre, já que pode acontecer de se considerar como relevantes, no plano jurídico, resultados de exclusivo interesse criminológico" (*Diritto Penale dell'Economia*, p. 22).
89. Assim em José Francisco de Faria Costa, *Direito Penal Econômico*, p. 25.
90. Registra Astolfo di Amato que "a luta contra a gestão ilícita do processo produtivo, para ser eficaz, deve nascer a partir da consciência do nexo existente, nesta matéria, entre repressão penal e disciplina civil. A mera proliferação das normas incriminadoras e a tendência ao enrijecimento das penas, como único instrumento para controlar os fenômenos econômicos, são manifestações de impotência e sintoma de regressão a uma concepção autoritária do Estado" (*Diritto Penale dell'Impresa*, p. 9).

49. De outra parte, poderia justificar seu reconhecimento futuro como segmento funcional/operativo do direito penal a existência de determinadas especificidades dos delitos econômicos, defluentes do fato de estes refletirem uma interseção normativa entre duas modalidades distintas do conhecimento científico (Direito e Economia), que são dotadas de características gnosiológicas próprias e que explicitam distintas interpretações axiológicas da realidade, como também em decorrência da natureza coletiva dos bens e interesses jurídicos por ele protegidos. Podem ser acrescentados, ainda, os aspectos referentes ao formato assumido pela proteção normativa que empresta a estes bens transindividuais (utilização de tipos penais de mera atividade e/ou de perigo abstrato, uso de normas penais em branco, emprego de inúmeros elementos normativos polissêmicos pertencentes aos domínios da Economia etc.) e a definição de quem devem ser os sujeitos ativos destes ilícitos (situações de autoria mediata, responsabilidade penal das pessoas coletivas etc.).

II.2.6.6 Um conceito provisório

50. Desta maneira, utilizando a construção exposta anteriormente como alicerce conceitual de nossa perspectiva própria, podemos adotar o seguinte conceito provisório, apenas para fins de utilização em nossa análise: *direito penal econômico é o sub-ramo do direito penal que, fundamentado nos princípios gerais deste ramo do direito público interno e utilizando-se de seu instrumental metodológico, tem por objeto específico a sistematização dogmática do conjunto axiológico compreendido pelos crimes econômicos, que são aqueles expressos em normas jurídico-penais incriminadoras cuja objetividade jurídica é a proteção global da ordem econômica. Esta é constitucionalmente considerada valiosa para toda a comunidade, por ser representativa do prevalente interesse coletivo, e abrange não só aspectos estrutural-constitutivos e funcionais, como também as políticas públicas estatais correlatas destinadas a concretizar suas metas fundamentais.*

II.3 A ordem econômica na Constituição de 1988

51. Nos itens antecedentes foram delineadas as características mais gerais da objetividade jurídica do tipo penal analisado, enquanto bem jurídico transindividual, e explicitadas as dificuldades decorrentes dos mecanismos de tipicidade objetiva mais freqüentemente utilizados para garantir sua higidez, bem como foi fixada a relevância do emprego hermenêutico das categorias heurísticas peculiares ao direito penal econômico para sua melhor compreensão dogmática. Tendo sido estabelecido que a ordem econômica, em sentido restrito, é que constitui a objetividade própria dos crimes econômicos em geral e do crime estudado em particular, cumpre, agora, gizar as especificidades que defluem do seu regime constitucional. A "Ordem Econômica e Financeira" constitui o Título VII da Constituição Federal de 1988 (arts. 170-192),[91] integrado por quatro capítulos que, respectivamente, tratam dos "Princípios Gerais da Atividade Econômica" (Capítulo I, arts. 170-181), "Da Política Urbana" (Capítulo II, arts. 182 e 183), "Da Política Agrícola e Fundiária e da Reforma Agrária" (Capítulo III, arts. 184-191) e "Do Sistema Financeiro Nacional" (Capítulo IV, art. 192).

II.3.1 *Conceito restrito de "ordem econômica" e Constituição Econômica*

52. Diante da polissemia intrínseca à designação "ordem econômica" e com adminículo na construção de Vital Moreira, Eros Roberto Grau distingue as diferentes acepções que a expressão convoca, quais sejam:

"– em um primeiro sentido, 'ordem econômica' é o modo de ser empírico de uma determinada economia concreta; a expressão, aqui, é termo de um *conceito de fato* e não de um conceito normativo ou de valor (é conceito do mundo do ser, portanto); o que o caracteriza é a circunstância de referir-se não a um conjunto de regras ou normas reguladoras de relações sociais, mas sim a uma relação entre fenômenos econômicos e materiais, ou seja, relação entre fatores econômicos concretos; conceito do mundo do ser, exprime a realidade de uma inerente articulação do econômico como fato;

"– em um segundo sentido, 'ordem econômica' é expressão que designa o conjunto de todas as *normas* (ou regras de conduta), qualquer que seja a sua natureza (jurídica, religiosa, moral etc.), que respeitam à

---

91. Este título constitucional encontra-se reproduzido no apêndice legislativo, item **I**, infra.

regulação do comportamento dos sujeitos econômicos; é o sistema normativo (no sentido sociológico) da ação econômica;

"– em um terceiro sentido, 'ordem econômica' significa ordem *jurídica* da economia."[92]

Diante das especificidades em que se explicita o conteúdo discursivo constitucional, tendo em vista que a Constituição, embora consubstancie uma regulação jurídica sobranceira, é – sobretudo – um pacto político fundamental, as normas constitucionais referentes à ordem econômica muitas vezes transitam entre as diferentes acepções que foram atribuídas a esta última.[93] Este bloco normativo, por abranger todos os diferentes aspectos concernentes à matriz jurídica da ordem econômica, conforma o que na doutrina constitucionalista é designado por "Constituição Econômica", definida por Vital Moreira como sendo "o conjunto de preceitos e instituições jurídicas que, garantindo os elementos definidores de um determinado sistema econômico, instituem uma determinada forma de organização e funcionamento da economia e constituem, por isso mesmo, uma determinada ordem econômica; ou, de outro modo, aquelas normas ou instituições jurídicas que, dentro de um determinado sistema e forma econômicos, que garantem e/ou instauram, realizam uma determinada ordem econômica concreta".[94]

53. Envolvendo a ordem econômica, todavia, a regulação de diversas questões que são de todo impertinentes ao estudo aqui efetuado,

---

92. Eros Roberto Grau, *A Ordem Econômica na Constituição de 1988*, 12ª ed., pp. 66-67.

93. Como esclarece Paulo Bonavides, ao defender uma aproximação tópica do conteúdo constitucional, "a Constituição representa (...) o campo ideal de intervenção ou aplicação do método tópico em virtude de constituir na sociedade dinâmica uma 'estrutura aberta' e tomar, pelos seus valores pluralistas, um certo teor de indeterminação. Dificilmente uma Constituição preenche aquela função de ordem e unidade, que faz possível o sistema se revelar compatível com o dedutivismo metodológico" ("Método tópico de interpretação constitucional", *RDP* 98/9). Por outro lado, ainda – anota Lafayete Josué Petter, com precisão –, "como elemento tipicamente regulador, o Direito não pode desconhecer o dado econômico, porém deve captar e delinear o seu conteúdo, para disciplinar-lhe a finalidade. Nele não se asila ou resume. De fato, norteia-lhe o destino" (*Princípios Constitucionais da Ordem Econômica – O Significado e o Alcance do Art. 170 da CF*, p. 71). Sobre as influências ideológicas que perpassam as diferentes Constituições brasileiras, consulte-se Washington Albino Peluso de Souza, *Teoria da Constituição Econômica*, pp. 81-99.

94. Vital Moreira, *Direito Econômico*, pp. 63-64.

impende seja nossa análise da mesma restringida aos seus aspectos co-constitutivos que efetivamente relevem para a matéria enfocada. Por não repercutir diretamente na nossa órbita própria de questões, podemos afastar o capítulo pertinente à "Política Urbana", no qual predominam as atividades características do poder de polícia administrativa estatal, aplicado na ordenação da ocupação espacial dos núcleos urbanos. Pelos mesmos motivos, desconsideraremos aquele dedicado à "Política Agrícola e Fundiária", no qual predominam a disciplina dos aspectos da titularidade, organização e distribuição fundiários (quer das áreas públicas, quer das privadas), bem como se explicitam os mecanismos de reforma agrária, estruturados a partir da conceituação da função social que se reconhece à propriedade rural e à explicitação dos instrumentos da política agrícola governamental. Quanto ao "Sistema Financeiro", considerando-se o exato teor do art. 192 da CF, este pode ser definido como o subsistema da ordem econômica que é estruturado em conformidade aos requisitos expressamente definidos em lei e que tem por escopo promover o desenvolvimento equilibrado do país e servir aos interesses da coletividade. O Sistema Financeiro Nacional/SFN, em sentido estrito, é aquele constituído pelo conjunto das instituições públicas e privadas, bem como pelos entes a estas equiparados, que atuam na captação, gestão e aplicação de recursos financeiros e valores mobiliários de terceiros. O SFN abrange, ainda, todas as relações jurídicas defluentes das atividades próprias desempenhadas pelas instituições financeiras – quais sejam, aquelas que se estabelecem entre tais instituições mesmas, entre elas e seus usuários ou seus funcionários, bem como as existentes entre tais entes privados e o Poder Público encarregado de funções normativas e fiscalizadoras destinadas à regulação de tais atividades. Como visto anteriormente, nas repercussões fático-jurídicas reconhecidas como sendo próprias do âmbito do direito penal econômico, em sua acepção restritiva, há predominância quase-absoluta dos interesses coletivos, já que as infrações econômicas atentam contra aquelas estruturas tidas por constitutivas da ordem econômica, colocando em risco o sistema globalmente considerado. Na órbita penal do direito financeiro, todavia, há um nítido equilíbrio entre o interesse geral no adequado funcionamento do subsistema financeiro como um dos fundamentos da ordem econômica e os interesses particulares dos indivíduos que nele investem suas poupanças individuais ou empresariais. Tendo também em conta estas distinções e o perfil típico analisado, além daquelas previamente explicitadas, de caráter geral, dispensamo-nos de um maior aprofundamento deste capítulo.

54. Em resumo, conforme esta delimitação preliminar do tema, imposta pela objetividade jurídica e pelo tipo objetivo do crime estudado, nossa angulação está corporificada sobretudo na identificação, análise e compreensão dos princípios fundamentais que organizam a ordem econômica constitucional.[95] Destarte, vamos concentrar nossos esforços analíticos na abordagem dos "Princípios Gerais da Atividade Econômica" (Capítulo I[96]), sem olvidar que a ordem econômica não constitui um compartimento constitucional isolado[97] e que, por esta razão, seus princípios gerais devem ser referenciados aos princípios políticos fundantes da Constituição. Como se sabe, a República Federativa do Brasil *cons-*

---

95. Na lição de Celso Antônio Bandeira de Mello:
"Princípio (...) é, por definição, mandamento nuclear de um sistema, verdadeiro alicerce dele, disposição fundamental que se irradia sobre diferentes normas compondo-lhes o espírito e servindo de critério para sua exata compreensão e inteligência exatamente por definir a lógica e a racionalidade do sistema normativo, no que lhe confere a tônica e lhe dá sentido harmônico (...).

"Violar um princípio é muito mais grave que transgredir uma norma. A desatenção ao princípio implica ofensa não apenas a um específico mandamento obrigatório, mas a todo o sistema de comandos. É a mais grave forma de ilegalidade ou inconstitucionalidade, conforme o escalão do princípio atingido, porque representa insurgência contra todo o sistema, subversão de seus valores fundamentais, (...)" (*Curso de Direito Administrativo*, 25ª ed., pp. 942-943). Quanto aos princípios constitucionais fundamentais, como esclarecem J. J. Gomes Canotilho e Vital Moreira, "nas suas múltiplas dimensões e desenvolvimentos, formam o *cerne da Constituição* e consubstanciam a sua *identidade intrínseca*. Por isso, todos os princípios fundamentais estão, em maior ou menor medida, garantidos contra a revisão constitucional, erigidos em *limites materiais de revisão* (...)" (*Fundamentos da Constituição*, p. 71). Para os parâmetros distintivos entre *regras, princípios* e *políticas*, por todos, v. Ronald Dworkin, *Levando os Direitos a Sério*, especialmente pp. 35-46 e 113-125. Em resumo, afirma o autor citado que "a diferença entre princípios jurídicos e regras jurídicas é de natureza lógica. Os dois conjuntos de padrões apontam para decisões particulares acerca da obrigação jurídica em circunstâncias específicas, mas distinguem-se quanto à natureza da orientação que oferecem. As regras são aplicáveis à maneira do tudo-ou-nada. Dados os fatos que uma regra estipula, então, ou a regra é válida, e neste caso a resposta que ela fornece deve ser aceita, ou não é válida, e neste caso em nada contribui para a decisão" (idem, p. 39).

96. Pelos mesmos fundamentos, mesmo no que concerne a este capítulo, adiante-se serem alguns de seus dispositivos evidentemente impertinentes ao assunto tratado aqui (*e.g.*, os arts. 172, 176 e 178-181).

97. Neste sentido: J. J. Gomes Canotilho e Vital Moreira, *Constituição da República Portuguesa Anotada*, cit.

titui-se em Estado Democrático de Direito (art. 1º da CF), tendo por fundamentos, dentre outros, a *soberania* (inciso I), a *dignidade da pessoa humana* (inciso II) e *os valores sociais do trabalho e da livre iniciativa* (inciso IV), incluindo-se dentre seus objetivos fundamentais (art. 3º) os de *construir uma sociedade livre, justa e solidária* (inciso I), *garantir o desenvolvimento nacional* (inciso II) e *erradicar a pobreza e a marginalização e reduzir as desigualdades sociais e regionais* (inciso III). Refletindo sua enorme relevância, muitos destes preceitos fundantes encontram ressonância no âmbito dos direitos e garantias fundamentais; por exemplo, nos incisos XIII ("é livre o exercício de qualquer trabalho, ofício ou profissão, atendidas as qualificações profissionais que a lei estabelecer"), XXII ("é garantido o direito de propriedade") e XXIII ("a propriedade atenderá à sua função social") do art. 5º da CF. Buscando na coerência com seus fundamentos e princípios co-constituintes a efetiva prossecução dos seus objetivos maiores, a Carta Política de 1988 delineia o perfil modelador das diferentes ordens organizativas que propõe para a sociedade brasileira (ordens econômica, social, cultural etc.) e explicita as diretrizes programáticas que devem nortear a intervenção do Estado nas mesmas.[98] Tudo dentro da maior sintonia

---

98. Reconhece a doutrina brasileira majoritária que a Constituição Federal de 1988 constitui uma Constituição dirigente, tendo sido esta posição muito influenciada pelas concepções expostas por J. J. Gomes Canotilho em sua tese de doutoramento sobre o tema, originalmente editada em 1982 (*Constituição Dirigente e Vinculação do Legislador: Contributo para a Compreensão das Normas Constitucionais Programáticas*, 2ª ed., 2001). Assim, por todos, anota José Afonso da Silva que "esse embate entre o liberalismo, com seu conceito de democracia política, e o intervencionismo ou o socialismo repercute nos textos das Constituições contemporâneas, com seus princípios de direitos econômicos e sociais, comportando um conjunto de disposições concernentes tanto aos direitos dos trabalhadores como à estrutura da economia e ao estatuto dos cidadãos. O conjunto desses princípios forma o chamado conteúdo social das Constituições. Vem daí o conceito de *Constituição dirigente*, de que a Constituição de 1988 é exemplo destacado, enquanto define fins e programas de ação futura no sentido de uma orientação social-democrática" (*Aplicabilidade das Normas Constitucionais*, 7ª ed., 2ª tir., pp. 136-137). Registre-se que Canotilho, na tardia (quase 20 anos) 2ª edição da sua obra referida acima, consignou que "a Constituição dirigente está morta se o dirigismo constitucional for entendido como normativismo constitucional revolucionário capaz de, só por si, operar transformações emancipatórias. Também suportará impulsos tanáticos qualquer texto constitucional dirigente introvertidamente vergado sobre si próprio e alheio aos processos de abertura do direito constitucional ao Direito Internacional e aos direitos supranacionais" (*Constituição Dirigente e Vinculação do Legislador: Contributo para a Compreensão das Normas Constitucionais Programáticas*, 2ª ed., p. XXIX).

possível com a realidade concreta na qual foi gerada e na qual se dará sua aplicação, para, deste modo, através da viabilidade da concreção de seu conteúdo programático, assegurar a maior força normativa constitucional. Com efeito, na lição magistral de Konrad Hesse, "quando a Constituição ignora o estado de desenvolvimento espiritual, social, político ou econômico de seu tempo, se vê privada do imprescindível gérmen de força vital, resultando incapaz de conseguir que se realize o Estado por ela disposto em contradição com dito estágio de desenvolvimento. Sua força vital e operativa se baseia em sua capacidade para conectar com as forças espontâneas e as tendências vivas da época, de sua capacidade para desenvolver e coordenar estas forças, para ser, em razão de seu objeto, a ordem global específica das relações vitais concretas".[99]

II.3.2 *A livre iniciativa e seus pressupostos*

55. A ordem econômica projetada pela Constituição Federal de 1988, ecoando seus princípios fundamentais, tem por alicerces essenciais o binômio integrado pela valorização do trabalho humano e pela livre iniciativa, projetando, assim, o que já havia sido antecipado como sendo um dos fundamentos constitutivos do Estado Brasileiro (art. 1º, IV). Sua finalidade precípua é a de possibilitar – sob o pálio de justiça social – que todos os súditos tenham uma existência digna (art. 170, *caput*) no âmbito de um Estado soberano dotado de plena capacidade de autodeterminação (art. 170, I). Configura-se, dessarte, *em primeiro lugar*, uma perspectiva organizacional que consagra a economia de mercado, reconhecendo-se a livre iniciativa e admitindo-se a propriedade privada dos meios de produção (capitalismo) (art. 170, II).[100] Como consectário co-constitutivo deste sistema de organização dos fatores produtivos, *em segundo lugar* é que surge a regra da dispensabilidade da in-

---

99. Konrad Hesse, *Escritos de Derecho Constitucional* (Selección), p. 27.
100. Nesta direção: José Afonso da Silva, *Aplicabilidade das Normas Constitucionais*, 7ª ed., 2ª tir., pp. 115-116. Em outros países esta opção não é explicitada pela Carta Constitucional. Assim, *e.g.*, esclarece Fábio Konder Comparato que, "segundo a interpretação do *Bundesverfassungsgericht*, a Constituição alemã é neutra quanto à ordem econômica nacional; o que significa que o legislador e o governo podem adotar quaisquer políticas econômicas, contanto que sejam respeitadas as competências federativas, as exigências de ordem social, bem como os direitos e garantias fundamentais" ("Ordem econômica na Constituição brasileira de 1988", *RDP* 93/263).

terferência estatal prévia para o livre exercício de quaisquer das múltiplas atividades econômicas possíveis. Esta ampla liberdade manifesta-se na área empresarial no que concerne à escolha do ramo destas atividades (agrícolas, industriais, liberais etc.), como também no que respeita à forma jurídica adotada (individual, sociedade, cooperativa etc.), à dimensão negocial (microempresa, pequena ou grande empresa), às metas econômicas (lucrativas, distributivas, beneficentes etc.) assumidas e no que refere à eleição do setor da economia no qual o agente empreenderá seus esforços produtivos (art. 170, parágrafo único).

56. Como anota Eros Grau, com alicerce na lição de Tércio Sampaio Ferraz Jr., deve-se atentar a que:

"(...) o art. 1º, IV do texto constitucional – de um lado – enuncia como fundamento da República Federativa do Brasil o *valor social* e não as virtualidades individuais da livre iniciativa e – de outro – o seu art. 170, *caput*, coloca lado a lado *trabalho humano* e *livre iniciativa*, curando contudo no sentido de que o primeiro seja valorizado.

"A propósito, as ponderações de Tércio Sampaio Ferraz Jr. (*A Economia e o Controle do Estado*, cit.): 'Nestes termos, o art. 170, ao proclamar a livre iniciativa e a valorização do trabalho humano como fundamentos da ordem econômica, está nelas reconhecendo a sua base, aquilo sobre o quê ela se constrói, ao mesmo tempo sua *conditio per quam* e *conditio sine qua non*, os fatores sem os quais a ordem reconhecida deixa de sê-lo, passa a ser outra, diferente, constitucionalmente inaceitável. Particularmente a afirmação da livre iniciativa, que mais de perto nos interessa neste passo, ao ser estabelecida como fundamento, aponta para uma ordem econômica reconhecida então como contingente. Afirmar a livre iniciativa como base é reconhecer na liberdade um dos fatores estruturais da ordem, é afirmar a autonomia empreendedora do homem na conformação da atividade econômica, aceitando a sua intrínseca contingência e fragilidade; é preferir, assim, uma ordem aberta ao fracasso a uma 'estabilidade' supostamente certa e eficiente. Afirma-se, pois, que a estrutura da ordem está centrada na atividade das pessoas e dos grupos e não na atividade do Estado. Isto não significa, porém, uma ordem do *laissez faire*, posto que a livre iniciativa se conjuga com a valorização do trabalho humano, mas a liberdade, como fundamento, pertence a ambos. Na iniciativa, em termos de liberdade negativa, da ausência de impedimentos e da expansão da própria criatividade. Na valorização do trabalho humano, em termos de liberdade positiva, de participação sem alienações na construção da riqueza econômica. Não há, pois, propriamente, um sentido absoluto e ilimitado na livre iniciativa, que por isso não exclui a atividade normativa e reguladora do Estado (...)' (...)."[101]

II.3.3 *A livre iniciativa e seus limites constitucionais*

57. Em razão mesmo de estas atividades estarem impregnadas de um cariz social-democrata, ou seja, por integrarem um Estado do Bem-Estar Social (*Welfare State*),[102] no qual também a propriedade é revestida de uma função social (art. 170, III), aduza-se, *em terceiro lugar*, que a liberdade de iniciativa econômica não é absoluta.[103] De plano, ainda que em outro nível limitativo, há determinados segmentos da atuação no domínio da economia que são retirados à plena iniciativa particular, sendo constitucionalmente reservados ao exercício monopolista pelo Poder Público, ainda que passíveis de delegação, como ocorre com a pesquisa e a lavra das jazidas de petróleo e gás natural e com outras atividades expressamente previstas pela Constituição (art. 177, *caput*). Por sua vez, na esfera das relações laborais desenvolvidas no seu interior são opostos determinados limites à livre iniciativa, sobretudo no que concerne à apropriação pelas empresas da mais-valia dos trabalhadores, como uma decorrência da exigência de valorização do trabalho humano, que constitui não apenas um direito social fundamental (art.

---

101. Eros Roberto Grau, *A Ordem Econômica na Constituição de 1988*, 12ª ed., pp. 206-207.
102. Outra interpretação não pode resultar dos já referidos arts. 1º c/c 3º da Carta. Como afirma Eros Grau: "A Constituição do Brasil, de 1988, define, (...) um modelo econômico de bem-estar. Esse modelo, desenhado desde o disposto nos seus arts. 1º e 3º, até o quanto enunciado no seu art. 170, não pode ser ignorado pelo Poder Executivo, cuja vinculação pelas definições constitucionais de caráter conformador e impositivo é óbvia" (*A Ordem Econômica na Constituição de 1988*, 12ª ed., p. 47).
103. Assim na maior parte das democracias contemporâneas; *e.g.*, na Constituição italiana ("Art. 41. L'iniziativa economica privata è libera. Non può svolgersi in contrasto con l'utilità sociale o in modo da recare danno alla sicurezza, alla libertà, alla dignità umana...") e na Carta espanhola ("Art. 128. 1. Toda la riqueza del país en sus distintas formas y sea cual fuere su titularidad está subordinada al interés general...").

6º), mas um fundamento da República (art. 1º, IV).[104] Por seu turno, no que concerne ao desempenho das atividades econômicas privadas propriamente ditas, a lei também poderá estabelecer certos condicionamentos, impondo-lhe o preenchimento de determinados requisitos e a observância de certas restrições (art. 170, parágrafo único, *in fine*), além de determinar o tratamento favorecido para as empresas de pequeno porte constituídas sob as leis brasileiras e que tenham sua sede e administração no país (art. 170, X).

58. De outra parte, configurando verdadeiras diretrizes para as atividades privadas e para as políticas estatais a serem explicitadas para o setor produtivo, a normativa editada sobre a economia deverá conter parâmetros reguladores especialmente destinados a assegurar a observância e a consecução dos demais princípios constitutivos da ordem econômica. Com efeito, enquanto os princípios já referidos (art. 170, I, II e III) da ordem econômica têm feição organizativa ou estrutural, no sentido de que demarcam a espécie e o perfil do sistema produtivo consagrado constitucionalmente, os demais mandamentos constantes dos incisos do art. 170 da Carta Política, por seu turno, evidenciam os aspectos teleológicos associados àqueles constantes do *caput* do mesmo dispositivo. Destarte, considerando-se tais princípios e tendo sido atribuídas às atividades econômicas a meta geral de possibilitar uma existência digna para todos os cidadãos, este conjunto de objetivos é inequivocamente dotado de caráter vinculativo e deve balizar os fins últimos daquelas atividades, inclusive limitando-as, se necessário. Mas não é só. O mercado no sistema capitalista é uma estrutura funcional aberta, integrante de uma ordem econômica nacional cada vez mais inter-rela-

---

104. Como registra Lafayete Josué Petter: "(...) no disciplinamento da atividade econômica, onde impera uma principiologia conflitiva e antinômica, tensão jurídica que fica reverberada quando o ângulo de visada contempla um só de seus princípios, pois ali se engalfinham figurinos do Estado Liberal e do Estado Intervencionista, não se poderá olvidar que o trabalho, direito de todos e dever do Estado, é muito mais que um *fator de produção*. Diz respeito mesmo à dignidade da pessoa humana, merecendo, por tal razão, ser adequadamente compendiado. Apesar de a relação laboral ser estruturada sob a forma de um contrato, não deverá ser examinada sob uma ótica estritamente patrimonialista, havendo de ser eqüitativamente sopesado o aspecto humanitário que caracteriza tal relação. Valorizar o trabalho, então, equivale a valorizar a pessoa humana, e o exercício de uma profissão pode e deve conduzir à realização de uma vocação do homem" (*Princípios Constitucionais da Ordem Econômica – O Significado e o Alcance do Art. 170 da CF*, p. 153).

cionada com a economia internacional e sujeita às influências oriundas desta. De outra parte, normalmente, por força de sua natureza autopoiética, o mercado é infenso a regras e a limites externos que o constranjam ou condicionem. Em decorrência das mencionadas premissas teleológicas, entretanto, passa a constituir um cenário sujeito à observância de certos requisitos normativos, no qual os agentes econômicos desenvolvem com ampla liberdade suas atividades de produção, distribuição e circulação de bens e serviços para atender às demandas existentes no seu âmbito; mas estas ocupações passam igualmente a estar coordenadas e condicionadas à consecução de outras metas: a defesa do consumidor (art. 170, V), a defesa do meio ambiente (art. 170, VI), a redução das desigualdades regionais e sociais (art. 170, VII) e a busca do pleno emprego (art. 170, VIII).[105]

II.3.4 *A livre iniciativa e a defesa dos consumidores*

59. Dentre estas, exatamente em razão do caráter relativo que se reconhece à livre iniciativa, a defesa dos interesses dos consumidores,[106]

---

105. As atribuições reconhecidas ao Estado pela Constituição Econômica motivaram críticas de adeptos da perspectiva do liberalismo. Assim, *e.g.*, Raul Machado Horta assevera: "O hibridismo do sistema econômico, que é visível na adoção de princípios privatísticos e publicísticos, acima identificados – inviolabilidade do direito de propriedade, princípio da propriedade privada, livre iniciativa, livre concorrência, livre exercício de qualquer atividade econômica, função social da propriedade e desapropriação da propriedade por interesse social –, recebe rupturas, em outras disposições da ordem econômica e financeira, que afetam o equilíbrio de sistema, para torná-lo instrumento do intervencionismo, do dirigismo, do nacionalismo e da estatização" ("A ordem econômica na nova Constituição: problemas e contradições", in *A Constituição Brasileira 1988 – Interpretações*, p. 391). Na realidade, como aponta Washungton Albino Peluso de Souza, "a diversidade destes 'princípios' levaria o intérprete menos avisado a identificar 'conflitos ideológicos' e a encontrar inconstitucionalidades, impedindo a sua convivência na Constituição, se tomados em termos de modelos ideológicos puros (liberalismo, capitalismo liberal, neoliberalismo, socialismo). Tal não se admite, por se tratar de Constituição de natureza 'plural', na qual compete ao intérprete precisamente efetivar a conciliação de 'princípios' que são o repositório ideológico adotado pelo constituinte e por este caminho atender aos 'fundamentos' e realizar as finalidades na prática das atividades econômicas inseridas no Título como um todo" (*Teoria da Constituição Econômica*, p. 275).

106. No Ato das Disposições Constitucionais Transitórias da CF de 1988 (art. 48) ficou estabelecido que um Código de Defesa do Consumidor fosse elaborado no prazo de 120 dias. O referido diploma legal foi instituído pela Lei federal 8.078, de 11.9.1990, que "dispõe sobre a proteção do consumidor e dá outras providências".

constitucionalmente consagrada no rol dos direitos fundamentais (art. 5º, XXXII[107]), vem obtendo crescente destaque como parâmetro para regulação da atividade econômica e financeira.[108] O Código de Defesa do Consumidor prevê a elaboração de uma política nacional das relações de consumo, com o escopo de assegurar o atendimento das necessidades dos consumidores e garantir respeito à sua dignidade, saúde e segurança, bem como zelar pela proteção de seus interesses econômicos e pela melhoria da sua qualidade de vida, mediante a transparência e a harmonia das relações de consumo (art. 4º). Esta política deve observar inúmeros princípios, dentre os quais se destacam (art. 6º): *(a)* o reconhecimento da vulnerabilidade do consumidor (inciso I), ensejando no campo probatório e regulatório que ele seja tido por hipossuficiente,[109] inclusive impondo uma efetiva ação protetiva governamental, que se manifesta diretamente por seus órgãos administrativos, com a fiscalização asseguratória de que produtos e serviços tenham padrões adequados de qualidade, segurança, durabilidade e desempenho, facultando-se até mesmo a atuação do Estado no mercado de consumo; ou indiretamente por meio de incentivos à criação de associações representativas dos di-

---

107. "Art. 5º. (...) XXXII – o Estado promoverá, na forma da lei, a defesa do consumidor."
108. Com efeito, em decisão proferida em 7.6.2006, o STF, ao julgar a ADI 2.591-1, movida pela Confederação Nacional do Sistema Financeiro/CONSIF, por ampla maioria, considerou constitucional a inclusão das atividades "de natureza bancária, financeira, de crédito e securitária" dentre aquelas sujeitas ao regramento do Código de Defesa do Consumidor. O art. 2º do CDC conceitua *consumidor* como "toda pessoa física ou jurídica que adquire ou utiliza produto ou serviço como destinatário final". E o art. 3º do CDC, por sua vez, define *fornecedor* como "toda pessoa física ou jurídica, pública ou privada, nacional ou estrangeira, bem como os entes despersonalizados, que desenvolvem atividade de produção, montagem, criação, construção, transformação, importação, exportação, distribuição ou comercialização de produtos ou prestação de serviços" (*caput*), *produto* como sendo "qualquer bem, móvel ou imóvel, material ou imaterial" (§ 1º), e *serviço* como "qualquer atividade fornecida no mercado de consumo, mediante remuneração, inclusive as de natureza bancária, financeira, de crédito e securitária, salvo as decorrentes das relações de caráter trabalhista" (§ 2º).
109. *E.g.*: "Art. 6º. São direitos básicos do consumidor: (...) IV – a proteção contra a publicidade enganosa e abusiva, métodos comerciais coercitivos ou desleais, bem como contra práticas e cláusulas abusivas ou impostas no fornecimento de produtos e serviços; (...) VIII – a facilitação da defesa de seus direitos, inclusive com a inversão do ônus da prova, a seu favor, no processo civil, quando, a critério do juiz, for verossímil a alegação ou quando for ele hipossuficiente, segundo as regras ordinárias de experiências; (...)".

reitos dos consumidores (inciso II); *(b)* "o da harmonização dos interesses dos participantes das relações de consumo e compatibilização da proteção do consumidor com a necessidade de desenvolvimento econômico e tecnológico, de modo a viabilizar os princípios nos quais se funda a ordem econômica (art. 170 da CF), sempre com base na boa-fé e equilíbrio nas relações entre consumidores e fornecedores" (inciso III); e *(c)* a "coibição e repressão eficientes de todos os abusos praticados no mercado de consumo, inclusive a concorrência desleal e utilização indevida de inventos e criações industriais das marcas e nomes comerciais e signos distintivos, que possam causar prejuízos aos consumidores" (inciso VI).[110]

II.3.5 *A livre iniciativa e a livre concorrência*

60. O princípio da livre concorrência (art. 170, IV), por sua vez, apresenta-se concomitantemente como corolário e como vetor limitante ao fundamento da livre iniciativa, na medida em que apenas por seu intermédio esta última é capaz de assegurar os melhores interesses dos consumidores. Com efeito, sua presença é tida por indispensável para que sejam efetivamente atendidas as finalidades constitucionalmente cominadas à iniciativa privada no âmbito da ordem econômica, no sentido da criação das riquezas e das condições materiais necessárias a um quadro de justiça social capaz de proporcionar existência digna a todos. É que a manutenção de uma situação de competitividade entre os diversos agentes econômicos, assegurando-se a *par conditio* entre eles, através do impedimento à criação de favorecimentos de qualquer modalidade, inclusive jurídicos, é imperativa para a melhoria dos bens e serviços oferecidos à população e para o aprimoramento técnico e científico do

---

110. Desde 1985, com a criação da chamada *ação civil pública*, através da edição da Lei federal 7.347, de 24 de julho, o Ministério Público e a associação que inclua entre suas finalidades institucionais a proteção ao meio ambiente, ao consumidor, à ordem econômica, à livre concorrência ou ao patrimônio artístico, estético, histórico, turístico e paisagístico (art. 5º, II) estão legitimados à propositura deste poderoso instrumento de responsabilização por danos morais e patrimoniais ocasionados ao meio ambiente, ao consumidor; a bens e direitos de valor artístico, estético, histórico, turístico e paisagístico, a qualquer outro interesse difuso ou coletivo e por infração da ordem econômica (art. 1º). A Lei Complementar 75/1993, por seu turno, ao disciplinar o Ministério Público da União, na alínea "b" do inciso XIV do seu art. 6º, também estabelece ser de atribuição do *Parquet* Federal promover as ações necessárias em defesa da "ordem econômica e financeira".

setor produtivo, que é requisito imprescindível ao desenvolvimento da economia.[111] A livre concorrência é necessária, ainda, para o crescimento do mercado consumidor, bem como caracteriza uma estratégia funcional que pode possibilitar certo "controle natural" dos preços de bens e serviços, inclusive, eventualmente, tornando-os mais compatíveis com as disponibilidades econômicas da grande massa de consumidores que são dotados de menor poder aquisitivo. Como bem observa Cabral de Moncada, a concorrência procura "assegurar uma estrutura e comportamento concorrenciais dos vários mercados no pressuposto de que é o mercado livre que, selecionando os mais capazes, logra orientar a produção para os setores suscetíveis de garantir uma melhor satisfação das necessidades dos consumidores e, ao mesmo tempo, a mais eficiente afetação dos recursos disponíveis, que é como quem diz os mais baixos custos e preços. A concorrência é assim encarada como o melhor processo de fazer circular e orientar livremente a mais completa informação econômica quer ao nível do consumidor, quer ao nível dos produtores, assim esclarecendo as respectivas preferências".[112]

61. De outra perspectiva, dentro de determinados parâmetros, que podem ser alterados em função de variáveis como tipo de atividade desenvolvida, área de atuação, concentração existente no mercado nacional, inclusive regional e/ou internacional, demanda de mão-de-obra, reflexos ambientais etc., a livre concorrência caracteriza ao mesmo tempo um limite ao exercício da liberdade de iniciativa: sua preservação é imposta a todas as forças econômicas atuantes no mercado, cuja expansão encontra nela seus limites intransponíveis. Em conseqüência de tais premissas, em termos de um gradiente desejável de organização e funcionamento do mercado, as situações de livre concorrência podem oscilar entre a presença de um monopólio e a pulverização da competição. No primeiro caso nos defrontamos com sua supressão total, situação

---

111. Sua existência repercute, ainda, no exercício de outros direitos fundamentais. Assim, relembra Giancarlo Rolla que "o princípio da liberdade de concorrência é particularmente importante naqueles setores que produzem bens não-econômicos, incidindo sobre a liberdade fundamental do cidadão: em particular, no campo das atividades que incidem sobre a liberdade de manifestação do pensamento, a existência de um efetivo sistema de concorrência constitui um pré-requisito importante para que seja assegurado o pluralismo das idéias consagrado pelo art. 21 da Constituição [italiana]" (*La Tutela Costituzionale dei Diritti*, p. 159).
112. Luís Cabral de Moncada, *Direito Econômico*, 2ª ed., p. 313.

quase sempre indesejada, mas que algumas vezes é inevitável – por exemplo, como ocorre nos casos dos chamados monopólios naturais e dos monopólios legais; no segundo extremo, por sua vez, a pulverização em certos contextos revela-se excessiva, por evidenciar uma fragilidade intrínseca dos concorrentes, que pode ocasionar situações de desatendimento das demandas de consumo ou fazer com que estes sucumbam à competição estrangeira.

II.3.6 *Caráter instrumental da ordem econômica*

62. Em conseqüência de tais pressupostos e coerentemente também com a obrigatoriedade do respeito à dignidade da pessoa humana[113] e com a conseqüente densidade axiológica assumida pela ordem social na construção constitucional,[114] *em quarto lugar*, reconhece-se na ordem econômica um caráter instrumental.[115] Ela não constitui um

---

113. Como relembram J. J. Gomes Canotilho e Vital Moreira, "concebida como referência constitucional unificadora de todos os direitos fundamentais, o conceito de dignidade da pessoa humana obriga a uma densificação valorativa que tenha em conta o seu amplo sentido normativo constitucional e não uma qualquer idéia apriorística do homem (...). A 'dignidade da pessoa humana' é, assim, um valor autónomo e específico inerente aos homens em virtude de sua simples pessoalidade (...)" (*Constituição da República Portuguesa Anotada*, pp. 58-59). Por outro lado, com inegável acerto, elucida Jorge Reis Novais que "a consagração da dignidade da pessoa humana como fundamento do Estado de Direito Democrático afasta decisivamente qualquer ideia de projecção do Estado como fim em si, como se o Estado pudesse prosseguir o próprio engrandecimento enquanto destino de uma pretensa realidade ética em que o indivíduo se devesse, subordinadamente, integrar. Pelo contrário, num Estado baseado na dignidade da pessoa humana, é a pessoa que é fim em si, como indivíduo singular e não enquanto membro de qualquer corpo ou realidade transpersonalista, seja a família, a corporação, a classe ou casta, a nação ou a raça; o Estado é instrumento que não existe para si, mas que serve às pessoas individuais, assegurando e promovendo a dignidade, autonomia, liberdade e bem-estar dessas pessoas concretas. Nessa perspectiva, a consagração constitucional de um elenco de direitos fundamentais de que o Estado não dispõe, mas que respeita, garante e promove, corresponde ao desenvolvimento e atribuição de força normativa, vinculativa e concretizada, a essa ideia de República baseada na dignidade da pessoa humana" (*Os Princípios Constitucionais Estruturantes da República Portuguesa*, p. 52).
114. Ordem social que, exatamente, "tem como base o primado do trabalho, e como objetivo o bem-estar e a justiça sociais" (art. 193 da CF).
115. Afiança o professor Luís Cabral de Moncada que "as regras da concorrência dos nossos dias não se limitam a defender o mercado como ordem normal de trocas econômicas. Organizam o mercado e desenvolvem-no, no pressuposto de que o

fim em si mesmo, destina-se a proporcionar aos cidadãos um existir digno, com pleno acesso às demandas essenciais da vida, adequadas a um quadro de justiça distributiva (Estado de Bem-Estar Social),[116] reconhecendo-se, destarte, nestes termos, a prevalência do interesse coletivo/social sobre o interesse privado/individual. Por esta razão, e desde que estejam presentes os requisitos autorizadores – os imperativos da segurança nacional ou o relevante interesse coletivo –, é que se aceita em caráter excepcional, diante do desinteresse ou impossibilidade de seu desempenho pela iniciativa privada, que assuma o Estado, supletivamente, a exploração direta de atividade econômica atípica (art. 173, *caput*). Isto para além das demais atividades que lhe são próprias, atuando diretamente no campo da prestação de serviços públicos (art. 175, *caput*); e também é possibilitada sua intervenção indireta mediante a imposição das contribuições de caráter tributário que são regradas pelo art. 149 da CF.

II.3.7 *As funções do Estado*

63. Assim, é exatamente para assegurar esta instrumentalidade da ordem econômica que, *em quinto lugar*, se reconhece ao Estado a qualidade de agente normativo e regulador da atividade econômica e que lhe é atribuída a capacidade funcional para sua *(a)* fiscalização e para

---

seu funcionamento livre decorre da ordem económica mais justa e eficiente. *A defesa da concorrência é levada a cabo porque se acredita ser ela o melhor garante da prossecução, como que implícita, de certos objectivos de política económica"* (*Direito Económico*, 2ª ed., p. 313 – grifei).

116. Como preleciona Jorge Reis Novais: "(...) na medida em que a protecção da dignidade da pessoa humana se impõe igualmente como tarefa a realizar pelo Estado, dela decorrem não apenas exigências de omissão de todos os comportamentos atentatórios da dignidade, como, para o que agora nos importa, a protecção da dignidade da pessoa humana coloca também a necessidade de prestações estatais que permitam uma existência autodeterminada, sem o quê a pessoa, obrigada a viver em condições de penúria extrema, se veria involuntariamente transformada em 'mero objecto do acontecer estatal', e, logo, com igual violação do princípio. Surge, então, fundado no princípio da dignidade da pessoa humana, a invocação de um direito a um mínimo de existência condigna, que se traduz não apenas na referida exigência de não se ser privado desse mínimo, mas também na exigibilidade, juridicamente reconhecida, de prestações destinadas a garantir a todos os cidadãos um mínimo de ajuda material que lhes permita levar uma vida condigna" (*Os Princípios Constitucionais Estruturantes da República Portuguesa*, p. 64).

seu *(b)* incentivo (neste caso, seja àquela atividade pública ou, mesmo, exclusivamente particular), como do mesmo modo lhe são dados poderes para seu *(c)* planejamento, tendo suas diretrizes, nesta hipótese, um caráter cogente no que diz respeito à atuação do setor público e sendo indicativas para a iniciativa privada (art. 174, *caput*, da CF). A planificação da economia, ainda que nos limites de um sistema capitalista, constitui inequívoca superação do liberalismo tradicional e caracteriza evidência do interesse público na atividade econômica, com reconhecimento generalizado nos diplomas constitucionais modernos.[117] Como agente normativo, regulador e planejador da atividade econômica, o Estado detém o poder de polícia administrativa para editar as normas jurídicas e para baixar os atos administrativos correspondentes, explicitando por meio destes os parâmetros que considere necessários para regrar os limites de funcionamento da atividade econômica, cuja liberdade de ação não é absoluta. O Estado, operando nesta qualidade, deve agir de modo consentâneo com o planejamento do desenvolvimento nacional equilibrado, o qual incorporará e compatibilizará os planos nacionais e regionais de desenvolvimento (art. 174, § 1º).

64. Poderá, ainda, fiscalizar o efetivo cumprimento destas normas, sancionando seu desatendimento; bem como, na forma e nos parâmetros balizados pela lei, intervir na atividade econômica indiretamente, por meio de instrumentos tais como a imposição de tributos de repercussão específica nesta seara,[118] concessão de incentivos fiscais[119] e de

---

117. Assim, *e.g.*, nas Constituições da Itália ("Art. 41. ... La legge determina i programmi e i controlli opportuni perché l'attività economica pubblica e privata possa essere indirizzata e coordinata a fini sociali") e da Espanha ("Art. 131. 1. El Estado, mediante ley, podrá planificar la actividad económica general para atender a las necesidades colectivas, equilibrar y armonizar el desarrollo regional y sectorial y estimular el crecimiento de la renta y de la riqueza y su más justa distribución ..."). Na Constituição portuguesa o "planeamento democrático do desenvolvimento económico e social" caracteriza princípio fundamental da ordem econômica (art. 80º, "e"). Como ensina a doutrina de Eros Roberto Grau sobre o tema, esta atividade planejadora do Estado é "(...) a forma de atuação estatal, caracterizada pela previsão de comportamentos econômicos e sociais futuros, pela formulação explícita de objetivos e pela definição de meios de ação coordenadamente dispostos, mediante a qual se procura ordenar, sob o ângulo macroeconômico, o processo econômico, para melhor funcionamento da ordem social em condições de mercado" (*Planejamento Econômico e Regra Jurídica*, p. 45).
118. Previstas no referido art. 149 da CF.
119. *E.g.*, o que consta do art. 43, § 2º, da CF (incentivos regionais).

financiamentos,[120] bem como através da realização de investimentos em infra-estrutura[121] etc., e até mesmo atuar diretamente nos setores econômicos que monopoliza ou, em caráter subsidiário, em segmentos produtivos característicos da iniciativa privada, nos quais exerce atuação supletiva. Este conjunto de poderes e instrumentos reconhecidos ao Estado para intervir no domínio econômico são os meios cabíveis para a concretização das normas constitucionais programáticas previstas para a ordem econômica, e se manifestam, inclusive, mediante a veiculação das políticas públicas projetadas para a economia.

II.3.8 *As normas programáticas e seu conceito*

65. Diante do quadro geral delineado nos itens anteriores, ao explicitarmos o perfil constitutivo-organizacional da ordem econômica e de seus princípios informativos, especialmente na análise do art. 170 da CF, fica evidenciado que o conjunto normativo analisado é constituído por preceitos legais que majoritariamente se enquadram dentre aqueles designados como *normas constitucionais programáticas*. Estas se revestem de inegável efetividade, embora em grau mais reduzido quando comparadas às demais normas constitucionais, como se verá adiante. Na doutrina brasileira, José Afonso da Silva as define com sendo "aquelas normas constitucionais através das quais o constituinte, em vez de regular, direta e imediatamente, determinados interesses, limitou-se a traçar-lhes os princípios para serem cumpridos pelos seus órgãos (legislativos, executivos, jurisdicionais e administrativos), como programas das respectivas atividades, visando à realização dos fins sociais do Estado".[122] Elas consubstanciam, pois, o estabelecimento de uma meta

---

120. *E.g.*, o estatuído pelo art. 159, I, "c", da CF (planos regionais de desenvolvimento).

121. *E.g.*, o previsto no art. 177, § 4º, II, "c", da CF (financiamento de infra-estruturas de transportes).

122. José Afonso da Silva, *Aplicabilidade das Normas Constitucionais*, 7ª ed., 2ª tir., p. 138. Sobre a distinção entre tais normas e os princípios constitucionais, cf. José Afonso da Silva, ob. cit., pp. 142-145. Para Jorge Miranda, por seu turno, estas normas "são de aplicação diferida, e não de aplicação ou execução imediata; mais que comandos-regras, explicitam comandos-valores; conferem *elasticidade* ao ordenamento constitucional; têm como destinatário primacial – embora não único – o legislador, a cuja opção fica a ponderação do tempo e dos meios em que vêm a ser revestidas de plena eficácia (e nisso consiste a discricionariedade); não consentem que os

para toda a sociedade, mas – *et pour cause* – representam a fixação de um limite a ser observado pelos agentes econômicos ao desempenharem suas atividades, e também determinam os rumos que o Estado terá o dever de perseguir no desempenho de suas atividades normativas, planejadoras, incentivadoras e fiscalizadoras ligadas à ordem econômica.[123] De fato, os objetivos constitucionalmente atribuídos à atividade econômica, pública ou privada, no sentido da construção de uma existência digna para toda a população, em conformidade com os paradigmas da justiça social, não poderiam caracterizar mera petição de princípios destituída de qualquer juridicidade ou um utópico programa de ação inteiramente dependente de providências regulamentares futuras, sob pena de frustrar sua própria legitimidade.

II.3.9 *As normas programáticas e seus efeitos*

66. Não se restringe a efetividade das normas programáticas da ordem econômica, ainda, a esta tendência reitora ou vinculante. É que esta modalidade de normas, mesmo que possa ser tida por menos incisiva no campo eficacial, produz inegáveis efeitos jurídicos, que podem ser imediatos ou diferidos no tempo.[124] Assim, suas conseqüências prá-

---

cidadãos ou quaisquer cidadãos as invoquem já (ou imediatamente após a entrada em vigor da Constituição), pedindo aos tribunais o seu cumprimento só por si, pelo quê pode haver quem afirme que os direitos que delas constam, *máxime* os direitos sociais, têm mais natureza de expectativas que de verdadeiros direitos subjetivos; aparecem, muitas vezes, acompanhadas de conceitos indeterminados ou parcialmente indeterminados" (*Manual de Direito Constitucional*, t. I, p. 218).

123. José Afonso da Silva observa que "as normas programáticas são de grande importância, como dissemos, porque procuram dizer *para onde* e *como* se vai, buscando atribuir *fins* ao Estado, esvaziado pelo liberalismo econômico. Essa característica teleológica lhes confere relevância e função de princípios gerais de toda a ordem jurídica, (...) tendente a instaurar um regime de democracia substancial, ao determinarem a realização de fins sociais, através da atuação de programas de intervenção na ordem econômica, com vistas a assegurar a todos existência digna, conforme os ditames da *justiça social*. Este é o fim que os arts. 170 e 193 da CF de 1988 prescrevem para as ordens econômica e social. (...). A Constituição de 1988 é mais incisiva no conceber a ordem econômica sujeita aos ditames da justiça social para o fim de assegurar a todos existência digna. Dá à justiça social um conteúdo preciso. Preordena alguns princípios da ordem econômica – a *defesa do consumidor*, a *defesa do meio ambiente*, a *redução das desigualdades* (...)" (*Aplicabilidade das Normas Constitucionais*, 7ª ed., 2ª tir., p. 141).

124. Neste sentido, leciona J. J. Gomes Canotilho que "a positividade jurídico-constitucional das normas programáticas significa fundamentalmente: (1) vinculação

ticas podem ser distinguidas em dois blocos: *(a)* aquelas de natureza geral, sejam reitoras ou vinculantes, e *(b)* aqueloutras de caráter individual e concreto. No primeiro bloco podem ser indicados como efeitos das normas programáticas:[125] *(a1)* a imposição ao Estado-Legislativo de uma obrigação de editar normas infraconstitucionais concretizadoras que sejam compatíveis com as finalidades programáticas estabelecidas, sob pena de sua inconstitucionalidade; *(a2)* a criação de um sentido hermenêutico específico que deve ser observado pelo Estado-Judiciário na interpretação destas normas e dos demais preceitos correlatos; e *(a3)* a fixação das linhas principiológicas a serem observadas no exercício das atividades do Estado-administrador, orientando suas atividades fiscalizadoras e condicionando seu discricionarismo neste campo. No segundo bloco é preciso distinguir entre a criação de *(b1)* situações subjetivas de eficácia positiva ou de vantagem e aquelas *(b2)* situações subjetivas de eficácia negativa ou de desvantagem.[126] A concepção dou-

---

do legislador, de forma permanente, à sua realização (*imposição constitucional*); (2) vinculação positiva de todos os órgãos concretizadores, devendo estes tomá-las em consideração como *directivas materiais permanentes*, em qualquer dos momentos da actividade concretizadora (legislação, execução, jurisdição); (3) vinculação, na qualidade de limites materiais negativos, dos Poderes Públicos, justificando a eventual censura, sob a forma de inconstitucionalidade, em relação aos actos que as contrariam" (*Direito Constitucional e Teoria da Constituição*, 7ª ed., p. 1.176). Aduz, ainda, para além de tais efeitos diretos, que estas normas produzem efeitos políticos diferidos, eis que "deve reconhecer-se que as normas-tarefa e normas-fim pressupõem, em larga medida, a clarificação conformadora efectuada pelas autoridades com poderes político-normativos" (idem, p. 1.180).

125. Seguimos neste passo, também, a lição de José Afonso da Silva, *Aplicabilidade das Normas Constitucionais*, 7ª ed., 2ª tir., p. 164.

126. Acolhendo em um plano mais geral a construção de José Afonso da Silva no sentido de que "aqueles interesses que o Direito tem como valor digno de tutela são os *juridicamente relevantes*. Nesta classe, distinguem-se os *simples interesses*, as *expectativas de direito*, os *interesses legítimos*, os *direitos condicionados* e os *direitos subjetivos*. As *situações jurídicas subjetivas* envolvem a consideração desses interesses juridicamente relevantes, e sua proteção é tanto mais intensa quanto mais eficazes forem as normas que as têm como objeto" (*Aplicabilidade das Normas Constitucionais*, 7ª ed., 2ª tir., p. 169). Este autor, seguindo o ensinamento de Vezio Crisafulli (in *La Costituzione e le sue Disposizioni di Principio*), distingue entre *(a) situações subjetivas positivas ou de vantagem*, nas quais a norma legal permite ao ente concretizar determinado interesse, quer diretamente, quer mediante a possibilidade de exigir de terceiro que faça ou deixe de fazer algo, e *(b) situações subjetivas negativas ou vinculativas*, nas quais existe o dever ou obrigação de submissão do ente a uma determinada comissão ou omissão (José Afonso da Silva, *Aplicabilidade das Normas Constitucio-*

trinária hegemônica reconhece às normas constitucionais programáticas a capacidade de produzir situações subjetivas de vantagens, que propiciam o surgimento de simples interesses, de expectativas de direito e até mesmo daqueles interesses jurídicos legítimos, mas não admite que estas possam gerar o aparecimento de direitos condicionados ou de direitos subjetivos.[127] Admite-se, todavia, que possam ocasionar situações subjetivas negativas ou de desvantagem, por possibilitarem aos indivíduos pugnar pela invalidação por inconstitucionalidade das normas legais ordinárias e dos atos administrativos que delas discrepem, bem como para exigir sua consideração no âmbito das atividades exegéticas judiciais.

II.3.10 *As políticas públicas*

67. Para a aplicação destas normas constitucionais de eficácia limitada é necessário não só a edição de normas jurídicas que as complementem para amplificar sua efetividade, mas também sua concretização dar-se-á por intermédio da formulação e da efetivação das políticas públicas a elas correspondentes. Estas políticas conformam um dos traços característicos do Estado Social, que aparecem em razão do per-

---

nais, 7ª ed., 2ª tir., p. 170). Conclui por definir *situação jurídica subjetiva* como sendo "a posição que os indivíduos ou entidades ocupam nas relações jurídicas, e que lhes possibilita realizar certos interesses juridicamente protegidos ou os constrange a subordinar-se a eles" (idem, ibidem).

127. Nesta linha, *e.g.*, José Afonso da Silva admite que dispositivos constitucionais tais como o do art. 170, *caput*, criam apenas situações de interesses simples, "mas não conferem aos beneficiários desse interesse o poder de exigir sua satisfação; não delimitando seu objeto, nem fixando sua extensão, não fornecem os meios para sua realização antes que o legislador cumpra o dever de completá-las com providências executivas. No máximo, aí se verifica um *interesse simples*, não exigível positivamente pelos eventuais beneficiários, que podem ter uma expectativa de sua concretização através da legislação integrativa ou de outra atividade do Poder Público" (*Aplicabilidade das Normas Constitucionais*, 7ª ed., 2ª tir., p. 176). Por outro lado, normas programáticas que explicitam certos princípios revestidos de maior densidade conceitual e axiológica podem produzir interesses legítimos. Assim, *e.g.*, o reconhecimento da função social da propriedade (art. 170, IV) "pode ser invocado contra o abuso desse direito, em certas circunstâncias, em prol de inquilinos contra o senhorio, e especialmente impor atuações positivas ou abstenções ao proprietário, no interesse da coletividade". "Tais normas programáticas encontram-se no limiar da plena eficácia. Tutelam interesses legítimos que são, como alguém já disse, direito subjetivo *in fieri*" (p. 177).

fil planejador, instrumental e intervencionista que ele assume por ser uma organização do poder que persevera na busca da realização do predominante interesse público e da consecução das metas e princípios que orientam sua criação.[128] Não se trata, aqui, apenas da tradicional projeção do poder administrativo de polícia enfeixado pelo Estado, quer na imposição de limites e regramentos aos particulares, quer na realização de obras públicas, quer, ainda, na prestação de serviços públicos. Estes últimos podem ser efetuados diretamente pelo Estado, inclusive por meio de entes descentralizados (empresas públicas, sociedades de economia mista ou fundações), ou, ainda, ser efetivados por entes privados, por delegação daquele (através de autorizações, permissões e concessões). Os serviços públicos, destarte, são entendidos como aquelas atividades constitucionalmente atribuídas com exclusividade ao Poder Público,[129] ou nas quais se admite apenas complementarmente a presença da iniciativa privada;[130] em qualquer caso, exercitam-se para o atendimento de demandas coletivas relevantes. Atente-se, todavia, a que no campo das atividades econômicas propriamente ditas a atuação estatal não pode mesmo ser tida como serviço público, ao menos em sentido estrito. Neste caso, por força do estatuído no art. 173 da CF, é a atividade estatal que tem caráter supletivo, e esta deverá se pautar pela observância dos mesmos princípios e regramentos que disciplinam a iniciativa particular.

128. Neste sentido: Eros Grau, *O Direito Posto e o Direito Pressuposto*, 7ª ed., pp. 234 e ss.). Como assinala Fábio Konder Comparato, "em radical oposição a essa nomocracia estática, a legitimidade do Estado contemporâneo passou a ser a capacidade de realizar, com ou sem a participação ativa da sociedade – o que representa o mais novo critério de sua qualidade democrática –, certos objetivos predeterminados. (...). Mas é, obviamente, com o Estado Social de Direito que a reorganização da atividade estatal, em função de finalidades coletivas, torna-se indispensável. A atribuição prioritária dos Poderes Públicos torna-se, nesse Estado, a progressiva constituição de condições básicas para o alcance da igualdade social entre todos os grupos, classes e regiões do país. O Estado Social é, pois, aquela espécie de Estado Dirigente em que os Poderes Públicos não se contentam em produzir leis ou normas gerais, mas guiam efetivamente a coletividade para o alcance de metas predeterminadas" ("Ensaio sobre o juízo de constitucionalidade de políticas públicas", *Revista de Informação Legislativa* 138/43).
129. Assim, *e.g.*, os serviços públicos previstos no art. 21, X, XI e XII, da CF.
130. Assim, *e.g.*, saúde (art. 197 da CF), previdência social (art. 202 da CF) e educação (art. 209 da CF).

68. Por outro lado, os serviços públicos podem até ser instrumentos de políticas públicas, mas com elas não se confundem.[131] Com efeito, em uma perspectiva teleológica,[132] pode-se identificar por "política pública" uma determinada orientação que se impõe à atuação do Estado, quer naquelas atividades peculiares à sua órbita própria de atuação, quer na sua participação eventual ou na sua intervenção excepcional em outros segmentos da vida social. Em qualquer caso, ela deve ser sempre formulada para a busca da consecução de objetivos previamente estabelecidos, sejam econômicos, políticos ou sociais, desde que em qualquer caso caracterizem um interesse coletivo hegemônico.[133] Sua efetivação faz-se através da edição e da aplicação de um conjunto de instrumentos normativos que se materializam por meio do desempenho de determinadas atividades, através de entes estatais e/ou de agentes privados, sendo que estas normativas e estas ações são selecionadas como resul-

---

131. No sentido do texto, assevera Maria Paula Dallari Bucci que "o dado novo a caracterizar o Estado Social, no qual passam a ter expressão os direitos dos grupos sociais e os direitos econômicos, é a existência de um modo de agir dos governos, ordenado sob a forma de políticas públicas, um conceito mais amplo que o de serviço público, que abrange também as funções de coordenação e de fiscalização dos agentes públicos e privados" ("Políticas públicas e direito administrativo", *Revista de Informação Legislativa* 133/90).

132. Seguindo de perto as construções de Fábio Konder Comparato ("Ensaio sobre o juízo de constitucionalidade de políticas públicas", *Revista de Informação Legislativa* 138/44-45) e de Maria Paula Dallari Bucci ("Políticas públicas e direito administrativo", *Revista de Informação Legislativa* 133/91 e ss.).

133. Observa Fábio Konder Comparato que "tais objetivos são juridicamente vinculantes para todos os órgãos do Estado e também para todos os detentores de poder econômico ou social, fora do Estado. A juridicidade das normas que simplesmente declaram tais fins (as *Zielnormen* dos alemães), ou que impõem a realização de determinado programa de atividades – as normas propriamente programáticas –, já não pode ser posta em dúvida, nesta altura da evolução jurídica. (...) na estrutura do Estado Dirigente, a lei perde a sua majestade de expressão por excelência da soberania popular, para se tornar mero instrumento de governo. A grande maioria das leis insere-se, hoje, no quadro de políticas governamentais e tem por função não mais a declaração de direitos e deveres em situações jurídicas permanentes, mas a solução de questões de conjuntura (*Massnahmegesetze*), ou então o direcionamento, por meio de incentivos ou desincentivos, das atividades privadas, sobretudo no âmbito empresarial (*Lenkungsgesetze*), ou ainda a regulação de procedimentos no campo administrativo (*Steuerungsgesetze*)" ("Ensaio sobre o juízo de constitucionalidade de políticas públicas", *Revista de Informação Legislativa* 138/45).

tado de uma atividade de planejamento[134] e devem ser coordenadamente aplicadas, na medida das disponibilidades materiais existentes (*Vorbehalt des Möglichen*).[135] A formulação das políticas públicas caberia precipuamente ao Poder Legislativo, sobretudo porque a este é atribuída a competência para complementar e para regulamentar as normas constitucionais, que definem aqueles objetivos fundamentais a serem colimados por tais políticas e que contêm os princípios que deverão ser por elas observados.[136] Nos dias de hoje, todavia, cada vez mais cabem ao Poder Executivo a elaboração e a definição das prioridades nesta seara de políticas públicas, em decorrência da complexidade das interações intra-sociais e interestatais, bem como da celeridade necessária aos processos decisórios na esfera pública e privada, particularmente na gestão econômica, para além do necessário sopesamento das limitações orçamentárias existentes.[137]

69. De outra parte, diante da freqüente inação do Legislativo e do Executivo na adoção das políticas necessárias à concretização das nor-

---

134. Como anota Maria Paula Dallari Bucci, "a política é mais ampla que o plano e se define como o processo de escolha dos meios para a realização dos objetivos do governo com a participação dos agentes públicos e privados. Políticas públicas são os programas de ação do governo para a realização de objetivos determinados num espaço de tempo certo. A expressão mais freqüente das políticas públicas é o plano (embora com ele não se confunda), que pode ter caráter geral, como é o Plano Nacional de Desenvolvimento, ou regional, ou ainda setorial, quando se trata, por exemplo, do Plano Nacional de Saúde, do Plano de Educação etc. Nesses casos, o instrumento normativo do plano é a lei, na qual se estabelecem os objetivos da política, suas metas temporais, os instrumentos institucionais de sua realização e outras condições de implementação" ("Políticas públicas e direito administrativo", *Revista de Informação Legislativa* 133/95).
135. Sobre os limites materiais à consecução de objetivos programáticos, remete-se a José Carlos Vieira de Andrade, *Os Direitos Fundamentais na Constituição Portuguesa de 1976*, pp. 186-191.
136. Como assenta Fábio Konder Comparato, não se olvide que, "se o governo da economia nacional incumbe, incontestavelmente, ao Executivo e não ao Legislativo, é bem de ver que essa tarefa de direção implica sempre a edição de normas. A própria política de *deregulation* acaba produzindo, paradoxalmente, uma abundância normativa, pois o processo de liberalização da vida econômica, como todo processo, só se desenvolve por meio de normas. Os juristas estão perfeitamente familiarizados com o fenômeno" ("Ordem econômica na Constituição brasileira de 1988", *RDP* 93/268).
137. Neste sentido: Maria Paula Dallari Bucci, "Políticas públicas e direito administrativo", *Revista de Informação Legislativa* 133/96-97; e Fábio Konder Comparato, "Ensaio sobre o juízo de constitucionalidade de políticas públicas", *Revista de Informação Legislativa* 138/46.

mas constitucionais programáticas, muita vez será o Poder Judiciário instado a suprir estas ausências, especialmente por meio do mandado de injunção e da vindicação do reconhecimento da inconstitucionalidade por omissão.[138] No primeiro caso cuida-se de remédio constitucional que possibilita ao Judiciário a emissão de provimento que torne viável para o requerente o efetivo exercício dos direitos e liberdades constitucionais e das prerrogativas inerentes à nacionalidade, à soberania e à cidadania que se encontrem postergados diante da omissão na edição de normas regulamentares pelo Poder Público (art. 5º, LXXI, da CF). Consigna Fábio Konder Comparato que "o pressuposto dessa ação judicial não é propriamente a ausência de políticas públicas, e sim a falta de normas complementares ou regulamentadoras de princípios constitucionais. Ora, a consecução de certas finalidades econômicas não ocorre, unicamente nem mesmo principalmente, pela edição de normas, mas sim pela realização de programas de ação política".[139]

70. No segundo caso, a Constituição de 1988, ao lado da inconstitucionalidade comissiva, criou a ação de inconstitucionalidade por omissão. Assim, na síntese efetuada pela própria Corte: "(...). Se o Estado deixar de adotar as medidas necessárias à realização concreta dos preceitos da Constituição, em ordem a torná-los efetivos, operantes e exeqüíveis, abstendo-se, em conseqüência, de cumprir o dever de prestação que a Constituição lhe impôs, incidirá em violação negativa do texto constitucional. Desse *non facere* ou *non praestare* resultará a inconstitucionalidade por omissão, que pode ser total, quando é nenhuma a providência adotada, ou parcial, quando é insuficiente a medida efetivada pelo Poder Público".[140] Por seu intermédio, na ausência da sua edição pelos Poderes competentes, possibilita ao Judiciário recomendar a adoção das providências necessárias para tornar efetivas quaisquer normas constitucionais cuja efetivação delas dependa (art. 103, § 2º, da CF). Por evidente, maior efetividade existiria se fosse reconhecida a possibi-

---

138. Sobre todo o tema enfrentado neste passo, inclusive sustentando a ausência de discricionariedade administrativa e a possibilidade de responsabilização por improbidade dos omissos, consulte-se o precursor estudo de Luíza Cristina Fonseca Frischeisen, *Políticas Públicas – A Responsabilidade do Administrador e o Ministério Público*, especialmente pp. 59 e ss.

139. Fábio Konder Comparato, "Ordem econômica na Constituição brasileira de 1988", *RDP* 93/265.

140. STF, Rel. Min. celso de Mello, *RTJ* 162/877-879

lidade de formulação pelo próprio Judiciário da medida concretamente cabível, para além da simples edição de uma recomendação nesse sentido. Decisão do STF, todavia, ao cuidar da educação infantil, parece apontar para uma alvissareira tendência da Corte neste sentido, colhendo-se de sua ementa que: "(...) embora resida, primariamente, nos Poderes Legislativo e Executivo a prerrogativa de formular e executar políticas públicas, revela-se possível, no entanto, ao Poder Judiciário determinar, ainda que em bases excepcionais, especialmente nas hipóteses de políticas públicas definidas pela própria Constituição, sejam estas implementadas pelos órgãos estatais inadimplentes, cuja omissão – por importar descumprimento dos encargos político-jurídicos que sobre eles incidem em caráter mandatório – mostra-se apta a comprometer a eficácia e a integridade de direitos sociais e culturais impregnados de estatura constitucional".[141]

II.4 A proteção administrativa da ordem econômica.
A legislação antitruste

71. Os principais objetivos perseguidos mediante a adoção de uma política pública de edição de normas jurídicas para regular a competição, como anota Massimo Motta,[142] em geral são os seguintes: *(a)* a obtenção de bem-estar econômico, visto como o atingimento de um bom funcionamento global da economia, que é medido através da presença de um superávit decorrente do desempenho positivo dos agentes econômicos que dela participam (*total surplus*); *(b)* a conquista de bem-estar do consumidor, baseado na premissa de que uma queda no bem-estar da economia conduz a uma diminuição do bem-estar do consumidor que afeta quantitativa e qualitativamente sua capacidade de compra (diferença entre o preço efetivamente pago e aquele que ele estava disposto a pagar, ou *consumer surplus*); *(c)* a proteção das pequenas empresas; *(d)* a promoção da integração do mercado nacional ou regional; *(e)* o asseguramento da livre iniciativa na economia; *(f)* a efetivação de combate à inflação; *(g)* o estabelecimento de justiça e eqüidade na competi-

---

141. STF, 2ª Turma, AgRg no RE 410.715, rel. Min. Celso de Mello, v.u., *DJU* 3.2.2006, p. 76.
142. Massimo Motta, *Competition Policy (Theory and Practice)*, pp. 17-30, passim.

ção – para além de uma pletora de outros fatores de conotação social, política, ambiental e estratégica (nos campos industrial e comercial).

72. Na esteira de dispositivos similares constantes de Constituições que antecederam a atual,[143] o § 4º do art. 173 da CF estatui que a lei deve reprimir o abuso do poder econômico que vise à dominação dos mercados, à eliminação da concorrência e ao aumento arbitrário dos lucros. Se a repressão a tais comportamentos far-se-á por meio de normas administrativas ou de normas penais ou, ainda, pelas duas formas, caracteriza uma decisão política do legislador ordinário a quem cabe materializar a recomendação constitucional.[144] Na esfera administrativa, como já foi assinalado, editou-se a Lei federal 8.884/1994, também denominada de *Lei Antitruste* (como doravante a chamaremos) ou *Lei da Concorrência*, que tem por objetivo explícito a prevenção e a repressão às infrações contra a ordem econômica, orientada pelos princípios constitucionais da liberdade de iniciativa, livre concorrência, função social da propriedade, defesa dos consumidores e repressão ao abuso do poder econômico (art. 1º). Na prática, sua principal meta é proteger o mercado contra atividades concorrenciais lesivas, impedir o exercício abusivo de domínio mercadológico por parte das empresas nele preponderantes e, ainda, controlar as operações de concentração efetuadas entre empresas.[145] Na realização de tais escopos, todavia, exercem preponderante relevância a defesa do interesse público e a proteção dos consumidores, como se infere da própria atribuição à coletividade da titulari-

143. Assim, os arts. 148 da CF de 1946 ("A lei reprimirá toda e qualquer forma de abuso do poder econômico, inclusive as uniões ou agrupamentos de empresas individuais ou sociais, seja qual for a sua natureza, que tenham por fim dominar os mercados nacionais, eliminar a concorrência e aumentar arbitrariamente os lucros") e 157, VI, da Carta de 1967.

144. Com este entendimento: Tupinambá Nascimento, *Comentários à Constituição Federal – Ordem Econômica e Financeira – Arts. 170 a 192*, p. 51. Em sentido contrário, referindo um caráter penal para tal normativa, manifesta-se Pontes de Miranda, *Comentários à Constituição de 1946*, 3ª ed., t. V, p. 501.

145. Ao comparar esta normativa com a disciplina da matéria na precursora legislação norte-americana e na União Européia, cujas especificidades sumariaremos adiante, observa Paula Forgioni, em seu excelente estudo sobre o tema: "O sistema da lei brasileira é um sistema híbrido, que aproveita o europeu no que tange à caracterização do ilícito pelo objeto ou efeito, mas supera tanto esta tradição quanto aquela norte-americana no que tange à tipificação dos atos" (*Os Fundamentos do Antitruste*, 2ª ed., p. 147).

dade dos bens jurídicos ali protegidos (parágrafo único do art. 1º), preceito que também reforça a construção que se efetuou anteriormente no sentido de se cuidar de bem jurídico coletivo. De outra parte, apesar de a dicção do *caput* deste artigo parecer indicar uma exclusividade desta normativa para coibir os abusos lesivos à ordem econômica (*a prevenção e a repressão às infrações contra a ordem econômica*), é consabido que este mister é compartilhado por outros diplomas legais igualmente vigentes no país, tais como a própria Lei federal 8.137/1990 e o Código do Consumidor. Acresce, ainda, que por intermédio da legislação antitruste não se cuida, todavia, de proteção das empresas contra a concorrência desleal,[146] em sentido estrito, cujo resguardo se dá por intermédio de outra legislação, sobretudo porque nela o bem imediatamente tutelado, na lição de Paula A. Forgioni, "é a proteção do concorrente, do interesse egoístico do agente econômico individualmente considerado, e não a tutela do interesse coletivo ou geral da concorrência, como ocorre na Lei 8.884/1994".[147]

73. Para efetivação do controle administrativo da concorrência, a lei transformou em autarquia federal[148] o Conselho Administrativo de Defesa Econômica/CADE, atribuindo-lhe, ainda, uma natureza que se diz ser *judicante* e dotando-o de efetiva "jurisdição" em todo o território nacional (art. 3º). De se ver, todavia, inexistindo contencioso administrativo no sistema jurídico brasileiro, que se cuida de julgamento meramente administrativo, não afastando o amplo e irrestrito controle jurisdicional das atividades do CADE pelo Poder Judiciário, mesmo antes do exaurimento do procedimento administrativo em tramitação naquele órgão autárquico. Acrescente-se, também, que suas decisões nem sempre são auto-executórias, e que estas muitas vezes dependerão de provimentos judiciais para ser efetivadas,[149] exercendo o Ministério

---

146. A Lei federal 9.279, de 14.5.1996, que "regula direitos e obrigações relativos à propriedade industrial", define os crimes de concorrência desleal, mais brandamente reprimidos que aqueles contra a ordem econômica; assim as condutas listadas nos 14 incisos de seu art. 195 estão sujeitas à pena de "detenção de três meses a um ano, ou multa".
147. Paula Forgioni, *Os Fundamentos do Antitruste*, 2ª ed., p. 240.
148. Pessoas jurídicas de direito público instituídas por lei (art. 37, XIX, da CF de 1988) e que são dotadas de gestão administrativa e gestão financeira descentralizadas.
149. "Art. 50. As decisões do CADE não comportam revisão no âmbito do Poder Executivo, promovendo-se, de imediato, sua execução e comunicando-se, em segui-

Público Federal relevante funções neste aspecto.[150] Suas disposições regulamentares protetivas atingem o amplo leque dos agentes econômicos, na medida em que se sujeitam às mesmas todas as pessoas físicas ou jurídicas, inclusive aquelas de direito público, bem como as associações de entidades ou pessoas, constituídas de fato ou de direito, ainda que temporariamente ou sem personalidade jurídica e mesmo que exerçam atividade sob regime de monopólio legal (art. 15). O Plenário do CADE, constituído por um presidente e seis conselheiros, nomeados pelo Presidente da República, depois de aprovação pelo Senado Federal, consubstancia órgão colegiado ao qual competem as atribuições mais relevantes na defesa da concorrência.[151] Para fins de sua representação judicial, funciona junto ao CADE uma Procuradoria própria, cujo procurador-geral é indicado pelo Ministro de Estado da Justiça, nomeado pelo Presidente da República após aprovação pelo Senado Federal (arts. 10 e 11). Atua, ainda, perante o CADE o Ministério Público Federal, na pessoa de membro designado pelo Procurador-Geral da República, que oficiará nos processos submetidos à apreciação do CADE (art. 12). A Secretaria de Direito Econômico/SDE é um órgão da Administração Pública direta que integra a estrutura do Ministério da Justiça e que, em conjunto com o CADE, também faz parte do Sistema Brasileiro de Defesa da Concorrência. A SDE é dirigida por um secretário indicado pelo Ministro da Justiça, nomeado pelo Presidente da República (art. 13), e, por intermédio do seu Departamento de Proteção e Defesa Econômica, atua complementarmente ao CADE, tendo relevantes atribuições nas matérias de defesa da concorrência arroladas no art. 14 da Lei Antitruste.

da, ao Ministério Público, para as demais medidas legais cabíveis no âmbito de suas atribuições."
150. "Art. 12. (...).
"Parágrafo único. O CADE poderá requerer ao Ministério Público Federal que promova a execução de seus julgados ou do compromisso de cessação, bem como a adoção de medidas judiciais, no exercício da atribuição estabelecida pela alínea 'b' do inciso XIV do art. 6º da Lei Complementar n. 75, de 20 de maio de 1993."
151. Previstas no art. 7º, dentre as quais avultam as de "decidir sobre a existência de infração à ordem econômica e aplicar as penalidades previstas em lei" (inciso II), de "requerer ao Poder Judiciário a execução de suas decisões" (inciso XIII), de "determinar à Procuradoria do CADE a adoção de providências administrativas e judiciais" (inciso XV), de "responder a consultas sobre matéria de sua competência" (inciso XVII) e "instruir o público sobre as formas de infração da ordem econômica" (inciso XVIII).

74. A Lei Antitruste prevê as infrações administrativas da ordem econômica e, por disposição normativa expressa (art. 19), indica que as mesmas não têm feição exclusiva, mas caráter cumulativo, não elidindo o sancionamento em outras esferas, particularmente no campo penal. A lei atribui de modo abrangente a responsabilidade pelas práticas ilícitas nela previstas, podendo a mesma incidir sobre os entes indicados por seu art. 15, responsabilizando solidariamente, ainda, as empresas e os entes integrantes de grupo econômico, sejam estes ou aquelas constituídos de fato ou de direito, sem excluir a solidária responsabilidade individual de seus dirigentes e administradores (arts. 16 e 17). A normativa ainda prevê expressamente a desconsideração da personalidade jurídica (*disregard of legal entity*) ou despersonificação da pessoa jurídica[152] nas hipóteses em que se constate no âmbito societário a existência de *abuso de direito, excesso de poder, infração da lei, fato ou ato ilícito, violação dos estatutos ou contrato social* e, ainda, no advento de situações de

---

152. Esclarece Gerci Giareta: "(...) a separação e distinção das responsabilidades elaboradas a partir da lei, entre a pessoa jurídica e as pessoas físicas que a integram, formam personalidades distintas, não se confundindo o patrimônio da sociedade com o patrimônio particular de cada um dos sócios. Segundo a doutrina do *disregard*, a separação só é protegida pela lei enquanto a sociedade operar lisamente. Entretanto, quando ocorrer fraude à lei, abuso de direito, quer na sua própria constituição ou nas suas operações, visando a fraudar credores ou ocultar responsabilidades pessoais dos sócios por obrigações assumidas individualmente como pessoas físicas, a proteção da lei deixa de existir. Sempre que se constatarem desvios praticados pela sociedade, ao juiz é permitido penetrar, levantar o véu, desestimar ou desconsiderar a personalidade jurídica, para buscar meios, buscar bens, visando a garantir o cumprimento de obrigação assumida pelo sócio. A limitação da responsabilidade em certos tipos de sociedade foi criada pela lei, com o objetivo de fortalecer a iniciativa empresarial, para cumprir seu papel comunitário, na realização de seus objetivos. Todavia, esse manto protetor não pode ser objeto de uso indiscriminado e abusivo (...). A doutrina do *disregard* não visa a anular simplesmente a personalidade própria e distinta da pessoa jurídica da sociedade. Visa apenas a desconsiderar, a desestimar, a levantar o véu protetor, em determinadas circunstâncias, aos efeitos de garantir a satisfação de obrigações assumidas por seus sócios. As pessoas jurídicas constituídas como entidades criadas pela lei, como ficção da lei, as associações, instituições, fundações etc., formadas para realização de um determinado fim social, com personalidade própria, reconhecidas como sujeitos de direito, no mundo jurídico. Como conseqüência natural da personalidade jurídica distinta, da autonomia patrimonial, a responsabilidade dos sócios é desvinculada da responsabilidade social. Mesmo nas sociedades onde o sócio é responsável, solidária e ilimitadamente, pelas obrigações sociais, só responde com seu patrimônio particular subsidiariamente" ("Teoria da despersonalização da pessoa jurídica", *Ajuris* 44/113-114). V., ainda, o art. 50 do CC.

falência, estado de insolvência, encerramento ou inatividade da pessoa jurídica provocados por má administração (art. 18).

75. O art. 20 da Lei Antitruste, por sua vez, em caráter geral e aberto, indica que constituem violações administrativas da ordem econômica todas as condutas nas quais esteja presente alguma das metas ilícitas que enuncia taxativamente, que também devem iluminar os diversos atos específicos tidos por caracterizadores de infração da ordem econômica, e que são aqueles enumerados no art. 21. As infrações genéricas previstas pelo art.o 20 são sancionadas independentemente da presença de culpa dos agentes econômicos nelas envolvidos (*caput*),[153] deste que os resultados considerados não derivem de um legítimo *processo natural fundado na maior eficiência* destes agentes (§ 1º) e que elas tenham sido praticadas com alguma das finalidades ali enunciadas, mesmo que estas a final não se produzam concretamente. Estas finalidades são as seguintes: *(a)* "limitar, falsear ou de qualquer forma prejudicar a livre concorrência ou a livre iniciativa" (art. 20, I); *(b)* "dominar mercado relevante de bens ou serviços" (art. 20, II); *(c)* "aumentar arbitrariamente os lucros" (art. 20, III); *(d)* "exercer de forma abusiva posição dominante" (art. 20, IV). Explicitando-se, ainda, o que se deverá entender pelos importantes conceitos de "mercado relevante" (art. 20, § 2º) e de "posição dominante" (art. 20, § 3º).

76. Já o rol constante do art. 21, que é assumidamente exemplificativo, apresenta uma ampla enunciação de outras condutas específicas que são também características de infração da ordem econômica, apenas exigindo-se que, em qualquer caso, se constate, cumulativamente, sua articulação com qualquer uma daquelas premissas gerais explicita-

---

153. Esta disposição teve sua constitucionalidade questionada mediante ação direta de inconstitucionalidade movida no STF, tendo o voto do Relator, proferido em sede liminar e unanimemente acolhido neste aspecto, consignado que: "(...) não me parece, pelo menos ao primeiro exame, que seria atentatório à Constituição estabelecer a lei que, independentemente de culpa, seriam considerados infrações da ordem econômica os atos que tenham por objetivo produzir os efeitos enumerados nos incisos I a IV do art. 20, dado que tais objetivos cerceiam, limitam ou de qualquer forma prejudicam a livre concorrência ou a livre iniciativa – livre concorrência que constitui princípio da ordem econômica (CF, art. 170, IV), livre iniciativa que é fundamento desta (CF, art. 170, *caput*) (...)" (STF, Plenário, ADI/MC 1.094-8, rel. Min. Carlos Velloso, *DJU* 20.4.2001).

das no art. 20 e seus incisos.[154] Atente-se a que não há necessidade de que esta vinculação se dê concomitantemente ao conjunto daquelas premissas, como quer certa doutrina. Em nosso juízo, esta posição não conduz à melhor exegese do preceito. Desde logo, *em primeiro lugar*, ao inviabilizar na prática a aplicação de sanções em um importante número de graves violações concorrenciais, este entendimento colide com a clara perspectiva teleológica adotada pela Lei Antitruste, que é materializada na previsão aberta e abrangente de violações, desta maneira possibilitando a ocorrência de sérios danos à ordem econômica protegida. Acresce, *em segundo lugar*, que uma exigência normativa de cumulatividade de requisitos autonomamente individuados não pode ser presumida, e tal concurso de condições não consta expressamente dessa norma. E a lei de regência, por seu turno, quando desejou sua ocorrência, o fez de modo inequívoco por meio de previsão expressa (*e.g.*, art. 24, *caput*, ou, ainda mais claramente, art. 54, § 1º, I, c/c o § 2º). A própria interpretação literal do *caput* do art. 21, *em terceiro lugar*, aponta que por seu intermédio foi estabelecido o perfil exemplificativo assumido por seu rol e que foi explicitado o critério para que esta ampliação ocorra: outras condutas podem ser admitidas na lista na medida em que

---

154. Como consta da nota anterior, muitos dispositivos da Lei Antitruste tiveram suas constitucionalidades questionadas (infrutiferamente, com exceção do deferimento da suspensão cautelar de eficácia dos incisos I e II do art. 24 e das expressões "do Distrito Federal" e "à escolha do CADE", constantes do art. 64 da Lei 8.884). O voto do Relator, proferido em sede liminar, quanto aos arts. 20 e 21, consigna que: "(...). Sustenta-se, também, a inconstitucionalidade do art. 21, inciso XXIV e respectivo parágrafo único. Não vejo, também aí, relevância na argüição. É que o citado dispositivo legal há de ser interpretado em consonância com o art. 20, dado que a este o art. 21 reporta-se, expressamente, dispondo que as condutas a seguir enumeradas nos incisos I a XXIV caracterizam infração da ordem econômica, na medida em que configurem hipótese prevista no art. 20 e seus incisos. Correta, portanto, a exposição que acompanha as informações, quando registra: '(...). Não há falar em abuso do poder econômico fora da concorrência. Por óbvio, impor preços excessivos ou aumentar, sem justa causa, o preço do bem ou serviço não há de ser punível, em qualquer circunstância, se não produzir os efeitos a que se referem os incisos do art. 20 e que podem ser sintetizados em um só: causar efeitos danosos à livre concorrência. Embora seja um ilícito administrativo de tipologia aberta, sua conceituação considera as leis de mercado: só é justificado o aumento excessivo de preço que encontre correspondência na variação a maior dos custos nos respectivos insumos ou decorrente da introdução de melhorias de qualidade' (fls. 94) (...)" (STF, Plenário, ADI/MC 1.094-8, rel. Min. Carlos Velloso, *DJU* 20.4.2001).

"configurem *hipótese prevista* no art. 20 e seus incisos" (grifei). Aduza-se, por fim, *em quarto lugar*, que uma exegese lógico-jurídica indica que dentre as próprias condutas previstas na extensa lista do art. 21 – as quais, nos termos da posição por nós criticada, *a fortiori*, quando singularmente consideradas, deveriam conter no seu bojo todos os requisitos dos incisos do art. 20 – encontram-se variantes nas quais tais predicativos, a toda evidência, não estão concomitantemente presentes. Assim, *e.g.*, quem realiza a conduta de *vender injustificadamente mercadoria abaixo do preço de custo* (inciso XVIII do art. 21) não pretende – necessariamente – *aumentar arbitrariamente os lucros* (art. 20, III). Com efeito, embora esta conduta possa imediatamente limitar a livre iniciativa (inviabilizando o ingresso ou a permanência de outros concorrentes no mesmo mercado – sendo, portanto, lesiva à ordem econômica), entretanto, seu resultado imediato será uma diminuição dos lucros e sua motivação mediata poderá ser exclusivamente a de mantê-los no patamar no qual se encontravam no momento em que foi implementada a medida questionada, e não a de aumentá-los.

77. Em seguida, os arts. 23 e 24 da lei enumeram as modalidades de penalidades a que estão sujeitos os responsáveis pela prática da infração concorrencial. Como é tradição generalizada nesta matéria, estas constituem notadamente penas de caráter pecuniário, que podem ser aplicadas em dobro no caso de reincidência e, ainda, cominadas para incidência diária nas situações em que persista a continuidade das atividades ilegais, bem como naquelas de descumprimento de medida preventiva, nas em que foi inobservado o compromisso de cessação ou, ainda, em face da não-suspensão da conduta ilícita. Assim, *e.g.*, dispõe o o inciso I do art. 23 que a prática de infração à ordem econômica sujeita o infrator, no caso de empresa, a multa de 1% a 30% do valor do faturamento bruto no seu último exercício, excluídos os impostos, a qual nunca será inferior à vantagem auferida, quando quantificável.[155] São

---

155. Na ação de inconstitucionalidade mencionada na nota anterior foi confirmada a legitimidade deste sancionamento, ao argumento de que "não se tem, no caso, entretanto, multa de 30%. Tem-se, sim, multa de 1 a 30% do valor do faturamento bruto, excluídos os impostos. Concedo que, em certos casos, poderá ocorrer inconstitucionalidade material, vale dizer, inconstitucionalidade em concreto, no caso de aplicação da multa no seu grau máximo. Em abstrato, entretanto, não vejo configurada, pelo menos ao primeiro exame, a inconstitucionalidade argüida".

previstas, ainda, reprimendas capazes de atingir a imagem pública ou a capacidade gerencial da empresa, punições que poderão ser aplicadas cumulativamente em razão da gravidade dos fatos ou se o interesse público assim o exigir.[156] A gradação das penas será atenuada ou agravada em função das circunstâncias enumeradas no art. 27, que apontam critérios para dosimetria e fixação da pena.[157] O prazo prescricional das infrações concorrenciais é qüinqüenal, sendo contado a partir da data da prática da conduta, ressalvada a hipótese de a infração ser permanente ou continuada, quando o termo *a quo* será o dia da sua cessação.[158] Este prazo, todavia, será o previsto na lei penal *quando o fato objeto da ação punitiva da Administração também constituir crime*[159] – aspecto que reforça a autonomia das instâncias administrativa e criminal, questão logo adiante enfrentada. A prescrição será suspensa durante a vigência do compromisso de cessação e/ou de desempenho previstos nos arts. 53 e 58 da Lei Antitruste. Em outro patamar, para a defesa de interesses individuais ou individuais homogêneos, com o fim de pleitear a cessação das práticas infracionais, bem como para obter indenização por perdas e danos sofridos, independentemente da existência ou do término do respectivo processo administrativo, reconhece-se o correspon-

---

156. Previstas nos incisos do art. 24 da Lei Antitruste, dentre as quais se destacam especialmente "a proibição de contratar com instituições financeiras oficiais e participar de licitação tendo por objeto aquisições, alienações, realização de obras e serviços, concessão de serviços públicos, junto à Administração Pública Federal, Estadual, Municipal e do Distrito Federal, bem como entidades da Administração indireta, por prazo não inferior a cinco anos" (inciso II); e "a cisão de sociedade, transferência de controle societário, venda de ativos, cessação parcial de atividade, ou qualquer outro ato ou providência necessários para a eliminação dos efeitos nocivos à ordem econômica" (inciso V). Quanto aos incisos I e IV deste dispositivo, v. nota 153.

157. "Art. 27. (...) I – a gravidade da infração; II – a boa-fé do infrator; III – a vantagem auferida ou pretendida pelo infrator; IV – a consumação ou não da infração; V – o grau de lesão, ou perigo de lesão, à livre concorrência, à economia nacional, aos consumidores, ou a terceiros; VI – os efeitos econômicos negativos produzidos no mercado; VII – a situação econômica do infrator; VIII – a reincidência."

158. Matéria disciplinada pela Lei federal 9.873/1999, que "estabelece prazo de prescrição para o exercício de ação punitiva pela Administração Pública Federal, direta e indireta, e dá outras providências". Segundo o § 1º do art. 1º dessa lei, "incide a prescrição no procedimento administrativo paralisado por mais de três anos, pendente de julgamento ou despacho, cujos autos serão arquivados de ofício ou mediante requerimento da parte interessada, sem prejuízo da apuração da responsabilidade funcional decorrente da paralisação, se for o caso".

159. Nos termos do § 2º do art. 1º da Lei 9.873/1999.

dente direito de ação a qualquer prejudicado, ou ainda aos legitimados constantes do art. 82 do CDC.[160]

78. O processo administrativo de apuração das infrações também é disciplinado pela Lei Antitruste e se desenvolve no âmbito das atribuições da SDE e do CADE, já referidas. Em síntese, tem uma fase inicial de averiguações preliminares que é promovida pela SDE, atuando *ex officio* ou mediante representação formal, e que poderá ocorrer sob sigilo, quando o interesse das investigações assim o exigir (art. 30). Tal averiguação deverá ser concluída em 60 dias, findos os quais o secretário da SDE determinará a instauração do processo administrativo ou o arquivamento do procedimento investigativo, caso em que obrigatoriamente haverá reexame da decisão pelo CADE (art. 31). Por exigência constitucional (art. 5º, LV[161]), durante a fase de instauração e instrução do procedimento administrativo – que tramita na esfera da SDE (arts. 32-40) – deverão ser observadas todas as diversas garantias características do devido processo legal, tais como o contraditório e a ampla defesa. O processo finda com a prolação da decisão do respectivo secretário, da qual não caberá recurso hierárquico (art. 41), ocasião em que o mesmo segue para o julgamento definitivo pelo CADE (arts. 42-45). As decisões do CADE, por seu turno, são proferidas por maioria absoluta, com a presença mínima de cinco membros (art. 49). São administrativamente definitivas, não comportando revisão no âmbito do Poder Executivo (art. 50). A decisão, em qualquer caso, será fundamentada, mas quando a mesma reconhecer a infração da ordem econômica deverá observar expressamente os requisitos adicionais específicos previstos pelos diversos incisos do art. 46 da lei. A fiscalização do cumpri-

---

160. "Art. 81. A defesa dos interesses e direitos dos consumidores e das vítimas poderá ser exercida em juízo individualmente, ou a título coletivo.
"(...).
"Art. 82. Para os fins do art. 81, parágrafo único, são legitimados concorrentemente: I – o Ministério Público, II – a União, os Estados, os Municípios e o Distrito Federal; III – as entidades e órgãos da Administração Pública, direta ou indireta, ainda que sem personalidade jurídica, especificamente destinados à defesa dos interesses e direitos protegidos por este Código; IV – as associações legalmente constituídas há pelo menos um ano e que incluam entre seus fins institucionais a defesa dos interesses e direitos protegidos por este Código, dispensada a autorização assemblear."
161. "Art. 5º. (...) LV – aos litigantes, em processo judicial ou administrativo, e aos acusados em geral são assegurados o contraditório e ampla defesa, com os meios e recursos a ela inerentes; (...)."

mento das suas decisões é feita pelo próprio CADE (art. 47) e, em caso de notícia de descumprimento, estas podem ser judicialmente executadas por iniciativa do seu procurador-geral (art. 48). Quando for o caso também deverão ser comunicadas ao Ministério Público, para adoção das medidas legais cabíveis, no âmbito de sua atuação constitucional (art. 50, *in fine*), inclusive com a propositura de eventual ação penal pública – que, aliás, independe do término do procedimento administrativo, em razão da autonomia de instâncias

79. Nos casos em que houver indício ou fundado receio de que o infrator possa causar ao mercado lesão irreparável ou de difícil reparação, ou, ainda, quando se vislumbrar a perspectiva de ineficácia do resultado final do processo, a lei autoriza a adoção de medida de caráter cautelar destinada a antecipar a tutela final do processo administrativo (art. 52, caput). Esta tutela preventiva ou antecipatória pode ser determinada em qualquer fase da tramitação administrativa, quer pelo secretário da SDE, quer pelo conselheiro-relator no âmbito do CADE, neste caso podendo ser efetivada ex officio, ou, ainda, mediante provocação do procurador-geral do CADE. Desta medida caberá recurso voluntário ao Plenário do CADE, que será recebido apenas com efeito devolutivo (art. 52, § 2º). Outro procedimento de molde antecipatório, também previsto na lei, é o compromisso de cessação da prática investigada pelo agente econômico (art. 53). Dependendo do estágio em que se encontre o processo administrativo, poderá o mesmo ser celebrado diretamente com o CADE ou com a própria SDE, nesta hipótese ad referendum do CADE. O compromisso não implica confissão dos fatos apurados e nem tampouco reconhecimento da eventual ilicitude da prática sob investigação, conduzindo tão-somente à suspensão do processo administrativo até o término do prazo fixado; mas pode ser imediatamente executado na esfera judicial, por constituir expressamente título executivo extrajudicial. Desde que atendidas as condições nele estabelecidas, inclusive aquelas obrigatórias por exigência legal,[162] o processo administrativo suspenso será, então, definitivamente arquivado (art. 53, §

---

162. "Art. 53. (...).

"§ 1º. (...) a) obrigações do representado, no sentido de fazer cessar a prática investigada no prazo estabelecido; b) valor da multa diária a ser imposta no caso de descumprimento, nos termos do art. 25; c) obrigação de apresentar relatórios periódicos sobre a sua atuação no mercado, mantendo as autoridades informadas sobre eventuais mudanças em sua estrutura societária, controle, atividades e localização."

2º). As condições contidas no termo não são imutáveis; elas podem ser alteradas pelo CADE se, na hipótese, for comprovada a existência de excessiva onerosidade para o compromissário, contanto que a modificação efetuada não acarrete prejuízo para terceiros e que a inovação não constitua nova infração da ordem econômica (art. 53, § 3º).

80. O CADE também tem relevante função consultiva, devendo ser instado a se manifestar, previamente ou pelo menos até 15 dias úteis após sua realização (art. 54, § 4º), acerca de quaisquer atos que possam restringir ou prejudicar a livre concorrência ou que possam resultar na dominação de mercados relevantes de bens ou serviços (art. 54, *caput*). Serão autorizados pelo CADE apenas aqueles atos que, como determina o § 2º do art. 54 da Lei Antitruste, atendam cumulativamente a pelo menos três das condições gerais previstas no § 1º do mesmo dispositivo legal,[163] requisitos destinados a resguardar o interesse da economia nacional ou do bem comum, e desde que esteja assegurado que as condições observadas no caso são suficientes para evitar a inflição de prejuízos para os consumidores (art. 54, § 2º). Dentre os atos acerca dos quais obrigatoriamente o órgão colegiado deverá se manifestar estão todos aqueles que possam gerar alguma forma de concentração econômica (art. 54, § 3º[164]). No caso de atos que não resultem sancionados pelo Plenário do CADE e que tenham gerado conseqüências para terceiros, incluindo-se eventuais efeitos de natureza fiscal, ou, ainda, aqueles que não se realizaram sob condição suspensiva, sua desconstituição se efetuará na forma prevista na lei (art. 54, § 9º).

---

163. "Art. 54. (...).
"§ 1º. O CADE poderá autorizar os atos a que se refere o *caput*, desde que atendam às seguintes condições: I – tenham por objetivo, cumulada ou alternativamente: a) aumentar a produtividade; b) melhorar a qualidade de bens ou serviço; ou c) propiciar a eficiência e o desenvolvimento tecnológico ou econômico; II – os benefícios decorrentes sejam distribuídos eqüitativamente entre os seus participantes, de um lado, e os consumidores ou usuários finais, de outro; III – não impliquem eliminação da concorrência de parte substancial de mercado relevante de bens e serviços; IV – sejam observados os limites estritamente necessários para atingir os objetivos visados."

164. Nos termos do § 3º do art. 54, esta concentração pode se manifestar "seja através de fusão ou incorporação de empresas, constituição de sociedade para exercer o controle de empresas ou qualquer forma de agrupamento societário, que implique participação de empresa ou grupo de empresas resultante em vinte por cento de um mercado relevante, ou em que qualquer dos participantes tenha registrado faturamento bruto anual no último balanço equivalente a R$ 400.000.000,00 (quatrocentos milhões de Reais)."

81. Por outro lado, em importante *cláusula de salvaguarda do interesse público predominante*, estatui o art. 55 da lei que mesmo após a concessão de autorização pelo CADE esta poderá ser revista, de ofício ou mediante provocação da SDE, se a decisão for baseada em informações falsas ou enganosas prestadas pelo interessado, se ocorrer o descumprimento de quaisquer das obrigações assumidas ou não forem alcançados os benefícios visados.[165] A cláusula é indispensável, em razão da profunda repercussão das autorizações prévias ou do referendo posterior não só no patamar do administrativo-econômico sancionador, mas também na esfera criminal, como se verá a seguir.

165. Na ação de inconstitucionalidade mencionada em nota anterior (nota 153) o STF confirmou a legitimidade desta revisão do ato administrativo autorizativo *quando não alcançados os benefícios visados*, argumentando o Relator: "Não me parece relevante, no ponto, a argüição. Com propriedade, esclarecem as informações: 'O dispositivo impugnado está intimamente relacionado com o art. 54 da lei em questão, que submete à apreciação do CADE os atos que possam limitar ou, de qualquer forma, prejudicar a livre concorrência, ou resultar na dominação de mercados relevantes de bens ou serviços. A origem da norma legal está no art. 1 do *Sherman Act*, a lei antitruste básica dos Estados Unidos da América, cuja aplicação pelos juízes norte-americanos resultou na *rule of reason* (regra da razão) e que consiste no estabelecimento de um meio que permita distinguir o lícito ou ilícito, na aquisição de empresas, gerando a possibilidade legal da existência de contrato ou qualquer outro ato válido que limite ou prejudique a concorrência, ou ainda tenha como resultado a dominação de mercados relevantes de bens ou serviços. Vê-se, pois, que é permitido tal tipo de contrato ou ajuste, desde que tenha por objetivo aumentar a produtividade; melhorar a qualidade de bens ou serviços; propiciar a eficiência e o desenvolvimento tecnológico ou econômico; e os benefícios decorrentes sejam distribuídos eqüitativamente entre os participantes e os usuários; e que sejam observados os limites estritamente necessários ao fim visado. Como se depreende da leitura do art. 54 e seus 10 parágrafos, os atos referidos hão de ser submetidos à apreciação do CADE, que condiciona a sua vigência e validade à veracidade das informações prestadas, ao cumprimento das obrigações assumidas e ao alcance dos fins visados. Por óbvio, o desatendimento de qualquer uma das três condições poderá acarretar a invalidação do ato, em procedimento que assegure o *due process of law*. A construção legal aqui referida tem sua origem no art. 74 da Lei n. 4.137/1962, e foi repetida, com alteração, na revogada Lei n. 8.158/1991. É figura fundamental de qualquer sistema legal de defesa da concorrência e, diferentemente do que alega a requerente, não fere os direitos adquiridos, porquanto a validade do ato citado no art. 55 pendia de uma ou várias condições suspensivas que, desatendidas, permitem a sua cassação' (fls. 96-97) (...)". Sobre o emprego da regra da razão, das isenções e autorizações como técnicas que substanciam "válvulas de escape" para flexibilização do controle administrativo da ordem econômica no Brasil, por todos, v. Paula Forgioni, *Os Fundamentos do Antitruste*, 2ª ed., pp. 203 *usque* 312.

82. A decisão administrativa exarada pelo Plenário do CADE nos processos submetidos à sua apreciação constitui título executivo extrajudicial, sendo passível de execução constritiva, inclusive mediante a adoção da mesma e célere sistemática processual de cobrança da dívida ativa dos entes públicos,[166] caso o crédito exeqüendo tenha unicamente por objeto multa pecuniária imposta ao condenado administrativamente (arts. 60, 61 e 62). Se, além da cobrança de multa, a execução tiver por objeto o cumprimento de obrigação, o juiz poderá conceder a tutela específica ou determinar a observância de providências que assegurem resultado prático equivalente ao adimplemento efetivo. Apenas quando se revelarem impossíveis a tutela específica ou a obtenção de resultado equivalente a obrigação executada poderá ser convertida em perdas e danos, que, neste caso, serão cobrados cumulativamente com as multas aplicadas. A execução será feita de todas as formas em Direito admitidas, incluindo-se a viabilidade de intervenção na empresa, que, por sua excepcionalidade à luz da livre iniciativa, apenas poderá ser decretada pelo juiz quando vislumbrar ser tal medida indispensável para permitir a execução específica; neste caso, nomeando um interventor judicial para executá-la (art. 63 c/c os arts. 69-78). Ainda como evidência da grande relevância atribuída pelo legislador à efetivação das sanções administrativas à violação da ordem econômica decididas pelo CADE, sua tramitação processual tem precedência sobre todas as demais ações judiciais, com exceção do andamento dos remédios constitucionais de *habeas corpus* e de mandado de segurança (art. 68).

II.5 A proteção administrativa da ordem econômica "vs."
a proteção penal. A questão da autonomia de instâncias

83. Como se depreende da breve exposição que foi efetuada do perfil da proteção da ordem econômica por intermédio da Lei Antitruste, não se constata uma perfeita simetria entre os diversos ilícitos administrativos ali previstos e a modalidade típica criminal por nós estudada. Estas diferenças manifestam-se não só no que concerne à descrição da

---

166. Previsto na Lei federal 6.830/1980, que oferece rito processual mais célere e expedito em prol da cobrança de créditos fiscais da Fazenda Pública inscritos na Dívida Ativa.

conduta indesejada, como também nos aspectos da determinação da autoria e das sanções cominadas à infração. Tais matizes provavelmente decorrem do fato de a Lei federal 8.137/1990 ser anterior à atual Lei Antitruste, tendo sido editada ainda na vigência da Lei federal 4.137/1962, norma administrativa que cuidava da defesa da concorrência e que – esta, sim – continha preceito praticamente idêntico ao crime estudado. Com efeito, seu art. 2º, I, "a", estabelecia: "Considera-se forma de abuso do poder econômico: I – dominar os mercados nacionais ou eliminar total ou parcialmente a concorrência por meio de: a) ajuste ou acordo entre empresas, ou entre pessoas vinculadas a tais empresas ou interessadas no objeto de suas atividades; (...)".

84. Por outra vertente, todavia, a enunciação de normas sancionadoras administrativas não está sujeita aos mesmos requisitos formais mais rígidos que devem caracterizar os tipos penais, e também sua exegese admite maior flexibilidade. Verifica-se, dessarte, que da vigente Lei Antitruste constam diversas infrações que, em razão de sua elasticidade conceitual ou por força da intensa casuística adotada, são capazes de englobar e de sancionar administrativamente condutas passíveis de igualmente se subsumir no plano criminal à formação de cartel, desde que, é claro, também esteja presente o pressuposto do ajuste ou acordo de empresas. Desta maneira, aproximam-se formalmente da norma penal estudada aquelas situações nas quais, por exemplo, os especiais fins de agir de *limitar, falsear ou de qualquer forma prejudicar a livre concorrência* e/ou de *dominar mercado relevante de bens ou serviços* (art. 20, I e II, da Lei 8.884/1994) encontram-se associados às condutas de *fixar ou praticar, em acordo com concorrente, sob qualquer forma, preços e condições de venda de bens ou de prestação de serviços* (art. 21, I); *de dividir os mercados de serviços ou produtos, acabados ou semiacabados, ou as fontes de abastecimento de matérias-primas ou produtos intermediários* (art. 21, III); ou, também, as de *regular os mercados de bens ou serviços, estabelecendo acordos para limitar ou controlar a pesquisa e o desenvolvimento tecnológico, a produção de bens ou prestação de serviços, ou para dificultar investimentos destinados à produção de bens ou serviços ou à sua distribuição* (art. 21, X).

85. A eventual instauração e tramitação de procedimento administrativo para apurar condutas que, eventualmente, repercutam criminalmente, ou mesmo a eventual prolação de decisão administrativa definitiva oriunda do CADE sobre as mesmas, qualquer que seja seu conteúdo, em linha de princípio, não impedirão a adoção das providências investigatórias ou persecutórias na órbita do direito penal.[167] Isto ocorre em razão da adoção na estrutura constitucional brasileira do sistema da unicidade jurisdicional[168] (*judicial review*) para fins de controle dos atos da Administração Pública. Estes poderão ser anulados ou declarados nulos por decisão judicial, que também poderá determinar o pagamento de indenizações eventualmente cabíveis em razão dos prejuízos decorrentes da prática dos mesmos.[169] Afasta-se, assim, o chamado sistema de contencioso administrativo de tipo francês,[170] nem mesmo dependendo o ingresso nas vias judiciais do cumprimento de determinadas condições, tais como o esgotamento das vias administrativas cabíveis ou o decurso de prazo mínimo para a apreciação administrativa da matéria, destarte. Como é evidente em um Estado Democrático de Direito, em razão do princípio da legalidade, se alguma precedência deve existir na apreciação de qualquer matéria de repercussão normativa, ela deverá ser atribuída ao Poder Judiciário, e não ao órgão administrativo com atribuição para o caso.[171] Este último, se necessário, é que poderá aguar-

---

167. Neste sentido a jurisprudência do STJ, *e.g.*: 1ª Turma, AgRg na MC 8.791, rel. Min. Luiz Fux, v.u., *DJU* 13.12.2004, p. 217. Colhe-se de sua ementa: "(...) deveras, a atuação paralela das entidades administrativas do setor [*CADE e SDE*] não inibe a intervenção do Judiciário *in casu*, por força do princípio da inafastabilidade, segundo o qual nenhuma ameaça ou lesão a direito deve escapar à apreciação do Poder Judiciário, posto inexistente em nosso sistema o contencioso administrativo e, *a fortiori*, desnecessária a exaustão da via extrajudicial para invocação da prestação jurisdicional (...)".
168. Art. 5º, XXXV, da CF de 1988 ("a lei não excluirá da apreciação do Poder Judiciário lesão ou ameaça a direito").
169. Há grande resistência dos administrados brasileiros, especialmente dos que se situam no campo empresarial, em optar com exclusividade pelos julgamentos originários de órgãos administrativos, mesmo quando seus colegiados contam com a participação de representantes da sociedade civil, particularmente por constituir a Administração nestes casos juiz e parte interessada, o que explica a enorme freqüência com a qual tais litígios se encerram apenas em juízo.
170. Em resumo, cuida-se de sistemática por meio da qual um conjunto de órgãos integrantes do Poder Executivo, ou seja, da própria Administração Pública, tem a jurisdição exclusiva para deslindar conflitos entre o particular e a Administração, sem que possa a solução emprestada ao caso concreto pela Corte administrativa ser objeto de revisão por uma instância judicial, salvo em alguns países quanto aos aspectos formais do julgamento administrativo.
171. Assim, colhe-se nos julgados do STJ, *e.g.*: "(..) doutrina e jurisprudência são unânimes quanto à independência das esferas penal e administrativa; a punição

dar o deslinde da matéria em sede criminal, suspendendo a tramitação ou o julgamento do processo administrativo correspondente,[172] até o final deslinde do feito em sede judicial.

86. Nos lindes específicos do assunto estudado, para além das ressaltadas *(a)* inexistência de completa simetria entre as condutas previstas nas distintas esferas; *(b)* diferenciadas estruturas de apuração (admitindo-se no procedimento administrativo limitações probatórias inadmissíveis no processo penal[173]); bem como das *(c)* distintas perspectivas de responsabilização dos seus autores (no campo administrativo, inclusive, a autoria pode ser atribuída independentemente de culpa[174]), aduza-se, ainda, que, no caso das violações à ordem econômica, *(d)* as reprimendas administrativas previstas na legislação concorrencial são expressamente referidas como tendo natureza cumulativa em relação às demais

---

disciplinar não depende de processo civil ou criminal a que se sujeite o servidor pela mesma falta, nem obriga a Administração Pública a aguardar o desfecho dos mesmos (...)" (5ª Turma, MS 7.138, rel. Min. Edson Vidigal, v.u., *DJU* 19.3.2001). E que: "(...) o procedimento administrativo de apuração de débitos não se constitui em condição de procedibilidade para a instauração da ação penal, tendo em vista a independência entre as instâncias civil, administrativa e criminal (precedentes) (...)" (5ª Turma, REsp 554.176, rel. Min. Félix Fischer, v.u., *DJU* 25.2.2004, p. 217). No mesmo diapasão, no STF, *e.g.*, decidiu-se: "(...) a instância penal e a administrativa são independentes conforme precedentes desta Corte (MS ns. 23.242 e MS 22.055, rel. Min. Carlos Velloso, MS n. 22.438, rel. Min. Moreira Alves, entre outros) (...)" (Plenário, MS 23.201, rela. Min. Ellen Gracie, v.u., *DJU* 19.8.2005, p. 6). E que: "(...) a suposta inexistência de infração administrativa não repercute na esfera penal, em razão da independência dessas instâncias (...)" (1ª Turma, HC 85.953, rel. Min. Carlos Britto, v.u., *DJU* 31.3.2006, p. 17).

172. No processo penal também se admitem questões prejudiciais suscetíveis de fundamentar sua eventual suspensão. Assim, estatui o art. 93 do CPP: "(...) se o reconhecimento da existência da infração penal depender de decisão sobre questão diversa da prevista no artigo anterior, *[que remete ao estado civil das pessoas]* da competência do juízo cível, e se neste houver sido proposta ação para resolvê-la, o juiz criminal poderá, *desde que essa questão seja de difícil solução e não verse sobre direito cuja prova a lei civil limite*, suspender o curso do processo, após a inquirição das testemunhas e realização das outras provas de natureza urgente" (grifei). O § 1º do preceito, todavia, assinala que "o juiz marcará o prazo da suspensão, que poderá ser razoavelmente prorrogado, se a demora não for imputável à parte. Expirado o prazo, sem que o juiz cível tenha proferido decisão, o juiz criminal fará prosseguir o processo, retomando sua competência para resolver, de fato e de direito, toda a matéria da acusação ou da defesa". Os precedentes jurisprudenciais indicam descaber, no caso, a suspensão, por não se tratar de questão civil (v. item **86**, infra).

173. Art. 34 da Lei 8.884/1994.
174. Art. 20 da Lei 8.884/1994.

sanções existentes em outros ramos do ordenamento jurídico (art. 19 da Lei 8.884/1994[175]). Destarte, as reprimendas penais, civis e administrativas eventualmente originadas pelas atividades contrárias à ordem econômica devem ser tidas como respostas autônomas do Estado à prática de atos ilícitos, que podem incidir cumulativamente, não estando tais esferas reciprocamente condicionadas ao exaurimento umas das outras; e, em conseqüência, é perfeitamente cabível a imposição de uma sanção penal independentemente da apuração prévia dos mesmos fatos nas instâncias administrativa ou civil, e vice-versa. A jurisprudência nestes casos tem ressalvado tão-somente a hipótese do advento de uma sentença absolutória penal, mas desde que esta reconheça expressamente a inexistência do fato ou a negativa de autoria, quando, então, fará coisa julgada no juízo civil e impedirá a instauração da instância administrativo-disciplinar.[176]

---

175. Diante de tal previsão, é aplicável a jurisprudência do STF no sentido de que se cuida, aqui, de "caso diverso daquele em que há cominação legal exclusiva de sanção civil ou administrativa para um fato específico, quando, para a doutrina majoritária e a jurisprudência do Supremo Tribunal (v.g., RHC n. 59.610, 1ª Turma, 13.4.1982, Néri da Silveira, *RTJ* 104/599; RHC n. 64.142, 2ª Turma, 2.9.1986, Célio Borja, *RTJ* 613/413), deve ser excluída a sanção penal se a mesma lei dela não faz ressalva expressa. Por isso, incide na espécie o princípio da independência das instâncias civil, administrativa e penal" (1ª Turma, HC 86.047-8, rel. Min. Sepúlveda Pertence, *DJU* 18.11.2005).

176. Neste sentido, já se decidiu no STJ que, "em razão da incomunicabilidade das esferas, o reconhecimento da transgressão disciplinar e aplicação de punição independem do processo penal e do trânsito em julgado da decisão criminal. Acrescente-se ademais, que a sanção administrativa é aplicada para salvaguardar os interesses exclusivamente funcionais da Administração Pública, enquanto a sanção criminal destina-se à proteção da coletividade. Neste diapasão, a independência entre as instâncias penal, civil e administrativa, também consagrada na doutrina e na jurisprudência, permite à Administração impor punição disciplinar ao servidor faltoso à revelia de anterior julgamento no âmbito criminal, ou em sede de ação civil, mesmo que a conduta imputada configure crime em tese. Ademais, somente em hipóteses excepcionais a sentença criminal produzirá frutos na seara administrativa. (...). Tendo em vista a independência das instâncias administrativa e penal, a sentença criminal somente afastará a punição administrativa se reconhecer a não-ocorrência do fato ou a negativa de autoria, hipóteses inexistentes na espécie (...)" (STJ, 5ª Turma, voto condutor do RMS 18.245, rel. Min. Gilson Dipp, v.u., *DJU* 6.3.2006, p. 416). A relação entre as instâncias civil e penal é objeto dos arts. 64 a 67 do CPP. Por sua vez, nos termos do art. 935 do CC: "A responsabilidade civil é independente da criminal, não se podendo questionar mais sobre a existência do fato, ou sobre quem seja o seu autor, quando estas questões se acharem decididas no juízo criminal".

87. A melhor jurisprudência existente no STJ, abordando exatamente questões concernentes à violação criminal da ordem econômica e a existência correlata de procedimentos em tramitação na esfera administrativa, em nossa opinião, é aquela construída no sentido da autonomia das instâncias, nos termos aqui desenvolvidos. Assim, *e.g.*, no julgamento do HC 42.305,[177] o voto lavrado pelo Min. José Arnaldo da Fonseca registra: "(...). *Considerar que a decisão do CADE sobre abuso de poder econômico reflete situação paralela à do Conselho de Contribuintes em matéria tributária é equivocado. O Conselho de Contribuintes vai dar o **quantum debeatur** que configura a condição objetiva de punibilidade, segundo a augusta Corte. Na hipótese do CADE, é mera apreciação administrativa sobre a existência de abuso de poder econômico. Não é condição objetiva de punibilidade, e sim uma valoração acerca daquilo que coincide com o elemento do tipo.* E, sendo elemento do tipo, o procedimento administrativo no CADE não enseja a discussão em torno do art. 93 do CPP (...). Realmente, *em nosso sistema jurídico-constitucional não há oportunidade para contestar a supremacia da atividade jurisdicional em relação aos julgamentos e às decisões provenientes da Administração, eis que os efeitos da coisa julgada só dimanam dos órgãos judiciários. Foi o que o legislador constituinte impôs ao não reverenciar o contencioso administrativo.* Mesmo ponderando a importância e a magnitude do CADE, a decisão dele proveniente não produz o comprometimento da análise judicial, sobretudo ante os parâmetros legais. É que a diversidade dos fatos e das avaliações, tendo finalidade disforme (aplicar multa e aplicar pena), nos compele dizer que o convencimento de uma e de outra órbita possa sustentar-se por pilares diferentes, onde a visualização da conduta e suas conseqüências perfaçam caminhos antagônicos. (...)"[178] (grifei).

88. Reconhecer a autonomia destas diversas instâncias, todavia, não implica desconsiderar a repercussão do princípio da não-contradição ou da unidade do ordenamento jurídico, que afasta as aporias no seu âmbito. Como corolário deste princípio – que tem particular relevo no âmbito dogmático do direito penal –, afirma-se o axioma da unicidade da ilicitude, do qual decorre que, uma vez que dada atividade é caracte-

---

177. STJ, 5ª Turma, v.u., *DJU* 5.9.2005.
178. Da mesma maneira, o mesmo Julgador havia assestado posição análoga no julgamento do HC 20.555 (STJ, 5ª Turma, v.u., *DJU* 24.3.2003).

rizada como sendo ilícita ao menos em um dos ramos normativos do ordenamento, deverá igualmente tida como tal em todos os demais, ou, ao menos, ser-lhes indiferente. Por outro ângulo, com alicerce no mesmo princípio geral e em razão da segurança jurídica dos cidadãos e da presunção de confiança na lei pelos súditos, *a fortiori*, é inevitável o reconhecimento de que a ocorrência da validação normativa de dada conduta em um ramo do Direito não permitirá que a mesma ação ou omissão seja concomitantemente tida por ilícita em outro âmbito normativo. E esta construção, inclusive, pode repercutir para além dos paradigmas hermenêuticos usualmente aplicáveis (*e.g.*, a norma especial afasta a incidência da norma geral) ou da problemática da sucessão temporal das leis (*e.g.*, a lei nova afasta a incidência da anterior de mesma hierarquia), instrumental capaz de solucionar a maior parte dos conflitos neste patamar. Por exemplo, a eventual edição de uma nova norma de direito administrativo, mesmo que esta seja de patamar inferior à lei em sentido estrito então vigente, autorizando ou estabelecendo as condições de validade de determinada conduta do administrado, em regra, não permitirá que, ao mesmo tempo, outro ramo do ordenamento considere aquele mesmo comportamento como sendo hábil a preencher uma relação de tipicidade e caracterizar um desvalor passível de sancionamento.[179] Amplifica-se a importância da não-contradição no âmbito do direito penal econômico, tendo em vista a peculiar repercussão deste princípio no âmbito da livre iniciativa, por ser esta uma seara rica em conceitos juridicamente indeterminados e em normas penais em branco, cujo significado e alcance muitas vezes são iluminados por preceptivos normativos oriundos do direito administrativo-econômico. No caso específico da concorrência o problema torna-se ainda mais agudo, quer em razão da adoção dos chamados *acordos de leniência*, que podem produzir efeitos penais (v. itens **186** e ss., *infra*), quer por força de o CADE ter atribuições consultivas neste segmento e exercer o controle

---

179. Na jurisprudência dominante no STJ colhe-se que: "(...) a ilicitude é una: contraste com o juridicamente consentido. Apresenta, contudo, particularidades, conforme a área jurídica em que se manifesta a conduta ilícita. Além da sanção, conseqüência lógica (não-material) do comportamento vedado pelo Direito. A esfera administrativa é distinta da jurisdição penal. A definição do ilícito tributário não é pressuposto nem condição de procedibilidade para promover a ação penal. Poderá, dado o Direito ser unidade, eventualmente, a decisão em uma área dogmática repercutir em outra (...)" (6ª Turma, RHC 7.862, rel. Min. Luiz Vicente Cernicchiaro, v.u., *DJU* 7.6.1999 p. 131).

administrativo prévio dos atos empresariais que possam repercutir no mesmo.[180] Todas estas atividades se explicitam em cada caso não propriamente por uma atuação normativa geral e abstrata, mas por provimentos administrativos específicos e concretos.

89. Neste âmbito temático, a nosso ver, é que se deve inserir a discussão acerca de uma eventual relação de acessoriedade entre estes ramos do Direito (administrativo *vs.* penal).[181] Por força do princípio da legalidade em sentido amplo, que é imanente ao Estado de Direito,[182] todavia, quando existente tal *imbricação de esferas normativas*, ela conduzirá tão-somente ao *reconhecimento de uma eventual limitação ou dependência de um dado preceito penal em relação a uma norma administrativa*, que constitua o requisito ou o pressuposto lógico-jurídico para sua incidência concreta. Situação que ocorre, por exemplo, quando o preceito da norma penal incriminadora utiliza o complemento analógico "na forma regulamentar", referindo-se ao regramento normativo sobre a matéria editado administrativamente. Por outra parte, *não remete a referida vinculação de esferas* – como muita vez se tem asseverado, atualmente – *à existência de um óbice processual* que se impõe ao órgão judicial instado a aplicar dada norma penal, e que seria *resultante de uma suposta precedência limitativa decorrente de determinado ato administrativo*, que eventualmente integre a estrutura típica considerada. Situação que sobrevém, por exemplo, quando o preceito da norma penal incriminadora remete ao complemento "sem a devida autorização administrativa", referenciando-se a determinado ato praticado por autoridade administrativa. Aceitar-se a prevalência pura e simples de um ato administrativo para subordinar a aplicação de uma norma penal incriminadora, ou coartar-se, neste caso, a verificação no juízo penal de

---

180. Previstas no art. 54 da Lei Antitruste (v. item **80**, retro).
181. Sobre a questão da acessoriedade no âmbito do direito penal econômico alemão remete-se ao estudo de Bernd Schünemann, "¿Ofrece la reforma del derecho penal económico alemán un modelo o un escarmiento?", in *Temas Actuales y Permanentes de Derecho Penal Después del Milenio*, pp. 200-201. E, com maior profundidade – já agora no âmbito do direito penal do meio ambiente, do mesmo autor: "Sobre la dogmática y la política criminal del derecho penal del medio ambiente", in *Temas Actuales y Permanentes de Derecho Penal Después del Milenio*, pp. 207-218.
182. Art. 5º, II, da CF: "ninguém será obrigado a fazer ou deixar de fazer alguma coisa senão em virtude de lei".

que este ato tenha sido regularmente editado,[183] viola o *judicial review* e subverte o princípio da reserva legal. Com efeito, este princípio atribui com exclusividade à lei em sentido estrito o poder de definir o campo da ilicitude penal, para reconhecer a existência da dignidade penal do bem jurídico protegido e determinar a necessidade de pena para sancionar sua vulneração. A referida prevalência conduziria, ainda, à conseqüente sobreposição da atividade que caberia ao legislador por aquela oriunda do administrador público e implicaria, igualmente, indevida interferência de um órgão do Poder Executivo condicionando os limites da atuação do Poder Judiciário, vulnerando, desta forma, a independência dos Poderes no âmbito de suas respectivas esferas de atuações privativas.[184]

90. No âmbito do direito penal econômico ocorrem situações freqüentes nas quais a realização de uma conduta, que poderá ser *per se* ensejadora de incidência do tipo penal sopesado caso esteja, respectivamente, ausente ou presente prévia autorização administrativa para sua prática, terá afastada ou assegurada a existência da relação subsuntiva de tipicidade. Se na hipótese considerada o referido ato administrativo existir e se revestir de legitimidade formal e material – higidez cuja verificação inequivocamente dar-se-á no próprio juízo penal –, conforme a estrutura normativa peculiar do tipo, ou esta conduta será penal-

---

183. Sobre a complexa discussão acerca dos efeitos penais de atos administrativos nulos ou anuláveis, exarados com desvio de poder, manifesta-se Bernd Schünemann, "Sobre la dogmática y la política criminal del derecho penal del medio ambiente", in *Temas Actuales y Permanentes de Derecho Penal Después del Milenio*, pp. 210-214.

184. Na doutrina de Bernd Schünemann: "(...) esta base constitucional da acessoriedade com respeito ao direito administrativo de nenhuma maneira abarca a chamada acessoriedade com respeito ao ato administrativo, qual seja, reconhecer o efeito justificante ou, inclusive, excludente da tipicidade que possuiria qualquer autorização administrativa para contaminar o meio ambiente, independentemente de que a autorização da autoridade administrativa tenha sido em conformidade com as leis específicas para a proteção da água, do ar e do solo, ou que as tenha infringido. Isto surge de uma elementar consideração constitucional. Se toda autorização administrativa, ainda que fosse ilegal, excluísse a possibilidade de penalizar, por exemplo, a contaminação de águas, o limite do direito penal já não seria fixado pelo legislador, senão que pelo Poder Executivo. Por sua vez, deste modo se estaria subtraindo a atuação do mesmo Poder Executivo a qualquer controle por parte da Justiça Criminal, com o quê se outorgaria ao Poder Executivo a última decisão sobre a conservação das bases de subsistência da Humanidade, de um modo insuportável para um Estado de Direito" ("Sobre la dogmática y la política criminal del derecho penal del medio ambiente", in *Temas Actuales y Permanentes de Derecho Penal Después del Milenio*, p. 210).

mente atípica, ou poderá estar caracterizada uma situação de exercício regular de direito, afastando a ilicitude. No caso de ato administrativo ilegítimo, por seu turno, há de se distinguir a hipótese em que a causação do vício contaminador tiver decorrido de atuação dolosa ou imprudente do administrado[185] (*e.g.*, fornecendo dados e informações inverídicos ou corrompendo servidores públicos – constatação que mantém e até agrava a repercussão penal do evento) daquele contexto fático no qual o defeito não puder ser atribuído diretamente ou indiretamente a qualquer abuso do administrado. Neste último caso, seja o ato administrativo, por falta exclusiva do administrador, nulo de pleno direito ou apenas anulável (com efeitos *ex tunc*)[186] ou, ainda, tenha ele sido revogado, por exercício do autocontrole da própria Administração (com efeitos *ex nunc*),[187] em qualquer caso, haverá inequívoca repercussão criminal em favor do administrado. Esta se dará senão já na seara da própria tipicidade subjetiva (afastando-se o dolo, diante da comprovada boa-fé do administrado), ao menos na descaracterização da culpabilidade do agente (pela presença de erro de proibição).

---

185. Dentre outros: "São deveres do administrado perante a Administração, sem prejuízo de outros previstos em ato normativo: I – expor os fatos conforme a verdade; II – proceder com lealdade, urbanidade e boa-fé; III – não agir de modo temerário; IV – prestar as informações que lhe forem solicitadas e colaborar para o esclarecimento dos fatos" (art. 4º da Lei federal 9.784, de 29.1.1999, que "regula o processo administrativo no âmbito da Administração Pública Federal").

186. Celso Antonio Bandeira de Mello, por sua vez, elucida:

"(...) dir-se-ão *inexistentes* os atos que assistem no campo do impossível jurídico, como tal entendida a esfera abrangente dos comportamentos que o Direito radicalmente inadmite, isto é, dos crimes (...).

"*170.* São *nulos*: a) os atos que a lei assim os declare; b) os atos em que é racionalmente impossível a convalidação, pois, se o mesmo conteúdo (é dizer, o mesmo ato) fosse novamente produzido, seria reproduzida a invalidade anterior.

"Sirvam de exemplo: os atos de conteúdo (objeto) ilícito; os praticados com desvio de poder; os praticados com falta de motivo vinculado (salvo superveniência dele); os praticados com falta de causa.

"São *anuláveis*: a) os que a lei assim os declare; b) os que podem ser repraticados sem vício.

"Sirvam de exemplo: os atos expedidos por sujeito incompetente; os editados com vício de vontade; os proferidos com defeito de formalidade" (*Curso de Direito Administrativo*, 25ª ed., pp. 467-468).

187. "A Administração deve anular seus próprios atos, quando eivados de vício de ilegalidade, e pode revogá-los por motivo de conveniência ou oportunidade, respeitados os direitos adquiridos" (art. 53 da Lei 9.784/1999).

91. Neste aspecto, como antes ressaltado, avulta a importância das consultas efetuadas ao CADE, nos termos do art. 54 da Lei Antitruste (v. item 80, retro). Com efeito, por seu intermédio pode ser autorizada ou referendada pelo órgão administrativo a implementação de práticas restritivas da concorrência, e com o *nihil obstat* administrativo (deste que este tenha sido legitimamente obtido), por força do princípio da não-contradição, decorrente da unidade do ordenamento jurídico, estaria caracterizada a presença de uma *causa de exclusão da ilicitude consubstanciada no exercício regular de um direito*, afastando a presença do injusto penal. De se ver que a simples existência da consulta, nestes casos em que a validação do ato concentracionista está submetida à decisão *ad referendum* do CADE, mesmo que ao final esta seja desfavorável ao requerente, no mínimo poderá fundamentar uma alegação do agente no sentido da existência de *erro pela presença da mesma descriminante sob a forma putativa* (nos termos do § 1º do art. 20 do CP). Nesta mesma hipótese, qual seja, quando a formulação da consulta não impede a eficácia imediata da conduta restritiva[188] e o consulente sustenta a legitimidade desta prática à luz dos dispositivos aplicáveis da legislação antitruste, mas a autorização administrativa não é obtida *a posteriori*, a situação pode se prestar à efetivação de condutas fraudulentas destinadas apenas a criar o simulacro de uma consulta legítima, exatamente para possibilitar, se necessário, a futura alegação em sede criminal da existência de erro quanto ao exercício regular de direito.

92. Por outro lado, se existente e comprovada a efetiva boa-fé na consulta entabulada, ainda que os fundamentos utilizados para o requerimento não estejam agasalhados pelos permissivos legais invocados, tratar-se-ia ainda de variante de erro de proibição, na medida em que o autor estaria agindo com equívoco acerca dos limites normativos daqueles preceitos. Desta maneira, a cláusula de salvaguarda prevista no art. 55 da Lei Antitruste,[189] que permite o autocontrole da Administração quanto à legitimidade de seu atuar, constitui importante mecanismo de controle sistêmico para impedir e revogar as autorizações ou aprova-

---

188. V. art. 54, § 9º, da Lei Antitruste.
189. "Art. 55. A aprovação de que trata o artigo anterior poderá ser revista pelo CADE, de ofício ou mediante provocação da SDE, se a decisão for baseada em informações falsas ou enganosas prestadas pelo interessado, se ocorrer o descumprimento de quaisquer das obrigações assumidas ou não forem alcançados os benefícios visados."

ções obtidas ilegitimamente; quer por estas *(a)* terem na sua origem a presença de colusão, estabelecida entre os consulentes e os funcionários públicos encarregados de apreciar a legalidade dos atos restritivos submetidos ao crivo do órgão administrativo competente, ou, também, quer por elas *(b)* terem sido obtidas fraudulentamente, eis que resultantes de consultas subsidiadas por elementos de convicção obtidos mercê da perpetração de falsos materiais ou ideológicos.[190]

93. Em conseqüência do que foi exposto, no plano processual penal, por sua vez, para fins de delimitação da repercussão criminal dos atos restritivos da concorrência autorizados em sede administrativa, é preciso destacar que a apreciação judicial dos mesmos não estará limitada à mera atividade de chancela automática do que foi ali decidido e/ou à exclusiva verificação da presença dos seus requisitos formais exigidos por lei. A cognição judicial do ato administrativo vinculado será amplamente exercida, estando franqueado ao juízo criminal competente o controle da presença dos pressupostos formais e materiais necessários à validação do mesmo (em todos os seus aspectos de competência, motivo, objeto, finalidade e forma). Neste diapasão, como se colhe do voto condutor no julgamento do AgRg no AI 509.213-3: "(...) é assente neste Supremo Tribunal a possibilidade de controle jurisdicional dos atos administrativos ilegais ou abusivos, o que não caracteriza violação ao princípio da separação dos Poderes. (...)".[191] Tratando-se de área sujeita à interferência de políticas públicas oriundas do Poder Executivo, editadas para a obtenção de determinados resultados na área da ordem econômica, por evidente, ainda, que a defesa de um controle judicial amplo, para admitir sejam as autorizações concedidas pelo CADE recepcionadas no processo penal, não conduz ao reconhecimento de que possa o Judiciário se imiscuir indiscriminadamente em áreas cujo ingresso lhe é vedado ou restringido pela independência dos Poderes.[192]

---

190. Sobre os requisitos para obtenção da autorização administrativa do CADE, nos termos do art. 54 da Lei Antitruste, por todos, v. Paula Forgioni, *Os Fundamentos do Antitruste*, 2ª ed., pp. 222-225.
191. STF, 1ª Turma, AgRg no AI 509.213-3, rel. Min. Carlos Ayres Britto, v.u., *DJU* 16.12.2005. Para os requisitos de validade dos atos administrativos em geral, v. item **90**, infra.
192. Assim, *e.g.*: "(...) em relação ao controle jurisdicional do processo administrativo, a atuação do Poder Judiciário circunscreve-se ao campo da regularidade do procedimento, bem como à legalidade do ato atacado, sendo-lhe defesa qualquer in-

II.6 A dignidade e a necessidade de proteção penal da ordem econômica

94. Nos itens precedentes foram considerados o significado e o alcance da ordem econômica enquanto bem jurídico coletivo inserido no quadro constitucional brasileiro; foi apontada sua intensa densidade axiológica, expressa nos princípios e objetivos dela constantes; bem como foi destacada a importância da utilização de políticas públicas para a veiculação de suas normas programáticas; e, ainda, foi enfatizada a relevância da livre concorrência como um dos seus alicerces centrais, inclusive merecedora de complexa proteção administrativa própria e autônoma em relação à normativa penal. A partir de tais premissas mais gerais, cabe, neste passo, discutir acerca da dignidade (*Strafwürdigkeit*) e da necessidade (*Strafbedürftigkeit* ou *Strafbedürfnis*) de sua proteção especificamente através do emprego de normas jurídico-penais, como aquela analisada no presente ensaio. Ao se tratar desta questão, de plano, não se deve olvidar o pertinente registro de Manuel da Costa Andrade no sentido de que: "(...) dificilmente, porém, conhecerá a ciência penal matéria que suscite maior desencontro de opiniões. Tudo é questionado e controvertido nesta Babel em que se tomou a doutrina da dignidade penal e da necessidade de tutela penal. E onde, falando todos do mesmo, raros são os que falam da mesma coisa. Não havendo, por isso, consenso estabilizado em relação a praticamente nenhum dos aspectos mais decisivos (...)".[193]

---

cursão no mérito administrativo a fim de aferir o grau de conveniência e oportunidade (...)" (STJ, 5ª Turma, ementa do ROMS 19.846, rel. Min. Gilson Dipp, v.u., *DJU* 29.5.2006). De se ver, todavia, que tal perspectiva restritiva da intervenção judicial é abrandada quando inexistente ou mitigada a discricionariedade do administrador, por exemplo, em razão da eventual reverberação do ato administrativo questionado no âmbito de direitos e garantias constitucionais. Assim, *e.g.*: "(...). I – Tendo em vista o regime jurídico disciplinar, especialmente os princípios da dignidade da pessoa humana, culpabilidade e proporcionalidade, inexiste aspecto discricionário (juízo de conveniência e oportunidade) no ato administrativo que impõe sanção disciplinar. II – Inexistindo discricionariedade no ato disciplinar, o controle jurisdicional é amplo e não se limita a aspectos formais. (...)" (STJ, 3ª Seção, ementa do MS12.927, rel. Min. Félix Fischer, v.u., *DJU* 12.2.2008).

193. Manuel da Costa Andrade, "A 'dignidade penal' e a 'carência de tutela penal' como referências de uma doutrina teleológico-racional do crime", *Revista Portuguesa de Ciência Criminal* 2/175.Por outro lado, deve-se concordar com Mario Romano quando assinala que existem planos teóricos nos quais os dois conceitos aparecem

95. Pode-se, entretanto, entender a *dignidade penal* e o *merecimento de pena* como sendo as faces de um juízo axiológico que, sob um ponto de vista político-criminal, culmina por consagrar a aplicação de uma sanção penal como sendo o remédio jurídico adequado à violação de um preceito normativo, desde que esta severa conseqüência judicial esteja fundamentada em uma dupla constatação positiva prévia que deverá resultar da análise da norma incriminadora considerada nos seguintes aspectos: *(a)* o concernente ao bem jurídico ou às relações sociais que conformam seu objeto de proteção, que deverá ter confirmada sua fundamental relevância social, e *(b)* o referente à presença efetiva no tipo legal de uma atuação comissiva ou omissiva do agente que atinja ou periclite este mesmo bem jurídico com significativa gravidade.[194] Quanto ao primeiro aspecto invocado, como já registrado na "Introdução" deste trabalho, na atual quadra histórica tem sido enfatizado por setores da doutrina penal que para determinado bem jurídico ser validamente resguardado pelo direito penal deve-se considerar imprescindível sua consagração valorativa na esfera constitucional. A Carta Política, como se sabe, não conduz implicitamente à necessidade de punição

---

indissoluvelmente interligados, ao lado de perspectivas nas quais *merecimento* e *necessidade* penais podem ser visualizados e distinguidos separadamente ("'Merecimiento de pena', 'necesidad de pena' y teoría del delito", in J. M. Silva Sánchez, Bernd Schünemann e Jorge de Figueiredo Dias (coords.), *Fundamentos de un Sistema Europeo del Derecho Penal*, pp. 139- 152) . Este autor conclui sua análise afiançando que "o 'merecimento' e a 'necessidade de pena' não constituem o 'quarto nível' da teoria do delito, após a tipicidade, a ilicitude e a culpabilidade, mas têm a ver, sim, com a autêntica conotação do ilícito penal. Como tal (...) são ao mesmo tempo *critérios de interpretação e de verificação da legitimação dos tipos de delito* dos sistemas penais existentes e *categorias heurísticas de política criminal*, de essencial ajuda na criação legislativa de novos tipos" (p. 151).

194. Neste diapasão o ensinamento de Manuel da Costa Andrade no sentido de que "pode, por princípio, subscrever-se a caracterização de Otto. Segundo o autor, 'digno de pena *(strafwürdig)* é apenas um comportamento merecedor de desaprovação ético-social porque é adequado a pôr gravemente em perigo ou prejudicar as relações sociais no interior da comunidade juridicamente organizada (...) terá de se tratar de uma lesão particularmente grave do bem jurídico *(gravierende rechtsgutsverletzung)*'. Este é, de resto, um tópico invariavelmente presente nos autores que, de forma mais ou menos explícita, se têm confrontado com o conceito de dignidade penal. Todos, com efeito, sublinham que o juízo de dignidade penal implica um limiar qualificado de danosidade ou de perturbação e abalo sociais" ("A 'dignidade penal' e a 'carência de tutela penal' como referências de uma doutrina teleológico-racional do crime", *Revista Portuguesa de Ciência Criminal* 2/185).

de determinadas condutas.[195] Todavia, ela poderá recomendar expressamente o sancionamento de outras tantas.[196] Podem, também, existir cláusulas constitucionais de caráter geral que sejam por si mesmas limitativas à criação de incriminações, como aquelas resultantes dos princípios da reserva legal, da proporcionalidade e da dignidade da pessoa. Por outro lado, por eventualmente caracterizarem a própria negação ou, pelo menos, ensejarem uma restrição indesejável a certos direitos e garantias que a mesma Constituição consagra, também não será admitida a criação de determinadas incriminações; mas, pelas mesmas razões – quais sejam, exatamente para a melhor preservação destes mesmos direitos e garantias –, eventualmente pode-se justificar a criação de outros tipos penais. Em nossa perspectiva, diga-se, os bens jurídicos, para serem objeto de proteção por uma norma jurídico-penal incriminadora, não precisam obrigatoriamente estar previstos na Constituição. Com efeito, inúmeros e relevantes valores comunitários (*e.g.*, a Ecologia, as relações de consumo etc.) eram inegavelmente dotados de dignidade penal mesmo antes de alcançarem recentemente o efetivo *status* constitucional, e sua proteção jurídico-criminal já havia sido legitimamente tida por necessária preexistindo a esta chancela.[197] É evidente, porém, o inequívoco valor hermenêutico que tem tal previsão, quando existente, em termos do estabelecimento da efetiva dignidade penal de um bem jurídico.

195. Na linha de Emilio Dolcini e Giorgio Marinucci, "Constituição e escolha de bens jurídicos", *Revista Portuguesa de Ciência Criminal* 2/178-190.
196. Como constatado por Emilio Dolcini e Giorgio Marinucci ("Constituição e escolha de bens jurídicos", *Revista Portuguesa de Ciência Criminal* 2/171-172), a Constituição brasileira de 1988 é pródiga neste aspecto – *e.g.*, apenas no art. 5º, que trata dos direitos fundamentais ("XLII – a prática do racismo constitui crime inafiançável e imprescritível, sujeito à pena de reclusão, nos termos da lei; XLIII – a lei considerará crimes inafiançáveis e insuscetíveis de graça ou anistia a prática da tortura, o tráfico ilícito de entorpecentes e drogas afins, o terrorismo e os definidos como crimes hediondos, por eles respondendo os mandantes, os executores e os que, podendo evitá-los, se omitirem; XLIV – constitui crime inafiançável e imprescritível a ação de grupos armados, civis ou militares, contra a ordem constitucional e o Estado Democrático").
197. Neste sentido Emilio Dolcini e Giorgio Marinucci ("Constituição e escolha de bens jurídicos", *Revista Portuguesa de Ciência Criminal* 2/168-170), que concluem que "a Constituição não impõe um limite geral ao legislador ordinário na escolha discricionária dos bens a tutelar penalmente: *o legislador não está vinculado nesta escolha ao âmbito dos bens constitucionalmente relevantes*".

96. Assim, por força imediata de sua inserção dentre os valores constitucionais mais destacados, parece estar assegurado o aspecto da dignidade penal da ordem econômica, em seus múltiplos aspectos, ao menos no ângulo do reconhecimento da presença de um bem jurídico coletivo de inegável relevo comunitário.[198] Para além desta apontada relevância intrínseca, é preciso também, no que concerne à ordem econômica brasileira, considerar a recomendação constante do multi-referido § 4º do art. 173 da CF,[199] que enfatiza a imprescindibilidade da existência de uma livre concorrência entre agentes econômicos no âmbito do mercado que seja isenta de distorções e de manipulações originárias do emprego abusivo do poder econômico das quais possam resultar prejuízos aos consumidores e aos demais competidores. Fica evidenciado pelo citado preceito que o constituinte considera a vulneração da ordem econômica – ao menos nos seus aspectos constitutivos, por ele destacados, quando estes sejam submetidos às condutas indesejadas ali também referenciadas – com sendo suficientemente séria para justificar a inflição de uma sanção. Não há qualquer dúvida acerca da dignidade penal da ordem econômica, particularmente no seu aspecto da livre concorrência.

97. Como indicado anteriormente, o reconhecimento da dignidade penal de determinado bem jurídico, embora seja fundamento que deva sempre estar presente, não conduz automaticamente à carência de utilização do direito penal como sua forma protetiva, por meio da potencial inflição de uma privação da liberdade.[200] É que no aspecto da necessidade

---

198. É que, assim, se encontra observado o requisito da fundamentalidade do bem jurídico objeto de proteção penal, reclamado dentre outros por Jorge de Figueiredo Dias e Claus Roxin para o reconhecimento de sua dignidade penal, como relembra Manuel da Costa Andrade ("A 'dignidade penal' e a 'carência de tutela penal' como referências de uma doutrina teleológico-racional do crime", *Revista Portuguesa de Ciência Criminal* 2/178).
199. Acerca da força vinculante de recomendações constitucionais de incriminação no Direito Italiano: Emilio Dolcini e Giorgio Marinucci, "Constituição e escolha de bens jurídicos", *Revista Portuguesa de Ciência Criminal* 2/175-178.
200. Segundo Diego-Manuel Luzón Peña: "(...) a necessidade da pena pressupõe o merecimento da pena e significa que um fato em si mesmo merecedor de pena além disto necessita ser apenado, já que no caso concreto não existe nenhum outro meio disponível que seja eficaz e menos aflitivo. Assim, por exemplo, Bloy propõe que o conceito de merecimento da pena seja entendido sob o enfoque do (des)valor ético-social e jurídico, e que, ao contrário, a necessidade da pena atenda ao aspecto da ade-

da pena relevam sobremaneira as repercussões constitucionais derivadas da natureza imanente à sanções preconizadas pelas normas penais incriminadoras, tendo em vista que estas reprimendas afetam drasticamente o *jus libertatis* e a dignidade pessoal dos indivíduos. Todos os princípios que são consubstanciais a um direito penal democrático podem ser tidos como se relacionando etiologicamente a uma concepção garantista, que propugna que a controvertida pena criminal deva ser sempre a *ultima ratio* do arsenal jurídico sancionador e que ela apenas possa perseguir fins de cariz preventivo. É que, como restrição severa ao direito fundamental à liberdade, pode-se afirmar que a sanção penal sempre caracteriza a inequívoca inflição de um malefício. A finalidade que ilumina esta punição, porém, não é propriamente vocacionada a retribuir – em nome do *Pater*, de Deus, da Moral ou da Lei – o mal que teria sido causado pelo agente ao perpetrar o crime. É que, não cabendo ao direito penal a responsabilidade pela regeneração familiar, moral ou espiritual dos indivíduos, a aplicação de suas sanções não se decide em um plano metafísico, por exemplo, perseguindo a exclusiva expiação pelo mal causado (Kant[201]), seja ainda vindicando o restabelecimento dialético da ordem jurídica violada pelo crime (Hegel[202]). Ao contrário, projeta-se em um substrato histórico-social no qual sua viabilidade democrática – como já enfatizado – resulta do seu compromisso garantidor de bens jurídicos comunitários.[203] É em razão desta missão protetiva que se afiança que o Estado, ao punir o criminoso, persegue objetivos de exclusivo cunho preventivo.

---

quação da punição a partir de pontos de vista preventivos. Ou, por sua parte, Schünemann deduz o merecimento da pena da existência de um menoscabo suficientemente importante de um bem jurídico merecedor de proteção, mas opina que a necessidade da pena pressupõe ademais a idoneidade, a necessidade e a proporcionalidade da proteção jurídico-penal" ("La relación del merecimiento de pena y de la necesidad de pena con la estructura del delito", in J. M. Silva Sánchez, Bernd Schünemann e Jorge de Figueiredo Dias (coords.), *Fundamentos de un Sistema Europeo del Derecho Penal*, p. 116).

201. Immanuel Kant, *Metafísica dos Costumes – Parte I: Princípios Metafísicos da Doutrina do Direito*, pp. 146-147.

202. Georg Wilhelm Friedrich Hegel, *Princípios da Filosofia do Direito*, pp. 103-106.

203. A determinação dos fins da pena identifica-se inquestionavelmente com a discussão acerca das próprias finalidades do direito penal, e, em qualquer caso, o conceito de *bem jurídico* parece exercer uma função unificadora destas teorias.

98. Para grande parte da doutrina hegemônica nos países de tradição romano-germânica, ao punir criminalmente o indivíduo o sistema jurídico buscaria a estabilização contrafática da validade de suas normas protetivas dos valores e bens jurídicos (que estão resguardados no tipo penal violado), reafirmando para o conjunto da sociedade – por meio dos rigores da sanção penal – sua importância (prevenção geral positiva ou de integração).[204] Ao mesmo tempo, vindicar-se-ia a dissuasão da prática de novos ilícitos por qualquer membro da comunidade (prevenção geral negativa ou de intimidação) e, ainda, na esfera restrita dos delinqüentes se almeja, conforme o caso a socialização, a ressocialização ou, até mesmo, a neutralização do indivíduo, agindo – em qualquer caso – para evitar a indesejável recidiva delituosa (prevenção especial positiva ou de integração).[205] Em resumo, sendo a sanção penal

---

204. Cuida-se, ao que parece, de uma leitura profundamente devedora da posição funcionalista de Günther Jakobs, *Derecho Penal – Parte General: Fundamentos y Teoría de la Imputación*, 2ª ed., posição sintetizada nas pp. 9-15, cujas raízes, que são também hegelianas, ficam muito nítidas no texto deste autor intitulado "¿Superación del pasado mediante el derecho penal?", *Anuario de Derecho Penal y Ciencias Penales* XLVII-1/138, embora, em geral, não se endosse o virtual desaparecimento da culpabilidade a que conduz sua teoria, reduzindo-a a um exclusivo "déficit de fidelidade ao ordenamento jurídico" (*e.g.*: *Estudios de Derecho Penal*, pp. 365 ss., em ensaio intitulado "O princípio da culpabilidade" – *Das Schuldprinzip*), nem tampouco se aplauda a posição deste quanto aos bens jurídicos e sua valoração (*e.g.*, *Derecho Penal – Parte General: Fundamentos y Teoría de la Imputación*, 2ª ed., pp. 47-68). Para delineação sintética e para a crítica da construção de Jakobs, nesta perspectiva, remete-se a texto de Claus Roxin, "Sobre a evolução da ciência juspenalista alemã no período posterior à guerra", in *Problemas Fundamentais de Direito Penal – Homenagem a Claus Roxin*, respectivamente pp. 241-244 e 245-248). Para a exposição e a crítica das construções preventivistas em Roxin e em Jakobs, consulte-se o alentado estudo de Anabela Miranda Rodrigues, *A Determinação da Medida da Pena Privativa da Liberdade*, pp. 327-368, respectivamente reprochando no primeiro seu pendor marcadamente retribucionista e exprobando neste último a ausência de limites liberais materiais à intervenção penal (p. 334).

205. No que refere à prevenção especial é de se relembrar, com Anabela Miranda Rodrigues, que a mesma só se viabiliza em uma sociedade democrática enquanto projeto de uma recuperação não-compulsória do apenado, articulada "no reconhecimento da necessidade de obter o seu consentimento esclarecido, da importância de o colocar em condições de optar pela adesão à intervenção (motivação) e das vantagens da utilização da noção de 'contrato' quando se quiser obter a sua participação num programa de tratamento. Só deste modo é possível compatibilizar a intervenção de socialização com o respeito pelos direitos, liberdades e garantias. Perante as carências individuais e sociais dos reclusos, incumbe ao Estado recriar hipóteses de mudança que excluam a via da coacção. Por outras palavras: é possível realizar um equilíbrio

por excelência – a pena privativa da liberdade – uma restrição gravosa à liberdade, só é legítima quando indispensável (*ultima ratio*) e eficiente (necessária) para proteger de vulnerações bastante graves um bem jurídico que seja digno desta guarida, por sua relevante densidade axiológica (dignidade penal). Mas não é só: enquanto restrição ao direito fundamental da liberdade, a sanção penal só se valida na implantação da menor compressão possível aos direitos do apenado por ela atingido (princípio da proporcionalidade em sentido estrito); ou seja, quando esta não ultrapassa (e aqui surge a proibição de excesso) a dosagem adequada no caso concreto para realizar um mister protetivo de bens jurídicos, considerados os fins da pena e – dentro dos gradientes de política criminal que os delimitaram para cada tipo penal – as ingerências que nestes projetam quer o parâmetro máximo de reprovação, que deve ser aquele fornecido pela culpa, quer as necessidades da prevenção geral, que devem balizar o mínimo aplicável.

99. Exatamente na angulação de prevenção geral, quer positiva, quer negativa, é que aparece o primeiro indicativo da necessidade da aplicação de penas privativas da liberdade, ainda mesmo que sejam de curta duração, nas violações perpetradas contra a ordem econômica.[206] Sua perpetração revela uma particular periculosidade dos agentes, na medida em que tais delitos exigem um grau de sofisticação, planejamento e organização superiores aos dos crimes comuns, envolvendo complexas teias factuais e documentais que tornam mais difíceis sua descoberta e sua investigação. Na ótica da prevenção geral positiva, com sua punição será reafirmada para o conjunto dos cidadãos a importância de se manterem respeitadores dos bens jurídicos protegidos pela lei. Esta mensagem, neste caso, será particularmente estimulante se considerarmos o extrato social de que se originam os indivíduos que perpetram esta modalidade de crimes, sobretudo porque, de um lado, eles têm efetivamente muito a perder, inclusive em termos de prestígio social, e, por outro lado, dispõem de meios para racionalmente escolherem não co-

---

entre o dever de ajudar os reclusos a evitar a passagem ao acto criminoso e o dever de os proteger contra os abusos de poder fundados no arbítrio e na repressão" ("Consensualismo e prisão", in *Documentação e Direito Comparado* 79-80/362).

206. Na linha tracejada por Jorge de Figueiredo Dias ao cuidar dos bens coletivos em geral ("O direito penal na 'sociedade do risco'", in *Temas Básicos da Doutrina Penal*, p. 176).

metê-los. E, se apenados, não sofrerão os efeitos secundários e deletérios da privação da liberdade na ótica de sua socialização. Em outra vertente, nestes crimes a motivação dos agentes é invariavelmente a obtenção de grandes vantagens materiais; e, desta maneira, torna-se imperativo reverter a relação custo/benefício presente nestes casos, de modo a descaracterizar a visão sedimentada no imaginário social de que, em geral, é sempre vantajoso cometê-los, já que as sanções patrimoniais aplicadas administrativamente ou, mesmo, penalmente são sempre inferiores aos enormes lucros obtidos.[207]

100. Em segundo lugar, é inequívoco o enorme custo social dos crimes econômicos em geral e dos ilícitos concorrenciais em particular. Eles não só *(a)* atingem a própria organização da economia como um todo, constituindo indesejável óbice à concretização dos valores e dos objetivos constitucionalmente atribuídos à ordem econômica, como *(b)* inviabilizam as políticas públicas que perseguem sua realização; em conseqüência, *(c)* frustram a consecução de direitos sociais e individuais pelos cidadãos. Acresça-se que, *(d)* com a eliminação da desejável igualdade de condições dos agentes econômicos que atuam no mercado, muitas empresas, por não resistirem a uma competição desigual, desaparecem neste processo, com as inevitáveis seqüelas disto decorrentes, exemplificadas nas perdas de poupanças individuais dos seus investidores, na diminuição da arrecadação tributária estatal e no aumento do desemprego. Além disso, *(e)* a eliminação da competição quase sempre conduz a um incremento de preços, que resulta na presença de prejuízos efetivos que atingem um número indeterminado de consumidores.

101. Desta forma, mesmo aqueles estudiosos que consideram o emprego de bens jurídicos coletivos (como é o caso da ordem econômi-

---

207. Na Alemanha, como esclarece Bernd Schünemann, "a substituição das penas curtas privativas da liberdade por penas pecuniárias, que é habitual desde a Reforma Penal, conduziria aqui, frente a um círculo de autores que dispõem de volumosas reservas e, em caso de necessidade, podem ser respaldados pela caixa da empresa, a um decisivo debilitamento do efeito preventivo (...). Pode ser que nos delitos cometidos espontaneamente, como ensina a investigação criminológica, não se consiga grande coisa com o agravamento da pena, mas existem razões de peso, e, em minha opinião, as melhores razões, para viger algo distinto no setor da criminalidade econômica, planejado segundo cálculos de custo/benefício e, por este, racionalmente calculado, de modo que só o risco de ser descoberto não pode ser descurado pelo autor" ("¿Ofrece la reforma del derecho penal económico alemán un modelo o un escarmiento?", in *Temas Actuales y Permanentes de Derecho Penal Después del Milenio*, p. 199).

ca em sua feição global) como inadequados para os fins de tutela penal,[208] como é o caso de Bernd Schünemann, concedem que "existe outro grupo de bens jurídico-econômicos, relativamente autônomos, que mostram um grau de generalidade inferior à ordem econômica global (que é inadequada por sua abstração para ser o bem jurídico preciso de uma referência típica) e que, em definitivo, estão dirigidos à proteção de interesses individuais, ainda que em relação a estes sejam independentes, lógica e funcionalmente. Que, nesta hipótese, a mera inobservância de certas condições particulares de funcionamento da economia nacional possa fundamentar um dano social, independentemente da colocação em perigo de bens jurídicos individuais, é o resultado de um duplo efeito cumulativo, quando o mal exemplo ameaça destruir as condições de funcionamento em seu conjunto e quando, como conseqüência da ação singular, podem resultar danos a uma pluralidade indeterminada de indivíduos (...). À mesma categoria pertence a existência da livre concorrência como condição essencial ao funcionamento da economia de mercado, assim como os pactos de submissão na adjudicação de contratos públicos, isto é, os acordos secretos do licitante em um concurso público, por exemplo, na construção de ruas ou de cidades, relativos ao preço a oferecer, assim como qualquer outro cartel de preços pode ser qualificado como comportamento socialmente lesivo, que deve ser castigado penalmente para que se respeite o princípio da igualdade (...)".[209]

Acrescenta o autor, a propósito da reforma do direito penal econômico na Alemanha, que esta "oferece, sem dúvida, um terrível exemplo, porque, a saber, tradicionalmente, no Ministério da Economia *funcionou com êxito o **lobby** da indústria, o que deu lugar a que os delitos de cartel tenham sido considerado meras infrações administrativas, o que resulta absolutamente desproporcional à sua importância (...). Um Es-*

---

208. Por considerarem que, diante da complexidade e da dimensão estruturais destes bens, eles jamais são efetivamente atingidos, ou sequer potencialmente periclitados, por ações individuais isoladas (neste sentido o posicionamento de Bernd Schünemann ("¿Ofrece la reforma del derecho penal económico alemán un modelo o un escarmiento?", in *Temas Actuales y Permanentes de Derecho Penal Después del Milenio*, p. 189).

209. Bernd Schünemann, "¿Ofrece la reforma del derecho penal económico alemán un modelo o un escarmiento?", in *Temas Actuales y Permanentes de Derecho Penal Después del Milenio*, p. 191.

tado que inclui em seu direito penal o furto por necessidade e o transporte sub-reptício, e não os delitos de cartel, não pode defender-se frente à acusação de ter uma Justiça de classes no direito penal econômico"[210] (grifei).

102. Em terceiro lugar, a este custo social acrescenta-se um evidente custo moral, na medida em que os maiores beneficiários dos crimes econômicos – as grandes empresas e os poderosos empresários que as possuem e/ou administram – ocupam lugar de destaque na sociedade, configurando exemplos e modelos de conduta social para os demais, e, também, porque freqüentemente são aqueles mesmos que mais reclamam por medidas repressivas mais "duras" e "severas" contra a criminalidade em geral.[211] O desatendimento a este ônus ético, quando associado à impunidade freqüente destes delitos, conduz ao descrédito de todo o aparelho judicial. Com toda certeza, o odioso privilégio dos poderosos do crime contribui para o incremento das cifras da criminalidade em geral e se manifesta, em sua face mais aguda, na constatação do tratamento desigual que o ordenamento jurídico dá aos delitos usualmente cometidos pelas classes populares (predominantemente delitos contra o patrimônio individual), para os quais, além das sanções exacerbadas, elaborou-se toda uma eficiente tecnologia de prevenção, investigação e repressão, em forte contraste com aqueles delitos característicos das classes dominantes (predominantemente delitos contra o patrimônio coletivo), ditos de "colarinho branco". Para estes ilícitos, além de uma

---

210. Idem, p. 192. No Direito Português o legislador optou por considerar as violações concorrenciais como meras infrações contra-ordenacionais, sujeitas ao pagamento de coimas (estas limitadas, nas hipóteses correlatas ao tipo penal aqui estudado, ao teto correspondente "para cada uma das empresas partes na infracção, a 10% do volume de negócios no último ano", art. 43º da Lei 18/2003, de 11 de junho). Por outro lado, constatando a ineficácia dos provimentos de mera natureza administrativa, até então adotados, para coibir a crescente cartelização e seus graves efeitos na economia, o Reino Unido editou em 2002 uma nova legislação, inclusive criando o crime de cartel (*Enterprise Act*, 2002, *Part* 6, 179 – *Cartel Offence*, com previsão de pena privativa da liberdade que pode chegar até a "cinco anos ou a uma multa, ou a ambos" – 181, *a*) (texto obtido pelo autor, em janeiro/2006, no sítio da Internet do *Office of Public Sector Information/OPSI* do *Cabinet Office* do Reino Unido: *http://www.opsi. gov.uk/acts/acts2002/20020040.htm*).

211. Seguindo, neste diapasão, a formulação de Lola Aniyar de Castro, *Criminologia da Reação Social*, p. 83.

regulação jurídica muitas vezes defeituosa ou lacunosa – situação resultante da notória capacidade de interferência dos grupos de pressão de "colarinhos brancos" no processo legislativo da edição de normas que possam atingir seus interesses (quando não é delegada a eles próprios a responsabilidade por sua elaboração) –, constata-se, também, que as forças da ordem desempenham uma função repressiva insuficiente, condescendente e, mesmo, conivente. Por isso mesmo, a eventual exclusão destes ilícitos do rol dos crimes cujo cometimento é suscetível de ocasionar a incidência da privação de liberdade é violadora do princípio da igualdade entre os súditos do Estado,[212] contribuindo para a crescente deslegitimação do seu aparato jurídico, ao consagrar a intolerável injustiça de um direito penal vocacionado seletivamente ao controle e ao sancionamento das classes populares.[213]

---

212. Refere Mireille Delmas-Marty, ao defender a criminalização de ilícitos empresariais, que "a existência deste ramo do Direito efetivamente se impõe, e por duas razões complementares. De um lado, a delinquência negocial ameaça a própria estrutura do Estado, por colocar em questão a confiança do público no sistema financeiro, econômico e social. A essa razão, de ordem utilitária, acrescenta-se outra, que repousa sobre as exigências da justiça, já que o direito penal deve punir eficazmente todos os tipos de delinquência: as grandes vigarices financeiras como os pequenos furtos" (*Droit Penal des Affaires – Partie Générale: Responsabilité, Procédure, Sanctions*, 3ª ed., t. 1, p. 3).

213. Discorrendo acerca da repressão criminal em tempos de globalização, Luigi Ferrajoli constata que a dita crise inflacionista do direito penal é incapaz de enfrentar a criminalidade organizada, inclusive aquela característica dos poderes econômicos, dirigindo-se demagogicamente para os despossuídos: "A mensagem política que daí resulta é de sinal acentuadamente classista, além de se mostrar em sintonia com os interesses da criminalidade do poder, em todas as suas diversas formas. *É uma mensagem precisa, que sugere a ideia de que a criminalidade, a verdadeira criminalidade que deve ser perseguida, é unicamente a de rua e de subsistência. Não as infracções dos 'senhores' – a corrupção, os 'sacos azuis', as fraudes ficais, o 'branqueamento', e muito menos as guerras, os crimes de guerra, a destruição do ambiente e os crimes contra a saúde –, mas unicamente os roubos, os furtos de automóvel e nas residências e o pequeno tráfico de drogas, cometidos por imigrantes, desempregados, marginais, identificados ainda hoje como as únicas 'classes perigosas'.* É uma atitude que encoraja na opinião pública uma reacção classista e racista de equiparação dos pobres, dos negros e dos imigrantes aos delinquentes, e deforma o imaginário colectivo sobre os comportamentos desviantes e o senso comum sobre o direito penal: que a Justiça Penal deixe de perseguir as 'pessoas de bem' e se ocupe apenas dos crimes que atentam contra a sua 'segurança' (...)" ("Criminalidade e globalização", *Revista do Ministério Público* 96/11 – grifei).

III – Tipo objetivo

III.1 Generalidades

III.1.1 Objetividade jurídica

103. Reconhecida a dignidade penal do bem jurídico coletivo "ordem econômica" e estabelecida a necessidade da utilização da sanção criminal para sua proteção, cabe, neste passo, avançar na explicitação e na análise dos elementos integrantes do tipo legal que constitui nosso objeto de estudo. Com nítida inspiração no multicitado § 4º do art. 173 da CF,[214] relembra-se que a norma penal estudada, prevista na alínea "a" do inciso I do art. 4º da Lei 8.137, estabelece *constituir crime contra a ordem econômica abusar do poder econômico, dominando o mercado ou eliminando, total ou parcialmente, a concorrência, mediante ajuste ou acordo de empresas.* O tipo objetivo em questão, como já enfatizado no texto anterior, não tem nenhum correlato na atual legislação antitruste brasileira,[215] embora, como parte dos parâmetros gerais indicativos da presença de uma infração da ordem econômica, esta normativa inclua as ações conducentes exatamente a *limitar, falsear ou de qualquer forma prejudicar a livre concorrência* e a *dominar mercado relevante de bens ou serviços* (art. 20, I e IV). Além disso, são enumeradas várias condutas nos incisos do art. 21 da Lei Antitruste[216] que podem ser vistas como caracterizando espécies integrantes do gênero "domínio do mercado e/ou eliminação da concorrência", que estão presentes no núcleo do tipo penal, mas não há como estabelecer uma completa identidade formal deste último com qualquer dos ilícitos administrativos constantes da Lei Antitruste.

---

214. Além de quase reproduzir, como antes assinalado, o ilícito administrativo previsto no art. 2º, I, "a", da Lei federal 4.137/1962, por sua vez calcado no já transcrito art. 148 da CF de 1946.
215. Diante da técnica adotada pela Lei Antitruste, todavia, esta conduta típica encontra abrigo na clausulação aberta das suas definições de infrações concorrenciais (arts. 20 e 21), ainda que não se subsuma exatamente aos paradigmas específicos listados no art. 21 daquela lei.
216. Cf. o exato teor dos 24 incisos do referido art. 21 no "Apêndice Legislativo", item **III**, infra.

III.1.2 *Direito Comparado*

III.1.2.1 União Européia e Portugal

104. Pelas mesmas razões, apesar da latitude inerente aos instrumentos convencionais, tampouco a disciplina da concorrência na esfera da União Européia (apesar de se reconhecer inegável parecença, neste caso) conduz a uma identidade do crime estudado com o conteúdo pertinente, que é aquele expresso pelo art. 81, 1, do Tratado de Maastricht (1992): "São incompatíveis com o mercado comum e proibidos *todos os acordos entre empresas, todas as decisões de associações de empresas e todas as práticas concertadas* que sejam suscetíveis de afectar o comércio entre os Estados-membros *e que tenham por objectivo ou efeito impedir, restringir ou falsear a concorrência* no mercado comum (...)" (grifei).[217] Proíbe-se, ainda, "na medida em que tal seja suscetível de afectar comércio entre os Estados-membros, *o facto de uma ou mais empresas explorarem de forma abusiva uma posição dominante* no mercado comum ou numa parte substancial deste" (art. 82 – grifei).[218] Na esteira da normativa européia, por sua vez, a nova Lei de Defesa da Concorrência portuguesa (Lei 18/2003) considerou como sendo práticas proibidas aquelas que são resultantes de "*acordos entre empresas*, as decisões de associações de empresas e as práticas concertadas entre empresas, qualquer que seja a forma que revistam, *que tenham por objecto ou como efeito impedir, falsear ou restringir de forma sensível a*

---

217. V. "Apêndice Legislativo", item **V**, infra.
218. O texto convencional, com a consolidação efetuada pelo Tratado de Amsterdã/1997, foi obtido por acesso, em dezembro/2005, ao sítio da União Européia na Internet (*http://europa.eu/abc/treaties/index_pt.htm*). Por outro lado, no que tange ao sancionamento aplicável, sendo constatado o abuso concorrencial, cabe ao órgão fiscalizador da concorrência no âmbito da União Européia (Comissão), por decisão devidamente fundamentada, aplicar à empresa ou empresas consideradas responsáveis a sanção pecuniária que considerar cabível no caso (multas e adstrições cominadas em regulamento, consoante previsão do art. 83, 1), bem como determinar a incidência de outras medidas julgadas adequadas para abreviar os efeitos deletérios das violações perpetradas. Desta decisão caberá recurso, com amplo efeito devolutivo, para o Tribunal de Primeira Instância. Do julgamento efetuado por esta Corte, por sua vez, caberá recurso para o Tribunal de Justiça, mas este de conhecimento limitado às questões de direito. A malograda Constituição Européia, por sua vez, na questão concorrencial, basicamente reproduzia (nos arts. III-161 e ss.) os dispositivos correlatos do Tratado de Maastricht.

concorrência no todo ou em parte do mercado nacional" (art. 4º, 1 – grifei) e a da "*exploração abusiva, por uma ou mais empresas, de uma posição dominante* no mercado nacional ou numa parte substancial deste, *tendo por objecto ou como efeito impedir, falsear ou restringir a concorrência*" (art. 6º, 1 – grifei). O cometimento destas violações concorrenciais constitui uma contra-ordenação, que é "punível com coima que não pode exceder, para cada uma das empresas partes na infracção, 10% do volume de negócios no último ano: a) a violação do disposto nos arts. 4º, 6º (...)" (art. 43º, 1). A opção portuguesa pelo direito contra-ordenacional, diante da maior flexibilidade estrutural constitucionalmente admitida às contra-ordenações naquele país, torna possível uma construção mais rica no emprego de elementos normativos e admite a complementação mais minudente de seus preceitos por intermédio de normas em branco, sem que nestes casos haja violação de preceitos constitucionais aplicáveis, tais como o princípio da legalidade.[219]

105. Por outro lado, em razão da própria globalização econômica, como foi observado por Andrew I. Gavil, William E. Kovacic e Jonathan B. Baker, ampliou-se muito o universo comparatístico nesta área,

---

219. Com efeito, "o problema das chamadas 'normas penais em branco' não pode ser transportado nos mesmos termos do direito penal para o direito de mera ordenação social, já que nada na Constituição impede que, de acordo com o direito ordinário, quaisquer entidades administrativas competentes determinem o conteúdo de tais ilícitos e as respectivas sanções. É, no entanto, necessário ainda distinguir o plano das possíveis fontes normativas deste ilícito do plano da afectação da segurança e previsibilidade que certas técnicas legislativas possam suscitar. É sobretudo a esse nível que tem ainda sentido discutir a constitucionalidade das técnicas de remissão do conteúdo ilícito da lei que prevê a contra-ordenação para outras fontes normativas. Quanto a esta última questão, a resposta, que em geral cabe dar, é a de que o direito de mera ordenação social poderá ainda adequar-se ao essencial das exigências em sede de direito penal, nomeadamente de direito penal secundário, em que haja remissão para normas técnicas. E isto, sobretudo, no que se refere à necessidade de a norma do direito de mera ordenação social que define infracção e a respectiva sanção ter de configurar o essencial do conteúdo do ilícito, isto é, referências que tornem compreensível para os destinatários os bens jurídicos em causa e o tipo de factos lesivos dos mesmos que a norma pretende evitar. Por outras palavras, uma norma remissiva ainda que no domínio do direito sancionatório público não pode ser vazia quanto à previsão de factos e à orientação da conduta dos seus destinatários" (extrato do voto proferido pela conselheira Maria Fernanda Palma no Acórdão 41/2004, de 14 de janeiro, Tribunal Constitucional, Processo 375/2003, 2ª Secção, v.u., obtido em março/2006 no sítio do Tribunal Constitucional: *http://w3.tribunalconstitucional.pt/acordaos/acordaos04/1-100/4104.htm*).

pois enquanto no início da década de 1980 apenas cerca de 20 nações tinham uma legislação concorrencial específica, espera-se que este número chegue a cerca de 110 por volta do ano 2010.[220] Os autores arrolam as motivações essenciais que explicam o diferenciado grau de disseminação existente nos dias de hoje entre os dois principais mecanismos de defesa da concorrência – quais sejam: o da União Européia, atualmente francamente predominante, e o dos Estados Unidos:

(a) O sistema unionista tem atraído países que passaram a dispor de legislações afins, especialmente aqueles originários do antigo bloco soviético, por causa do desejo de muitos deles de ingressar na Comunidade.

(b) Para um grande número de países com tradição jurídica romano-germânica na regulação da economia, o sistema europeu configura-se mais adequado que o da *Common Law* perfilhado pelos Estados Unidos.

(c) A percepção generalizada da superioridade da legislação substantiva da União Européia, que possuiria *standards* mais igualitários em termos de competição, enquanto, por outro lado, o sistema dos Estados Unidos privilegiaria fortemente a eficiência, além do aspecto de que os parâmetros utilizados pela União Européia, por força de sua inerente flexibilidade, conviveriam melhor com a adoção de políticas públicas.

Finalmente:

(d) O aspecto que remete ao papel diferenciado que os Estados podem ocupar na questão da competitividade empresarial, quer participando diretamente no mercado, quer criando barreiras para a política concorrencial nacional.[221]

---

220. Andrew I. Gavil, William E. Kovacic e Jonathan B. Baker, *Antitrust Law in Perspective: Cases, Concepts and Problems in Competition Policy*, pp. 59-60.
221. Constatando os autores citados que: "(...) em muitos mercados emergentes os esforços de instituições governamentais para restringir o ingresso e a expansão de novos empreendedores constitui a maior ameaça ao processo competitivo. O modelo da Inião Européia fornece maior suporte para políticas oficiais para a concorrência que estejam inclinadas a desafiar os esforços das variadas subdivisões políticas para suprimir a competição utilizando-se de aquisição direta da propriedade, de licenciamentos ou de intervenções regulatórias" (Andrew I. Gavil, William E. Kovacic e Jonathan B. Baker, *Antitrust Law in Perspective: Cases, Concepts and Problems in Competition Policy*, pp. 59-60) Nesta obra, ainda, os autores traçam uma elucidativa diferenciação entre as conseqüências práticas da adoção dos dois sistemas no que concerne à identificação da existência de cartel, a partir da análise da fusão entre as empresas *Boeing* e *McDonnell Douglas*, em 1997, nos termos em que foi apreciada pelas respectivas autoridades da concorrência (idem, pp. 69-78).

III.1.2.2 Estados Unidos da América

106. Tendo em conta que, como visto, quer na esfera geral da União Européia, quer na particular de Portugal, a questão concorrencial permanece, ainda, com repercussão predominante na esfera do direito administrativo-comercial, para colaborar na tarefa comparatística do crime estudado buscaremos subsídios nos sistemas normativos dos Estados Unidos e do Reino Unido, que, embora tendo matrizes jurídicas diferenciadas da brasileira, têm explícita previsão de normas criminais incidentes aos abusos concorrenciais. Historicamente, a proteção da concorrência, por via da aplicação de sanções penais, iniciou-se exatamente nos Estados Unidos da América, com a aprovação do *Sherman Act* em 1890 (incorporado ao Capítulo 1 do Título 15 do Código dos Estados Unidos – *U. S. Code*), surgido com base na premissa de que os monopólios em atuação naquele país constituíam um obstáculo intransponível à livre iniciativa, justificando a intervenção do Estado na economia. Por seu intermédio foi instituída uma abrangente proteção da concorrência, com a cominação de penas privativas da liberdade, ao lado de elevadas sanções patrimoniais e de vigorosas medidas cautelares. Em última análise, mais fluidamente que no tipo estudado, a legislação norte-americana pune exatamente o domínio do mercado (monopolização) e a eliminação da concorrência (referida como "atos restritivos ao comércio").[222]

---

222. O contexto sócio-político em que surge esta legislação é bem retratado no voto dissidente exarado pelo *Justice* Harlan no celebérrimo caso "Standard Oil Co. vs. United States", *221 U.S. 1 (1911): (44)*: "(...). All who recall the condition of the Country in 1890 will remember that there was everywhere, among the people generally, a deep feeling of unrest. The Nation had been rid of human slavery – fortunately, as all now feel –, but the conviction was universal that the Country was in real danger from another kind of slavery sought to be fastened on the American people; namely the slavery that would result from aggregations of capital in the hands of a few individuals and corporations controlling, for their own profit and advantage exclusively, the entire business of the country, including the production and sale of the necessaries of life. Such a danger was thought to be then imminent, and all felt that it must be met firmly and by such statutory regulations as would adequately protect the people against oppression and wrong. Congress therefore took up the matter and gave the whole subject the fullest consideration. [45] To the end that the people, so far as interstate commerce was concerned, might not be dominated by vast combinations and monopolies, having power to advance their own selfish ends, regardless of the general interests and welfare, Congress passed the antitrust act of 1890. With full knowledge of the then condition of the country and of its business, Congress determined to meet, and did meet, the situation by an absolute, statutory prohibition of 'every contract, combina-

107. Nas esferas do comércio internacional e interestadual são proibidas todas as conspirações,[223] contratos (pactos formais) ou concentrações, sob a forma de trustes ou similares, que sejam capazes de restringir as atividades comerciais.[224] São também passíveis de incriminação as condutas capazes de monopolizar ou de tentar conduzir à monopolização de qualquer parcela do mercado intra-estadual e internacional, realizadas individualmente ou por ajustes com outros, bem como as atividades de conspirar para este fim.[225] As reprimendas previstas pelo *Sherman Act*, na área pública, atingem os indivíduos e as empresas e podem ser *(a)* privativas da liberdade e/ou pecuniárias, como resultados de uma ação penal movida pela União, ou, ainda, *(b)* podem ser obtidos provimentos civis de caráter cautelar e/ou cominatório variado, como, por exemplo, o de vedar o exercício de determinadas atividades por um dado lapso temporal. São admissíveis, ainda, demandas privadas vindicando, neste caso, indenizações que podem ascender ao

---

tion in the form of trusts or otherwise, in restraint of trade or commerce' (...)". O texto utilizado foi obtido pelo autor em acesso à Internet realizado em março/2006 no sítio do *Ripon College* (*http://www.ripon.edu/Faculty/bowenj/antitrust/stdoilnj.htm#Top*). Por outro lado, a já referida obra clássica de Edwin H. Sutherland deixa patente que pouca coisa mudou concretamente com o advento desta legislação, eis que, como argumenta Paradiso, "pure Sutherland annette un significato criminologico particolarmente rilevante alla ricerca empirica sulle violazioni delle leggi contro i monopoli, infatti precisa che *'uno degli obiettivi principali di questo libro* è dimostrare che le grandi società hanno violato la legge antitrust con frequenza, e che queste violazioni sono state determinanti *per minare le nostre istituzioni tradizionali'*. Il fenomeno monopolistico, infatti, è tanto più grave in quanto raggiunge, particolarmente negli ultimi anni presi in considerazione nella ricerca empirica sul *white collar crime*, proporzioni statisticamente allarmanti" (*La Criminalità negli Affari*, p. 72). Para um sintético mas percuciente panorama da legislação antitruste norte-americana, por todos, v. a obra do magistrado da Corte de Apelos do 7º Circuito e especialista no tema Richard Posner, *Antitrust Law*, pp. 33-48.

223. No Direito Norte-Americano, como ensina o *Black's*, o termo refere o mero ajuste estabelecido entre dois ou mais indivíduos para o fim de cometer, mediante uma conjugação de esforços, qualquer crime ou ato ilegal; neste caso, inclusive para efetivar atos legais em si mesmos, mas cuja efetivação concertada os torna ilegais, bem como, ainda, para lograr a efetuação de um ato legal, mas utilizando-se de meios ilegais (Henry Campbell Black, *Black's Law Dictionary (with Pronunciations)*, 6ª ed., p. 309).

224. V. o preciso teor do *15 U.S.C. § 1* no "Apêndice Legislativo", item **IV**, infra.

225. V. a literalidade do *15 U.S.C. § 2* no "Apêndice Legislativo", item **IV**, infra, através da qual verifica-se de plano que o sancionamento ali preconizado é mais abrangente que o constante do art. 82 do Tratado da União Européia, que não inclui como indevida a aquisição imediata de uma posição dominante em si mesma.

triplo do valor do prejuízo causado pelas lesões concorrenciais, e inclusive admite-se em sede processual civil a argüição de violações da Lei Antitruste sob a forma de reconvenção (v. "Apêndice Legislativo", item **IV**, infra).

108. Na área concorrencial foram editados, ainda, o *Federal Trade Commission Act* (1914) e o *Clayton Act* (1914), este último profundamente modificado em 1936 pelo *Robinson-Patman Act* e em 1950 pelo *Celler-Kefauver Antimerger Act* (este, para incluir a previsão de violações decorrentes de concentrações de empresas). O *Clayton Act* teve por objetivo ampliar o espectro legal das modalidades proibidas por lesivas à concorrência, para alcançar condutas não abrangidas pelo *Sherman Act*. Por seu intermédio passaram a ser indevidas não só as condutas que concretamente conduzissem à restrição ou à diminuição da concorrência, como também aquelas ações legalmente presumidas como tais (*per se*).[226] Os órgãos estatais encarregados zelar pela observância das normas estatutárias são a Divisão Antitruste do Departamento de Justiça do Governo Federal (*Antitrust Division of the Justice Department*) e a Comissão Federal de Comércio (*Federal Trade Commission/FTC*).[227]

109. No que concerne à normativa norte-americana, é importante observar que, após algumas oscilações nos primórdios de sua vigência (20 anos), durante os quais toda a prática que resultasse restritiva era tida – por si mesma (*per se rule*) – como caracterizadora de violação

---

226. Dentre outras, a principal tipificação é articulada em torno da vedação de "discriminate in price between different purchasers of commodities of like grade and quality, where either or any of the purchases involved in such discrimination are in commerce, where such commodities are sold for use, consumption, or resale (...)" quando e onde esta conduta "may be substantially to lessen competition or tend to create a monopoly in any line of commerce, or to injure, destroy, or prevent competition with any person who either grants or knowingly receives the benefit of such discrimination (...)" (*15 U.S.C. § 13*). Esta proibição é excepcionada em certas situações, respectivamente, explicitando-se não estar vedado que "persons engaged in selling goods, wares, or merchandise in commerce from selecting their own customers in bona fide transactions and not in restraint of trade (...)" e tampouco pretende "prevent price changes from time to time where in response to changing conditions affecting the market for or the marketability of the goods concerned (...)" (*15 U.S.C. § 13*). Para um balanço do atual estágio jurisprudencial da cláusula *per se*: Andrew I. Gavil, William E. Kovacic e Jonathan B. Baker, *Antitrust Law in Perspective: Cases, Concepts and Problems in Competition Policy*, pp. 95 ss.

227. V. "Apêndice Legislativo", item **IV**, infra.

concorrencial, a aplicação concreta da legislação antitruste pelas Cortes daquele país tem sido permeada pela utilização do critério da razoabilidade. A regra é utilizada como um vetor hermenêutico norteado pela perquirição, a partir da análise específica da hipótese fática *sub judice*, acerca da existência de uma efetiva violação do predominante interesse público, que se expressa na falta de razoabilidade da restrição que se ocasionou no mercado (a chamada *rule of reason*, cunhada pela Suprema Corte ao apreciar o caso "Standard Oil Co. *vs.* United States", *221 U.S. 1 (1911)*[228]). Graças à sua utilização é possível, inclusive, afastar no caso concreto as condutas expressamente definidas *per se* como lesivas à concorrência, se forem consideradas razoáveis naquele contexto específico.

III.1.2.3 Reino Unido

110. No Reino Unido,[229] por seu turno, uma das primeiras medidas legais para resguardar a concorrência surgiu em 1919, com a edição do *Profiteering Act*, que tinha por escopo reprimir as pressões altistas de preços, no contexto da I Guerra Mundial. Por sua vez, o agravamento do desemprego após o término da II Guerra Mundial, como resultado de movimentos concentracionistas, foi um dos fatores que motivou a pro-

---

228. Afirmou a Corte neste julgamento, através do *Justice* White, que a aplicação do *Sherman Act* deveria ser "determined by the light of reason, guided by the principles of law and the duty to apply and enforce the public policy embodied in the statute, in every given case whether any particular act or contract was within the contemplation of the statute" (*Standard Oil, 221 U.S. at 63-64*) e que, em resumo, "the rule of reason becomes the guide" (idem, *at 66*) (íntegra do julgado obtida pelo autor, em acesso realizado em março/2006, no sítio do *Ripon College* na Internet: http://www.ripon.edu/Faculty/bowenj/antitrust/stdoilnj.htm#Top). Com o advento das políticas públicas do chamado *New Deal* implementado pelo Presidente Roosevelt, especialmente após 1937, a doutrina da *rule of reason*, que concretamente beneficiava os grandes oligopólios, foi gradativamente perdendo terreno naquela Corte para a *per se rule*. O declínio perdurou até o final da década de 70 do século passado. O final da hegemonia da denominada "Corte Warren" marcou o ascenso das políticas econômicas conservadoras (enfatizando a desregulação e a liberdade dos mercados) e o retorno da hegemonia da *rule of reason*, ainda que mitigada. Para um balanço das variações históricas da regra, v. a obra coletiva editada por Kermit Hall, *The Oxford Companion to the Supreme Court of the United States*, pp. 747-748.

229. As informações históricas acerca desta legislação foram obtidas em Massimo Motta, *Competition Policy (Theory and Practice)*, pp. 11-12.

mulgação, em 1948, do *Monopolies and Restrictives Practices (Inquiry and Control) Act*. Evidenciando a freqüente necessidade de modificações das normativas concorrenciais, diante das céleres transformações econômicas ocorridas nos países centrais no século passado, dentre as outras legislações relevantes que antecederam o vigente *Competition Act* (1998) podem ser citados o *Restrictive Trade Practices Act/RTPA* (1956), o *Resale Prices Act* (1964), o *Monopolies and Mergers Act* (1965) e o *Fair Trading Act* (1973). De acordo com o RTPA, por exemplo, os acordos empresariais deviam ser objeto de registro prévio e podiam ser judicialmente contestados se considerados lesivos ao interesse público; mas, para além da grande indeterminação de seus preceptivos, toda a legislação anterior a 1998 carecia da previsão de um sistema de sancionamento eficaz e do estabelecimento de condições para sua aplicação concreta. Assim, para se ter uma idéia do vulto destas restrições, até o advento do *Competition Act* as autoridades da concorrência não podiam realizar buscas nos estabelecimentos empresariais e tampouco apreender documentos.

111. Com a importante alteração do *Competition Act* efetuada em 2002 pelo *Enterprise Act*, foi introduzido na legislação antitruste inglesa o crime de cartel.[230] Este prevê penas incidentes exclusivamente para as pessoas físicas (privação da liberdade em até cinco anos e/ou multa), mantendo o sancionamento das pessoas coletivas apenas na esfera das reprimendas administrativas, constantes da legislação interna vigente (com as modificações a estas adicionadas, particularmente ampliando os poderes investigativos das autoridades da concorrência o *Office of Fair Trading/OFT)* e das normas gerais do Tratado da União Européia. O tipo-de-ilícito criado basicamente prevê a atuação de duas ou mais pessoas que, *desonestamente (dishonestly)*, acordam entre si fazer ou implementar (ou darem causa a que se façam ou se implementem) arranjos, relacionados a pelo menos duas empresas (designados na norma por "A" e "B"),[231] com o fim de participarem na consecução de uma das

---

230. "188 Cartel Offence (...) (2) The arrangements must be ones which, if operating as the parties to the agreement intend, would (...)". Segundo as notas explicativas da Lei (*Section* 189), os acordos vedados são exclusivamente aqueles realizados por empresas em atuação no mesmo mercado relevante (acordos horizontais).

231. *Enterprise Act* 2002, Part 6, Cartel Offence: "188 Cartel offence – (1) An individual is guilty of an offence if he dishonestly agrees with one or more other persons to make or implement, or to cause to be made or implemented, arrangements of

metas expressamente previstas na lei. Estes objetivos desdobram-se em: *(a)* reciprocamente *proceder à combinação de preços (fix prices)* de produtos ou serviços; *(b – c)* reciprocamente *limitar ou impedir o fornecimento ou a produção* de produtos ou serviços de "A" *(limit supply or production)*; *(d – e) dividir o fornecimento* de bens e serviços a consumidores *ou os próprios consumidores* entre "A" e "B" *(share supply or divide customers)*; e *(f)* entabular *acordos para participação em licitações (bid-rigging arrangements)*[232] (v. "Apêndice Legislativo", item **IV**, infra). Por sua vez, o emprego do elemento normativo "desonestamente", diante da sua indeterminação, trará dificuldades para aplicação prática da norma, como já ocorre em outros casos em que este é utilizado na legislação criminal do Reino Unido.[233]

---

the following kind relating to at least two undertakings (A and B)". A expressão *undertaking* (também utilizada na legislação comunitária, que deixa sua explicitação para as legislações locais) foi traduzida por "empresa", mas na sua ampla acepção econômica. Esta a definição que foi estabelecida no "caso FENIN" (*Federación Nacional de Empresas de Instrumentación Científica, Médica, Técnica y Dental*) (v. *Commission of the European Communities, Court of First Instance* (EC), *Case T-319/99*. A íntegra deste julgamento pode ser encontrada no seguinte sítio da Internet, acesso em janeiro/2006: *http://eur-lex.europa.eu/LexUriServ/LexUriServ.do?uri=CELEX:61999A0319:EN: HTML*).

232. Neste último caso a lei esclarece que são acordos efetuados em resposta à solicitação para indicar cotações para o fornecimento de bens ou serviços, nos quais *(a)* "A" fará lances, mas "B" não os fará, ou *(b)* "A" e "B" podem até fazer lances, mas em qualquer caso estes serão feitos em consonância ao acordo estabelecido, desde que não sejam informados ao solicitante até o momento da licitação ou da oferta do lance. Por outro lado, a simples existência desta modalidade de acordo indicia a atuação *desonesta*.

233. Assim, ao analisar as deficiências da repressão ao estelionato (burla) e outras fraudes a *Law Commission* esclarece que "when dishonesty is a live issue, although the fact-finders are not given a definition, they are required to consider it in a structured way. The Court of Appeal in Ghosh laid down a two-stage test. The first question is whether the defendant's behaviour was dishonest by the ordinary standards of reasonable and honest people. If the answer is no, that is the end of the matter and the prosecution fails. If the answer is yes, then the second question is whether the defendant was aware that his or her conduct would be regarded as dishonest by reasonable, honest people" (*Law Com n. 276 – Fraud – Report on a reference under section 3(1)(e) of the Law Commissions Act 1965, July 2002*, p. 40). A *Law Commission* foi instituída pelo Parlamento Britânico em 1965 e constitui órgão encarregado de propor reformas legislativas (o documento utilizado foi obtido em acesso realizado pelo autor, em julho/2005, no sítio da instituição na Internet: *http://www.open.gov.uk/lawcomm*).

III.1.3 *Proteção de bem jurídico coletivo
e tipo material de perigo abstrato*

112. Assim, considerando-se os modelos invocados para fins de comparação, quer os que aparecem sob a forma de ilícitos administrativos, quer aqueles estruturados aos moldes de crime, também não se reconhece uma perfeita identidade de qualquer deles com o tipo objetivo estudado. Este, por seu turno, em um mera leitura gramatical, apontaria para a presença de um crime simples, ou seja, aquele que tem como objeto de proteção apenas um bem jurídico, eis que o tipo legal explicita inequivocamente que pretende resguardar a ordem econômica – cujo perfil constitucional já delineamos anteriormente (v. itens **51** e ss., retro). Ocorre que, em uma perspectiva sistemático-teleológica, nos defrontamos, como antes assinalado, com uma objetividade jurídica cuja própria proteção administrativa já reafirma ter um caráter coletivo (art. 1º, § 1º, da Lei Antitruste) e que, em razão de sua complexidade estrutural, alberga direta ou indiretamente outros bens jurídicos, conduzindo a que, na realidade, tenhamos aqui uma repercussão valorativa multifária. Em termos gerais, privilegia-se a conservação de uma dada situação estrutural/dinâmica da organização da economia brasileira buscada pelas políticas públicas – qual seja, a busca de implementação de uma ordem econômica na qual se tenha um mercado organizado sob a égide da livre concorrência, que, por sua vez, constitui o objeto material do tipo. Empresta-se tal proteção penal especificamente porque o aspecto organizacional – essencialmente vinculado à preservação da livre iniciativa dos agentes econômicos – repercute mediatamente no dinamismo que se estabelece dentre as empresas entre si e nas relações destas com os consumidores, findando todos por se beneficiarem neste processo. Com efeito, ao menos em tese, a existência da livre concorrência, respectivamente, lhes assegura a manutenção da igualdade de oportunidades na atividade econômica comum e uma situação vantajosa em termos da qualidade e dos preços de bens e serviços, em razão da garantia de competitividade entre as empresas atuantes no mesmo segmento do mercado. E, exatamente porque o mercado tem tantos setores passíveis de competição quantos forem os ramos em que se distribuam as múltiplas atividades produtivas de bens e serviços desenvolvidas em dada ordem econômica, a situação geral de livre iniciativa e de livre concorrência nela existente poderá não ser globalmente afetada por atividades singulares que a restrinja ou mesmo a elimine tão-somente em uma dada subdivisão deste mercado, e, em conseqüência, aquela estrutura organizativo-funcional permanecerá incólume.

113. Nestes termos, como, em regra, ocorre com os bens jurídicos coletivos, ainda que a prática isolada da conduta prevista neste delito possa ser tida por prejudicial ao objeto material "concorrência", se esta for considerada setorialmente, esta lesividade dificilmente ocorrerá no que concerne à livre concorrência no todo em que está inserida – enquanto estado geral da competitividade no mercado nacional. Apenas a reprodução massiva do comportamento típico na maioria dos segmentos em que está dividido o mercado é que, concretamente, teria o condão de periclitá-la ou, quiçá, de nela repercutir danosamente. Ao que se acresce, ainda, que a livre concorrência, como visto, insere-se na ordem econômica, na qual está englobada como um dos muitos valores transindividuais que a integram, e, como asseverado, é este ordenamento global da economia, na realidade, o bem jurídico protegido no caso. Mesmo se a conduta incriminada neste tipo for vista a partir de uma perspectiva estrutural do objeto material referido ou do bem jurídico coletivo no qual este está integrado, entretanto, em qualquer caso, ela será potencialmente perigosa para os mesmos, ao menos quando sopesada na perspectiva de sua repetição e/ou generalização indiscriminadas pelos demais agentes econômicos. Daí se pode concluir que nos defrontamos, aqui, com um crime de perigo abstrato, modalidade que remete às inúmeras dificuldades técnicas anteriormente destacadas (v. itens **33** e ss., retro).

114. Não se constatam aqui, porém, os maiores inconvenientes desta modalidade de delitos, eis que, *in casu*, excepcionalmente, torna-se factível a constatação da presença de resultados materiais,[234] ainda que, em termos estruturais, estes resultados (o domínio do mercado e/ou a eliminação da concorrência), quando sopesados globalmente, sejam parciais ou residuais, por restritos tão-somente a uma determinada fatia constitutiva (um dado setor do mercado ou uma parcela da concorrência) de um todo mais amplo (a ordem econômica). Acrescentando-se, ainda, o aspecto de que a ordem econômica, globalmente considerada – como se verá logo adiante –, já incorpora em sua dinâmica funcional própria e já convive hodiernamente com realidades perfeitamente líci-

---

234. V. item **31**, retro.

tas que são caracterizadas pela existência e atuação no mercado de atores revestidos de poder econômico, pela presença de situações concorrenciais nas quais certas empresas detêm o controle do mercado e pelo advento de contextos econômicos de ausência de iniciativas concorrenciais setoriais. Anote-se, desde logo, pois, que *não há qualquer contradição lógico-jurídica em se associarem na subsunção típica analisada certos resultados fenomênicos, em si mesmos axiologicamente neutros (porque são suscetíveis de eventualmente ser legitimamente obtidos), com condutas abstratamente perigosas para a ordem econômica (porque consistem em abusar do poder econômico mercê de um arranjo entre empresas) e que são capazes de produzir aqueles mesmos resultados. Estes, neste caso, tornam-se agora ilegítimos, na medida em que sua reprodução generalizada, no caso da reiteração massiva daqueles abusos proibidos pela norma, poderá redundar, a longo prazo, em um comprometimento de tal dimensão que resulte danoso para o bem jurídico coletivo que se almeja proteger.*[235]

III.1.4 *Crime de forma livre*

115. A estrutura típica do crime de formação de cartel impõe a necessidade de concretização de resultados que reflitam os desdobramentos fenomênicos caracterizadores de uma exclusiva e abrangente ação principal nele prevista que se consubstancia em *abusar do poder econômico*. Com efeito, tendo por pressuposto lógico a existência de um ajuste entre empresas, no tipo estão previstas duas situações tidas por indispensáveis para a configuração desta singular ação nuclear, a saber: a

---

235. Aduza-se, ainda, a resposta precisa de Helena Moniz à indagação sobre se todos os crimes de perigo abstrato são crimes sem resultado: "Não; porque há crimes de perigo abstracto com objecto de acção como, por exemplo, o de falsificação de documentos – o objecto de acção é o documento como meio de prova; é um crime material ou de resultado quanto à conduta, mas um crime de perigo quanto ao bem jurídico. Este é um caso de um crime de perigo abstracto *com* resultado. Todos os crimes de perigo abstracto são crimes com resultado? Não; porque uns são crimes sem resultado e são crimes de mera actividade, sem objecto de acção e sem resultado; outros, excepcionalmente, têm resultado" ("Aspectos do resultado no direito penal", *Revista Brasileira de Ciências Criminais* 57/39-40). Por outro ângulo, em decorrência da assunção de tal premissa, para a viabilidade da admissão judicial de uma pretensão condenatória, neste caso, será imprescindível a demonstração probatória da existência de um liame entre as condutas abusivas efetuadas pelos agentes e estes resultados materiais (nexo de causalidade).

dominação do mercado (decorrente de ações ou omissões aptas a *dominá-lo*) e/ou a eliminação, total ou parcial, da concorrência (resultante de condutas hábeis a *eliminá-la*). É de se admitir como sendo típicas, destarte, desde que presente o antecedente lógico mencionado (o ajuste ou acordo entre os integrantes do cartel), quaisquer outras ações secundárias, desde que hábeis para a consecução daqueles mesmos resultados referidos, cuidando-se, desta maneira, de crime de forma livre. A efetiva prática pelo sujeito ativo destas condutas no âmbito da mesma moldura fática, desde que conduzindo à obtenção de um dos resultados tipicamente previstos, caracterizará o tipo por completo; mas, por outro lado, a produção de múltiplos resultados não configurará uma pluralidade de ilícitos, como ocorreria se o crime fosse cumulativo. Assim, por exemplo, haverá consumação de um único crime se de uma ou das várias condutas encetadas pelos agentes apenas resultar o domínio do mercado, não obstante mantida a existência de competição. Do mesmo modo, esta consumação ocorrerá mesmo se não obtido o domínio do mercado, mas eliminado(s) algum(ns) (ou todos os) concorrentes, ou, ainda, se as atuações efetuadas redundarem no controle do mercado e na concomitante eliminação de todos ou alguns dos demais competidores. Por se cuidar de um tipo material, surge necessariamente o problema da comprovação da presença de um liame de causalidade vinculando qualquer que tenha sido a ação ou omissão representativa do abuso do poder econômico concorrencial praticada pelos agentes e o(s) resultado(s) produzido(s), como substrato probatório mínimo para alicerçar a imputação objetiva de sua prática.

116. Como assinalado, pode ser visto como um tipo de forma livre, por admitir sua efetivação por intermédio de quaisquer meios, desde que estes sejam capazes de conduzir aos eventos nele previstos. Para que estas múltiplas formas de agir efetivamente contribuam para a incidência típica, materializando a ação de abusar do poder econômico, entretanto, com já assinalado, será imperioso que sejam implementadas por intermédio de um veículo específico. É necessário que a efetivação das distintas modalidades de abuso tenha por antecedente instrumental o ajuste ou o acordo estabelecido entre mais de uma empresa, sejam estas integrantes ou não de um mesmo grupo econômico.[236] Neste sentido, a con-

---

236. Tupinambá do Nascimento estabelece uma distinção entre o *cartel* e o *truste*: "Várias empresas fazem acordo entre elas, se organizando com o fito de impor

duta será sempre comissiva, por pressupor necessariamente a celebração desta avença – exatamente o que caracteriza a realidade de um cartel –, sem a qual inexistiria correspondência desta atuação com o tipo estudado (tipicidade), ainda que os mesmos resultados previstos fossem obtidos. *O tipo não explicita qualquer qualidade particular do sujeito ativo (este também não precisa pessoalmente realizar a ação típica prevista), contentando-se com o exercício de fato de um poder de mando na empresa que seja capaz de dar efetividade ao ajustado ou acordado.* Em preços ao consumidor, extinguindo ou criando dificuldades à livre concorrência. Está-se diante da cartelização. Em outra situação, um conjunto de empresas é controlado por um grupo econômico ou financeiro, com objetivo certo de monopolizar certa área da economia. Estamos diante da figura do truste" (*Comentários à Constituição Federal – Ordem Econômica e Financeira – Arts. 170 a 192*, p. 24). Ainda que aceita tal diferenciação, todavia, não haverá qualquer mudança no que concerne à incidência, em qualquer caso, do crime sob análise, já que seu tipo objetivo apenas exige a presença de empresas com distintas identidades jurídicas, participem as mesmas ou não de um mesmo grupo econômico. Na doutrina brasileira, Américo Luís Martins da Silva o define nos seguintes termos: "(...) o cartel significa carta-contrato ou, então, sindicato de produtores; constitui um pacto comercial ou industrial (reunião de produtores ou de comerciantes), com o objetivo de atenuar a mútua concorrência, fixar zonas de influência ou estabelecer limites de produção ou de preços. Consequentemente, os cartéis representam acordos formais, nos quais são estabelecidas as condições para um *modus vivendi*, com as cominações legais ou penais para o eventual infrator. Em outras palavras, cartel representa *o livre convênio entre empresas da mesma categoria econômica e independentes entre si, que objetivam uma finalidade monopolística, pelo domínio do mercado, eliminando a mútua concorrência, derivada da luta pela colocação de produtos similares.* Os cartéis são divididos em diferentes espécies ou categorias, a saber: (a) cartel de preço (o qual estabelece uma tarifa única para a venda dos produtos fabricados pelos contratantes; é a modalidade mais simples de cartel, pois em geral não afeta os fatores de preço); (b) cartel de condições (é aquele que não apenas contém um acordo sobre preços, mas vai até a fixação do restante das condições de venda, como sejam descontos para as vendas à vista, acréscimos percentuais para as vendas a prazo etc.); (c) cartel de região (é o que delimita as zonas ou regiões que ficam reservadas para venda por um dos associados em determinada área de influência mútua); (d) cartel de contingentes ou de contingentação (é o que não se satisfaz com a determinação das condições de venda ou com o convênio de preços, mas procura influir, também de modo monopolizador, sobre os preços, reduzindo a própria produção e limitando a oferta); e (e) cartel geral (representa a união de vários cartéis de categoria econômica comum em um único cartel; surge, em geral, quando a área de influência passa a ser internacional)" (*A Ordem Constitucional Econômica*, pp. 128-129). A obra citada (pp. 130-132) evidencia o elevado grau de concentração de empresas existentes no Brasil nos ramos da indústria e do comércio (dados de 1998), com muitos setores onde a mesma ultrapassava os 70% (*e.g.*, bebidas e fumo, borracha, transporte, metalurgia, minerais não-metálicos, mineração, derivados de petróleo).

razão do peculiar meio executivo já apontado, todavia, implicitamente deve-se concluir que, conforme o caso, seus autores imediatos ou mediatos devem obrigatoriamente ser capazes de estabelecer validamente os vínculos (ajuste ou acordo), formais ou informais, entre as obrigatoriamente distintas empresas envolvidas. Considerando-se, destarte, que estarão sempre presentes no mínimo dois autores, configura um crime plurissubjetivo (dito também coletivo ou de concurso necessário), de conduta unilateral, na medida em que todos os envolvidos perseveram em objetivos convergentes, sendo reciprocamente conscientes dos mesmos.

III.2 Elementos descritivos e elementos normativos

117. Para que a transmissão comunicativa do exato conteúdo axiológico objetivado no tipo penal seja capaz de atender plenamente às suas relevantes funções de garantia e de prevenção, dentre outras, na sua confecção podem ser utilizados elementos meramente descritivos e/ou também os chamados *elementos normativos*. Em geral, os primeiros estão referenciados a uma determinada realidade natural, que é perceptível sensorialmente, desta maneira, por sua concretude objetiva, facilitando a atividade exegética; enquanto os segundos, por sua vez, implicam um processo integrativo mais complexo, por neles predominar um conteúdo predominante intelectivo.[237] Pode-se desdobrar a estrutura típica aqui estudada, no seu aspecto objetivo, em distintos momentos constitutivos, todos de nítida predominância da natureza normativa, a saber: *(a)* um primeiro componente que se cinge à enunciação da objetividade jurídica perseguida – *constitui crime contra a ordem econômica*; *(b)* um segundo elemento no qual são explicitados a conduta que não se deseja ver praticada e seu veículo instrumental – *abusar do poder econômico (...) mediante ajuste ou acordo de empresas*; finalmente, *(c)* um terceiro elemento que esclarece dicotomicamente os resultados indesejados visados e atingidos por esta ação desvaliosa principal: *(c1) dominando o*

---

237. Sobre o conteúdo e a interpretação dos elementos normativos, por todos, v. Claus Roxin, *Derecho Penal – Parte General*, t. I, pp. 306-307. Para outro posicionamento sobre o tema, inclusive apontando o que entende ser a melhor solução para precisar o significado e o alcance dos mesmos, v. Günther Jakobs, *Derecho Penal – Parte General: Fundamentos y Teoría de la Imputación*, 2ª ed., especialmente pp. 350-356.

mercado ou *(c2) eliminando, total ou parcialmente, a concorrência*. Não só os núcleos verbais constantes do tipo, seja aquele que expressa a ação nuclear (*abusar*) ou os que refletem resultados por ele pressupostos (*dominar* e *eliminar*), como os próprios elementos vinculados a estas atividades (*ordem econômica, poder econômico, ajuste ou acordo de empresas, mercado* e *concorrência*) remetem à inevitável integração valorativa para que se possa constatar sua ocorrência efetiva na vida real.

118. A explicitação do conteúdo típico por meio do emprego de elementos normativos sabidamente enfraquece a função de garantia do tipo penal, por autorizar um grau mais elevado de subjetivismo dos julgadores na definição de sua incidência concreta, podendo, em decorrência, vulnerar a concretização dos fins das penas como definidos no ordenamento penal, ao permitir um incremento do grau de decisionismo e de irracionalismo nas decisões judiciais. Isto ocorre por sua presença remeter à atividade integradora de cunho obrigatoriamente subjetivo/valorativo, quer por implicar a utilização de categorias histórico-culturais, quer por remeter à utilização de conceitos constantes de outros preceitos jurídicos, sejam estes últimos homogêneos (pertencentes aos domínios do próprio direito penal) ou heterogêneos (integrantes de outras ramificações do ordenamento jurídico). Por evidente que toda atividade hermenêutica é sempre valorativa, mas nos elementos do tipo objetivo que são predominantemente descritivo-sensoriais há um maior índice de objetividade resultante da desnecessidade de extrapolação do seu significado endógeno, que pode ser imediatamente explicitado de forma semântica ou gramatical (definição conotativa). Já nos elementos normativos do tipo objetivo deve-se alcançar um segundo momento de relativa discricionariedade sistemática, caracterizado na eleição do conteúdo valorativo exógeno que será agregado àquele inicialmente estabelecido (definição denotativa). Esta dificuldade é sem dúvida amplificada quando os elementos normativos pertencem à categoria dos conceitos juridicamente indeterminados (*unbestimmte Rechtsbegriffe*) integrantes de outro ramo do conhecimento científico (a ciência econômica).[238]

---

238. Como se sabe, antes de tudo, todo conceito indeterminado é necessariamente plurissignificativo. Relembre-se, porém, com J. J. Gomes Canotilho e Vital Moreira, que "os conceitos indeterminados abrangem os conceitos dotados de uma margem de indefinição maior ou menor. O problema que eles levantam é o da definição das características objectivas e dos sinais distintivos que dizem respeito ao seu

119. Todos estes vocábulos, de um lado, tisnam a clareza e a desejável unicidade das condutas proibidas e dos resultados previstos; por outro enfoque, ampliam os limites exegéticos conferidos ao arbítrio do julgador na tarefa de subsunção do agir comunicante do indivíduo à hipótese abstrata da norma penal incriminadora. Para que sua aplicação concreta não vulnere a reserva legal em seus corolários de taxatividade e transparência razoáveis, é necessário, em primeiro lugar, que sua exegese observe estritamente o conteúdo jurídico tradicionalmente atribuído a tais elementos pelo ordenamento no qual estão sistematizados. E, em segundo lugar, no plano particular, que sua integração hermenêutica atenda à objetividade do tipo penal em que se inserem tais elementos e, no plano da razoabilidade, às conseqüências jurídicas decorrentes de sua aplicação. Ao mesmo tempo, nos estreitos limites admitidos pelas normas jurídico-penais, em virtude dos princípios garantísticos incidentes, destaque-se a inequívoca plasticidade adquirida pelas fórmulas legais que estão estruturadas com fincas em elementos normativos e/ou mediante a utilização de conceitos juridicamente indeterminados e de outras tantas figuras polissêmicas, que conduzem a uma maior flexibilidade e adaptabilidade aos câmbios conjunturais e, mesmo, às mudanças estruturais da realidade social que objetivam regulamentar.

objecto. A experiência constitucional (legislativa e jurisprudencial) tem demonstrado que a 'erosão' da força normativa da Constituição resulta, fundamentalmente, de não se proceder, quanto aos conceitos deste gênero, a um aprofundamento jurídico-constitucional daquilo que hoje se designa por 'candidatos neutrais' (casos em que é duvidoso se o conceito se aplica ou não). Os 'conceitos vagos' são, de qualquer modo, conceitos com um certo espaço semântico-constitucional, preenchido logo no momento constituinte. Exemplos: 'dignidade humana' (arts. 1º, 26º-2, 211º), 'Estado de Direito Democrático' (art. 2º), 'independência nacional' (arts. 7º-1, 9º, 10º-2 etc.), 'sectores básicos da economia' (art. 87º). É metodicamente insustentável a idéia de que estes conceitos indeterminados são conceitos vazios, sem qualquer conteúdo, na completa disponibilidade do legislador e de outros órgãos concretizadores da Constituição" (*Fundamentos da Constituição*, p. 56). De se relembrar, na esteira da Corte de Cassação italiana, que "l'applicazione di norme di tale specie può dar luogo a valutazioni che – pur rimanendo distinte dal campo della c.d. discrezionalità, intesa come ponderazione comparativa d'interessi – finiscono con l'attribuire all'organo decidente un margine di apprezzamento non controllabile in cassazione. Il sindacato del giudice di legittimità sull'applicazione del concetto, pertanto, deve essere anzitutto rispettoso dei limiti che il legislatore gli ha posto, utilizzando una simile tecnica di formulazione normativa, che attribuisce al giudice del merito uno spazio di libera valutazione ed apprezzamento" (Corte di Cassazione Sez. Un. Civili – sentenza 18.1.2001 n. 5).

III.3 O poder econômico e o seu abuso

120. De modo geral e abrangente, pode-se qualificar como abusiva toda aquela manifestação do poder econômico que seja antagônica aos princípios fundamentais da ordem econômica consagrados no art. 170 da CF.[239] Desde logo, nos termos da norma constitucional do § 4º do art. 173, que ilumina o dispositivo penal em análise, o fato de apenas o abuso ser reputado como sendo indevido é indicativo implícito da admissão da legitimidade da existência do poder econômico na sociedade em geral e na economia em particular.[240] Reconhecimento que, em última análise, deflui da própria consagração constitucional do sistema capitalista de propriedade dos meios produtivos, o qual tem por consectário inexorável a criação de núcleos privados concentradores de riqueza material e de capacidade de interferência econômica, política e social que caracterizam o poder econômico. A terminologia "abuso de poder" é tradicionalmente utilizada no direito administrativo,[241] relacionada ao *uso do poder* (projeção funcional lícita característica do exercício de sua competência administrativa pela autoridade pública), mas empregada precisamente para indicar aquelas hipóteses ilícitas nas quais atos praticados pela autoridade pública revelam-se desconformes aos seus requisitos formais (inobservância da disciplina legal externa do ato administrativo) e materiais (desatendimento das finalidades, lesão do interesse público, da probidade e moralidade administrativas).[242] Haverá

---

239. Neste sentido: Tupinambá Nascimento, *Comentários à Constituição Federal – Ordem Econômica e Financeira – Arts. 170 a 192*, p. 49.
240. Até porque o preceptivo vinculou sua repressão especificamente ao universo das relações econômicas. O deputado federal pernambucano Agamêmnon Magalhães, pioneiro incansável no combate aos excessos poder econômico e autor do projeto de lei que se converteu na primeira legislação antitruste brasileira, em conferência proferida em 1949 definiu *poder econômico* como sendo "o que resulta da posse dos meios de produção. Quando esses meios de produção em certos setores de atividade são dominados por um indivíduo ou um grupo de indivíduos, são dominados por uma empresa ou por um grupo de empresas, evitando que outros deles também possa dispor, há abuso do poder econômico" ("Abuso do poder econômico", *RF* agosto de 1949, p. 285).
241. Seguindo neste passo, dentre outros, os ensinamentos de Hely Lopes Meirelles, *Direito Administrativo Brasileiro*, 34ª ed., pp. 112-117.
242. Nesta acepção, no direito penal brasileiro, poderá caracterizar uma circunstância agravante genérica prevista no art. 61, II, "g", do CP: "Art. 61. São circunstâncias que sempre agravam a pena, quando não constituem ou qualificam o crime: (...) II – ter o agente cometido o crime: (...) (g) com abuso de poder ou violação de dever inerente a cargo, ofício, ministério ou profissão; (...)".

uma situação genérica característica da configuração de um abuso por parte da autoridade administrativa quando sua atividade pública incorrer nas espécies ilegítimas do *excesso* ou do *desvio de poder*.[243] Ocorrerá o excesso naqueles casos em que a autoridade é efetivamente aquela dotada de atribuição para a prática do ato considerado, mas ao fazê-lo objetivamente extrapola os limites normativos que delimitam sua competência e excede materialmente o que lhe seria legítimo fazer na sua esfera própria de poder.[244] Ensina Hely Lopes Meirelles que o desvio de poder ou de finalidade[245] se passa no plano subjetivo e se verifica "quando a autoridade, embora atuando nos limites de sua competência, pratica o ato por motivos ou com fins diversos dos objetivados pela lei ou exigidos pelo interesse público. O desvio de finalidade ou de poder é, assim, a violação ideológica da lei, ou, por outras palavras, a violação moral da lei, colimando o administrador público fins não queridos pelo legislador, ou utilizando motivos e meios imorais para a prática de um ato administrativo aparentemente legal".[246]

---

243. Abuso de autoridade que eventualmente desbordará para a ilicitude penal se subsumido às hipóteses típicas previstas na vetusta Lei federal 4.898/1965, que regula "o processo de responsabilidade administrativa, civil e penal, nos casos de abuso de autoridade". Para esta lei, *autoridade* é "quem exerce cargo, emprego ou função pública de natureza civil ou militar, ainda que transitoriamente e sem remuneração" (art. 5º).

244. Para doutrina italiana, "il vizio di *eccesso de potere* (amministrativo) va tenuto distinto dallo *straripamento di potere*, che si verifica quando l'attività amministrativa straripa nel campo della legislazione o della giurisdizione o anche quando l'atto sia emanato da organo amministrativo del tutto distinto e in campo del tutto diverso da quello in cui sarebbe competente. Lo straripamento di potere quindi costituisce un vizio di incompetenza assoluta" (Guido Landi e Giuseppe Potenza, *Manuale di Diritto Amministrativo*, 10ª ed., p. 656).

245. Tem conceito legal na Lei da Ação Popular (Lei 4.717/1965), cujo art. 2º, parágrafo único, "e", estatui que "o desvio de finalidade se verifica quando o agente pratica o ato visando a fim diverso daquele previsto, explícita ou implicitamente, na regra de competência".

246. Hely Lopes Meirelles, *Direito Administrativo Brasileiro*, 34ª ed., p. 114. Na lição de Landi e Potenza: "(...) i principali casi de eccesso di potere si riferiscono a vizi della causa dell'ato in quanto la volontà amministrativa risulta indirizzata a finalità di pubblico interesse diversa da quella prevista dalla legge o dalla natura dell'atto medesimo. Fra questi si annovera lo 'sviamento di potere', ipotesi classica di eccesso di potere, la quale ricorre allorché si constati che un determinato atto sia stato adottato nell'esercizio dei podere discrezionale per raggiungere una finalità che, pur potendo essere lecita, non è conforme al fine assegnato all'atto dalla legge che lo disciplina. Ció puó avvenire perché l'Amministrazione si è ispirata ad un fine diverso da quello previsto dalla legge (si pensi, ad esempio, ad un provvedimento che dichiara urgente

121. Na linguagem constitucional analisada (art. 173, § 4º), todavia, *abuso do poder* está vinculado à economia, universo privatístico por excelência, no qual a atuação do Estado, como antes assinalado, é considerada excepcional; e, assim, a expressão não se reveste do mesmo significado técnico antes apresentado. Ao contrário do preconizado no âmbito do direito administrativo, resulta da interpretação sistemática deste preceptivo e da utilização do conceito em outros tópicos da Carta Constitucional[247] que o abuso do poder não tem por pressuposto subjetivo que seu exercício seja obrigatoriamente titularizado por órgãos administrativos ou agentes políticos, mas, ao contrário, ele será exercitado por particulares, indivíduos ou empresas, ressalvadas as situações nas quais os servidores exerçam funções no âmbito de empresas públicas em regime de operação privado.[248] Para além do aspecto distintivo da pertinência subjetiva, é preciso delinear com mais minúcias suas outras especificidades. Em *primeiro lugar*, deve-se destacar o aspecto de que o fato de ser coibido apenas o emprego abusivo, todavia, não implica a admissão da existência de um direito público subjetivo ao poder econômico. Não há um conjunto de prerrogativas ou de direitos subjetivos que possam ser enfeixados em uma determinada norma atributiva de "poder econômico" a todos os que preencham seus eventuais requisitos.[249] Com efei-

---

e indifferibile un'opera adottata per fine diverso da quello perseguito dalla legge che consente quella dichiarazione) oppure abbia inteso conseguire un determinato risultato senza affrontare la difficoltà di una determinata procedura (ad esempio si licenzia un impiegato per riduzione di personale volendo invece eliminare un dipendente indisciplinato), oppure l'atto è stato emanato allorché non esistevano quei presupposti di interesse pubblico che dovrebbero giustificarlo (ad esempio l'Amministrazione annulla d'ufficio un atto illegittimo senza che ricorrano quelle ragioni d'interesse pubblico, che consentono l'esercizio del potere di autoimpugnativa) (...)" (*Manuale di Diritto Amministrativo*, 10ª ed., p. 657).

247. Assim, *e.g.*, a Constituição Federal prevê que "o mandato eletivo poderá ser impugnado ante a Justiça Eleitoral no prazo de quinze dias contados da diplomação, instruída a ação com provas de *abuso do poder econômico*, corrupção ou fraude" (art. 10, § 10 – grifei).

248. Como visto, nos termos do art. 173, § 1º, da CF, "a empresa pública, a sociedade de economia mista e outras entidades que explorem atividade econômica sujeitam-se ao regime jurídico próprio das empresas privadas, inclusive quanto às obrigações trabalhistas e tributárias".

249. Remetendo novamente ao estudo de Landi e Potenza no âmbito do direito administrativo, ao considerarem as inter-relações subjetivas defluentes do exercício do poder, pode-se acolher a distinção entre poder e direito subjetivo proposta por estes autores, nos seguintes termos: "Il soggetto, nel concreto esercizio d'un potere, può

to, em *segundo lugar*, o que se reconhece na Constituição, na verdade, é que o poder econômico pode configurar uma contextura fática aceitável, na qual existe uma situação objetiva de acumulação material de riqueza, por parte de um determinado agente econômico, que é passível de repercutir em todo o tecido social, mas especialmente na economia. Este poderoso *status* empresarial poderá surgir legitimamente no âmbito das relações econômicas desenvolvidas no mercado livre, desde que estas últimas, refletindo a crescente constitucionalização dos direitos privados, sejam estabelecidas e se desenvolvam em estrita conformidade com o interesse público, que é expresso pelos pressupostos constitutivos e pelos princípios reguladores da ordem econômica constitucional.

122. Por outro lado, porém, as noções de excesso de poder e de desvio de finalidade administrativa, por nós antes referidas, ainda poderão ser úteis para a compreensão do instituto, desde que com as devidas adaptações ao contexto constitucional em que as mesmas estão agora inseridas. Nestes termos, em *terceiro lugar*, serão aquelas mesmas atividades econômicas privadas, cujo desempenho funcional regular está na origem da gestação de uma situação característica de poder econômico por parte de determinado agente econômico, que, depois de eventualmente adquirida esta qualidade, poderão ser abusivamente utilizadas, seja por extrapolarem da sua regularidade formal, seja por transcenderem indevidamente suas finalidades normais. Em relação a este emprego indevido, seja por formalmente (*excesso*) ou, ainda, por materialmente (*desvio*) desconforme aos dispositivos legais e constitucionais aplicáveis, resulta como admissível aplicarem-se, também, os cânones da teoria do abuso do direito.[250] Acresce, ainda, em *quarto lugar*, enfocar o

---

entrare in *rapporti giuridici*, cioè in *relazioni tra soggetti, regolate da norme giuridiche, ed aventi lo scopo di garantire la soddisfazio di determinati interessi individuali o sociali*. L'interesse perseguito in un rapporto, se riconosciuto e tutelato da norme giuridiche a favore d'un soggetto, costituisce il diritto soggettivo (...). I poteri (...) si distinguono dai *diritti* perché in esso sono i presupposti, ma restano fuori dei rapporto; il diritto invece esiste nello specifico rapporto, di cui costituisce un elemento" (*Manuale di Diritto Amministrativo*, 10ª ed., p. 139).

250. Aceita pelo Código Civil brasileiro de 2002 (Lei federal 10.406, de 10.1.2002), ainda que sem explicitar este *nomen juris*: "Art. 187. Também comete ato ilícito o titular de um direito que, ao exercê-lo, *excede manifestamente os limites impostos pelo seu fim econômico ou social*, pela boa-fé ou pelos bons costumes" (grifei). A doutrina distingue entre os *atos ilícitos*, efetuados em aberto confronto formal com o preceito normativo regulador do direito, e os atos abusivos, nos quais se apresenta um desvio ou

ângulo de que não será a mera constatação da efetuação de uma determinada conduta na atividade econômica, considerada em si própria, que necessariamente caracterizará o abuso de poder.. O que é determinante

desconformidade em vista do fundamento valorativo que autoriza o direito subjetivo inserido no preceito. Cuida-se de dispositivo legal evidentemente inspirado no art. 334º do CC português de 1966. E, quanto a este, já decidiu o Superior Tribunal de Justiça de Portugal que: "(...). I – O exercício de um direito deve situar-se dentro dos limites impostos pelas regras da boa-fé, dos bons costumes e da conformidade ao fim social ou económico para que a lei conferiu esse direito (art. 334º do CC). II – *O abuso de direito, pressupondo logicamente a existência de um direito subjectivo ou de um poder legal, cujo titular se excede no seu exercício, consiste justamente na utilização do poder contido na estrutura do direito para a prossecução de um interesse que exorbita do fim próprio do direito ou do contexto em que deve ser exercido*. III – Para se determinarem os limites impostos pela boa-fé e pelos bons costumes, há que atender, de modo especial, às concepções ético-jurídicas dominantes da colectividade; a consideração do fim económico ou social do direito apela, de preferência, para juízos de valor positivamente consagrados na própria lei. IV – Agir de boa-fé é actuar com diligência, zelo e lealdade face aos interesses da contraparte; é ter uma conduta honesta e conscienciosa, numa linha de correcção e probidade, visando não prejudicar os legítimos interesses da outra parte; é proceder de modo a não procurar nem alcançar resultados opostos aos que uma consciência razoável poderia tolerar. V – Quando o abuso de direito se consubstancia no excesso dos limites da boa-fé, tal excesso tem de ser manifesto, claro, patente e indiscutível, não sendo necessário que tenha havido consciência de se excederem tais limites, porque o Código Civil vigente consagrou a concepção objectivista do abuso de direito. (...)" (acórdão de 9.10.1997, Processo 154/1997, rel. Henriques de Matos, *Boletim do Ministério da Justiça* 470/546, 1997 – grifei). Em Portugal, não prevendo a lei, expressamente, as conseqüências jurídicas do abuso de direito, se tem entendido, na lição de F. A. Cunha de Sá, que "a sanção do acto abusivo é variável e deve ser determinada, consequentemente, caso por caso" (*Abuso do Direito*, p. 647). Ao refletir acerca da aplicação teoria do abuso do direito no plano constitucional, especificamente na caracterização das restrições aos direitos fundamentais, Jorge Reis Novais assevera exatamente que "trata-se essencialmente de verificar em que medida um comportamento, que, à partida, mantém afinidades ou aparência de exercício jusfundamentalmente protegido deve ou não ser privado de protecção por facto da referida disparidade entre o sentido e fim da garantia constitucional e o móbil malicioso ou fraudulento que comanda o exercício concreto. Nesta perspectiva, o recurso ao abuso do direito, pressupondo um trabalho complexo de interpretação jurídica e de valoração de comportamentos ou modalidades de exercício concretos, é, tanto quanto possível, dispensado de juízos não controláveis de valoração ou de procedimentos de ponderação referidos à prevalência relativa de interesses conflituantes, insusceptíveis de gerar resultados previsíveis, bem como depurado de considerações subjectivas de ordem moral ou subordinadas a concepções funcionalizantes dos direitos fundamentais incompatíveis com o exercício das liberdades em Estado de Direito ou, pelo menos, restritivas da liberdade" (*As Restrições aos Direitos Fundamentais Não Expressamente Autorizadas pela Constituição*, p. 504).

para sua constatação, em qualquer caso, é que a conduta tenha sido realizada em um contexto no qual o agente disponha de poder econômico passível de impregnar suas atividades de um desvio de finalidade potencialmente capaz de produzir as conseqüências sistemicamente consideradas indesejáveis.[251] Não se olvide, todavia, *em quinto lugar*, que o abuso do poder econômico poderá existir não só quando a atividade considerada se revela inabitual nas praxes de mercado ou desconforme à regulação administrativa aplicável ao setor, como, também, até mesmo quando sua prática em si mesma for corriqueira ou regular no segmento econômico analisado. Neste último caso, a simples existência de um liame de vontades entre os competidores envolvidos como que contamina aquela prática que de outro modo seria tida por legítima. É que a racionalidade econômica que motiva o acordo entre empresas cartelizadas, como regra, não se orienta para a satisfação do interesse coletivo, mas é vocacionada ao incremento egoísta de seus ganhos, mesmo que em detrimento das finalidades que estruturam a ordem econômica.

123. Sopesadas estas premissas e no sentido restrito do tipo penal analisado,[252] podemos estabelecer que: caracterizam abuso do poder econômico todas aquelas ações ou omissões realizadas por empresas no exercício de suas atividades, como decorrência de ajuste ou de acordo entre elas entabulado, quer estas práticas extrapolem de seus limites formal-estruturais e/ou se desviem de seus parâmetros axiológico-funcionais, quer não, em qualquer caso resultando desconformes aos princí-

---

251. Daí as legislações inclusive admitirem a prática de condutas que em princípio seriam *per se* violadoras da concorrência, desde que mediante certos e estritos condicionamentos. Assim, o Tratado de Maastricht (1992) as admite desde que "contribuam para melhorar a produção ou a distribuição dos produtos ou para promover o progresso técnico ou econômico, contanto que aos utilizadores se reserve uma parte eqüitativa do lucro daí resultante, e que: a) Não imponham às empresas em causa quaisquer restrições que não sejam indispensáveis à consecução desses objectivos; b) Nem dêem a essas empresas a possibilidade de eliminar a concorrência relativamente a uma parte substancial dos produtos em causa" (art. 81, 3). Na Lei de Defesa da Concorrência portuguesa (Lei 18/2003, de 11 de junho) há previsão vazada em termos similares das condições de legitimação de práticas em geral reputadas restritivas (art. 5º, 1).

252. Do qual não consta referência direta ao "aumento arbitrário de lucros" (art. 173, § 4º, da CF). É que este resultado, por sua natureza, independe da formação de cartel. Por outro lado, todavia, sua ocorrência pode reverberar indiretamente em outros tipos penais – *e.g.*, o art. 4º, VII, da Lei 8.137/1990, com o seguinte teor: "Art. 4º. Constitui crime contra a ordem econômica: (...) VII – elevar sem justa causa o preço de bem ou serviço, valendo-se de posição dominante no mercado (...)".

pios e às finalidades normativas da ordem econômica, por conduzirem à consecução de uma inatural dominação do mercado e/ou eliminação – ainda que parcial – da concorrência nele existente.

III.4 O ajuste ou acordo entre empresas

124. Como ressaltado antes, neste tipo objetivo a forma livre que se admite possa vir a ser assumida pelas práticas abusivas do poder econômico não prescinde da presença de um condicionamento prévio quanto à origem da qual elas provêm. Esta deverá ser o ajuste ou acordo estabelecido entre as empresas envolvidas naquelas práticas. Em *primeiro lugar*, pois, torna-se imperioso que nos pólos da avença estejam presentes *empresas*, referidas neste tipo objetivo em sua abrangente percepção de extrato funcional, que é aquela oriunda da Economia.[253] Nesta leitura, desde logo, *(a)* a empresa é vista – em sentido próprio – como sendo a expressão material da iniciativa de um indivíduo ou de um conjunto de indivíduos, atuando na condição de agente econômico coletivo ou singular que congrega e organiza as forças produtivas e os insumos necessários para o exercício lucrativo da produção e/ou comer-

---

253. Esta também parece ser a acepção na qual o termo "empresa" muitas vezes é empregado pela Constituição. Assim, *e.g.*, dentre os direitos sociais assegurados aos trabalhadores está o de "participação nos lucros, ou resultados, desvinculada da remuneração, e, excepcionalmente, participação *na gestão da empresa*" (art. 7º, XI – grifei). Constatam-se, ainda, referências a *empresa privada* (arts. 37, XX, e 173, II), *empresa de pequeno porte* (arts. 170, IX, e 179), *empresa brasileira* (art. 176, § 1º, e art. 44, § 1º, do ADCT – "a constituída sob as leis brasileiras e que tenha sua sede e administração no país", como definia o revogado art. 171, I), *empresa estatal* (art. 177, § 1º), *microempresas* (art. 179) e *empresa pública* (arts. 37, XIX, 54, I, "a", 109, I, e 173, §§ 1º e 3º). Evitando as dificuldades hermenêuticas enfrentadas em sede criminal e podendo subsidiar sua melhor compreensão, a Lei Antitruste optou por enunciar seu campo de incidência sem explicitar propriamente o conceito de "empresa" adotado em seu texto ("Art. 15. Esta Lei aplica-se a pessoas físicas ou jurídicas de direito público ou privado, bem como a quaisquer associações de entidades ou pessoas, *constituídas de fato ou de direito*, ainda que temporariamente, com ou sem personalidade jurídica, mesmo que exerçam atividade sob regime de monopólio legal" – grifei). A vigente Lei de Defesa da Concorrência portuguesa (Lei 18/2003, de 11 de junho) segue em trilha inspirada no tratamento da questão na esfera da Comunidade Européia, conforme se constata do conceito explicitado no n. 1 de seu art. 2º, segundo o qual empresa é "qualquer entidade que exerça uma *actividade económica* que consista na oferta de bens ou serviços num determinado mercado, *independentemente do seu estatuto jurídico e do modo de funcionamento*" (grifei).

cialização de bens e serviços no mercado livre. Em sentido impróprio, por sua vez, *(b)* também constituem empresa as pessoas naturais e os entes coletivos que, individualmente ou por meio de associações de qualquer natureza, inclusive cooperativas, associações não-lucrativas e empresas públicas, exerçam atividades em qualquer área da economia, inclusive na agricultura e no setor financeiro e bancário, independentemente do estatuto legal utilizado ou da forma pela qual esta atuação é financiada.

III.4.1 *Conceitos de "empresa", "empresário" e "estabelecimento"*

125. Em uma estrita angulação jurídica, por sua vez, *(c)* nos termos fixados por seus estatutos constitutivos, as empresas podem ser estatais ou privadas. No primeiro caso encontramos as empresas públicas e as sociedades de economia mista.[254] *Empresa pública* é conceituada por Celso Antônio Bandeira de Mello como sendo "a pessoa jurídica criada por força de autorização legal como instrumento de ação do Estado, dotada de personalidade de direito privado, mas submetida a certas regras especiais decorrentes de ser coadjuvante da ação governamental, constituída sob quaisquer das formas admitidas em Direito e cujo *capital* seja formado *unicamente por recursos de pessoas de direito público interno ou de pessoas de suas Administrações indiretas, com predominância acionária residente na esfera federal*".[255] Já a *sociedade de economia mista*, em apertada síntese, é a pessoa jurídica de origem legal e vocacionada à suplementação da atividade estatal, distinguindo-se da anterior por ser necessariamente organizada sob a forma de sociedade anônima, na qual o controle acionário é majoritariamente público,

---

254. A Lei de Defesa da Concorrência portuguesa (Lei 18/2003) torna explícito que sua incidência abrange "as empresas públicas e as empresas a quem o Estado tenha concedido direitos especiais ou exclusivos" (art. 3º, n. 1). Ressalva-se, todavia, que "as empresas encarregadas por lei da gestão de serviços de interesse econômico geral ou que tenham a natureza de monopólio legal ficam submetidas ao disposto no presente diploma, na medida em que a aplicação destas regras não constitua obstáculo ao cumprimento, de direito ou de facto, da missão particular que lhes foi confiada" (art. 3º, n. 2).

255. Celso Antônio Bandeira de Mello, *Curso de Direito Administrativo*, 25ª ed., p. 186.

mas admitindo-se a participação de capital privado; e, quando destinadas à prestação de serviços públicos, não se sujeitam a falência. Para o estabelecimento do conceito de *empresa privada*, por seu turno, diante do Código Civil brasileiro de 2002, que optou por delinear seu perfil nas perspectivas subjetiva e objetiva, é mister explicitar, respectivamente, os conceitos de "empresário" e de "estabelecimento". Segundo o art. 966 do CC, *empresário* é *quem exerce profissionalmente atividade econômica organizada para a produção ou a circulação de bens ou de serviços*,[256] superando-se, em prol da chamada *teoria da empresa*, a concepção alicerçada na prática de *atos de comércio*, até então predominante no vetusto (1850) e agora revogado Código Comercial. De outra parte, por "estabelecimento" conceitua-se *todo complexo de bens organizado, para exercício da empresa, por empresário, ou por sociedade empresária* (art. 1.142 do CC). Não se confundem, pois, as noções de *empresário* (titular) e de *empresa* (titularizada). *Empresário* é o centro subjetivo de imputação jurídica, podendo ser uma *pessoa natural* (empresário propriamente dito) ou uma *sociedade empresária* (pessoa jurídica ou ente moral que atua como se fora um empresário),[257] que organiza com escopo de lucro a atividade econômica que é objetivamente empreendida por meio de uma empresa atuante no mercado.

256. A matriz está no Código Civil italiano: "Art. 2.082. **Imprenditore.** È imprenditore chi esercita professionalmente un'attività economica organizzata al fine della produzione o dello scambio di beni o di servizi".
257. Nos termos do Código Civil:
"Art. 40. As pessoas jurídicas são de direito público, interno ou externo, e de direito privado;"
"Art. 44. São pessoas jurídicas de direito privado: I – as associações; II – as sociedades; III – as fundações; IV – as organizações religiosas; V – os partidos políticos".
"Art. 45. Começa a existência legal das pessoas jurídicas de direito privado com a inscrição do ato constitutivo no respectivo Registro, precedida, quando necessário, de autorização ou aprovação do Poder Executivo, averbando-se no Registro todas as alterações por que passar o ato constitutivo."
"Art. 982. Salvo as exceções expressas, considera-se empresária a sociedade que tem por objeto o exercício de atividade própria de empresário sujeito a registro (art. 967); e, simples, as demais.
"Parágrafo único. Independentemente de seu objeto, considera-se empresária a sociedade por ações; e, simples, a cooperativa."
"Art. 1.150. O empresário e a sociedade empresária vinculam-se ao Registro Público de Empresas Mercantis a cargo das Juntas Comerciais, e a sociedade simples ao Registro Civil das Pessoas Jurídicas, o qual deverá obedecer às normas fixadas para aquele Registro, se a sociedade simples adotar um dos tipos de sociedade empresária."

III.4.2 Conceitos de "ajuste" e "acordo"

126. Em *segundo lugar*, na medida em que – aceitemo-lo como verdadeiro truísmo hermenêutico – nem a lei nem a Constituição contêm palavras inúteis ou ociosas, impende ao intérprete distinguir entre as expressões assemelhadas (mas não iguais) "ajuste" e "acordo" e encontrar-lhes o melhor significado. Sob o exclusivo ponto de vista semântico, o substantivo "ajuste" equivale a "ajustamento", a "adequação", a "equiparação", a "trato", a "pacto" e – reconheçamos – a "acordo". Aqui, todavia, devemos distingui-los, porque o *ajuste* remete à efetivação – por escrito ou verbal – entre duas ou mais empresas de um *concertamento prévio* das suas posições, atribuições e/ou dos seus objetivos, sejam estes distintos ou não, para viabilizar uma futura atuação conjunta no seu interesse comum, em dado setor do mercado.[258] Como os atos preparatórios – dentre os quais se insere o ajuste – apenas excepcionalmente têm repercussão no direito penal,[259] diante da opção

---

258. A interpretação dada ao termo "ajuste" efetuada no texto encontra amparo no seu emprego tradicional no direito penal brasileiro para indicar o arranjo prévio de vontades entre os envolvidos na prática ilícita, que em si mesmo é normalmente atípico. Assim, dispõe o art. 31 do CP que "*o ajuste*, a determinação ou instigação e o auxílio, salvo disposição expressa em contrário, não são puníveis, se o crime não chega, pelo menos, a ser tentado" (grifei). Na jurisprudência pátria é freqüente o emprego indiferenciado das expressões "ajuste prévio" ou "acordo" – *e.g.*: "(...). O delito autônomo de associação para o tráfico de entorpecentes, previsto no art. 14 da Lei n. 6.368/1976, exige *um ajuste prévio* no sentido da formação de um vínculo associativo com caráter permanente, *ou seja, um acordo* para duradoura atuação conjunta. (...)" (TACrimSP, 7ª Câmara, ACrim 1.444.105-6, rel. Juiz Antônio Moliterno, j. 29.7.2004, v.u., *Ementário* 62, 2.2005, n. 145, p. 34 – grifei).
259. Como nos esclarece Helena Moniz, ao comentar o art. 271º do CP Português, "regra geral, a doutrina considera que os actos preparatórios não devem ser punidos (...). As razões que presidem à não-punição dos actos preparatórios são de duas ordens: uma de carácter formal – 'os actos preparatórios não são descritos no tipo-de-ilícito e não são, por isso, pontos de apoio possíveis da responsabilidade penal' (Figueiredo Dias, *Sumários* 976/9); outra de carácter substancial – em regra os actos preparatórios são acções que estão de acordo com o ordenamento social e, por isso, puni-los seria punir as intenções; noutros casos traduzem-se já numa violação de bens jurídicos, sendo então punidos como crimes autónomos. Resta-nos o caso em que os actos preparatório são punidos como *actos preparatórios enquanto tais*. 'Isto só deve aceitar-se, porém, sob duas condições: que tais actos apontem *indubitavelmente* para a realização do tipo-de-ilícito; e que se demonstre a *necessidade* de intervenção do direito penal num estádio particularmente anterior do *iter criminis*. Punir em tais casos os actos preparatórios enquanto tais tem duas conseqüências práticas: a de que se

político-criminal efetuada pelo legislador, era mesmo necessária uma referência expressa, em sentido contrário ao da regra geral, para que sua presença pudesse ser tipicamente relevante.[260] O *acordo*, por sua vez, surge *a posteriori*, como instrumento destinado à *compatibilização de interesses* que em dado mercado já se manifestaram similares, potencialmente diferenciados e até antagônicos, e que, tacitamente ou mercê do atendimento das condições pactuadas entre as empresas concorrentes, *após seu advento* passam a consubstanciar metas comuns, compartilhadas ou potencializadas.

127. Tanto os ajustes quanto os acordos, ainda, sejam os mesmos formais ou informais, podem ser auto-suficientes, bastando-se para atenderem às demandas de seus beneficiários, ou implicar uma formalização através de um contrato ou instrumento jurídico correlato. Esta progressão formal, por si só, não afastará a incidência típica, até porque, se faticamente presentes os demais requisitos necessários para o surgimento desta, o instrumento jurídico utilizado será apenas um simulacro, de qualquer modo nulo de pleno direito, por implicar pacto de objeto ilícito. Além disso, *et pour cause*, a confecção destes ajustes e acordos quase sempre é clandestina, e também podem contar com a eventual presença de mais de três participantes dos mesmos, hipótese na qual com sua simples celebração já estará caracterizada a presença de indícios da prática do crime de quadrilha.[261]

não pode punir a 'tentativa do acto preparatório', mesmo que ela fosse punível se o acto preparatório se considerasse crime autónomo; e a de que o acto preparatório como tal punível não pode depois voltar a considerar-se punível como crime autónomo – sob pena de violação da regra *ne bis in idem*' (idem, 10)" ("Comentários ao art. 271º do Código Penal", in *Comentário Conimbricense do Código Penal*, t. II, pp. 858-859).

260. A simples existência do acordo ou do ajuste, por si mesma, todavia, em alguns casos poderá caracterizar crime consumado, embora se exigindo algumas vezes a presença de determinados especiais fins de agir (art. 4º, II, "a", "b" e "c", e III, da Lei federal 8.137/1990). Em outras situações, ainda que o crime possa ser perpetrado por uma única empresa, é freqüente a presença de ajustes ou acordos empresariais ilícitos, dispensando-se qualquer adicional elemento subjetivo do tipo, bem como sendo despicienda a produção de resultado material (crime de mera conduta), como ocorre na chamada "venda casada" prevista no art. 5º, II, da mesma lei.

261. Para a efetiva perpetração do crime de quadrilha ou bando como conceituado pelo Código Penal (art. 288), todavia, exige-se a presença de outros requisitos para além dos enunciados no texto, a saber: a natureza do vínculo associativo ou *affectio societatis* e a perspectiva do cometimento de uma pluralidade de crimes.

III.4.3 *Ajustes ou acordos legítimos*

128. Em *terceiro lugar*, considerada em si mesma, a conduta de *efetivação de ajustes e de acordos* entre empresas *não caracteriza qualquer ilicitude*, desde que seu próprio escopo ou as atividades práticas deles decorrentes, imediata ou mediatamente, não desbordem de qualquer modo para o abuso do poder econômico, na medida em que resultem no domínio do mercado ou na restrição à competição no mesmo. Aliás, é corriqueira e lícita a elaboração de avenças formais e informais, em prol de uma colaboração ou coordenação de esforços na busca pela consecução de objetivos legítimos, na sua atuação conjunta no mercado que lhes é comum, objetivando maior eficiência e melhores resultados econômicos, inclusive empregando variadas formas de aglutinação jurídica, como veículo para tais misteres. Neste sentido, na área dos movimentos concentracionistas jurídico-formais,[262] a legislação das sociedades anônimas ou em comandita por ações admite como válidas diversas modalidades associativas empresariais – *e.g.*, sob a roupagem de empresas *coligadas* (inexistência de controle e participação acionária equi-

---

262. Um exemplo desta cooperação lícita entre empresas são os chamados "acordos de especialização", admitidos no âmbito da União Européia nos termos da Comunicação da Comissão de 6.1.2001. Segundo a mesma, "a cooperação é de 'natureza horizontal' quando existe um acordo ou práticas concertadas entre empresas que se situam ao(s) mesmo(s) nível(eis) do mercado. Trata-se, a maior parte das vezes, de cooperação entre concorrentes, que pode criar problemas de concorrência quando produz efeitos negativos no mercado no que se refere aos preços, à produção, à inovação ou à diversidade e qualidade dos produtos. Por outro lado, *a cooperação horizontal pode dar origem a vantagens económicas significativas, quando constitui um meio de partilhar riscos, realizar economias, agrupar saber-fazer e lançar inovações no mercado de forma mais rápida. As presentes orientações expõem os princípios de apreciação dos acordos de cooperação horizontal, a fim de verificar a sua compatibilidade com o art. 81º do Tratado CE*" (grifei – o texto utilizado foi obtido por acesso efetuado em março/2006 no seguinte sítio da Internet: *http://europa.eu/scadplus/leg/pt/lvb/l26062.htm*). Para a análise dos mecanismos de controle da legitimidade dos movimentos concentracionistas nos âmbitos comunitário e português remete-se ao contributo de Carolina Cunha, *Controlo das Concentrações de Empresas – Direito Comunitário e Direito Português*, 2005, especialmente quando distingue as diversas modalidades de operações de concentração, apontando seus motivos, os potenciais benefícios decorrentes e os riscos envolvidos nas mesmas, bem como indicando os melhores métodos de controle das mesmas. Quanto à aproximação entre a experiência comunitária e o controle exercido pelo CADE no Direito Brasileiro, remete-se ao aprofundado estudo de Maria Cecília Andrade, *Controle de Concentrações de Empresas (Estudo da Experiência Comunitária e a Aplicação do Art. 54 da Lei 8.884/1994)*, 2002.

valente a 10% ou mais do capital da outra – art. 243, § 1º, da Lei federal 6.404/1976, a Leis das Sociedades Anônimas); empresas *controladoras* e *controladas* (designando-se por *controlada a sociedade na qual a controladora, diretamente ou através de outras controladas, é titular de direitos de sócio que lhe assegurem, de modo permanente, preponderância nas deliberações sociais e o poder de eleger a maioria dos administradores* – art. 243, § 2º, da Lei 6.404/1976[263]); estas últimas poderão ainda congregar-se em *grupo de sociedades* (formalizado por meio de uma *convenção pela qual se obriguem a combinar recursos ou esforços para a realização dos respectivos objetos, ou a participar de atividades ou empreendimentos comuns* – art. 265 da Lei 6.404/1976[264]); e, ainda, *empresas consorciadas* (o consórcio não possui personalidade jurídica própria e se constitui mediante a elaboração de um contrato para execução conjunta de determinado empreendimento, instrumento firmado entre empresas que não podem estar sob o mesmo controle – art. 278 da Lei 6.404/1976[265]). Inclui-se, ainda, nas associações formais legítimas de empresas aquela parceria empresarial resultante da elaboração de um contrato de *joint venture*.[266] O conceito de *grupo de sociedades* referenciado acima, por seu turno, é mais restritivo que o de *grupo econômico*, adotado pela legislação trabalhista,[267] por este não estabelecer

---

263. "Art. 245. Os administradores não podem, em prejuízo da companhia, favorecer sociedade coligada, controladora ou controlada, cumprindo-lhes zelar para que as operações entre as sociedades, se houver, observem condições estritamente comutativas, ou com pagamento compensatório adequado; e respondem perante a companhia pelas perdas e danos resultantes de atos praticados com infração ao disposto neste artigo."
264. Desde que o comando do grupo ou a controladora seja uma empresa brasileira, mantendo todas as empresas agrupadas personalidade e patrimônios distintos (art. 265, § 1º, da Lei 6.404/1976) e assumindo publicamente a designação que inclua os temos "grupo de sociedades" ou "grupo" (arts. 266 e 267).
265. A constituição de consórcios deverá observar os requisitos expressos no art. 279 da Lei 6.404/1976.
266. Sobre a repercussão da legislação antitruste norte-americana nas *joint ventures* e alianças estratégicas entre empresas: Andrew I. Gavil, William E. Kovacic e Jonathan B. Baker, *Antitrust Law in Perspective: Cases, Concepts and Problems in Competition Policy*, pp. 202-207.
267. Art. 2º, § 2º, da CLT: "Sempre que uma ou mais empresas, tendo, embora, cada uma delas, personalidade jurídica própria, estiverem sob a direção, controle ou administração de outra, constituindo grupo industrial, comercial ou de qualquer outra atividade econômica, serão, para os efeitos da relação de emprego, solidariamente responsáveis a empresa principal e cada uma das subordinadas". Conceito semelhante foi adotado pelo n. 2 do art. 2º da Lei de Defesa da Concorrência portuguesa.

qualquer requisito no que concerne à forma de organização societária dos seus integrantes e não exigir a presença das formalidades consignadas pela legislação comercial.

129. Em *quarto lugar*, estas modalidades associativas, mesmo quando formalmente legítimas, não elidem a eventual perpetração de variantes típicas do crime sob comento (art. 4º, I, da Lei federal 8.137/1990 e suas outras alíneas). Assim, haverá crime no caso em que os objetivos norteadores de tal movimentação ou as atividades empresariais conjuntas decorrentes da aglutinação ocasionaram as conseqüências indesejadas para a concorrência ou conduziram ao domínio do mercado, caracterizando, assim, o abuso do poder econômico, ampliado, por preexistente, ou criado como resultante da associação estabelecida (art. 4º, I, "c"). Nestas mesmas condições, poderão estar presentes outras alternativas incriminadas no mesmo preceito legal se ocorrer concentração de ações, títulos, cotas, ou direitos em poder da empresa, empresas coligadas ou controladoras, ou pessoas físicas (art. 4º, I, "b") e, ainda, se forem empregados outros métodos, tais como aquisições de acervo de empresas ou cotas, ações, títulos ou direitos (art. 4º, I, "d").

III.5 O mercado e seu domínio

130. A primeira meta que se coloca aos ajustes e/ou acordos abusivos do poder econômico, neste tipo-de-ilícito, é aquele referente à consecução do domínio do mercado. Como termo empregado na ciência econômica, o mercado é um *topos*, enquanto local público no qual se estabelecem e para o qual convergem as relações sociais oriundas da livre iniciativa econômica. Remete, também, a um *modo*, referindo não só o sistema organizativo destas relações produtivas, mas igualmente a correlação de forças existente entre os distintos agentes econômicos que nele operam e as repercussões daí surgidas no campo dos interesses dos consumidores, dos fornecedores de insumos e dos trabalhadores. Como ensina Paulo Sandroni, ele "designa um grupo de compradores e vendedores que estão em contato suficientemente próximo para que as trocas entre eles afetem as condições de compra e venda dos demais. Um mercado existe quando compradores que pretendem trocar dinheiro por bens e serviços estão em contato com vendedores desses mesmos bens e serviços (...) pode ser entendido como o local, teórico ou não, do encontro regular entre compradores e vendedores de uma determinada economia. (...). Ele se expressa, entretanto, sobretudo na maneira como se organizam as trocas realizadas em determinado universo, por indivíduos, empresas e governos. A formação e o desenvolvimento de mercado pressupõem a existência de um excedente econômico intercambiável e, portanto, de certo grau de divisão e especialização do trabalho".[268] Originado pelo exercício concreto da liberdade de iniciativa assegurada aos indivíduos, seu surgimento engendra o denominado *mecanismo de mercado*, referenciado ao relacionamento existente entre a oferta de bens e serviços pelos agentes econômicos e sua demanda ou procura pelos consumidores, o que constitui a base do sistema de formação de preços em uma dada economia, influindo decisivamente sobre o volume da produção dos bens e serviços em circulação na mesma (mercadorias).

131. Nesta ótica, "dominar o mercado" seria reunir poderes necessários para direta ou indiretamente interferir, manipular e/ou controlar mecanismos envolvidos na formação dos preços dos bens e/ou serviços, quer atuando na angulação da oferta, quer na da demanda, mercê da aquisição de capacidade (seja na esfera da concorrência existente, seja naquela da potencial iniciativa) para influenciar as atividades destinadas à produção, à circulação e ao consumo destas utilidades no mercado. Na lição de Pontes de Miranda, comentando o art. 148 da CF de 1946,[269] "dominar os mercados nacionais, entenda-se: ficar em situação

---

268. Paulo Sandroni (org. e superv.), *Novíssimo Dicionário de Economia*, 11ª ed., p. 378.

269. A Constituição de 1946 continha uma previsão expressa da edição de lei especial para disciplinar a intervenção do Estado na economia, inclusive permitindo a monopolização de setores da atividade econômica, desde que motivada por interesse público e resguardados os direitos fundamentais nela assegurados: art. 146, que foi regulamentado pela Lei Delegada 4, de 26.9.1962, que "dispõe sobre a intervenção no domínio econômico para assegurar a livre distribuição de produtos necessários ao consumo do povo". Esta legislação ainda permanece em vigor, tendo sido recepcionada pela ordem constitucional de 1988. Neste sentido já decidiu o STF: "A Lei Delegada n. 4/1962 foi recepcionada pela Constituição Federal de 1988, no que revela o instrumento normativo como meio para reprimir o abuso do poder econômico que vise à dominação dos mercados, à eliminação da concorrência e ao aumento arbitrário dos lucros – § 4º do art. 173 –, bem como quanto à atuação fiscalizadora do Estado – art. 174, ambos da Carta Política em vigor" (2ª Turma, AI 268.857, rel. Min. Marco Aurélio, v.u., *DJU* 4.5.2001) Como reflexo da preocupação dos constituintes de 1946 com os novos patamares atingidos pela industrialização do país, com os movimentos concentracionistas de capital e com a crescente presença de empresas estrangeiras atuan-

de poder impor preço de mão-de-obra, de matéria-prima, ou de produto, ou de regular, a seu talante, as ofertas".[270] De se observar que o dispositivo constitucional que o autor analisava restringia expressamente o alcance do abuso indesejável aos mercados nacionais, indicação que não existe mais na dicção do atual art. 173, § 4º, da CF e na redação do preceptivo criminal sob comento. Por evidente, todavia, que se tratava, então, de mera redundância, eis que, cuidando da objetividade jurídica "ordem econômica", estruturada no âmbito da projeção espacial de validez e eficácia da Carta Constitucional brasileira, o que se quer mesmo proteger é necessariamente o mercado nacional. Por outro lado, não se cuida de resguardar contra o poder econômico apenas as empresas brasileiras, mas todas aquelas que operam no mercado nacional, ou cuja atuação nele repercuta. A competição no exclusivo plano internacional, por seu turno, é objeto de regulações normativas próprias, que podem ser setoriais ou gerais e se distribuir em âmbito bilateral ou multilateral, regional ou internacional.

132. Acresce, ainda, que, mesmo não sendo incluído expressamente dentre as formas de abuso de poder econômico previstas neste tipo penal, o *aumento arbitrário de lucros* poderá constituir valioso indício da existência de dominação do mercado, quando o oligopólio, por exemplo, for capaz de proceder à elevação injustificada de preços de bens ou serviços ao seu alvedrio.[271] Por outro lado, não se agasalham no espectro de subsunção da figura típica nem as condutas que decorrem das

---

do no território brasileiro, incluiu-se previsão expressa com o escopo de evitar a ocorrência de práticas monopolistas predatórias. Os comentaristas dessa Constituição observaram, corretamente, que "a ação do Estado ataca menos as organizações que as finalidades, os resultados de tais concentrações, quando visam a eliminar a concorrência (...). O essencial é o fim dessas uniões – a dominação de mercados nacionais, a eliminação da concorrência, o aumento arbitrário dos lucros" (Themístocles Brandão Cavalcanti, *Constituição Federal Comentada*, 3ª ed., p. 267). Assinale-se de imediato que a fórmula adotada pelo art. 148 da CF de 1946 viria a perpassar o tratamento dado a este temário daí em diante e, como será visto oportunamente, a influência desta sua concepção persistirá nos diplomas legais contemporâneos sobre o assunto, inclusive projetando-se diretamente na construção do tipo penal estudado.

270. Pontes de Miranda, *Comentários à Constituição de 1946*, 3ª ed., t. V, p. 500.

271. Conduta que pode eventualmente tipificar o inciso II do art. 4º da Lei federal 8.137/1990 ("formar acordo, convênio, ajuste ou aliança entre ofertantes, visando: a) à fixação artificial de preços ou quantidades vendidas ou produzidas").

situações de monopólio – natural ou não[272] – de antemão existentes, porque seus titulares, por definição, já dominam o mercado e não enfrentam qualquer competição, nem estão incluídas, tampouco, aquelas atividades empregadas para lograr a obtenção deste *status*, quando oriundas de uma empresa mediante atuação isolada. Nesta última situação, inclusive, mesmo que esta se manifeste através do emprego do poder econômico para a eliminação completa ou parcial dos demais competidores[273] ou através da realização de uma política de fusões e de aquisições de concorrentes que culmine por sua exclusiva presença naquele nicho do mercado.[274] É que em todas estas hipóteses, por evidente, não estaria

---

272. Ocorre o monopólio natural quando há um único agente econômico atuando em um mercado no qual apenas uma empresa pode com mais eficiência produzir um bem econômico ou prover determinado serviço. Sua ocorrência envolve um processo produtivo que se caracteriza por elevados custos fixos e relativamente pequenos custos variáveis. Pode aparecer como resultado de um processo competitivo se a demanda do mercado é pequena em relação à economia de escala. O abuso do poder econômico oriundo de monopólio natural pode configurar o crime do inciso VII do art. 4º da Lei federal 8.137 ("elevar, sem justa causa, os preços de bens ou serviços, valendo-se de monopólio natural ou de fato"). Há ainda monopólios legais, como aqueles decorrentes da existência de uma patente, conferindo exclusividade a determinada empresa para exploração de um produto, ou aqueles estabelecidos pelo art. 177 da CF, que designa certos produtos e determinadas atividades como sendo de exclusiva exploração pelo Poder Público Federal, diretamente ou mediante delegação de poderes para empresas estatais ou privadas.
273. Estas hipóteses poderão subsumir-se, mesmo que não se objetive a monopolização, a outros crimes previstos no art. 4º da Lei federal 8.137/1990: "Art. 4º. Constitui crime contra a ordem econômica: I – abusar do poder econômico, dominando o mercado ou eliminando, total ou parcialmente, a concorrência mediante: (...) e) cessação parcial ou total das atividades da empresa; f) impedimento a constituição, funcionamento ou desenvolvimento de empresa concorrente; (...) III – discriminar preços de bens ou de prestação de serviços por ajustes ou acordo de grupo econômico, com o fim de estabelecer monopólio, ou de eliminar, total ou parcialmente, a concorrência; IV – açambarcar, sonegar, destruir ou inutilizar bens de produção ou de consumo, com o fim de estabelecer monopólio ou de eliminar, total ou parcialmente, a concorrência; (...) VI – vender mercadorias abaixo do preço de custo, com o fim de impedir a concorrência; (...)".
274. Neste caso, igualmente mesmo que não se objetive a monopolização, mas esteja presente o abuso do poder econômico, também poderão incidir outras tipificações previstas ao lado da estudada no mesmo art. 4º, I, da Lei federal 8.137/1990: "(...) b) aquisição de acervos de empresas ou cotas, ações, títulos ou direitos; c) coalizão, incorporação, fusão ou integração de empresas; d) concentração de ações, títulos, cotas, ou direitos em poder de empresa, empresas coligadas ou controladas, ou pessoas físicas; (...)".

presente o pressuposto típico da atuação concertada de empresas distintas, originária de um ajuste ou de um acordo estabelecido entre as mesmas, em razão de se cuidar, no caso, de manifestação solteira.[275] Pelo mesmo motivo, na ótica utilizada, configura-se como legítima a *conquista de mercado resultante de processo natural fundado na maior eficiência de agente econômico em relação a seus competidores* (art. 20, § 1º, da Lei Antitruste),[276] cuja existência caracteriza hipótese de isenção de ilicitude, ao configurar uma descriminante de exercício regular de direito. Nesta hipótese, caso ocorra a eventual celebração do ajuste ou do acordo entre empresas, mediante vantagens recíprocas, sendo o pacto estabelecido para que apenas uma das pactuantes alcance a hegemonia no mercado considerado, por evidente que esta conquista não será, então, oriunda de *processo natural*, mas de uma eficiência resultante da manipulação artificial e ilegítima deste processo (v. item **151**, infra).

133. Para a constatação do atingimento da situação penalmente típica de domínio do mercado, todavia, o emprego do conceito antes referido – a saber, o mercado considerado em si mesmo, enquanto conteúdo de extração econômica – mostra-se inadequado, por mais que este aponte para os importantes aspectos da dinâmica entre a oferta e a demanda, da sua relação com a concorrência e com os mecanismos formativos de preço. Para este propósito hermenêutico, em nossa opinião,

---

275. Por outro lado, não há qualquer impedimento a que o crime estudado ocorra em situações nas quais as empresas formalmente legítimas, mas controladas pela criminalidade organizada, se organizem sob a forma de cartel para abusar do poder econômico. Este aspecto é abordado no estudo mais amplo de Diego Gambetta e Peter Reuter acerca da penetração da máfia nas indústrias legítimas: "Conspiracy among the many: the mafia in legitimate industries", in Gianluca Fiorentini e Sam Peltzman (eds.), *The Economics of Organised Crime*, especialmente pp. 118-130. Como referem os autores citados, em lição aplicável aos cartéis constituídos por empresas "legítimas": "The central problem for cartels is to design agreements which can be maintained over time. Three aspects of agreements, which are relevant to human cooperation generally, are also relevant for establishing cartels: the rules to be followed by members, the means of detecting rule violators, and the sanctions to be imposed against violators. Weakness in any of the three is likely to lead to defections and breakdown of the cartel (Stigler, 1964)" (ob. cit., p. 119).

276. Em comentário aos incisos I e II do art. 20 da Lei Antitruste, resume Paula Forgioni que "nem toda restrição à livre concorrência ou à livre iniciativa é domínio de mercado ou abuso de posição dominante, mas não há domínio de mercado ou abuso de posição dominante sem restrição à livre concorrência ou à livre iniciativa, salvo o caso de aumento arbitrário de lucros" (*Os Fundamentos do Antitruste*, 2ª ed., p. 277).

esta noção de "mercado" é demasiado abrangente e fluida quando confrontada com os requisitos formais exigíveis no direito penal democrático. Assim, como condição para imputar a prática da conduta típica analisada, é preciso delinear com mais precisão em que consiste efetivamente o mercado. Não só para instrumentalizar uma eventual subsunção ao crime estudado, mas para obter uma densificação em latitude mais consentânea com as exigências do princípio da reserva legal e com os fins preventivos da repressão penal. Ainda que, de qualquer modo, não se possa evitar completamente a incontornável matriz polissêmica que os tipos penais assumem quando protegem bens jurídicos coletivos, ao que se acrescem as apontadas especificidades referentes à inter-relação da matéria tipificada com a ciência econômica. Desta forma, considerando tais aspectos, aos quais se agregam a unicidade do ordenamento jurídico, já referida, bem como as implicações disto resultantes, especialmente no que tange às imbricações que se estabelecem entre a norma penal comentada e as demais normas administrativas ou de direito econômico com ela relacionadas, afigura-se legítimo, inclusive, buscar nestas últimas áreas uma maior elucidação e transparência reclamadas para a razoável compreensão do tipo estudado.

134. Nosso ponto de partida, pois, é o reconhecimento de que o dispositivo legal é caracterizado pela inclusão no seu tipo objetivo de elementos normativos que demandam ser apropriadamente densificados. Sabe-se que estes elementos autorizam uma maior abertura interpretativa, mas, em razão disto, não se trata, aqui, de reconhecer, propriamente, que estejamos defronte de um *tipo aberto* (pelo menos nos termos estritos em que o conceito foi inicialmente concebido e proposto por Hans Welzel[277]), ou tampouco de afirmar que se trata de uma norma

---

277. A teoria dos tipos abertos foi originalmente desenvolvida por Hans Welzel ao argumento de que "el principio constitucional de que la punibilidad de un hecho tiene que estar 'determinada por la ley' antes de su comisión se asienta sobre la idea de que la ley misma tiene que describir de un modo exhaustivo la materia de la prohibición (el tipo), mediante la indicación de las diversas características de la conducta delictiva (...). No todos los tipos satisfacen este ideal de 'descripción exhaustiva' o de tipos 'cerrados'. Más bien hay muchos en los cuales la ley describe sólo una parte de los caracteres del tipo, dejando al juez la labor de completar la otra parte, al indicarle sólo el criterio con arreglo al cual ha de emprender la tarea de completar. Estos *tipos 'que necesitan ser completados' o 'abiertos'* los encontramos, sobre todo, en los delitos culposos (...) y en los delitos impropios de omisión. (...). En ambos casos se trata de un menoscabo lamentable en la determinación de la punibilidad propia de un Estado

penal em branco (*Blankettstrafgesetze*, conforme a expressão cunhada por Karl Binding em 1885). Quanto à teoria dos tipos abertos, ela deve ser repelida, na esteira dos argumentos que foram inicialmente deduzidos por Roxin[278] e posteriormente acolhidos pela maioria da doutrina existente sobre o tema.[279] Quanto à norma penal em branco,[280] ao menos no seu sentido estrito, deve-se reservar esta designação apenas para as situações normativas nas quais, para sua eficácia, o próprio preceito vindica expressamente a presença de uma integração que é originária de um regramento de estrato legislativo subalterno (*e.g.*, regulamentos

---

de Derecho, que, sin embargo, resulta de la 'naturaleza de la cosa' (...)" (*Derecho Penal Alemán – Parte General*, 11ª ed., p. 75 – grifei).

278. Através, sobretudo, da sua obra *Offene Tatbestände und Rechfspflichtmerkmale*, publicada em 1970, da qual se colhe que "la diferencia esencial de tipos abiertos y cerrados consiste en que los tipos cerrados deberían ser indiciarios de la antijuricidad, mientras que ello no ocurriría en los abiertos. De nuestra investigación surge que tal opinión, afirmada con esta generalidad, no es correcta. Muchos tipos 'abiertos' son tan indiciarios de la antijuricidad como los cerrados" (*Teoría del Tipo Penal Penal – Tipos Abiertos y Elementos del Deber Jurídico*, p. 99). Conclui por asseverar que "*tipos 'abiertos' en el sentido de Welzel no existen*. Sea que se conciba el tipo penal, en virtud del § 59 del CP, como objeto de referencia del dolo (tipo del error) o que independientemente de ello se lo conciba como concepto sistemático fundamental (tipo sistemático), no habrá un tipo neutral frente a la antijuricidad que no sea siquiera capaz de cumplir una función indiciaria respecto de lo injusto. El tipo comprende en este como en otro sentido todas las circunstancias decisivas para lo injusto punible, aunque no la antijuricidad. Ésta es una consecuencia necesaria, pero no un componente de la realización del tipo" (ob. cit., pp. 295-296 – grifei).

279. Assim, *e.g.*, Hans-Heinrich Jescheck e Thomas Weigend, para os quais "la teoría de los tipos abiertos debe ser rechazada, pues si el tipo es entendido como tipo de injusto sólo puede ser concebido de un modo 'cerrado', porque de lo contrario le faltaría precisamente su cualidad de tipo. Esto significa que *el tipo debe contener sin excepción la totalidad de los elementos determinantes de injusto* de una modalidad delictiva y que *la cuestión relativa a la antijuricidad sólo puede ser determinada en un sentido negativo*, esto es, en el sentido de su exclusión por la intervención de causas de justificación" (*Tratado de Derecho Penal – Parte General*, 5ª ed., p. 264 – grifei).

280. Para Jescheck e Weigend "las leyes penales en blanco no resultan ser inadmisibles a pesar de que puedan remitirse internamente a disposiciones todavía desconocidas de otros organismos. No obstante, si la norma que complementa al precepto en blanco es un reglamento, de acuerdo con el art. 103 II GG, la autorización para la conminación penal debe estar expresada inequívocamente y, de este modo, el contenido, finalidad y alcance de la autorización, descrita de modo tan exacto que el ciudadano pueda tomar los presupuestos de la punibilidad y la clase de pena de la ley misma; de lo contrario, el principio de la determinación 'legal' del delito y la pena no sería respetado (...)" (*Tratado de Derecho Penal – Parte General*, 5ª ed., p. 118).

administrativos), seja o mesmo penal ou extrapenal.[281] Para outras perspectivas teóricas, estariam abrangidas, ainda, pelo conceito de "norma penal em branco" as distintas situações nas quais *(a)* a lacuna da norma incriminadora é complementada por um outro preceptivo oriundo da mesma lei penal que a veiculou; e, ainda, aquelas nas quais *(b)* a norma remete para um adendo descritivo integrante ou regulado contido em outra lei de sentido amplo, ou seja, de qualquer espécie e de patamar hierárquico idêntico (integração homóloga) ou subalterno (integração heteróloga).[282]

135. De toda sorte, qualquer que seja a premissa conceitual de que se parta, em nosso juízo seria questionável empregar tal terminologia para caracterizar a norma penal incriminadora *sub examine*. A uma, à míngua da vontade do legislador, por inexistir no tipo considerado remissão expressa neste sentido. A duas, por ser incabível seu reconhecimento implícito, na medida em que a norma se apresenta completa, contendo em seu preceito todos os elementos necessários à sua aplicação imediata, apenas convidando maior amplitude valorativa em razão da existência de elementos normativos, freqüentes em inúmeros outros tipos penais que jamais por esta razão foram tidos por normas em branco. Inclusive, diante da constatação que se faz da inexistência de uma outra norma legal, integrante do ordenamento jurídico brasileiro, que, em *pertinente* caráter complementar, defina *tout court* o termo "mercado" (ou mesmo a expressão "domínio de mercado") e que estabeleça certos *deveres* específicos a serem observados pelas empresas em relação ao mesmo nas relações de concorrência. Assim, na verdade, estes conceitos nada mais são que os tradicionais elementos normativos constantes do tipo objetivo, e apenas uma amplíssima concepção de "norma penal em branco" incluiria nesta categoria, por esta exclusiva razão, todas as

---

281. Seguindo o texto neste item a lição haurida no estudo de Jorge Miranda e Miguel Pedrosa Machado, "Constitucionalidade da protecção penal dos direitos de autor e da propriedade industrial – Normas penais em branco, tipos abertos, crimes formais e interpretação conforme à Constituição", *Revista Portuguesa de Ciência Criminal* 4/423-503, especialmente pp. 483-488, e também com indicação de extensa bibliografia sobre o tema, p. 484, nota 39.

282. Assim, para Francisco de Assis Toledo, "denominam-se normas penais em branco aquelas que estabelecem a cominação penal, ou seja, a sanção penal, mas remetem à complementação da descrição da conduta proibida para outras normas legais, regulamentares ou administrativas" (*Princípios Básicos de Direito Penal*, pp. 42-43).

inúmeras normas incriminadoras em que eles estejam presentes,[283] tais como o furto (*coisa alheia móvel*) e o estelionato (*vantagem ilícita em prejuízo alheio ... mediante artifício, ardil, ou qualquer outro meio fraudulento*), por exemplo.

136. A discussão sobre o cabimento de um juízo abstrato acerca da validade constitucional do emprego de elementos normativos e/ou de conceitos juridicamente indeterminados nos tipos penais, por sua vez, transcende os objetivos deste estudo,[284] mas cabe assinalar que não es-

---

283. Este parece ser o posicionamento adotado por Klaus Tiedemann quando os vincula aos tipos abertos ("La ley penal en blanco – Concepto y cuestiones conexas", *Revista Brasileira de Ciências Criminais* 37/73-97). Na mesma linha, para Rui Patrício, *em branco* será "qualquer caso de cisão entre a norma de comportamento e a norma que contém a ameaça penal, ou seja, (...) qualquer caso em que a definição da 'área de protecção' é feita, total ou parcialmente, por norma diferente da norma que contém a ameaça penal (...)" ("Norma penal em branco (em comentário ao acórdão do Tribunal da Relação de Évora de 17.4.2001)", *Revista do Ministério Público* 88/141). Para o aprofundamento da discussão sobre a penetração no direito penal das chamadas "normas técnicas profissionais", cada vez mais utilizadas para a complementação de normas penais em branco, mas mantendo uma perspectiva conceitual mais estrita destas normas, por todos, v. Bernd Schünemann, "Las reglas de la técnica en derecho penal", *Anuario de Derecho Penal y Ciencias Penales* XLVII-3/307-341.

284. Para Jorge Miranda e Miguel Pedrosa Machado, "em si e por si, nem as normas penais em branco, nem os denominados tipos abertos são (ou funcionam como) casos de detecção de inconstitucionalidades materiais, por abstracta violação da vertente do princípio da legalidade (...). Tanto em relação a umas como a outros, e tendo em conta a extraordinária latitude das situações a que podem dizer respeito, não poderá nunca bastar a formulação de um juízo abstracto de desconformidade à Constituição. Esta observação é, no entanto, mais evidente no que concerne aos 'tipos abertos', em razão, desde logo, da própria finalidade meramente analítica que tal classificação prossegue. A matéria das normas penais em branco pode e deve prestar-se a uma atenção mais cuidada desse ponto de vista formal; mas isso apenas e só em virtude da possibilidade de isolar como normas penais em branco em sentido próprio ou técnico exclusivamente os casos de remissão do preenchimento integral do tipo para fontes normativas de grau inferior ao imposto pela reserva de lei" ("Constitucionalidade da protecção penal dos direitos de autor e da propriedade industrial – Normas penais em branco, tipos abertos, crimes formais e interpretação conforme à Constituição", *Revista Portuguesa de Ciência Criminal* 4/486 – grifei). Para Maria Fernanda Palma, "a reserva de lei impede normas penais em branco com as inerentes conseqüências da proibição da analogia incriminadora e da definição do ilícito criminal por simples regulamentos" ("Constituição e direito penal – As questões inevitáveis", in Jorge Miranda (org.), *Perspectivas Constitucionais nos 20 Anos da Constituição de 1976*, vol. II, p. 230). Na jurisprudência do STF admite-se a constitucionalidade das normas penais em branco, inclusive quando complementadas por regramentos administrativos. Assim, *e.g.*, nos casos do crime contra a economia popular de violação de tabela

tamos dentre os que entendem que, nestes casos, automaticamente haverá uma violação da reserva legal, conduzindo à sua inconstitucionalidade. Esta questão, segundo pensamos, deve ser resolvida na análise concreta do tipo penal que os contenha e efetuada, com arrimo interpretativo no princípio da razoabilidade e na função de garantia do tipo penal, em uma dupla ótica: *(a)* o reconhecimento da possibilidade de aceitável delimitação do conteúdo e do alcance da conduta incriminada ou do dever jurídico fixado, segundo os cânones normativos e interpretativos aplicáveis, consoante nossa tradição jurídica, bem como pelas regras de experiência já sedimentadas; e *(b)* o controle de que o preenchimento axiológico foi assim efetuado, o que se faz por meio da constatação da inocorrência de violação dos parâmetros constantes da própria norma, seja mediante a utilização indevida de analogia, seja através de um excessivo arbítrio judicial na fixação daqueles elementos referidos pelo próprio tipo.

137. A solução adotada, adiante melhor especificada, coloca-se exatamente no campo da utilização dos princípios gerais da hermenêutica, particularmente do princípio da razoabilidade e da regra da unidade do ordenamento jurídico, através de uma leitura que é fundada no princípio da legalidade em sentido amplo e alicerçada em uma consideração referenciada nas normas administrativas de feição antitruste pertinentes. Qual seja, tomam-se os parâmetros utilizados pela Lei Antitruste para estabelecer o significado e o alcance dos termos "mercado" e o seu "domínio", sobretudo quanto ela os vincula ao contexto da enunciação dos ilícitos administrativos, para serem os paradigmas indicativos dos limites mínimos de ilicitude exigíveis para que estas mesmas condutas possam ser valoradas sob o ponto de vista penal. Ou seja, se determinada conduta, praticada na mesma contextura fática, sequer pode configurar um ilícito administrativo, *a fortiori* não poderá jamais caracterizar um ilícito penal. A razão é simples: quando contrastadas com as normas penais incriminadoras, as normas repressivas administrativas que tratam da mesma matéria funcionam como uma espécie de piso mínimo de re-

---

de preços, que é editada por um órgão do Ministério da Fazenda (STF, 1ª Turma, RHC 66.864, rel. Min. Néri da Silveira, *DJU* 28.2.1992, p. 2.170), e de infringência à Lei de Tóxicos, cujo rol de substâncias proscritas é explicitado em portaria editada por órgão do Ministério da Saúde (STF, 2ª Turma, HC 68.904, rel. Min. Carlos Velloso, *DJU* 3.4.1992, p. 4.290). V., ainda, Hans-Heinrich Jescheck e Thomas Weigend, *Tratado de Derecho Penal – Parte General*, 5ª ed., pp. 138-139.

provação. Não se coaduna com a mais comezinha lógica jurídica admitir que uma mesma conduta não contenha desvalor suficiente para poder ser caracterizada como sendo administrativamente ilícita naquele patamar normativo, mas possa ser objeto de subsunção no bojo de uma norma penal incriminadora, que exige das condutas nela previstas um grau superior de desvalor social. A solução dada no texto, ainda, por contribuir para maior determinação e clareza do tipo estudado, e também por restringir o alcance dos conceitos juridicamente indeterminados dele constantes, em nosso juízo, não traz qualquer prejuízo para a defesa dos acusados e é a mais consentânea com os cânones do princípio da legalidade penal.

138. Nestes termos, não propriamente à guisa de um complemento normativo formal, mas como um critério ou parâmetro interpretativo auxiliar, temos por relevante para a delimitação dos correspondentes elementos normativos do tipo-de-ilícito a adoção instrumental dos conceitos de "mercado relevante" e de "posição dominante" empregados pela Lei Antitruste.[285] Esta regulação normativa, inclusive, integra-os no cerne da definição de "infrações administrativas contra a ordem econômica", desaprovando as condutas de *dominar mercado relevante de bens ou serviços* (art. 20, II) e de *exercer de forma abusiva posição dominante* (art. 20, IV).[286] Nesta linha, impende preliminarmente explicitar as distintas variáveis estruturais que são sopesadas na legislação concorrencial para caracterizar a competição real em um mercado específico influenciando a moldura do conceito de "mercado relevante".[287] Este pode ser visto como sendo aquele perímetro de competição definido a partir de um dado produto ou grupo de produtos e da área geográfica onde estes são produzidos ou vendidos, e que é capaz de satisfazer

---

285. Nos arts. 14, II, 20, II e IV, e seus §§ 2º e 3º; e, referindo apenas o mercado relevante, o art. 54, III, e seu § 3º.

286. O inciso VII do próprio art. 4º da Lei federal 8.137/1990 considera crime contra a ordem econômica "elevar sem justa causa o preço de bem ou serviço, valendo-se de *posição dominante no mercado*" (grifei).

287. Como esclarece Paula Forgioni, "*o mercado relevante é um conceito que permeia todo o direito antitruste* (e não, apenas, o abuso de posição dominante). Com efeito, a partir do momento em que as práticas são vedadas por produzirem (ou poderem produzir) efeitos anticoncorrenciais, a determinação da ilicitude passará pela delimitação do *mercado relevante* no qual serão sentidos esses efeitos. Em outras palavras, não se pode falar de efeitos anticoncorrenciais senão em um *determinado mercado: o mercado relevante*" (*Os Fundamentos do Antitruste*, 2ª ed., pp. 230-231, nota 70).

ao chamado "teste do monopolista hipotético".[288] Sua premissa fundamental é a existência de um contexto no qual uma empresa hipotética, que busca o lucro e não está sujeita a qualquer mecanismo externo de controle dos seus preços, constitui no momento e para o futuro a única produtora ou vendedora de determinado produto ou fornecedora de dado serviço naquela determinada área territorial considerada.[289] A partir daí, questiona-se acerca da sua capacidade de viabilizar, com caráter permanente, a imposição de uma elevação de pequena – mas significativa – monta no preço por ela praticado, considerando-se que permaneceram constantes os preços correntes e as demais condições de venda de todos os outros produtos concorrentes daquele que está sendo avaliado.

139. O objetivo desta delimitação é sistematizar quais são os efetivos limites concorrenciais estabelecidos para as empresas consideradas na análise que se efetua, bem como delimitar suas respectivas participações naquele mercado. A *participação no mercado* é a medida da importância relativa de uma determinada empresa no bojo de certo segmento de atividades ou de determinado mercado relevante, considerando a dimensão da sua capacidade produtiva e seu volume de vendas para,

---

288. Chamado igualmente de "teste SSNIP", acrônimo para a expressão em inglês *Small but Significant and Nontransitory Increase in Price*. A utilização do teste SSNIP, efetuada com fincas nos *preços correntes*, e não em *preços competitivos*, quando empregado para empresas que já detenham previamente uma posição dominante, pode conduzir a distorções que impeçam o reconhecimento de uma real situação de abuso concorrencial, como relembra Massimo Motta a propósito da chamada "falácia do celofane" (cunhada a partir do precedente da Suprema Corte norte-americana "United States *vs*. E. I. du Pont de Nemours & Co.", *351 U.S. 377 – 1956*, que envolvia o papel celofane produzido pela *du Pont*). O autor citado exemplifica esta situação a partir de uma situação hipotética na qual uma empresa é a única vendedora em determinado mercado do produto, nos seguintes termos: "Sendo monopolista, ela pode previamente haver estabelecido seus preços em patamares tão elevados que um aumento adicional dos mesmos, em relação aos preços correntes, não aparece como significativo" (Massimo Motta, *Competition Policy (Theory and Practice)*, p. 105).

289. Para formulação destes conceitos foi utilizado o *Horizontal Merger Guidelines*, elaborado em conjunto pelo Departamento de Justiça (*U.S. Department of Justice*) e pela Comissão Federal de Comércio (*Federal Trade Commission/FTC*), órgãos integrantes do Governo dos Estados Unidos da América. O documento original foi lançado em 1992 e revisto em 1997. O texto utilizado foi obtido pelo autor na Internet, em fevereiro/2006, no sítio *http://www.usdoj.gov*. Foi também utilizado o já referido *Glossary of Terms Used in EU Competition Policy*, editado pela *European Commission*, órgão da União Européia encarregado de fiscalizar a concorrência no âmbito dos países-membros.

nestes termos, estabelecer sua posição comparativamente ao conjunto de todas as demais empresas em atuação no mesmo. No campo concorrencial as participações relativas de cada uma das empresas e a proporção de cada uma delas no conjunto estrutural do mercado são indicadores valiosos da titularidade do chamado *poder de mercado* por parte de algumas delas, refletido no fato de que estas são as capazes de, com rentabilidade, praticar preços superiores aos seus custos marginais. Esta capacidade é influenciada pela possibilidade de os consumidores substituírem ou não os produtos cujos preços foram majorados por outros, qualitativa e quantitativamente similares, bem como sofre a interferência da eventual existência de barreiras que dificultem o ingresso de novos concorrentes ou restrinjam a ampliação do mercado, além de influências de outros aspectos gerais pertinentes, como o grau de inovação tecnológica do segmento, massa de recursos financeiros disponíveis para investimentos etc. Por outro lado, em razão da própria conceituação utilizada, para operar ou pelo menos para permanecer em atividade no mundo real, toda empresa deve ter algum poder de mercado, se não os preços dos seus produtos serão inferiores aos custos fixos de sua produção. A discussão importante, deste modo, passa a ser a dos parâmetros para a medição deste poder em relação a uma empresa ou grupo de empresas, comparativamente às demais empresas concorrentes no quadro da distribuição global do poder, no âmbito de dado segmento do mercado.[290] Como se verá adiante, ainda, este critério econômico exerce considerável influência na compreensão do conceito jurídico-econômico de posição dominante.

140. Em virtude dos aspectos instrumentais e finalísticos da ordem econômica, anteriormente expostos, partindo de uma perspectiva que privilegie a figura do consumidor[291] para, desta maneira, lograr uma

---

290. Para uma ampliação da discussão acerca dos múltiplos aspectos envolvidos na quantificação do poder de mercado, por todos, v., no âmbito europeu, Massimo Motta, *Competition Policy (Theory and Practice)*, pp. 115-136; e, analisando as decisões judiciais norte-americanas mais relevantes sobre o tema, Richard G. Price, "Market power and monopoly power in antitrust analysis", *Cornell Law Review* 75/190-217.

291. Na jurisprudência da Suprema Corte americana firmou-se a compreensão de que a legislação antitruste existe exatamente para a proteção do bem-estar dos consumidores. Neste sentido, *e.g.*, "NCAA *vs.* Board of Regents – University of Oklahoma", *468 U.S. 85, 107 (1984)* (que remete ao precedente "Reiter *vs.* Sonotone Corporation", *442 U.S. 330 – 1979*, do qual consta referência no sentido de que "Con-

melhor delimitação do conceito de mercado relevante,[292] é preciso, ainda, estabelecer os conceitos com ele inter-relacionados de *(a)* mercado do produto e de *(b)* mercado geográfico. O *mercado do produto* (também designado por *mercado relevante material*)[293] é aquele estabelecido a partir da identificação dos produtos e/ou dos serviços que foram escolhidos pelos consumidores, num significativo número de pontos de venda, inclusive em outros locais, como os substitutos para aquele que teve seu preço majorado. São aspectos significativos a ter em conta na aferição da afinidade dos produtos e serviços concorrentes sua natureza, sua finalidade, as utilidades por eles atendidas, as relações de substituição, sua complementaridade e acessoriedade, os circuitos de sua comercialização, o tipo de consumidores e os estabelecimentos nos quais podem ser encontrados. Nesta mesma situação, a eventual ausência de variações no consumo do produto ou do serviço considerado é indicativa da inexistência de produtos substitutos, e, conseqüentemente, caracteriza uma situação monopolista. Neste contexto é que surge o conceito adicional de *substitutividade* para indicar se determinados produtos ou serviços são intercambiáveis entre si, nas perspectivas diferenciadas dos produtores ou dos consumidores. Para reconhecer a existência de substitutividade ou equivalência entre determinados produtos ou serviços é necessário que, por exemplo, se houver alteração na disponibilidade, no preço ou na qualidade da oferta de qualquer deles, os consumidores tenham real possibilidade de migrar com facilidade e rapidez para o consumo de um daqueles considerados substitutos. Os agentes econômicos,

---

gress designed the Sherman Act as a 'consumer welfare prescription'"). Colhe-se, ainda, do voto do *Justice* Stevens que "a restraint that has the effect of reducing the importance of consumer preference in setting price and output is not consistent with this fundamental goal of antitrust law. Restrictions on price and output are the paradigmatic examples of restraints of trade that the Sherman Act was intended to prohibit" (obtido na Internet, por acesso realizado em agosto/2005, no sítio *http://www.ripon.edu*). V., ainda, o item **60**, retro.

292. Que, em sentido amplo, é bastante elástico, como ressalta Paula Forgioni, que o conceitua como "aquele em que se travam as relações de concorrência ou atua o agente econômico cujo comportamento está sendo analisado" (*Os Fundamentos do Antitruste*, 2ª ed., p. 231).

293. Para uma ampliação da discussão acerca dos múltiplos aspectos envolvidos na formulação dos conceitos de mercados "do produto" e "geográfico", que foram sintetizados no texto, por todos, v. Massimo Motta, *Competition Policy (Theory and Practice)*, pp. 102-115.

de seu lado, terão de levar em conta a perspectiva deste movimento dos consumidores ao definirem suas políticas de oferta e de preços, além de considerarem que, dependendo da existência, ou não, de barreiras para entrada no mercado, um eventual aumento nestes últimos poderá trazer o ingresso de novos competidores em potencial naquele mercado do produto.

141. *Mercado geográfico*, por sua vez, enfatiza, neste mesmo contexto, o cenário físico no qual se passa esta competição. Pode ser visto, pois, como refere Paula Forgioni, como sendo "a área na qual o agente econômico é capaz de aumentar os preços que pratica sem causar um dos seguintes efeitos: (i) perder um grande número de clientes, que passariam a utilizar-se de um fornecedor alternativo situado fora da mesma área; ou (ii) provocar imediatamente a inundação da área por bens de outros fornecedores que, situados fora da mesma área, produzem bens similares".[294] Para sua delimitação, segundo a mesma autora, devem ainda ser considerados, além do perímetro físico, aspectos qualitativos adicionais capazes de nela interferir, tais como os *hábitos dos consumidores* e a influência nestes na inércia ou na migração para novos produtos; a *incidência de custos de transportes* que poderão dificultar a busca de produtos alternativos; as *características dos produtos* e sua adequação às necessidades específicas dos consumidores; os *incentivos das autoridades locais*, que poderão refletir indiretamente na formação de preços dos produtos; a *existência de barreiras à entrada de novos agentes econômicos no mercado*; e a *taxa de câmbio* aplicável.[295]

142. No que diz respeito à *posição dominante*, constata-se, no âmbito da normativa concorrencial brasileira – ao contrário do que ocorre

---

294. Paula Forgioni, *Os Fundamentos do Antitruste*, 2ª ed., p. 234. Massimo Motta exemplifica o conceito de "mercado geográfico" no âmbito da União Européia, a partir da análise de uma hipotética fusão de produtores de água mineral na Itália, destacando a imbricação com mercado do produto e considerado o teste SSNIP, nos seguintes termos: "Poderia um suposto monopolista, vendedor de toda a água mineral italiana, considerar lucrativo aumentar o preço entre 5 a 10%? Se a resposta é afirmativa, então, o mercado geográfico será definido como a Itália. Se não, por exemplo, porque a expectativa da importação de água mineral da França torna não-lucrativo este aumento do preço, já que parte considerável dos consumidores consumirá água francesa, então, o teste deve ser repetido para um hipotético monopolista vendedor de água mineral na Itália e na França, e daí por diante" (*Competition Policy (Theory and Practice)*, pp. 113-114).

295. Paula Forgioni, *Os Fundamentos do Antitruste*, 2ª ed., pp. 238-241.

em outros países –, a existência de uma definição legal genérica da mesma, mas que é associada à fixação de um critério quantitativo mínimo capaz por si só de confirmá-la.[296] Destarte, para a Lei Antitruste há posição dominante *quando uma empresa ou grupo de empresas controla parcela substancial de mercado relevante, como fornecedor, intermediário, adquirente ou financiador de um produto, serviço ou tecnologia a ele relativa*; e, de forma geral, será relativamente pressuposta sua existência *quando a empresa ou grupo de empresas controla 20% de mercado relevante* (art. 20, §§ 2º e 3º).[297] Em termos de Direito Com-

---

296. Assim, *e.g.*, na disciplina da matéria no âmbito da União Européia pelo artigo pertinente do Tratado da União Européia (Maastricht, 7.2.1992), no particular reproduzindo o que já constava do Tratado de Roma (25.3.1957), que instituiu a Comunidade Econômica Européia/CEE, não é explicitado um conceito de "posição dominante" (originariamente no seu art. 86, e após a consolidação efetivada pelo Tratado de Amsterdã, 2.10.1997, sem qualquer alteração de conteúdo, atualmente no art. 82). Segundo este dispositivo convencional – que, em certa medida, repercutiu na solução adotada pelo legislador antitruste brasileiro: "É incompatível com o mercado comum e proibido, na medida em que tal seja susceptível de afectar o comércio entre os Estados-membros, o facto de *uma ou mais empresas explorarem de forma abusiva uma posição dominante no mercado comum ou numa parte substancial deste*. Estas práticas abusivas podem, nomeadamente, consistir em: a) impor, de forma directa ou indirecta, preços de compra ou de venda ou outras condições de transacção não-equitativas; b) limitar a produção, a distribuição ou o desenvolvimento técnico em prejuízo dos consumidores; c) aplicar, relativamente a parceiros comerciais, condições desiguais no caso de prestações equivalentes, colocando-os, por esse facto, em desvantagem na concorrência; d) subordinar a celebração de contratos à aceitação, por parte dos outros contraentes, de prestações suplementares que, pela sua natureza ou de acordo com os usos comerciais, não têm ligação com o objecto desses contratos" (grifei). Registra Massimo Motta que o rol constante deste dispositivo é meramente exemplificativo, estabelecido por padrões de condutas indesejadas, tais como o comportamento abusivo na fixação de preço excessivo e a existência de práticas excludentes da competição, como as de preços predatórios, a da imposição de venda exclusiva de produto, a das vendas casadas etc. (*Competition Policy (Theory and Practice)*, p. 34). Para um inventário dos problemas e soluções referentes à oligopolização do mercado nos Estados Unidos, especificamente no que concerne aos acordos de preços por meio de cartéis, remete-se ao estudo de Richard Posner, *Antitrust Law*, pp. 51-100.

297. A combinação de critérios qualitativos e quantitativos, ainda mais minuciosa, era igualmente a estratégia adotada em Portugal pelo revogado Decreto-lei 371/1993. Com efeito, nos termos do n. 2 do seu art. 3º, a posição dominante resultava da ausência de concorrência significativa ou do estabelecimento de uma preponderância no mercado de determinado bem ou serviço, relativamente a terceiros, obtida por uma empresa atuando isoladamente ou por mais de uma empresa atuando concertadamente (qualitativos). Por sua vez, o n. 3 do mesmo artigo explicitava os critérios quantitativos considerados como indicadores de uma presunção relativa ("sem prejuízo da

parado, esclarece Massimo Motta, após referir a dificuldade em transpor com fidedignidade este conceito legal para seus correspondentemente precisos termos econômicos, que o adjetivo "dominante" relaciona-se "com uma situação na qual *a empresa goza de um elevado grau de poder de mercado*, mas a jurisprudência[298] deixou claro que uma empresa que possua 40% do mercado relevante – longe de ser um monopólio – pode perfeitamente ser dominante".[299] Na esteira de importante precedente sobre o tema, originário de um dos primeiros julgados do Tribunal de Justiça Europeu, mas compatível com a disciplina brasileira do tema, para melhor compreender o conceito, podemos entender a *posição dominante* como sendo análoga a uma situação monopolista. Pode ser caracterizada como "uma posição de força econômica de que goza uma empresa, que lhe permite impedir a manutenção de uma concorrência efetiva no mercado relevante, ao permitir-lhe, em medida considerável, comportar-se de forma independente em relação aos seus concorrentes, clientes e consumidores. Uma posição deste tipo não exclui a realidade de alguma concorrência, como ocorre nas situações em que há monopólios ou quase-monopólios, mas permite à empresa que dela desfruta, se não determinar, pelo menos ter uma influência considerável nas condições em que se desenvolve a concorrência, e, de qualquer modo, agir em grande medida com desrespeito da concorrência, se é que não em seu detrimento".[300]

---

ponderação, em cada caso concreto, de outros factores relativos às empresas e ao mercado") da existência da posição de domínio, consoante o volume de participação, no mercado nacional, de determinado bem ou serviço fosse igual ou superior a: 30% (uma só empresa), 50% (três ou menos empresas) e 65% (cinco ou menos empresas). Na nova disciplina legal do tema através da vigente Lei 18/2003, de 11 de junho, permaneceu apenas o critério qualitativo, nos mesmos termos em que enunciado no precedente, como se infere do exato teor do n. 2 de seu art. 6º.

298. O autor citado evidentemente refere-se àquela exarada na esfera comunitária européia.

299. Massimo Motta, *Competition Policy (Theory and Practice)*, p. 35.

300. Acórdão proferido no Processo 85/1966, "Hoffmann-La Roche *vs.* Comissão", Fundamentos 38 e 39, *apud* Massimo Motta, *Competition Policy (Theory and Practice)*, p. 34. De se ver que não há propriamente no art. 82º do Tratado da União Européia uma proibição de aquisição de posição dominante, que, de resto, pode ser licitamente obtida, mas, sim, a consecução e/ou manutenção deste *status* por meio das práticas abusivas ali referidas, que, inclusive, também poderão – conforme o caso – ser igualmente legítimas. Assim, "se a empresa obtém poder de mercado – ainda que o mesmo seja elevado – através de inovação, investimento, estratégias de *marketing*, isto é perfeitamente legal" (Massimo Motta, ob. cit., p. 35).

143. Importante ressaltar que a ocupação e/ou aquisição de uma posição dominante, com ou sem domínio do mercado, não caracteriza, em si mesma, qualquer ilicitude desde que tal posicionamento seja obtido e/ou mantido sem a violação das normas concorrenciais aplicáveis (v. item **132**, retro). No caso aqui estudado, a norma penal desde logo remeteu ao campo da ilicitude a situação na qual a obtenção de uma posição dominante, que permita o domínio do mercado, resulta do ajuste ou do acordo entre empresas. A dominação ilegítima do mercado é caracterizada, pois, pela aquisição de certo *status* de poder de mercado que, embora possa teoricamente resultar de imediato de dado ajuste ou acordo, se visto como mera soma dos poderes de mercado preexistentes em mãos dos pactuantes, na prática apenas se demonstra existente diante da exteriorização deste poder através de interferências concretas do cartel nos preços. Destarte, não bastará para sua configuração no mundo real a pura e simples realização da avença, ressalvada a situação – que será pouco comum – em que desta concomitantemente redundem a imediata ampliação do poder de mercado e a pronta interferência nos preços; mas, ainda assim, este último requisito jamais será instantâneo, dependendo de uma constatação da efetividade no mercado da postura monopolista adotada.[301] Por outro lado, também as avenças precipuamente destinadas à eliminação completa ou parcial dos concorrentes, adiante analisadas (v. item **158**, infra), eventualmente podem caracterizar meios para a obtenção do domínio do mercado ou, ainda, ser indicativas de sua efetiva existência – neste último caso, destinando-se à garantia da manutenção ou à consolidação de uma hegemonia já alcançada. Nestes termos, pode-se fixar que a consecução de uma situação objetiva de preponderância no mercado é caracterizada pela obtenção de posição dominante em uma parcela de grau exacerbado o suficiente para que permita ao seu detentor exercer um controle efetivo dos mecanismos formativos de preços e de ofertas de bens no mercado relevante considerado.

144. Destarte, tendo em conta todas as premissas antes estabelecidas, pode-se dizer que, em resumo: o domínio do mercado por meio de acordo ou ajuste entre empresas consiste essencialmente no emprego da capacidade potestativa concorrencial resultante daquela avença para obstaculizar eficazmente o surgimento ou o desenvolvimento de outras

---

301. Por exemplo, reduzindo a disponibilidade dos bens ou aumentando permanentemente seu preço, com aumento de seus ganhos, sem perda de consumidores.

iniciativas capazes de propiciar efetiva competição por parte dos demais agentes econômicos que operam ou pretendiam operar naquele mesmo mercado relevante. Em conseqüência, atuando em conjunto desta forma, os pactuantes asseguram ou consolidam o controle de parcela significativa do mercado, passando a ocupar posição dominante no mesmo, capaz de lhes permitir o controle dos mecanismos formativos dos preços e/ou da disponibilidade de mercadorias e serviços à revelia dos demais competidores e dos consumidores, sem que necessariamente ocorra a erradicação formal ou material dos demais concorrentes.

III.6 A concorrência e sua eliminação

145. O processo de domínio do mercado por meio do cartel, como foi constatado nos itens anteriores, orienta-se finalisticamente no sentido da erradicação da livre iniciativa dos demais agentes econômicos da qual possa resultar uma competição indesejável, não implicando compulsoriamente, desta forma, a realização de condutas que conduzam diretamente à eliminação da concorrência. Daí justificar-se o acréscimo da sua previsão ao tipo objetivo considerado; aliás, na esteira do que foi expresso pelo mandamento constitucional correspondente (art. 173, § 4º, da CF). Da mesma forma, nem sempre a eliminação total da concorrência terá por contrapartida necessária a conquista do domínio do mercado, pois, neste caso, se permanecer aberto o acesso de novos competidores potenciais ao mesmo, estes podem escolher exatamente este momento para fazê-lo, inclusive eventualmente conseguindo lograr sua dominação. E, também, embora inusual, até mesmo uma erradicação de feição apenas parcial da concorrência poderá levar ao domínio do mercado (*e.g.*: um grupo de empresas ajustadas entre si logra obter o afastamento de um só competidor, mas este controlava significativo percentual do mercado comum, e esta parcela, acrescida àquela de que o cartel já dispunha ao efetivar o pacto, resulta no ganho do controle de grande parte do mercado relevante através da operação). Assim, a rigor, nesta ótica era mesmo relevante o discrímen legal adotado, com a gradação na norma penal no sentido de que a eliminação da concorrência pode ser total ou parcial, ao invés de referir exclusivamente a eliminação da concorrência, como fez o constituinte.

146. A eliminação da livre concorrência atinge o coração mesmo da ordem econômica, inviabilizando as metas constitucionalmente cominadas a esta; e, por definição, será sempre prejudicial aos consumidores (v. itens **60** e **61**, retro). No que concerne à competitividade entre os agentes econômicos (produtores), a mesma varia consoante a divisão de poder existente entre eles e seus consumidores em um mesmo mercado relevante, tendo por extremos, de um lado, a ficção econômica clássica da "concorrência perfeita" e, de outro lado, a realidade do monopólio ou do oligopólio. Para a caracterização de um regime de concorrência perfeita, em um dado mercado, tornar-se-ia necessária a reunião das seguintes condições: *(a)* presença de grande quantidade de vendedores, todos com produção limitada, e de grande número de compradores, todos destituídos de disponibilidade de recursos para adquirir em escala, resultando em uma homogeneidade dos produtos e do poder disponibilizado a cada vendedor ou comprador no âmbito do mercado, de modo que nenhuma decisão isolada de qualquer deles possa ter uma influência determinante na formação do preço de um bem ou serviço similar; *(b)* que haja equilíbrio entre oferta e demanda, precluindo-se a competição por outros fatores que não exclusivamente o preço da mercadoria; *(c)* que seja garantida ampla mobilidade para os fatores de produção e os competidores transitarem no mercado, sem barreiras impeditivas de longo prazo; *(d)* que sejam fornecidas aos compradores e vendedores todas as informações necessárias para uma adequada transação (preços, disponibilidades, locais de venda etc.); e, finalmente, *(e)* que seja estabelecida uma premissa de custo zero para o transporte, de modo que todos os ônus contratuais adicionais envolvidos não interfiram no preço.[302] A presença da competitividade, por seu turno, traz por benefício adicional a configuração de uma situação econômica que se desdobra em eficiência *(a)* na produção (preços superiores ao custo marginal), *(b)* na alocação (os recursos sociais são bem aplicados) e *(c)* no consumo (o bem-estar dos consumidores é otimizado). Por sua vez, a concorrência desejável e factível é aquela que conduza a uma situação no mercado relevante o mais próxima daquela perfeita, na qual, para otimizar seus lucros, ampliar seu mercado geográfico ou sua participação no mercado do produto, as empresas busquem por si mesmas, auto-

---

302. Na esteira da lição elaborada por Paulo Sandroni, que conclui que, "num mercado assim estruturado, cada produtor operaria com a mais alta taxa de eficiência, seu produto teria o mais baixo custo e seu lucro seria o mínimo necessário para manter o também necessário número mínimo de produtores" (in Paulo Sandroni (org. e superv.), *Novíssimo Dicionário de Economia*, 11ª ed., p. 119).

nomamente, ampliar o número de seus consumidores. E esta conquista deve resultar por mérito da qualidade do produto, do preço fixado para o mesmo e pelo serviço prestado na sua venda, ou pela combinação de tais fatores – e não, por exemplo, como resultado de um processo artificial caracterizado pela presença de um acordo ou ajuste espúrio entre os que deviam concorrer no mercado.

147. No quadro de um mercado pouco competitivo, por sua vez, encontramos como suas características gerais: *(a)* a redução do número de compradores e vendedores; *(b)* as restrições ao ingresso de novos competidores; *(c)* o acesso limitado às informações pelos consumidores; e *(d)* o baixo nível de inovação, qualidade ou variedade dos produtos. Este tipo de mercado, por sua vez, traz como conseqüências: *(a)* elevação de preços; *(b)* as limitadas possibilidades de competição; *(c)* o desrespeito aos direitos dos consumidores; *(d)* a baixa qualidade dos produtos, com um menor gradiente de escolhas para o consumidor e com poucas inovações nos produtos; e, como seu efeito mais perverso, *(e)* a elevada concentração de rendas.[303] Já o denominado monopólio agrava ainda mais esta situação indesejável. Constitui, em apertada síntese, a realidade de mercado na qual uma única empresa fornece determinado produto ou provê certo serviço para o qual não existe substituto ou similar à disposição dos consumidores, permitindo ao monopolista controlar inteiramente a oferta e os preços, aos moldes do que ocorre com os que têm uma posição dominante, da qual este constitui o limite máximo. Em conseqüência, em situações monopolistas o lucro será maior, a produção menor e os preços superiores, quando comparados ao que ocorreria no mesmo contexto se existente a concorrência. Adam Smith, em 1776, já observava, com precisão: "(...) o monopolista, mantendo o mercado subabastecido, por nunca suprir completamente sua demanda efetiva, vende seus produtos muito acima de seu preço natural e aumenta seus ganhos – quer estes consistam em salários ou lucros – bastante acima de sua taxa natural".[304] Quando o monopólio é visto sob a pers-

---

303. Seguindo de perto, nesta passagem, a construção elaborada por Andrew I. Gavil, William E. Kovacic e Jonathan B. Baker, *Antitrust Law in Perspective: Cases, Concepts and Problems in Competition Policy*, p. 40.

304. Adam Smith, *The Wealth of Nations*, Book I, Chapter VII, 1776. A questão dos monopólios na esfera da economia da criminalidade organizada é analisada por Vincenzo Ruggiero (*Organized and Corporate Crime in Europe – Offers that Can't be Refused*, pp. 36-40). Por outro lado, análises das decisões das Cortes federais norte-

pectiva da demanda – qual seja, quando o mercado comporta um único comprador para determinado bem e/ou serviço –, utiliza-se a designação de *monopsônio*. Com a crescente internacionalização econômica tornou-se mais freqüente a figura do oligopólio, caracterizado pelo fato de o controle do mercado passar a ser efetuado por um pequeno grupo de empresas conscientes dos benefícios comuns que podem auferir mediante a adoção de decisões mercadológicas estratégicas concertadas e a implementação de práticas empresariais articuladas. Remete à cartelização, aqui estudada, a oligopolização do mercado mediante a efetivação de ajustes ou acordos, capaz de assegurar ao cartel, assim formado, uma espécie de posição dominante coletiva no mercado relevante, ou que conduz à eliminação dos seus concorrentes.

148. Em consonância com os critérios internacionalmente adotados sobre o tema,[305] podem-se diferenciar as modalidades específicas

---

americanas realizadas por David Weisburd *et alii* indicam que as infrações concorrenciais são cometidas em grande parte por empresas de porte médio ou de controle e operação familiar, e muitas sequer dispõem de ações no mercado: "In the 1920s prosecution of the General Electric Co. further reinforced the image of antitrust as a crime of successful executives in big business, and indeed almost all of our antitrust offenders are indicted along with a corporation. However, despite the image provided by the best-known cases of price-fixing and other anticompetitive activities, few large companies are involved in the crimes in our sample. Most antitrust conspiracies include small-to-medium-sized corporations, many of which are familyowned or ownermanaged. Only a handful issue publicly traded stock" (*Crimes of the Middle Classes – White Collor Offenders in the Federal Courts*, p. 24). Constatação que pode ser explicada, como esclarece Harold Barnet, pelo fato de que: "(...) since small cases are more likely to involve violations by competitive sector firms while large cases are more likely to involve violations by monopoly sector firms, the actions of the prosecutorial agencies will tend to place a relatively greater burden of enforcement on competitive sector firms even when the expected social loss imposed through monopoly sector violations is greater. When we combine this result with the characteristics of law and judicial action, we find that the structural characteristics of monopoly sector firms which contribute to their potential for generating illegal incomes also contribute to their relative insulation from prosecution. At the same time, the structural characteristics of competitive sector firms (which contribute to their lesser potential for generating illegal incomes) combines with the state or agency's need for legitimacy through enforcement to yield a relatively greater burden of enforcement on competitive sector violators" ("The enforcement of anti-monopoly legislation", in David F. Greenberg (ed.), *Crime and Capitalism*, p. 644).

305. Seguindo, aqui, o *Glossary of Terms Used in EU Competition Policy*, editado pela *European Commission*, órgão da União Européia (texto obtido pelo autor em acesso realizado em agosto/2006 ao sítio da Internet *http://ec.europa.eu*).

de concorrência existentes no mercado como sendo: *(a)* a intermarcas e a intramarcas e *(b)* a potencial. A *concorrência intermarcas* ou *entre marcas* é aquela que se estabelece na esfera das empresas atuantes no mesmo segmento de mercado e cujos produtos, para se diferenciarem entre si, são caracterizados por portarem determinada marca ou rótulo. Este sinal marcário[306] poderá eventualmente significar um acréscimo de valor aos mesmos, sobretudo se gozarem de imagem favorável junto aos consumidores. Alguns setores da economia têm por característica o desenvolvimento da competição nestes termos, como ocorre, por exemplo, no segmento da Informática, com o mercado dos programas de computador (*software*), quer nos sistemas operacionais existentes, no qual há grande concentração em virtude do poder alcançado por uma só empresa, quer nos aplicativos em geral, segmento no qual há maior capilaridade competitiva. Já a *competição intramarcas*, ou entre a mesma marca, remete aos agentes econômicos concorrentes que ofertam produtos com o mesmo sinal marcário. Diante desta igualdade qualitativa, buscam por outros métodos obter maior êxito junto aos consumidores – *e.g.*, mediante sua oferta por menor preço, graças a uma redução do custo de aquisição, por comprar diretamente junto ao fornecedor, eliminando intermediários, ou através da diminuição da sua margem de lucro ou, ainda, oferecendo melhores condições de financiamento para sua aquisição etc. Os aspectos geográficos do mercado adquirem particular relevância na concorrência intramarcas, uma vez que os custos de distribuição constituem parte substancial do preço final da maior parte dos produtos e a concorrência entre distribuidores pode ajudar a reduzir estes custos. Diante de determinadas situações particulares, todavia, pode se tornar dificultosa a distinção entre restrições deletérias à concorrência nos segmentos intermarcas ou intramarcas; por exemplo, co-

---

306. Lei federal 9.279/1996 ("Regula direitos e obrigações relativos à propriedade industrial"):

"Art. 122. São suscetíveis de registro como marca os sinais distintivos visualmente perceptíveis, não compreendidos nas proibições legais.

"Art. 123. Para os efeitos desta Lei, considera-se: I – marca de produto ou serviço: aquela usada para distinguir produto ou serviço de outro idêntico, semelhante ou afim, de origem diversa; II – marca de certificação: aquela usada para atestar a conformidade de um produto ou serviço com determinadas normas ou especificações técnicas, notadamente quanto à qualidade, natureza, material utilizado e metodologia empregada; e III – marca coletiva: aquela usada para identificar produtos ou serviços provindos de membros de uma determinada entidade."

mo ocorre com a manutenção dos preços de revenda, que pode produzir efeitos nos dois segmentos referidos.

149. De sua parte, define-se por *concorrência potencial* certo contexto de mercado que, por acenar com a possibilidade do ingresso no segmento considerado de outros agentes econômicos, novos ou já existentes, pressiona as empresas já em atuação no mesmo para que estas – como forma de dificultar este ingresso – busquem aprimorar suas condições de competição. O simples surgimento desta perspectiva finda sempre por beneficiar o consumidor, pois, como estas futuras alternativas de consumo trarão, inevitavelmente, um aumento na oferta do produto, ele passa desde logo a dispor de imediatos rebaixamentos de preços ou de melhorias na qualidade e/ou nas condições de aquisição daqueles bens e/ou serviços existentes, tudo em razão das estratégias de *marketing* das empresas para se resguardarem da disputa concorrencial futura. Nos Estados cartoriais, muito sensíveis ao poder econômico, avultam movimentos de *lobby* político das empresas existentes no mercado, com o fim de pressionar o aparelho de Estado para adoção de barreiras protetivas, legais ou administrativas, para impedir o ingresso de novos concorrentes ou, ainda, para a obtenção de financiamentos públicos em seu benefício, como veículos para manutenção de seus lucros sem a contrapartida competitiva "natural" de propiciarem benefícios maiores aos consumidores.

150. Por sua vez, diz-se que pode ser tratado como *concorrente potencial* aquele agente econômico acerca do qual há evidências concretas de que, desde que ocorra uma pequena – mas permanente – elevação dos preços praticados de determinado produto, pretende arcar com os investimentos adicionais e adotar todas as outras medidas necessárias para ingressar no respectivo mercado relevante comum. Apontam-se dois requisitos principais para seu reconhecimento: *(a)* a existência de evidências concretas para alicerçar esta assunção – o que não se satisfaz com a mera perspectiva teórica abstrata de sua virtualidade; e *(b)* a constatação fundada de que a empresa considerada disponha de agilidade suficiente para ingressar de forma efetiva no mercado relevante de modo célere e competitivo – critérios que variam com o setor da economia considerado, mas que têm por paradigma a análise dos mesmos aspectos quanto às empresas que já atuam naquele mesmo mercado relevante. Uma empresa coloca-se na condição de *concorrente real* de outra, por seu lado, quando já está presente e atuando no mesmo mercado relevante daquela, estando elas competindo entre si. O termo abrange também aquelas outras empresas que, diante de um pequeno – mas permanente – aumento dos preços de dado produto, embora no momento considerado atuando em outros setores, são capazes de reorientar sua produção, rapidamente e sem acréscimos relevantes nos seus custos, e se encaminhar para atuar no mercado relevante do produto considerado.

151. Os ajustes ou acordos estabelecidos entre empresas em geral são indicativos de *colusão*[307] entre elas, prenunciando a implementação de práticas empresariais ilegais, por abusivas do poder econômico, ao conduzirem à erradicação, em parte ou completa, da concorrência (e/ou mediatamente resultarem no domínio do mercado). Sendo a competição uma dada situação de mercado, esta pode ser avaliada quantitativamente (pelo número real e potencial de agentes econômicos atuantes no mercado relevante considerado) e qualitativamente (pelos percentuais do mercado em poder destes mesmos agentes econômicos). O estabelecimento *per se* de determinadas modalidades de acordos pode afetar, inclusive automaticamente, quaisquer dos aspectos referidos. Ao se articularem em cartel as empresas buscam amealhar um poder de emulação que lhes viabilize a ocupação no mercado relevante de uma posição análoga à de um monopólio, qual seja, possibilitando-lhes restringir a oferta e elevar preços, graças à exclusão da competição.[308] Estas avenças qualificam-se como sendo de natureza *(a)* horizontal (ditas "a jusante") ou *(b)* vertical (ditas "a montante").[309] No primeiro caso as empresas

---

307. Termo aqui empregado na sua acepção jurídica indicativa da existência do ajuste e/ou do acordo com vistas às práticas abusivas. Neste mesmo contexto, todavia, o termo "colusão" muitas vezes é utilizado em sentido estritamente econômico, como sendo "a situation where firms' prices are higher than some competitive benchmark. A slightly different definition would label collusion as a situation where firms set prices which are dose enough to monopoly prices. In any case, in economics collusion coincides with an outcome (high-enough price), and not with the specific form through which that outcome is attained. Indeed, as I explain below, collusion can occur both when firms act through an organised cartel (explicit collusion), or when they act in a purely non-cooperative way (tacit collusion)" (Massimo Motta, *Competition Policy (Theory and Practice)*, p. 138).

308. Assim em Andrew I. Gavil, William E. Kovacic e Jonathan B. Baker, *Antitrust Law in Perspective: Cases, Concepts and Problems in Competition Policy*, p. 44.

309. No âmbito dos Estados integrantes da União Européia há proibição *per se* de acordos naquelas hipóteses previstas no atual art. 81 do Tratado da União Européia (Maastricht, 7.2.1992), em particular reproduzindo o que já constava originalmente do Tratado de Roma (25.3.1957), que instituiu a Comunidade Econômica Européia/CEE,

pactuantes atuam (concorrência real) ou pretendem atuar (concorrência potencial) em um mesmo setor da cadeia produtiva ou distributiva de bens e serviços, sendo efetiva ou potencialmente competidoras entre si em um mesmo mercado intramarcas ou intermarcas (v. item **148**, retro).

152. Como antes referido, é nestes arranjos horizontais que, em muitos casos, a mera implementação do acordo poderá implicar a imediata redução ou supressão quantitativa da concorrência existente. Em outras situações, ainda, a diminuição ou eliminação dar-se-á apenas mediatamente, como inferência dos pactos estabelecidos.[310] Dentre as manifestações desta modalidade de pactos estabelecidos horizontalmente estão os chamados *(a1) acordos sobre preços*,[311] que variam entre a

---

originalmente no art. 85, com o mesmo teor. Cf. o exato teor do art. 81, no "Apêndice Legislativo", item **V**, infra. Dentre as críticas feitas a esse artigo está a de o mesmo tratar de maneira similar os acordos verticais e horizontais. Observa Massimo Motta, com efeito, que "this is a source of potential problems, as economics shows that one should generally expect these agreements to have quite different competitive effects. Horizontal agreements, that is agreements among competitors, usually restrict competition and thus reduce welfare and should therefore be prohibited apart from very specific cases (such as, for instance, co-operative agreements in R&D [Resources and Development]). By contrast, vertical agreements between firms operating at different stages of the production processes (for instance, between a manufacturer and a retailer) are often efficiency enhancing and pose problems to competition, if any, only when they are undertaken by firms which enjoy considerable market power. To treat agreements which have such a different nature and such different expected competitive effects with the same legal provisions is therefore unlikely to be efficient" (*Competition Policy (Theory and Practice)*, p 32).

310. As designações e os conceitos das modalidades exemplificadas no texto nesta etapa foram extraídos da cartilha disponibilizada pela Comissão Federal de Comércio (*Federal Trade Commission/FTC*, órgão integrante do Governo dos Estados Unidos da América) intitulada *Illegal Business Practices*. O texto utilizado foi obtido na Internet, em fevereiro/2006, no sítio *http://www.ftc.gov*. Foi igualmente utilizado o já citado *Glossary of Terms Used in EU Competition Policy*.

311. Jay Albanese dá alguns exemplos dos valores envolvidos nestas práticas nos Estados Unidos: "(...) in recent years there was a well-publicized case of price-fixing. In 1985, Exxon Corporation was ordered to pay the largest fine in U.S. history (more than $2 billion) for overpricing Texas crude oil during the energy crisis of the 1970s. Exxon overcharged customers by nearly $1 billion by selling 'old' oil as if it were 'new' oil, priced $ 5 to $ 6 more per barre1. Eleven other firms and 39 refineries pleaded guilty or no contest in similar 'daisy chain' schemes, totaling another $2 billion in settlements (...)" (*White Collar Crime in America*, p. 69). Como relata James William Coleman, entretanto, o caso da *Exxon* não terminou bem para a agência federal (FTC) encarregada do processo: "Como todos os processos dessa natureza, o assim chamado 'caso da Exxon' foi trabalhoso e complexo, tendo consumido de 12% a 14% de todo o

pura e simples combinação da prática de um mesmo preço para o serviço ou mercadoria comum, independentemente de qualquer relação do mesmo com variações nas condições das operações negociais das respectivas empresas, e a adoção de outras medidas relacionadas a este, tais como a adoção de condições idênticas de financiamento para venda etc. Indicativa da sua existência, além da óbvia similaridade nos preços praticados, é a modificação e/ou exacerbada elevação destes de modo concomitante, quando vista cronologicamente, o que, por evidente, não fosse a existência do ajuste ou acordo, poderia ter outras origens, inclusive legítimas, tais como o aumento em virtude de alterações sazonais ou permanentes nos custos dos seus insumos, ou um descenso simultâneo dos preços em setor submetido a uma competição exacerbada etc. Já nos *(a2) acordos para limitação da oferta* busca-se a maximização dos lucros graças a uma elevação dos preços do produto ou do serviço motivada por sua escassez no mercado, que é artificialmente provocada pelo cartel, ao restringir a produção e/ou oferta dos bens ou serviços comuns aos seus integrantes. Os *(a3) acordos para divisão do mercado*, por sua vez, constituem a própria eliminação da competição entre os acordantes e remetem à imediata distribuição entre eles do território ou da clientela das respectivas atividades, em segmentos nos quais passam a atuar como verdadeiros monopólios.

153. Nos *(a4) acordos para boicote*, por seu turno, os pactuantes acordam em não entabular negócios com determinado indivíduo ou

orçamento da FTC contra as violações antitrustes, ao longo da década de 1970. Apesar desse esforço, a FTC foi irremediavelmente vencida e pouco progresso se alcançou. A equipe jurídica da indústria do petróleo envolveu o Governo numa série de manobras infindáveis e, no final, cobriu os investigadores da FTC com solicitações massivas de informações e documentos. Com o início do governo Reagan, o cenário político 'mudou novamente para o lado oposto e, em setembro/1981, a FTC finalmente desistiu. (...). O esforço para processar as violações das leis antitruste cometidas pela indústria do petróleo transformou-se numa longa, e às vezes intensa, batalha, com vitórias importantes para os dois lados, mas está claro que prevaleceram os interesses das empresas petrolíferas. Apesar de todos os esforços do Governo, as companhias de petróleo conseguiram diminuir a concorrência e manter o controle de um pequeno cartel. (...). O movimento antitruste obteve êxito na contenção de alguns dos piores abusos das empresas de petróleo, tanto por meio da ação direta no Tribunal quanto pelo medo das empresas de estimular as reivindicações populares por ações do Governo. Porém, é fato que os interesses das corporações no final venceram as leis antitruste" (*A Elite do Crime – Para Entender o Crime do Colarinho Branco*, 5ª ed., p. 273).

empresa. Podem ser utilizados, eventualmente, como método para influenciar a formação de preços (*e.g.*, impor a um cliente o pagamento do preço majorado, diante da falta de alternativa em relação à presença de um produto substituto, com preço diferenciado) ou, também, para manipular as condições de funcionamento do mercado (*e.g.*, para impedir o ingresso de competidores ou para colocá-los em situação de desvantagem, dificultando sua permanência no mesmo). Por outro lado, na esfera dos consumidores o boicote pode ser um método legítimo de luta para a obtenção de melhorias nas relações de consumo (*e.g.*, redução de preços, proteção de animais, preservação ecológica etc.), e mesmo no campo das empresas podem existir determinadas situações em que o boicote pode ser lícito (*e.g.*, como forma coletiva de resistência a um abusivo aumento de preço de um insumo de necessidade comum aos participantes etc.). Nos *(a5) acordos para restrição de propaganda* busca-se, sem justa causa, sonegar ao consumidor determinadas informações que são relevantes, tais como aquelas acerca do preço ou das características intrínsecas do produto ou serviço que o cartel fornece (*e.g.*, quantidade, composição química, restrições de uso etc.).

154. Os *ajustes ou acordos verticais*, por seu turno, caracterizam-se por serem efetuados entre empresas que já atuam (ou passam a atuar) em setores distintos, mas complementares, de uma mesma cadeia de produção ou de distribuição de bens e serviços no mercado – como, por exemplo, as empresas produtoras e as empresas revendedoras de um mesmo produto – ou entre os fornecedores de insumos e os fabricantes de produtos que os utilizam.[312] Quanto aos acordos verticais, Paula For-

---

312. Na Lei de Defesa da Concorrência portuguesa, através de seu art. 4º, "são proibidos os acordos entre empresas, as decisões de associações de empresas e as práticas concertadas entre empresas, qualquer que seja a forma que revistam, que tenham por objecto ou como efeito impedir, falsear ou restringir de forma sensível a concorrência no todo ou em parte do mercado nacional, nomeadamente os que se traduzam em: a) fixar, de forma directa ou indirecta, os preços de compra ou de venda ou interferir na sua determinação pelo livre jogo do mercado, induzindo, artificialmente, quer a sua alta, quer a sua baixa; b) fixar, de forma directa ou indirecta, outras condições de transacção efectuadas no mesmo ou em diferentes estádios do processo económico; c) limitar ou controlar a produção, a distribuição, o desenvolvimento técnico ou os investimentos; d) repartir os mercados ou as fontes de abastecimento; e) aplicar, de forma sistemática ou ocasional, condições discriminatórias de preço ou outras relativamente a prestações equivalentes; f) recusar, directa ou indirectamente, a compra ou venda de bens e a prestação de serviços; g) subordinar a celebração de

gioni registra que: "(...) ao analisar os efeitos de qualquer prática antitruste, devemos, primeiramente, identificar os mercados em que serão sentidos. No caso dos acordos verticais, os efeitos podem ser produzidos (i) no mercado relevante em que atua o produtor do bem ou serviço, (ii) no mercado relevante em que atuam os distribuidores, ou ainda (iii) no mercado dos fornecedores de bens para o produtor. Discute-se em que medida acordos verticais (ou mesmo concentrações) produzem efeitos benéficos para a economia que possam suplantar a restrição à concorrência a que dão origem. Trata-se de assunto dos mais polêmicos em antitruste, sendo que nem a doutrina e tampouco a jurisprudência encontram-se perto de um consenso sobre a conveniência ou não desses acordos (...)".[313]

155. Apesar de a doutrina oriunda da Economia e do direito administrativo-econômico referir a cartelização, quase sempre, em termos da presença de acordos horizontais,[314] resultando certa impropriedade no emprego deste termo para remeter aos pactos verticais, é igualmente factível nestes casos o reconhecimento da existência de avenças lesivas à concorrência, configurando a formação de cartel. A razão é simples: ao contrário do que ocorre em outras legislações, que as restringem a jusante, inexiste no tipo estudado qualquer discrímen neste sentido. Aqui surgem os *(b1) acordos sobre os preços e as condições para compra, venda ou revenda*, quase sempre nestes casos envolvendo a determinação unilateral de um preço comum. Estes podem, ainda, aparecer sob a forma de outras variantes, como *(b1.1)* o *acordo para fixação de preço mínimo de revenda*, quando um fabricante ajusta com seus revendedores um piso coletivo para a comercialização do produto, e *(b1.2)* o *acordo para fixação de preço máximo de revenda*, no qual, eventualmente, a razoabilidade do patamar estabelecido (considerados os custos de produção e outros fatores) pode até mesmo configurar benefício para os consumidores. Por outro lado, em linha de princípio, não configura qualquer ilegalidade a política dos denominados "preços sugeridos para

---

contratos à aceitação de obrigações suplementares que, pela sua natureza ou segundo os usos comerciais, não tenham ligação com o objecto desses contratos".
313. Paula Forgioni, *Os Fundamentos do Antitruste*, 2ª ed., p. 418.
314. Neste sentido, por todos, com análise das várias modalidades de avenças horizontalmente estabelecidas pelos oligopólios, v. Paula Forgioni, *Os Fundamentos do Antitruste*, 2ª ed., pp. 396-417.

revenda"; estes podem configurar estratégias válidas em busca de maior eficiência na competição com outros produtos similares, desde que ausente a constatação da presença do abuso do poder econômico.[315] Aven-

315. No paradigmático caso "GTE Sylvania" ("Continental TV, Inc. *vs.* GTE Sylvania, Inc. 433" (*U.S.36 (1977)*)], a Suprem Corte norte-americana apreciou uma hipótese fática na qual a ré, fabricante de aparelhos de televisão que dispunha de uma participação de 1 a 2% do mercado nacional do produto, em 1962, para melhorar este percentual, passou a adotar uma nova estratégia de franquias através da qual venderia seus produtos apenas através de um pequeno número de revendas. A redução tinha por escopo selecionar as revendedoras mais agressivas e competentes, para melhorar a posição da empresa no mercado. A companhia limitou o número máximo de revendas por área geográfica e clausulou que estas apenas poderiam revender seus produtos na(s) área(s) predeterminada(s) para a(s) qual(is) estavam franqueadas. A franquia não assegurava exclusividade, ficando ao critério exclusivo da franqueadora a permissão para que outras franqueadas atuassem na mesma região, caso a que ali atuasse não correspondesse às expectativas previstas para as vendas na localidade. Como resultou da nova estratégia de *marketing*, a empresa, em 1965, passou a ter cerca de 5% do mercado geográfico nacional do produto, ocupando a oitava posição entre os maiores fabricantes de aparelhos de TV nos Estados Unidos. Diante desta nova estratégia, a franqueada *Continental TV* ajuizou ação indenizatória contra a franqueadora ao argumento de que a mesma estaria violando o primeiro artigo do *Sherman Act* (v. item **121**, retro) ao limitar nos contratos de franquia as áreas de atuação de cada revendedora, proibindo a revenda de seus produtos fora das mesmas. A matéria chegou à Corte Suprema porque, a pedido da autora, a Corte Distrital, ao instruir os jurados, utilizou o critério de que o *Sherman Act* proibia *per se* estes acordos restritivos não só quando versavam diretamente sobre preços de venda, acordos horizontais, mas sobre qualquer outro aspecto da mesma, alcançando os acordos verticais (utilizando o precedente "United States *vs.* Arnold, Schwinn & Co.", *388 U.S. 365 (1967)*), tendo sido a ré condenada ao pagamento de indenização por danos em montante três vezes superior fixado pelo Júri conforme determinação estatutária (*treble damages*). *Sylvania* apelou para a Corte de Apelos, que reverteu o primeiro julgamento ao argumento de que apenas quando irrazoáveis tais avenças constituiriam violação antitruste (*rule of reason*). A Suprema Corte reverteu o precedente *Schwinn*, que consagrava a regra *per se*, e consagrou a *rule of reason*: "(...). The justification and standard for the creation of *per se* rules was stated in 'Northern Pac. R. Co. *vs.* United States', *356 U.S. 1, 5*: 'There are certain agreements or practices which because of their pernicious effect on competition and lack of any redeeming virtue are conclusively *[433 U.S. 36, 37]* presumed to be unreasonable and therefore illegal without elaborate inquiry as to the precise harm they have caused or the business excuse for their use'. Under this standard, there is no justification for the distinction drawn in *Schwinn* between restrictions imposed in sale and nonsale transactions. Similarly, the facts of this case do not present a situation justifying a *per se* rule. Accordingly, *the **per se** rule stated in **Schwinn** is overruled, and the location restriction used by respondent should be judged under the traditional rule-of-reason standard* (...)" (grifei). A visão da Suprema Corte sobre os acordos verticais fica mais clara no julgamento conhecido como "Business Electro-

ças entre fabricantes e vendedores podem extrapolar da questão acerca da determinação do preço e passar a envolver outras vertentes da comercialização do produto, tais como a fixação de certas condições específicas de venda (*e.g.*, limitações da garantia oferecida ou critérios de financiamento) e a indicação de áreas geográficas de atuação específica para cada revenda.

156. Já outros pactos desta ordem trazem no seu bojo indícios de eventual desvio de finalidade e até, por si mesmos, podem caracterizar ilícitos; por exemplo, *(b2) os acordos de exclusividade* e *(b3) os acordos para venda casada (tying arrangements)*.[316] Em razão da obrigatoriedade preestabelecida para que apenas um dado produto ou serviço seja oferecido ou prestado pelo vendedor pactuante, nos primeiros há uma restrição do acesso de outros fabricantes a determinados pontos de venda existentes naquele mercado, que podem até ser os únicos existentes naquela região geográfica – do que pode resultar o domínio deste mercado ou a eliminação da competição no mesmo. Nestes casos, ainda, pode estar escamoteada uma divisão de mercados – *e.g.*, se dois grandes fabricantes combinam entre si impor exclusividade aos revendedores existentes, distribuindo-os em grupos consentâneos com seus respectivos interesses no compartilhamento do controle geográfico do mercado. De sua parte, a denominada "venda casada", por si mesma, já

---

nics", cujo *syllabus* afirma: "(...). The term 'restraint of trade' in the Sherman Act, like the term at Common Law before the statute was adopted, *refers not to a particular list of agreements, but to a particular economic consequence, which may be produced by quite different sorts of agreements in varying times and circumstances.* Moreover, this Court's precedents do not indicate that the pre-Sherman Act Common Law prohibited as illegal *per se* an agreement of the sort made here. Nor is the District Court's rule of *per se* illegality compelled by precedents under the Sherman Act holding certain horizontal agreements to constitute price fixing and thus to be *per se* illegal even though they did not set prices or price levels. *The notion of equivalence between the scope of horizontal **per se** illegality and that of vertical **per se** illegality was explicitly rejected in GTE Sylvania. Finally, earlier vertical price-fixing cases are consistent with the proposition that vertical **per se** illegality requires an agreement setting a price or a price level* (...)" ("U.S. Supreme Court Business Electronics *vs.* Sharp Electronics", *485 U.S. 717 (1988) 485 U.S. 717* – grifei). A íntegra destes julgados foi obtida pelo autor através de acesso à Internet realizado em maio/2006 no sítio *Find Law*: *http://laws.findlaw.com*.

316. Para uma síntese dos potenciais efeitos *pro* e *anticompetitivos* deste tipo de acordo de "venda casada", por todos, v. Andrew I. Gavil, William E. Kovacic e Jonathan B. Baker, *Antitrust Law in Perspective: Cases, Concepts and Problems in Competition Policy*, p. 713.

caracteriza ilícito penal, definida como a conduta de *subordinar a venda de bem ou a utilização de serviço à aquisição de outro bem, ou ao uso de determinado serviço* (art. 5º, II, da Lei federal 8.137/1990), ocorrendo, por exemplo, quando dois produtos de diferentes fabricantes estão vinculados para venda e, se comprados concomitantemente, terão – pelo menos um deles – seus respectivos preços diminuídos.

157. Concertadas pelas empresas organizadas em cartel, o que toda esta variedade de práticas indesejáveis de mercado (meramente por nós exemplificadas nos itens anteriores) passa a ter em comum é o fato de elas conduzirem ou viabilizarem uma interferência deletéria no campo de atuação das demais empresas atuantes no mercado relevante, seja o do produto, seja o geográfico. Como resultado da congregação efetuada, e graças ao poder econômico assim adquirido, esta interferência pode levar à eliminação total ou parcial da concorrência. Sob um ponto de vista jurídico-penal, a intervenção realizada nos termos apontados não precisa redundar necessariamente no desaparecimento formal da empresa ou das empresas que competem com o cartel. Despiciendos, pois, o advento da extinção judicial ou extrajudicial da empresa ou a ocorrência de outros eventos que afetam sua vida societária, tais como a realização de movimentos concentracionistas de incorporação, cisão, fusão etc., bem como o aparecimento de outros percalços limitantes de suas atividades, tais como a falência, a concordata, a autodissolução etc. É que para o tipo objetivo não se trata de *eliminação da empresa* ou *eliminação do concorrente*, mas, sim, da *eliminação da concorrência*.[317] Por outro lado, quando uma ou algumas das empresas que constituem o cartel já ocupam posição dominante, ou quando o poder de mercado obtido a partir do estabelecimento entre elas do ajuste ou do acordo, por si só, já viabiliza a aquisição pelo coletivo de posição dominante em um mercado relevante, a eliminação da concorrência procedida nos termos antes referidos insere-se no bojo do chamado *abuso de posição dominante*. Nesta linha – que pode ser tida por objetivista, na medida em que são valoradas a situação objetiva da distribuição de poder no mercado relevante e a constatação da prática de condutas consideradas excluden-

---

317. Se o abuso do poder econômico redundar na "cessação parcial ou total das atividades da empresa" ou "no impedimento a constituição, funcionamento ou desenvolvimento de empresa concorrente" podem estar configuradas, respectivamente, as hipótese das alíneas "e" e "f", ambas do mesmo art. 4º, I, da Lei 8.137/1990.

tes da competição – pode albergar-se a perspectiva adotada acerca do tema pelo Tribunal de Justiça Europeu no precedente já invocado neste texto (item **142**, retro). Com efeito, naquele julgado a Corte imputou como abusivos os comportamentos de uma empresa dominante capazes de interferir nas estruturas do mercado no qual ocupa esta posição, e que se manifestam "através do recurso a práticas diferenciadas das que são empregadas, em condições normais da concorrência entre produtos e serviços, nas transações dos operadores econômicos, têm como efeito obstaculizar à manutenção do grau de concorrência ainda existente no mercado ou o incremento da mesma" (Processo 85/1966, "Hoffmann-La Roche *vs.* Comissão").

158. Assim, a eliminação da concorrência é a supressão ou a diminuição da quantidade de empresas em atuação e/ou da capacidade destas de competirem (seja na qualidade de concorrentes reais, seja na de potenciais) no mesmo mercado relevante, que ocorre como resultado de práticas anticompetitivas que são empregadas por suas concorrentes, atuando concertadamente sob a forma de cartel, graças à celebração entre elas de determinados ajustes ou acordos. O poder de mercado assim obtido é capaz de assegurar ao cartel uma ampliação da sua participação no mercado do produto ou no mercado geográfico correspondente, que ocorre concomitantemente a uma supressão parcial ou total da participação nos mesmos dos demais competidores alijados, que, todavia, ainda podem permanecer formalmente existindo e/ou atuando.

III.7 Consumação, tentativa e tempo do crime

159. No Direito Brasileiro, como é curial, após ter sido iniciado seu cometimento, o crime será considerado consumado "quando nele se reúnem todos os elementos de sua definição legal" (art. 14, I, do CP). Acrescenta-se que – embora não prescinda do início efetivo da execução – a repercussão penal da conduta pode antecipar-se ao momento da sua consumação, valorando-se como tentativa punível o percurso ou intervalo (*iter criminis*) que medeia entre estes pólos (art. 14, II, do CP).[318] Nem sempre, todavia, é cabível a tentativa, como ocorre de mo-

---

318. Sobre a tentativa, v. Eugenio Raúl Zaffaroni e José Henrique Pierangelli, *Da Tentativa*, 1988.

do geral nos denominados delitos unissubsistentes, que são aqueles cujo *iter criminis* não permite cisão, bem como nos crimes culposos, nos delitos omissivos próprios etc. Em razão das particularidades do seu tipo objetivo, previamente apontadas, no caso do crime analisado quase sempre a tentativa será admissível. Com efeito, para a existência do abuso do poder econômico o tipo remete à exigência de que este resulte em um dado atingimento da ordem econômica, configurado através da conjugação entre certo meio, que deve estar necessariamente presente (o ajuste ou o acordo), indicando o início da execução, e determinados resultados previstos como decorrências efetivas propiciadas por esse instrumento (a dominação do mercado ou a eliminação total ou parcial da concorrência). Assim, para além da presença de indispensável liame causal daí resultante, como condição de sua imputação objetiva, ficou ainda patenteado em nossa análise anterior que, em regra, a vinculação referida não surgirá automaticamente, concomitantemente à celebração da avença, eis que se coloca a necessidade de que o pactuado repercuta concretamente no mercado, pelo menos sob uma das formas igualmente previstas no tipo.

160. Desta maneira, diante da complexidade do substrato fático circundante (o mercado) e do aspecto já apontado de que a obtenção dos resultados previstos no tipo raramente decorre com instantaneidade do simples implemento do meio exigível pelo tipo (o ajuste ou o acordo), a consumação quase sempre será antecedida pela realização de um conjunto articulado de ações tipicamente relevantes pelos agentes. Como este *iter* é passível de ser fracionado, conseqüentemente, poderá ser interrompida a execução por circunstâncias alheias à vontade dos agentes, caracterizando a tentativa. Em *primeiro lugar*, pois, excepcionando a regra geral da atipicidade dos atos preparatórios, diante da estrutura típica considerada, a própria realização da ação de entabular o ajuste ou o acordo já configura o início de execução e pode se punida como tentativa. Em *segundo lugar*, embora raramente ocorrentes na prática, podem existir hipóteses (como, por exemplo, o pacto de exclusividade de revenda) nas quais o abuso do poder econômico decorra automaticamente da própria avença, que por si mesma implementa a eliminação quantitativa (total ou parcial) da concorrência ou o domínio do mercado. Nestes casos, o estabelecimento do ajuste ou do acordo por si mesmo poderá consumar o crime, configurando hipótese de crime instantâneo e unissubsistente, no qual a tentativa será inadmissível. Como asseverado, todavia, nas situações que são mais freqüentes o ajuste ou o acordo devem se desdobrar em outros atos executivos, consubstanciados na adoção de medidas interventivas no mercado para a consecução concreta daqueles fins especiais referidos, casos em que será factível a tentativa, diante da possibilidade de interrupção do *iter criminis* após a avença, mas antes do advento da *meta optata*.

161. Em nosso juízo, o fato de se tratar de crime de perigo nenhum óbice produz em relação à admissibilidade da tentativa. Como ressalta Nelson Hungria, "só não é concebível a tentativa nos crimes de perigo que *unico actu perficiuntur*; mas o mesmo acontece com todo e qualquer crime unissubsistente, isto é, cuja execução se opera em um só ato, pois a tentativa pressupõe a possibilidade de cisão do processo executivo ou de execução por atos sucessivos. (...)".[319] Por outro lado, refletindo a diferenciação entre *objeto material* e *objetividade jurídica*, como relembra Assis Toledo, "é oportuno frisar que os crimes de perigo não se equiparam rigorosamente aos formais. Conforme registra Eduardo Correia, o crime de perigo pode ser formal do ângulo do resultado final que se quer evitar, mas é um crime material, como no exemplo da fabricação de moeda falsa, considerado o fato que caracteriza o perigo".[320]

162. A ação tipicamente essencial (*abusar por meio de acordo ou ajuste*) e aquelas que – materializando-a – são hábeis a produzir os resultados associados à mesma (*dominar* o mercado e *eliminar* a concorrência), para além de quase sempre plurissubsistentes, podem protrair-se no tempo e perpetuar a periclitação do bem jurídico precipuamente protegido enquanto o acordo ou ajuste for eficaz; e, em conseqüência, podem caracterizar-se como hipóteses de crime permanente. Observe-se, ainda, que "todos os crimes são instantâneos do ponto de vista do momento consumativo. Sob o aspecto do modo de realização, e, em particular, da sua duração, os crimes podem ser instantâneos, necessariamente ou não necessariamente, e permanentes. No primeiro caso, a figura legal exclui a possibilidade de permanência.[321] No segundo, ainda que não excluída da *fattispecie* abstrata, o agente não protrai sua

---

319. Nelson Hungria, *Comentários ao Código Penal*, vol. V, p. 375.
320. Francisco de Assis Toledo, *Princípios Básicos de Direito Penal*, pp. 143-144.
321. Por exemplo, o homicídio, crime necessariamente instantâneo, ainda que de efeitos permanentes.

atividade criminosa para além da perfectibilização do crime, quer por sua escolha, quer porque não vê ou não existem condições para tanto, quer por outro motivo contingente. No terceiro, em permitindo a *fattispecie* abstrata, o agente decide protrair a duração do crime para além da consumação".[322] Nestes termos, a formação de cartel insere-se no terceiro grupo. Conseqüências relevantes decorrem de tal constatação em diferentes planos: *(a)* nos aspectos da sucessão de leis penais no tempo; *(b)* no que refere à contagem do prazo da prescrição; *(c)* na questão da possibilidade de prisão em flagrante dos seus sujeitos ativos; e, ainda, *(d)* na fixação do juízo competente. Neste último caso, tendo em conta o entendimento doutrinário dominante, no sentido de uma concepção unitária do crime permanente, ainda que a consumação se desdobre por inúmeras comarcas, para a fixação territorial de competência será observado o critério da prevenção (art. 71 do CPP[323]).

163. Por outro lado, é possível a prisão em flagrante dos autores enquanto durar a permanência (art. 303 do CPP[324]). Assim, *e.g.*: "(...). O ora paciente não foi condenado pela suposta venda do entorpecente ao policial que simulara interesse em comprar a droga, mas pelo fato de tê-la sob sua guarda ou mantê-la em depósito para vendê-la a quem se apresentasse como interessado, já estando assim esse crime permanente consumado anteriormente à simulação do interesse na compra (precedente do STF em hipótese análoga: HC n. 67.908, 2ª Turma) (...)".[325] E: "(...). Em se tratando de delito de natureza permanente, é prescindível a apresentação de mandado para efeito de apreensão da substância entorpecente e prisão do portador ou depositário (...)".[326] No que refere ao prazo prescricional, nestes crimes será contado nos exatos termos do art. 111, III, do CP.[327] E a jurisprudência dominante na Corte Suprema

---

322. Giovanni Grisolia, *Il Reato Permanente*, p. 8. São exemplos: tráfico de drogas, extorsão mediante seqüestro, guarda de moeda falsa, quadrilha, usurpação de função pública etc.
323. "Art. 71. Tratando-se de infração continuada ou permanente, praticada em território de duas ou mais jurisdições, a competência firmar-se-á pela prevenção."
324. "Art. 303. Nas infrações permanentes, entende-se o agente em flagrante delito enquanto não cessar a permanência."
325. STF, 1ª Turma, HC 72.824-3, rel. Min. Moreira Alves, v.u., *DJU* 17.5.1996.
326. STJ, 5ª Turma, REsp 124.012, rel. Min. José Arnaldo da Fonseca, v.u., *DJU* 29.9.1997.
327. "Art. 111. A prescrição, antes de transitar em julgado a sentença final, começa a correr: (...) III – nos crimes permanentes, do dia em que cessou a permanência; (...)."

salienta que: "(...) a instauração do inquérito policial não implica necessariamente a cessação do crime permanente e o início conseqüente do prazo prescricional: se a abertura do inquérito é posterior, simultânea ou antecedente à cessação da permanência é questão de fato e não de direito, a ser deslindada à luz dos dados contingentes do caso concreto. (...). Afirmado na denúncia que a associação criminosa perdurava até a sua data, há de situar-se no seu recebimento a cessação de permanência do delito e o ponto inicial da contagem da prescrição (HC n. 40.405, 4.3.1964, Evandro Lins)".[328]

164. No que refere à sucessão de leis penais no tempo, deve-se levar em conta a relevância constitucional do *favor libertatis*, expresso na regra geral da irretroatividade da lei penal e no conceito jurídico-penal de "tempo do crime" (art. 4º do CP[329]). Nestas condições, pode-se estabelecer que a *abolitio criminis* ou a *lex mellius* serão em qualquer caso aplicáveis ao crime permanente. Já a lei que cria uma nova figura típica será aplicável apenas e tão-somente se na sua vigência a conduta realizada pelo agente se subsumir ao novo tipo, qual seja, "que o *minimum* necessário de atividade para integrar o crime ocorra sob a lei nova incriminadora e não poderá ser utilizada, para fins de subsistência do crime, aquela parte da conduta que, antes da entrada em vigor da nova lei, era completamente lícita (...)".[330] Leciona a melhor doutrina brasileira, na hipótese de edição de *lex gravior*[331] (*e.g.*, a que exacerba a reprimenda anteriormente prevista ou cria novas hipóteses de agravação da pena): "(...) aplica-se a lei nova, pois sob seu império continuou sendo praticada a ação (...)".[332] E que: "(...) a cada momento de tal permanência está

---

328. STF, 1ª Turma, HC 71.368, rel. Min. Sepúlveda Pertence, v.u., *DJU* 3.3.1995.
329. "Art. 4º. Considera-se praticado o crime no momento da ação ou omissão, ainda que outro seja o momento do resultado."
330. Giovanni Grisolia, *Il Reato Permanente*, p. 108.
331. "(...). A cláusula constitucional inscrita no art. 5º, XL, da Carta Política – que consagra o princípio da irretroatividade da *lex gravior* – incide, no âmbito de sua aplicabilidade, unicamente sobre as normas de direito penal material que, no plano da tipificação, ou no da definição das penas aplicáveis, ou no da disciplinação do seu modo de execução, ou, ainda, no do reconhecimento das causas extintivas de punibilidade, agravem a situação jurídico-penal do indiciado, do réu ou do condenado (...)" (STF, 1ª Turma, AgRg no AI 177.313-8, rel. Min. Celso de Mello, v.u., *DJU* 13.9.1996).
332. Heleno Cláudio Fragoso, *Lições de Direito Penal – A Nova Parte Geral*, 10ª ed., p. 108.

presente e militando, por ação ou omissão, a vontade do agente (ao contrário do que ocorre nos crimes instantâneos com efeitos permanentes), nada importando assim que o 'estado de permanência' se haja iniciado no regime da lei antiga, ou que esta incriminasse, ou não, o fato (...)".[333]

III.8 Autoria e participação

165. Como as pessoas jurídicas (ou entes morais) são criadas por ficção jurídica,[334] sendo, por si mesmas, insuscetíveis de expressar vontades e/ou de realizar condutas, a celebração de ajustes ou de acordos entre as empresas, que está no coração mesmo do tipo objetivo da formação de cartel, constituindo o ponto de partida do seu *iter criminis*, depende da intervenção de indivíduos faticamente capazes de vinculá-las aos mesmos.[335] Assim, ainda que na literalidade do preceito incriminador não se exija revistam-se tais avenças de qualquer roupagem jurídico-formal específica, para fins de imputação penal constitui substrato fático mínimo obrigatório ou pressuposto lógico-jurídico para a existência deste tipo objetivo que esteja atuando um agente com pelo menos uma capacidade potencial de vinculação da empresa ao estabelecido no ajuste e/ou no acordo considerados. Caracteriza-se, nestes termos, o tipo examinado como sendo implicitamente um crime próprio ou especial,[336] já que apenas poderá ser perpetrado por aqueles que validamen-

---

333. Nélson Hungria, *Comentários ao Código Penal*, vol. I, p. 121.
334. A matéria envolve a vetusta polêmica (mais de 150 anos) entre a *teoria da ficção* de Friedrich Carl von Savigny e a *teoria da realidade* ou *orgânica* de Georg von Beseler e Otto von Gierke.
335. Código Civil:
"Art. 47. Obrigam a pessoa jurídica os atos dos administradores, exercidos nos limites de seus poderes definidos no ato constitutivo.
"Art. 48. Se a pessoa jurídica tiver administração coletiva, as decisões se tomarão pela maioria de votos dos presentes, salvo se o ato constitutivo dispuser de modo diverso."
336. Como ensina Heleno Fragoso, "crimes próprios são todos aqueles em que se apresentam como elementos constitutivos qualidades, estados, condições e situações do sujeito ativo, de forma explícita ou implícita. Entram, pois, nesta categoria aqueles casos em que se exigem determinadas relações do agente com o sujeito passivo, com o objeto material, o instrumento ou lugar, ou, ainda, um comportamento precedente do sujeito ativo. (...). As circunstâncias de caráter pessoal não se transmitem aos co-autores e partícipes, salvo quando deixam de ser circunstâncias e se transformam em elementos constitutivos do delito. Admitem-se, portanto, a participação e a co-autoria de

te possam encetar ajustes ou acordos que sejam dotados de eficácia (como vinculação abstrata) e de efetividade (como vinculação concreta) que possam redundar em sua viabilidade operacional, ou seja, de maneira a poderem desaguar numa atuação concreta da empresa no mercado. Inexiste, entretanto, como reflexo da forma livre que se reconhece aos ajustes ou acordos, qualquer exigência expressa no tipo objetivo de que o sujeito ativo possua uma prévia qualidade formal específica (como, por exemplo, a de controlador, gestor, diretor, administrador ou funcionário da empresa) como condição para a validade do pacto. Em conseqüência, é de se admitir uma maior latitude para caracterizar sua autoria, incluindo não só a efetiva capacidade jurídica do agente como, também, seu poder de fato para comprometer a empresa no acordo ou no ajuste.

166. Este aspecto poderá reverberar, ainda, na esfera probatória, especificamente no que concerne à questão da eficácia da avença para fins de subsunção penal em situações nas quais, apesar de haver sido elaborado o ajuste ou o acordo, as empresas pactuantes não os tenham ainda posto em prática. Nestas hipóteses, para fins de delimitação do início penalmente relevante do *iter criminis*, será preciso distinguir: *(a)* se ausente a qualidade jurídica de representante legal da pessoa jurídica pelo agente que pactuou o ajuste ou acordo em seu nome, inexistirá, no plano probatório, a presunção *juris tantum* do engajamento eficaz da empresa beneficiária no mesmo; e *(b)* sendo o agente formalmente vinculado a ela, a efetividade da avença estaria pressuposta, como corolário jurídico dos poderes de representação da empresa por ele enfeixados. Será necessário, então, no caso concreto, para reconhecer o início da execução, comprovar que o compromissário tinha os poderes fáticos de direção ou de controle da empresa, sendo capaz de estabelecer um vínculo negocial entre ambas, que tenha aptidão para produzir efeitos concretos nas atividades das empresas pactuantes, seja no mercado em que já atuam, seja naquele no qual pretendem atuar conjuntamente. Noutra perspectiva, o crime de formação de cartel não é infenso às regras gerais do concurso de agentes (art. 29 do CP[337]), donde decorre, em

---

um *extraneus* nos crimes próprios. Subsiste, por outro lado, o crime próprio quando o *intraneus* se serve de pessoa não-qualificada para a prática da ação típica" ("Aspectos da teoria do tipo", *RDPenal* 2/72-73).

337. "Art. 29. Quem, de qualquer modo, concorre para o crime incide nas penas a este cominadas, na medida de sua culpabilidade.

"§ 1º. Se a participação for de menor importância, a pena pode ser diminuída de um sexto a um terço.

qualquer caso, que, sendo tal qualidade pessoal da capacidade – seja fática ou jurídica – de entabular a avença um elemento integrante do tipo, ainda que implícito, torna-se passível sua comunicação aos demais participantes do crime, quer sejam estes ou não, conforme o caso, igualmente gestores de fato ou de direito (art. 30 do CP[338]).

167. Tratando-se de crime de colarinho branco, é freqüente a presença de "testas-de-ferro", que apenas formalmente ocupam cargos e "realizam" atos de gestão por determinação, orientação e interesse de terceiros. Daí assinalar Mireille Delmas-Marty que a noção de "atividade de direção" é essencial na fixação da responsabilidade penal pela prática deste gênero de delitos. Nesta linha, observa esta autora que: "(...). Os indícios diretos de um poder de direção podem aparecer: quer desde a constituição de uma sociedade e organização de suas estruturas (iniciativa da constituição da sociedade, recrutamento do 'homem-de-palha', gerente ou diretor de direito, fixação da sede social, às vezes no domicílio do orientador ou nos escritórios de uma empresa onde este é o dirigente oficial); quer no âmbito da administração interna, essencialmente pelo controle financeiro da sociedade, qual seja, para o controle do capital (o orientador detém em geral a maioria do capital, através dele mesmo, através de sua família, através de uma sociedade acionária...), ou ainda pelo controle do financiamento (liberação de parcelas sociais ou ações atribuídas aos associados complacentes, retiradas em contas correntes, cauções bancárias); igualmente pela detenção dos ins-

---

"§ 2º. Se algum dos concorrentes quis participar de crime menos grave, ser-lhe-á aplicada a pena deste; essa pena será aumentada até metade, na hipótese de ter sido previsível o resultado mais grave."

O Código Penal parece ter adotado, quanto ao concurso de agentes, a chamada *teoria monista* ou *unitária*, mas mitigada, como se vê dos seus parágrafos. Sobre a viabilidade da adoção da teoria do domínio do fato no âmbito do ordenamento penal brasileiro, por todos, v. Juarez Cirino dos Santos, *A Moderna Teoria do Fato Punível*, 3ª ed., pp. 275-277, que conclui por afirmar que "a introdução legal de critérios de distinção entre autor e partícipe transforma, na prática judicial, o paradigma monístico da teoria unitária em paradigma diferenciador, admitindo o emprego de teorias modernas sobre autoria e participação, como, por exemplo, a teoria do domínio do fato, cujos postulados são inteiramente compatíveis com a disciplina legal de autoria e participação no Código Penal (...). Por essa razão, autoria e participação devem ser estudadas segundo os postulados da teoria do domínio do fato, generalizados na literatura contemporânea como critérios de definição de autor e de partícipe" (ob. cit., p. 277).

338. "Art. 30. Não se comunicam as circunstâncias e as condições de caráter pessoal, salvo quando elementares do crime."

trumentos de gestão cotidiana (procuração bancária, delegação de assinatura em nome da sociedade, utilização de cheques assinados em branco pelo dirigente de direito, conta bancária pessoal utilizada como conta de tesouraria) (...). Um indício indireto pode se deduzir da outorga de uma remuneração elevada, às vezes mais elevada que aquela do diretor de direito, correspondente a uma função assalariada na sociedade (representante, diretor comercial, diretor técnico, conselheiro técnico...) (...)".[339]

168. No âmbito da criminalidade econômica em geral, e no tipo estudado em particular, diante da constatação evidente de que as empresas caracterizam o veículo por excelência destas práticas delituosas e podem ser (com freqüência o são) suas maiores beneficiárias, impõe-se discutir o problema da responsabilização criminal das pessoas jurídicas.[340] De

---

339. Mireille Delmas-Marty, *Droit Penal des Affaires – Partie Générale: Responsabilité, Procédure, Sanctions*, 3ª ed., t. 1, pp. 55-56.

340. "(...) a freqüência e facilidade para cometer delitos econômicos no âmbito das sociedades mercantis, especialmente nas de responsabilidade limitada e anônima, explicam que se haja pleiteado, ao menos para este setor, a abolição do clássico princípio *societas delinquere non potest*" (Francisco Muñoz Conde, "Principios político-criminales que inspiran el tratamiento de los delitos contra el orden socioeconómico en el Proyecto de Codigo Penal Español de 1994", *Revista Brasileira de Ciências Criminais* 11/16). Como assinalou João Marcello de Araújo Jr., precursor do estudo deste tema no Brasil: "(...). Como demonstra a doutrina alemã, cuja legislação (...). Não bastassem estes argumentos de ordem dogmática, suficiente seria, para justificar a responsabilidade penal das pessoas jurídicas, dizer que estas assumiram no mundo econômico uma importância tão grande, que uma decisão de aumento de preços, social muitas vezes maior, por exemplo, numa grande cadeia de supermercados ou em uma importante fábrica de veículos, possui relevância do que a esmagadora maioria de nossas leis municipais. Além disso, a pessoa jurídica por seu poder econômico é socialmente muito mais perigosa que qualquer indivíduo e, ademais disso, como mostra Tiedemann, as corporações criam uma atmosfera, um clima, que facilita e incita o indivíduo a cometer delitos em seu seio. Ademais de tudo quanto ficou dito, face à intrincada forma de administração e ao fato de sua vontade ser conseqüência de atos subjetivamente complexos, as pessoas jurídicas permitem encobrir a responsabilidade individual, fazendo com que esta, de regra, recaia sobre os mais vulneráveis. Assim, a necessidade de justiça tem feito com que nos países de tradição romântica, tal qual já acontecera, há muito tempo, nos de *common law*, sinta-se hoje uma tendência, que nos parece irreversível, de adoção da responsabilidade penal da pessoa jurídica. Por tudo isso, não nos parece estranho, seja do ponto de vista dogmático, seja do criminológico e do político-criminal, que a Constituição Federal de 1988, dentre suas incontáveis inovações, tenha sinalizado para o legislador ordinário nesse sentido, pois esta é a prospectiva mundial. (...) pois nada tem mais força que uma idéia cujo tempo chegou (Victor Hugo)" (*Dos Crimes Contra a Ordem Econômica*, pp. 76-77).

outro modo, bastará às empresas beneficiárias pelo cartel substituírem seus prepostos, eventualmente penalmente punidos, e persistirem na prática de condutas criminosas, como conduta empresarialmente adotada para pautar suas atividades no mercado, em especial quando a sanção administrativa eventualmente aplicada às mesmas for inferior aos lucros alcançados pela prática ilícita. Esta discussão – muito além da mera especulação teórica – impõe-se como obrigatória diante da opção efetuada pelo legislador brasileiro, que passou a admitir expressamente a possibilidade desta responsabilidade, inclusive constando a mesma do próprio diploma constitucional de 1988, que pela primeira vez, e de maneira inequívoca, introduziu este tema em nossa tradição jurídica, promovendo verdadeira revolução na parêmia penal até então incontroversa: *societas non delinquere potest*. Além do já referido e contundente § 3º do art. 225 da CF de 1988 (v. item **30**, retro),[341] precipuamente vocacionado à proteção ambiental, mas que sem dúvida também repercute na ordem econômica – até porque o meio ambiente constitui um de seus princípios constitutivos (art. 170, VI)[342] –, reforça ainda tal entendimento o estatuído pelo § 5º do art. 173 da Carta Constitucional: "§ 5º. A lei, sem prejuízo da responsabilidade individual dos dirigentes da *pessoa jurídica, estabelecerá a responsabilidade desta, sujeitando-a às punições compatíveis com sua natureza*, nos atos praticados contra a ordem econômica e financeira e contra a economia popular" (grifei). Fica patenteado, pois, que a Constituição Federal inequivocamente estabelece a possibilidade de que a pessoa jurídica seja sancionada[343] na esfera ju-

341. Apesar da clareza das manifestações constitucionais neste sentido, por razões que desafiam a simples argumentação jurídica, persiste no Brasil grande resistência, sobretudo doutrinária, em aceitar a responsabilidade penal das empresas. No caso da proteção do meio ambiente, em que esta é legitimamente autorizada no referido § 3º do art. 225 da CF, foi editado o art. 3º da Lei de Proteção Ambiental (Lei federal 9.605/1998, inclusive com previsão de sanções especificamente aplicáveis às mesmas). Há pouquíssimos precedentes na esfera do STF tratando diretamente do tema. Assim, por exemplo, em situação ocorrida em julho/2000, na qual a empresa pública Petrobrás S/A produziu graves danos ambientais no Estado do Paraná em virtude do vazamento de aproximadamente 4 milhões de litros de óleo cru, que atingiram rios da Municipalidade de Araucária, decidiu-se pelo trancamento da ação penal movida conjuntamente contra a Petrobrás e o presidente daquela empresa (STF, 2ª Turma, HC 83.554-6, rel. Min. Gilmar Mendes, j. 16.8.2005, v.u.).
342. Neste exato sentido a lição doutrinária de José Afonso da Silva, *Curso de Direito Constitucional Positivo*, 30ª ed., pp. 847-849.
343. Estando, destarte, a Constituição em perfeita sintonia com a trilha que, como remarca Claus Roxin, se anuncia incontornável para o futuro do direito penal:

risdicional penal, e que tal reprimenda deverá ser consentânea com suas especificidades (arts. 170, VI, 173, § 5º, e 225, § 3º).[344]

169. Não só por sua novidade no Direito Brasileiro, mas sobretudo em virtude de sua própria excepcionalidade, que é resultante da constatação de que a tradicional responsabilidade exclusivamente pessoal continua a ser considerada indispensável à existência do ilícito penal,[345]

"(...) as sanções a pessoas jurídicas desempenharão um grande papel no futuro. Afinal, as formas mais socialmente lesivas da criminalidade econômica e ambiental têm sua origem nas grandes e poderosas empresas; também a venda dos mais diversos produtos lesivos à saúde será um problema cada vez maior para o direito penal. Quando, nestes casos, se realiza um tipo penal, é freqüentemente difícil, se não mesmo impossível, descobrir os responsáveis na empresa, pois a responsabilidade distribui-se por várias pessoas, e a culpabilidade de uma delas dificilmente pode ser provada Também não se consegue enfrentar de modo eficaz os perigos que emanam de uma grande empresa para o meio ambiente – através da punição de um individuo substituível. Pelo contrário, sanções que se acoplem a uma falha da organização (independentemente de quem, individualmente, seja o culpado) podem ter intensos efeitos preventivos. Elas devem abranger desde consideráveis pagamentos em dinheiro até o fechamento da empresa. (...). Minha nona conclusão intermediária é: sanções a pessoas jurídicas, paralelas à punição dos autores individuais, desempenharão um grande papel, no futuro, no combate à criminalidade de empresas" ("Tem futuro o direito penal?", in *Estudos de Direito Penal*, pp. 27-28).

344. Acolhendo a possibilidade, em tese, da imputação da prática de crime ambiental às pessoas jurídicas, desde que concomitantemente imputada aos seus dirigentes, alinham-se os seguintes e importantes precedentes do STJ, ambos da 5ª Turma: HC 43.751, rel. Min. José Arnaldo da Fonseca, v.u., *DJU* 17.10.2005, e REsp 610.114, rel. Min. Gilson Dippp, v.u., *DJU* 19.12.2005.

345. E que, como visto na nota anterior, permanece sendo o alicerce indispensável para veicular a existência de uma imputação de responsabilidade penal à pessoa jurídica. A doutrina especializada de Klaus Tiedemann indica que têm sido adotados três modelos diferenciados para lograr tal objetivo: "A menudo, la responsabilidad de la empresa solamente se desencadena por actos u omisiones de parte de los órganos y/o representantes legales, jurídicamente cualificados para actuar en nombre de la empresa. Esta restricción corresponde a la teoría de derecho civil y un clásico punto de vista que quiere que la persona moral actúe a través de sus órganos. El modelo contrario se centra en los actos de toda persona que actúe en nombre de la empresa o en favor de ella. Esta concepción más bien pragmática va lejos pero realiza la idea de facilitar la prueba y de dejar superfluas las distinciones entre diferentes categorías de representantes, incluidos los representantes de hecho. Los modelos mixtos, en fin, se sitúan entre los dos tipos opuestos, introduciendo, como en el Model Penal Code de Estados Unidos, un *managerial test* para limitar así la responsabilidad demasiado extensa del segundo modelo, dejando de lado las acciones de personas que no tienen ningún poder de decisión" ("Responsabilidad penal de personas jurídicas y empresas en Derecho Comparado", *Revista Brasileira de Ciências Criminais* 11/33-34). O autor

impõe-se a conclusão de que somente quando prevista expressamente é que se reconhecerá a possibilidade de imputação criminal à pessoa jurídica.[346] E mais: em razão da evidente impossibilidade material de aplicação da privação da liberdade e das exigências do princípio da reserva legal, também será imprescindível a previsão de sanções que sejam adequadas para sua natureza jurídica e que, ainda, forneçam um gradiente aplicativo capaz de permitir a individualização da reprimenda no caso concreto, de maneira proporcionada à sua reprovabilidade e para

---

conclui que a "solución intermedia parece ser la ideal entre las teorías clásicas y las necesidades de prueba y de persecución: además de los órganos y representantes legales, el *middle management* debería estar incluido. Una particular infracción de omisión de organización, de vigilancia y de control debería estar añadida con el fin de comprender los casos donde la culpa de personas de alto o medio rango hace posible la infracción cometida por un empleado de rango inferior. Esta recomendación parte de la idea-base, reconocida en muchos de los ordenamientos jurídicos, que la correcta organización de la agrupación constituye un criterio-clave para la vida y la responsabilidad de la misma" (p. 35). No Direito Português, ainda sobre as especificidades na imputação à pessoa jurídica, refere-se o estudo de José Francisco de Faria Costa, "A responsabilidade jurídico-penal da empresa e dos seus órgãos (ou uma reflexão sobre a alteridade, nas pessoas colectivas, à luz do direito penal)", *Revista Polícia e Justiça* 6-7/31-45.

346. Assim, *e.g.*, no Código Penal português a regra geral do art. 11º estabelece que: "Salvo disposição em contrário, só as pessoas singulares são susceptíveis de responsabilidade criminal". Não se encontra na Parte Especial do citado Códex, todavia, qualquer exceção expressa neste sentido, ainda que em outras normas especiais (*e.g.*, criminalidade informática) exista tal previsão. No âmbito europeu, por sua vez, já em 20.10.1988 foi expedida pelo Comitê de Ministros do Conselho da Europa a Recomendação 18, que propugnava a criação de normas estabelecendo a responsabilidade penal para as pessoas jurídicas. Em termos globais, estabelece Eladio Lecey que "um breve panorama do Direito Comparado a respeito da responsabilização ou não da pessoa jurídica em matéria criminal permite apontar três modelos de regimes referidos por Carlos Adérito Silva Teixeira: (a) primeiro modelo – o que admite como regra a responsabilidade da pessoa jurídica (Estados Unidos da América, Reino Unido, Canadá, Austrália, Holanda e Noruega); (b) segundo modelo – não aceita tal responsabilidade, pelo menos no campo estritamente penal, como Itália, Alemanha e as antigas Repúblicas Socialistas; (c) terceiro modelo – consagra um 'princípio da especialidade', admitindo, a par do princípio geral da individualidade da responsabilidade penal, um quadro de situações, definidas expressa e casuisticamente pelo legislador, de responsabilização penal das pessoas jurídicas, como Portugal, França (no Código Penal desde 1.3.1993), Luxemburgo e Dinamarca. O Brasil, agora, enquadra-se no terceiro modelo, criminalizando a pessoa coletiva em matéria de ambiente. Dita tendência, da responsabilização penal da pessoa jurídica, se mostra crescente, como revelam legislações em formação de diversos países (recentes projetos na Suíça, Bélgica e Finlândia) (...)" ("Tutela penal do meio ambiente", *Boletim Jurídico – Escola da Magistratura* 52/45).

permitir o atendimento dos fins das penas.[347] Na seara específica do ilícito estudado, contudo, o preceptivo legal pertinente limita-se a estabelecer que "quem, de qualquer modo, inclusive por meio de pessoa jurídica, concorre para os crimes definidos nesta Lei, incide nas penas a estes cominadas, na medida de sua culpabilidade" (art. 11 da Lei federal 8.137/1990). Desta maneira, não é admitida a pertinência subjetiva da pessoa jurídica para fins de imputação penal do crime de formação de cartel, ainda que esta fosse bastante apropriada nestes casos.

170. Este dispositivo legal, na verdade, além de reproduzir parcialmente a disposição da Parte Geral do Código Penal que trata da autoria e do concurso de agentes,[348] apenas explicita como sendo uma regra aplicável aos crimes contra a ordem econômica, bem como aos demais previstos naquela lei de regência, que poderá ser autor dos mesmos quem atuou em seu próprio nome ou o fez por representação de terceiros. Este parece ser o sentido da referência normativa "inclusive por meio de pessoa jurídica", eis que, sendo esta um ente jurídico abstrato, que opera por obra de pessoas físicas, sua utilização como meio pressupõe o poder de determinação deste atuar. Assim, a pessoa jurídica poderá ser utilizada para suas perpetrações, seja como veículo destas ou de qualquer outra maneira, não sendo expressa no preceito, ainda, qualquer exigência de que ela seja beneficiada diretamente pelas práticas ilícitas.[349] Não fosse a relevância deste último aspecto, que autoriza o

---

347. Como relembra Klaus Volk, já no século XIX, a propósito da possibilidade de reprovação penal de uma empresa, Edward (primeiro Barão de Thurlow), na qualidade de *Lord Chancellor*, indagava: "Did you ever expect a corporation to have a conscience, when it has no soul to be damned, and no body to be kicked?" (*Sistema Penale e Criminalità Economica – I Rapporti tra Dommatica, Politica Criminale e Processo*, p. 182, nota 17).
348. Código Penal: "Art. 29. Quem, de qualquer modo, concorre para o crime incide nas penas a este cominadas, na medida de sua culpabilidade.".
349. Em Portugal, a propósito da possibilidade de atuação em nome de outrem, o art. 12º do CP dispõe, de modo mais claro, que:
"1 – *É punível quem age voluntariamente como titular de um órgão de uma pessoa colectiva, sociedade ou mera associação de facto*, ou em representação legal ou voluntária de outrem, mesmo quando o respectivo tipo de crime exigir: a) determinados elementos pessoais e estes só se verificarem na pessoa do representado; ou b) *que o agente pratique o facto no seu próprio interesse e o representante actue no interesse do representado*.
"2 – A ineficácia do acto que serve de fundamento à representação não impede a aplicação do disposto no número anterior" (grifei).

reconhecimento do crime mesmo naquelas hipóteses em que haja prejuízo para alguma das empresas envolvidas,[350] em razão das suas próprias especificidades (*acordo entre empresas*), antes assinaladas, para a formação do cartel seria até mesmo despicienda esta previsão legal. Por outro lado, todavia, a norma transcrita em si mesma, na verdade, não facilita muito as coisas para o aplicador do Direito. Como assinalado por Bernd Schünemann em estudo sobre a criminalidade corporativa (*Unternehmenskriminalität*), "como conseqüência do princípio da descentralização, característico da empresa moderna, e da transformação da função de poder e de decisão das altas instâncias, por ele condicio-

---

O art. 12º, ainda, aos moldes do previsto de maneira geral no art. 30 do CP brasileiro, adota, para a hipótese prevista, a comunicabilidade das circunstâncias de caráter pessoal quando integrantes do tipo-de-ilícito. Para um aprofundamento na análise do citado preceptivo legal, v. Paulo Saragoça da Matta, *O Art. 12º do Código Penal e a Responsabilidade dos 'Quadros' das 'Instituições'*, 2001. Observa estar autor que: "(...) sendo o art. 12º expresso quanto à *voluntariedade*, afasta-se qualquer tentativa de nele se ver uma *responsabilidade funcional-objectiva*, decorrente da mera titularidade da posição de representante. Assim se abrangem os comportamentos activos e os comportamentos omissivos, desde que voluntários, daquele que interfere numa *esfera funcional objectiva alheia*. A *posição de representante* é pois insuficiente para gerar responsabilização penal, na medida em que sempre será necessário que o mesmo actue *voluntariamente*. E, mercê de tal alusão, inequívoca, o legislador declara que as *actuações em lugar de outrem* não consistem em responsabilidade por facto alheio. Exigindo-se acção voluntária, exige-se sempre a base objectiva, que é o facto. Aquele que actua em lugar de outrem responde pelo 'seu facto', razão pela qual se trata de um título de imputação de responsabilidade por *factos próprios*. Donde se indicia a admissibilidade constitucional e dogmática da aplicação do art. 12º" (ob. cit., pp. 105-106).

Para o aprofundamento do tema da responsabilização penal de superiores hierárquicos, ainda que a partir de outro contexto organizacional, mas endossando a crítica de Roxin à ampliação dos parâmetros utilizados para as empresas, acenada pela Corte alemã no julgado comentado por sua análise, remete-se ao estudo de Teresa Serra, "A autoria mediata através de um aparelho organizado de poder – A propósito da responsabilidade jurídico-penal dos membros do Conselho de Defesa Nacional da ex-RDA pelos homicídios ocorridos nas fronteiras com a RFA", *Revista Portuguesa de Ciência Criminal* 3-4/303-327.

350. Sem abdicar da distinção que ainda remanesce entre *criminalidade a partir da empresa* e *criminalidade no âmbito da empresa*. Discrímen cunhado por Bernd Schünemann para, respectivamente, distinguir entre "delitos econômicos nos quais por meio de uma atuação para uma empresa se lesionam bens jurídicos e interesses externos, incluídos os bens jurídicos e interesses próprios dos colaboradores da empresa", e aqueles cometidos no seu interior, atingindo os bens jurídicos e interesses de âmbito interno ("Cuestiones básicas de dogmática jurídico-penal y de política criminal acerca de la criminalidad de empresa", *Anuario de Derecho Penal y Ciencias Penales* XLI-1/531).

nada, a organização da responsabilidade ameaça converter-se na organizada irresponsabilidade".[351]

171. Por outro lado, o afastamento da responsabilidade penal das pessoas jurídicas nos crimes contra a ordem econômica, ao menos até a edição de normativa incluindo-as expressamente, tem por conseqüência reforçar a posição que foi assumida quanto à questão da autonomia entre as instâncias penal e administrativa. Com efeito, fica mais claro que a eventual sanção, ou mesmo a exclusão da responsabilidade, no âmbito do juízo administrativo próprio não terá o condão de afastar a apuração da responsabilidade criminal de seus gestores e/ou funcioná-

---

351. Bernd Schünemann, ("Cuestiones básicas de dogmática jurídico-penal y de política criminal acerca de la criminalidad de empresa", *Anuario de Derecho Penal y Ciencias Penales* XLI-1/530. Para discussão dos parâmetros necessários para determinação de existência de responsabilidade e capacidade de imputação penais no âmbito da divisão de trabalho no interior das empresas, remete-se ao estudo de Bernd Schünemann sobre o assunto, "Los fundamentos de la responsabilidad Penal de los órganos de dirección de las empresas", in *Temas Actuales y Permanentes de Derecho Penal Después del Milenio*, pp. 129-152. Sobre este mesmo assunto, ainda, partindo de diferentes aproximações críticas do estudo fundamental de Roxin sobre o tema, remete-se aos contributos de Francisco Muñoz Conde ("¿Dominio de la voluntad en virtud de aparatos de poder organizados en organizaciones 'no desvinculadas del Derecho'?", in *Problemas Fundamentais de Direito Penal – Homenagem a Claus Roxin*, pp. 88-107); de Kai Ambos ("Domínio do fato pelo domínio da vontade em virtude de aparatos organizados de poder", *Revista Brasileira de Ciências Criminais* 37/43-72), com minuciosa análise crítica das posições de Bottke/Schild, Schroeder/Murmann, Jakobs e Bocklemann/Volk e com um balanço do estado atual da doutrina sobre o tema; e de Jorge de Figueiredo Dias, ainda que discutindo a questão na esfera específica da criminalidade organizada ("Autoria e participação no domínio da criminalidade organizada: alguns problemas", in *Questões Fundamentais do Direito Penal Revisitadas*, pp. 356-372, inclusive com crítica ao posicionamento de Kai Ambos, pp. 369-370), observando: "(...) admito ser porventura pensável uma particular zona da criminalidade a respeito da qual o funcionamento da empresa se pode aproximar dos aparelhos organizados de poder e, nessa medida, justificar o recurso à figura do domínio-da-organização. Tenho em vista o caso de algumas incriminações de direito penal secundário (*Nebenstrafrecht*) que se prendem com fins primariamente organizatórios e – porque despidas de toda e qualquer conotação éticosocial – são entendidas, numa visão estritamente empresarial, como mero obstáculo à prossecução do lucro, como fim lícito da atividade econômica. Num tal quadro não se me afigura de todo impossível deparar com situações análogas às dos tradicionais aparelhos organizados de poder, que parecem justificar, de idêntico modo, o funcionamento do critério do domínio-da-organização. Sem excluir que, no futuro, isso possa suceder, a demarcação precisa do âmbito de aplicação do domínio-da-organização na esfera empresarial surge, na atualidade, como uma tarefa impossível (...)" (ob. cit., p. 371).

rios. Como se colhe de precedente do STF que versa sobre formação de cartel: "(...) no que tange à decisão do CADE (...) que excluiu o SINDICAN do pólo passivo da medida preventiva determinada pela Secretaria de Direito Econômico nos autos do Processo Administrativo n. 08012.005669/2002-31, também não é ela suficiente para o trancamento da ação penal por ausência de justa causa, por dois motivos. Primeiro, porque a denúncia não está lastreada na referida decisão, e sim em fatos, indícios e elementos probatórios que serão analisados oportunamente no decorrer da instrução criminal, *não estando aquela decisão administrativa apta a produzir efeitos na esfera penal*. Em segundo lugar, porque *não está afastada a hipótese de co-autoria ou participação do paciente na prática dos delitos constantes na denúncia, nos termos do art. 11 da Lei n. 8.137/1990*, o que somente será apurado no decorrer da instrução criminal (...)" (voto do Relator, grifei).[352]

IV – Tipo subjetivo

IV.1 Dolo, elementos normativos e especial fim de agir

172. Diante da ausência de específica tipificação legal para a mesma, afasta-se de plano qualquer possibilidade de cometimento culposo ou negligente do crime estudado, mas, nesta hipótese, poderá haver repercussão na esfera administrativo-econômico da conduta, diante da previsão da vigente Lei Antitruste, já referida (v. item **76**, retro), de que pode existir *infração da ordem econômica, independentemente de culpa* (art. 20, *caput*). O elemento subjetivo por excelência deste tipo penal, pois, será o chamado *dolo direto de primeiro grau*,[353] isto é, a von-

---

352. STF, 2ª Turma, HC 84.719-6, rel. Min. Joaquim Barbosa, v.u., *DJU* 11.2.2005.
353. Segundo o Código Penal brasileiro, o dolo divide-se em *direto* e *eventual* ("Art. 18. Diz-se o crime: I – doloso, quando o agente quis o resultado ou assumiu o risco de produzi-lo; ..."). Como anota Juarez Cirino dos Santos, a definição legal encontra-se superada pela moderna doutrina penal, que, em resumo (apoiada na lição de Roxin), "distingue três espécies de dolo: a) a *intenção*, também denominada *dolus directus* de primeiro grau; b) o *propósito direto*, também denominado *dolus directus* de segundo grau; c) o propósito condicionado, ou *dolus eventualis*. Em linhas gerais, a *intenção* designa o que o autor pretende realizar; o *propósito direto* abrange as conseqüências típicas previstas como *certas* ou *necessárias*; o *propósito condicionado* indica *aceitação das* ou *conformação com* conseqüências típicas previstas como *pos-*

tade livre e consciente dirigida à realização do seu tipo objetivo (*abusar do pode econômico* etc.). Esta deverá estar iluminada não só pelo conhecimento dos elementos normativos que integram o tipo objetivo, como daqueles outros elementos de cunho subjetivo nele explicitados e cuja representação deverá estar presente no próprio tipo subjetivo ao lado do dolo, como a motivação ou intenção especial da busca de resultados predeterminados (o dolo específico da doutrina causalista; modernamente, o especial fim de agir[354]). Diante deste último aspecto, inclusive, sendo necessário que este especial fim de agir ilumine a

síveis" (*A Moderna Teoria do Fato Punível*, 3ª ed., p. 65). Esclarece o autor citado, quanto ao dolo direto de primeiro grau, com arrimo nos magistérios de Jescheck/Weigend e de Wessels/Beulke, que este "tem por conteúdo o fim proposto pelo autor, que pode ser entendido como pretensão dirigida ao fim ou ao resultado típico, ou como pretensão de realizar a ação ou o resultado típico. O fim constituído pela ação ou resultado típico pode ser representado pelo autor como certo ou como possível (acontecimentos futuros são, geralmente, somente possíveis), desde que o autor se atribua uma chance mínima de produzi-lo, de modo que constitua risco juridicamente relevante, excluídos resultados meramente acidentais (...). O fim ou resultado típico pode, indiferentemente, constituir o motivo da ação, o fim último desta ou apenas um fim intermediário, como meio para outros fins, embora essas situações sejam conceitualmente distintas: alguém ateia fogo na própria casa (fim intermediário ou meio para outros fins) para receber o valor do seguro (fim último) e, desse modo, resguardar a credibilidade financeira e evitar boatos de insolvência (motivo)" (ob. cit., pp. 67-68).

354. Na lição de Hans Welzel, "junto al dolo, como aquel elemento subjetivo-personal general, que fundamenta y configura la acción como acontecer final, a menudo aparecen en el tipo elementos subjetivo-personales especiales, que tiñen el contenido ético-social de la acción en determinado sentido. La actitud o posición subjetiva desde la cual el autor ejecuta la acción determina frecuentemente en gran medida el significado ético-social específico de la acción. Así, por ejemplo, la sustracción de una cosa ajena es una actividad final, regida por el dolo. Sin embargo, su sentido ético-social será diferente según si se ha realizado con el propósito de un uso transitorio o con intención de apropiación. En la primera hipótesis es, en principio, impune, y sólo se castiga en relación con determinados objetos (bicicletas, automóviles) como hurto de uso. Solamente en el segundo caso se da el desvalor ético-social específico del hurto" (*Derecho Penal Alemán – Parte General*, 11ª ed., p. 95). Na feliz síntese efetuada pelo professor Heleno Fragoso: "'O especial fim ou motivo de agir que aparece em certas definições de delitos condiciona ou fundamenta a ilicitude do fato. Trata-se, portanto, de elemento subjetivo do tipo de ilícito, que se apresenta de forma autônoma, junto ao dolo'" (*Lições de Direito Penal – A Nova Parte Geral*, 10ª ed., p. 179). Sobre o tema, ainda, diante da ausência da distinção na construção de Welzel quanto à esfera da repercussão do desvalor apontado (injusto *vs*. culpabilidade), no ângulo das relações entre estes elementos típicos e a culpabilidade, v. Claus Roxin, *Derecho Penal – Parte General*, t. I, pp. 311 e ss.

consciência do agente durante toda sua conduta, também, desde logo, pode-se afastar a possibilidade de cometimento deste crime na modalidade de dolo eventual. De qualquer modo, diante das especificidades próprias da cartelização, inclusive pelo perfil dos responsáveis por sua viabilização, seria pouco crível sua implementação por meio do dolo eventual.[355]

173. Com efeito, no que refere aos especiais fins de agir ou elementos subjetivos previstos no tipo, apesar de sua efetiva consecução, em linha de princípio, ser desnecessária, no caso do crime de formação de cartel, todavia, para que ocorra sua consumação, como foi antes anotado, será preciso que estas metas sejam mesmo implementadas. É que o legislador não adotou, aqui, as fórmulas que tradicionalmente estão presentes nestes casos e que remetem exclusivamente ao plano da subjetividade do agente (*e.g.*, "com o intuito de", ou "com a intenção de", ou "a fim de" ou "para fins de"), dispensando sua concretização.[356] Preferiu-se elevar estas intenções (*dominando o mercado* ou *eliminando a concorrência*) à condição de resultados concretos, vinculando-as nesta qualidade como motivadoras específicas de uma dada conduta (*abusar do poder econômico*, que poderia ter outros objetivos reprováveis) e de um meio determinado (*ajustes ou acordos entre empresas*, que pode-

---

355. Aduza-se, ainda, que, como observa Maria Fernanda Palma ao analisar o contributo de Roxin para este tema, "o conceito que estabelece a fronteira entre o dolo e a negligência consciente é verdadeiramente um conceito instável e perigoso. O dolo eventual se é definido pela fórmula de um estado mental corre o risco de englobar comportamentos que se adaptam à fórmula, mas em que a motivação do agente é tão complexa que abrange situações de significados diversos e diferente merecimento. Aceitar um risco ou tomá-lo em consideração tanto pode significar indiferença perante o Direito como apenas leviandade no caso de se ter agido, apesar de tal aceitação ou tomada em consideração. Se, por outro lado, se evita a fórmula rígida deixando ao julgador a decisão sobre uma eventual analogia do caso com um típico caso de dolo directo ou antes com um caso de negligência, na base da ponderação de uma multiplicidade de 'indicadores' – intensidade da representação do risco, existência de acções destinadas a evitar a concretização do risco, representação de alternativas etc. –, permite-se que todos os critérios actuem simultaneamente, deixando nas mãos do juiz a escolha livre do critério que se considere adequado a fundamentar a decisão. E aí corremos 'o risco sério' de que a escolha do critério venha simplesmente a justificar a decisão prévia do julgador" ("Dolo eventual e culpa em direito penal", in *Problemas Fundamentais de Direito Penal – Homenagem a Claus Roxin*, 2002).
356. No próprio art. 4º da Lei federal 8.137/1990, *e.g.*, são estruturados desta forma o inciso II ("visando ...") e os incisos III, IV e VI ("com o fim de ...").

riam ter outras motivações), através do qual aquela se exteriorizou. Por outro lado, no caso da tentativa – qual seja, quando houver interrupção do *iter criminis* anterior à consecução daqueles objetivos intencionais –, para que ela exista será imprescindível que seja feita a comprovação (a cargo do Ministério Público[357]) de que aqueles especiais fins de agir estiveram *ab initio* presentes nas condutas em apuração.

IV.2 Elementos normativos e o erro de tipo

174. A eventual situação de erro acerca de qualquer dos inúmeros elementos normativos constitutivos deste tipo penal, quer por ausência de consciência do sujeito ativo acerca da existência, da presença, do significado e do alcance concretos destes elementos (ignorância da realidade) ou em virtude de discrepâncias entre estas facetas reais e sua apreensão como efetuada pelo agente (representação desconforme à realidade), caracterizará uma situação de *erro de tipo*. Quanto a estes elementos normativos não há necessidade de que o agente entenda o significado e o alcance normativos exatos dos mesmos, pois, como relembra Claus Roxin: "(...) a compreensão intelectual que caracteriza o dolo típico nos elementos normativos não significa uma subsunção jurídica exata dos conceitos empregados pela lei, senão que satisfaz-se com que o conteúdo do significado social do fato incriminado aludido (*scilicet*, o conteúdo) através destes conceitos se abra à compreensão do sujeito. Fala-se então de uma 'valoração paralela na esfera do leigo'. Tal 'valoração paralela' corresponde portanto ao conhecimento necessário para o dolo, porque objeto do dolo não são os conceitos jurídicos ou a antijuridicidade da ação, mas as 'circunstâncias do fato', ou seja, os fatos externos junto com seu significado social".[358] No Direito Brasileiro, se o erro nas circunstâncias concretas em que cometido o crime for tido por insuperável ou inevitável, terá por conseqüência o afastamento completo da presença do dolo e da culpa; mas na eventualidade de se cuidar de erro vencível ou superável, que tenha sido causado por negligência, o crime poderia ser punido sob a forma culposa (*rectius*,

---

357. Como é curial, conforme o art. 156, primeira parte, do CPP, no ônus da prova da existência do crime distribuem-se os fatos constitutivos para o órgão acusador e os fatos desconstitutivos para a defesa.
358. Claus Roxin, *Derecho Penal – Parte General*, t. I, p. 460.

negligente). À míngua, entretanto, de tipificação legal para a realização da conduta nestes moldes, qualquer que seja a modalidade de erro de tipo ocorrente no caso, sempre estará completamente afastada a tipicidade (art. 20 do CP[359]).

V – Sanções aplicáveis

V.1 Privação da liberdade ou multa

175. São previstas para aplicação alternativa tanto a pena privativa da liberdade quanto a sanção pecuniária. À primeira vista causa certa perplexidade a cominação de uma pena razoavelmente severa de reclusão (dois a cinco anos), mas que é passível de substituição por uma pena de multa.[360] De fato, na sistemática do Código Penal brasileiro, para condutas dotadas de menor lesividade social não só é prevista san-

---

359. "Art. 20. O erro sobre elemento constitutivo do tipo legal de crime exclui o dolo, mas permite a punição por crime culposo, se previsto em lei." Observando-se com Claus Roxin que, neste caso, o legislador disse mais do que queria ao referir ao "elemento constitutivo do tipo legal", já que "solo pueden ser objeto del dolo típico las circunstancias que pertenecen al tipo objetivo, y no además las circunstancias subjetivas del hecho (...). Tampoco otras circunstancias subjetivas del hecho, como por ejemplo el ánimo o intención de apropiación antijurídica, pueden ser razonablemente objeto del dolo (...). De ahí se deduce que el 'tipo legal' en el sentido del § 16, I, no es idéntico al tipo en el sentido del sistema del derecho penal; mientras que el tipo sistemático contiene una pluralidad de elementos subjetivos (...), el § 16 afecta sólo al tipo para el error, es decir a las circunstancias que pueden ser objeto de un error de tipo (...). El dolo se dirigirá por lo general a circunstancias de tipo descriptivo o normativo existentes o por producirse (...)" (*Derecho Penal – Parte General*, t. I, pp. 476-477). O § 16, I, do CP alemão estabelece que "aquele que, realizando o fato, ignora uma circunstância pertencente ao tipo legal, atua sem dolo. Ressalva-se a punibilidade por haver obrado com culpa".

360. Idêntica pena privativa da liberdade é cominada paras os crimes dos arts. 5º e 7º da lei. A perplexidade, todavia, é amplificada em razão da apenação diferenciada que é imposta para os tipos penais similares constantes do art. 6º. Assim, *e.g.*, a conduta formal de desobediência, caracterizada por "recusar-se, sem justa causa, o diretor, administrador, ou gerente de empresa a prestar à autoridade competente, ou prestá-la de modo inexato, informação sobre o custo de produção ou preço de venda" (art. 5º, IV), implica uma pena de dois a cinco anos, enquanto o desatendimento material, com prejuízos vultosos à economia popular, através da ação de "vender (...) mercadoria, ou contratar (...) serviço, por preço superior ao oficialmente tabelado, ao fixado por órgão ou entidade governamental, e ao estabelecido em regime legal de controle" (art. 4º, I), incide em penas de um a quatro anos.

ção de privação da liberdade mais severa, como a multa é aplicada em caráter cumulativo (assim, *e.g.*, no crime de furto simples – art. 155, *caput*: um a quatro anos de reclusão e multa –, ou naquele qualificado pelo concurso de agentes[361] – art. 155, § 4º, IV: dois a oito anos e multa). As sanções de caráter pecuniário têm sido a terapêutica considerada por muitos doutrinadores como a mais adequada para crimes desta natureza. Para estes: "(...) sua vantagem fundamental radica em que evita o isolamento social do autor, a que conduz geralmente a privação da liberdade, e que pode ser fixada de modo adequado às circunstâncias pessoais e econômicas do sujeito (§ 40). Por tudo isto é de prever-se que no futuro a pena de multa terá cada vez uma importância maior (...)".[362] Não se há de cogitar de uma superposição desta pena de multa com as sanções pecuniárias que podem ser aplicadas em sede administrativa sob a égide da Lei federal 8.884/1994. Para além de suas diferenças intrínsecas, no direito concorrencial as reprimendas em geral são suportadas pela pessoa jurídica envolvida, e esta, no caso deste crime contra a ordem econômica, como assinalado, não integrará o pólo passivo da relação processual jurídico-penal. A pena de multa prevista pelo dispositivo analisado, diante do seu silêncio, será calculada nos termos de seu regramento pela Parte Geral do Código Penal, por força do que estatui seu art. 12.[363] O art. 49 do CP, por seu turno, determina que a multa consista em "pagamento ao fundo penitenciário da quantia fixada na sentença e calculada em dias-multa". Estes poderão variar entre o mínimo de 10 e o máximo de 360 dias-multa. O montante do dia-multa, consoante o § 1º do artigo citado, poderá variar entre 1/30 a 5 vezes o valor do salário mínimo. Aplica-se à espécie, ainda, o *caput* do art. 60 do CP, que dispõe que "na fixação da pena de multa o juiz deve atender, principalmente, à situação econômica do réu"; o mesmo ocorrendo com seu § 1º, que estabelece que "a multa pode ser aumentada até o triplo, se o juiz considerar que, em virtude da situação econômica do réu, é ineficaz, embora aplicada no máximo".[364]

---

361. Relembre-se que o tipo de formação de cartel é de concurso necessário, como antes observado.

362. Claus Roxin, Gunther Arzt e Klaus Tiedemann, *Introducción al Derecho Penal y al Derecho Penal Procesal*, p. 31 (o trecho citado é de autoria de Roxin).

363. "Art. 12. As regras gerais deste Código aplicam-se aos fatos incriminados por lei especial, se esta não dispuser de modo diverso."

364. Assim, *e.g.*, em sede de crime contra a ordem tributária previsto na mesma lei já se decidiu que: "(...) o apelante possui capacidade econômica bem acima da

V.2 Substituição da pena privativa da liberdade por multa

176. Especificamente no cálculo da pena de multa aplicável ao crime comentado, destarte, em nossa opinião, não é afastada a incidência do regramento constante da Parte Geral do Código Penal (art. 60), não sendo aplicável o estatuído pelo art. 10 da Lei 8.137/1990 (que dispõe: "Caso o juiz, considerado o ganho ilícito e a situação econômica do réu, verifique a insuficiência ou excessiva onerosidade das penas pecuniárias previstas nesta Lei, poderá diminuí-las até a décima parte ou elevá-las ao décuplo"). Este último preceito legal, na verdade, conforme sua expressa dicção, ao referir as "penas pecuniárias previstas nesta Lei", por evidente, pressupõe já tenham sido tais quantitativos expressos anteriormente, *in abstracto*, o que só acontece para os crimes constantes dos arts. 1º a 3º da lei (em razão da previsão existente no art. 8º[365]). Com efeito, a mesma premissa não se encontra presente no caso dos demais crimes por ela previstos, tais como os constantes do art. 4º. Assim, no que nos interessa considerar, para o crime de formação de cartel esta norma do art. 10 poderá incidir apenas naquelas situações especiais de substituição da pena privativa da liberdade, eventualmente aplicada ao agente, por uma pena substitutiva que se apresenta sob as vestes de sanção pecuniária.[366] É que, nesta hipótese, a pena substitutiva

---

média nacional, sendo dono de diversos veículos importados e nacionais de alto valor, bem como de um considerável número de imóveis, todos eles de elevado padrão, conforme se pode inferir de suas declarações acostadas aos autos e dos documentos entranhados no apenso. Ademais, a própria renda declarada pelo apelante apresenta-se vultosa, de forma que bem andou a ilustre Juíza de primeira instância ao triplicar o valor máximo da multa estabelecida no Código Penal (art. 49, § 1º), dando aplicabilidade ao § 1º do art. 60 do mesmo diploma legal, o que justifica a manutenção do valor de 15 vezes o salário mínimo vigente à data dos fatos para cada dia-multa de reprimenda a ser paga (...)" (TRF-3ª Região, 5ª Turma, ACrim 2002.03.99.011952-5, rela. Desa. Federal Ramza Tartuce, v.u., *DJU* 12.8.2003).

365. "Art. 8º. Nos crimes definidos nos arts. 1º a 3º desta Lei, a pena de multa será fixada entre dez e trezentos e sessenta dias-multa, conforme seja necessário e suficiente para reprovação e prevenção do crime.

"Parágrafo único. O dia-multa será fixado pelo juiz em valor não inferior a quatorze nem superior a duzentos Bônus do Tesouro Nacional – BTN."

366. O art. 43, I, do CP estabelece: "Art. 43. As penas restritivas de direitos são: I – prestação pecuniária (...)". Neste sentido, o STJ prolatou aresto cuja ementa assinala: "(...). *A multa, por outro lado, enquanto sanção penal, imposta isolada ou cumulativamente pela prática de infração penal, não se confunde com a prestação pecu-*

pecuniária tem seus parâmetros expressamente previstos, a saber, aqueles explicitados pelo art. 9º da mesma lei: "A pena de detenção ou reclusão poderá ser convertida em multa de valor equivalente a: I – duzentos mil até cinco milhões de BTNs, nos crimes definidos no art. 4º; (...)". Em resumo: para fins de repercussão no sancionamento do delito analisado, o art. 10 só será mediamente incindível, por se vincular exclusivamente aos arts. 8º e 9º, com os quais sistematicamente compartilha o Capítulo III ("Das Multas") da lei.

177. Por outro lado, quanto à viabilidade desta substituição de penas, duas observações adicionais acerca destes arts. 9º e 10 se impõem. A primeira, que sabe à obviedade, é que se condena pela prática deste crime tão-somente a pessoa natural, o que torna de imediato relativa e duvidosa a consideração do *ganho ilícito* ocorrido, como recomenda o art. 10. No crime de formação de cartel, ainda que muitas vezes apenas formalmente ou imediatamente, o ganho econômico havido beneficiará exclusivamente as empresas ajustadas ou acordadas para sua prática, e apenas indiretamente ou mediatamente seu gestor e/ou funcionário. A segunda nótula é mais gravosa: como registrado, o art. 9º cuida de uma hipótese de pena restritiva de direitos e foi estruturado em termos de multas, que, por sua vez, são fixadas com base em um indicador monetário (o BTN – Bônus do Tesouro Nacional), para que os valores consignados pudessem estar permanentemente atualizados, evitando-se a depreciação de uma realidade econômica – ao menos à época da sua elaboração – caracterizada por elevadíssimos índices inflacionários. Ocorre, todavia, que o referido indexador foi extinto pela Lei 8.177/1991,[367] não tendo sido substituído por qualquer outro. Dessarte, diante do inequívoco caráter de sanção penal que reveste o malsinado art. 9º, sob comento (sob a forma de punição restritiva de direitos), e, em decorrência, por força da incidência do princípio da reserva legal, tornou-se inexequível a aplicação das prestações pecuniárias nele preconizadas, por ausência de parâmetro fixado em lei para sua efetivação. As inúmeras e sempre cria-

---

niária, sanção penal substitutiva da pena privativa de liberdade, prescritíveis, estas, no mesmo prazo, *ex vi* do disposto nos arts. 32, 43, inciso I, 44 e 109, parágrafo único, do CP (...)" (6ª Turma, HC 16.182, rel. Min. Hamilton Carvalhido, v.u., *DJU* 25.2.2002 – grifei).

367. O último BTN fixado, com valor apurado na data da sua extinção (em 1.2.1991), equivalia a Cr$ 126,86. Para fins comparativos, anote-se que o salário mínimo na época era de Cr$ 15.895,46.

tivas soluções que têm sido utilizadas amiúde pelas Cortes brasileiras (*e.g.*, o valor histórico do BTN atualizado monetariamente para Real,[368] a substituição do BTN pela UFIR como indicador,[369] a utilização dos dias-multa previstos no art. 49 do CP[370] etc.), destarte, em nosso juízo, são todas manifestamente inconstitucionais, por colisão frontal com o disposto pelo art. 5º, XXXIX, da Carta Constitucional.[371]

V.3 Infração de menor potencial ofensivo?

178. Apesar da previsão legal da disjuntiva ofertada ao julgador para determinação das penas mais adequadas ao caso concreto, com a viabilidade da substituição da pena privativa da liberdade por uma pena restritiva de direitos, não se reconheceu neste crime uma infração penal de menor potencial lesivo. Como se sabe, a Lei federal 9.099/1995 criou os chamados Juizados Especiais Criminais, na esfera da Justiça dos Estados, em busca do desafogo da assoberbada e lenta máquina judiciária e na busca de tratamento diferenciado para a criminalidade de bagatela, evitando os efeitos gravosos da privação da liberdade, bem como aliviando os problemas de superpopulação carcerária. Os processos que circulam por estes juízos, além de terem uma tramitação mais expedita, nos casos em que se cuida de ação penal pública, configuram uma mitigação do princípio da indisponibilidade da ação penal imposto secularmente ao Ministério Público brasileiro. Nos termos do art. 60 da lei, estes Juizados admitem, inclusive, a forma de escabinado (corte mista com juízes togados e julgadores leigos) e são competentes para *a conciliação, o julgamento e a execução das infrações penais de menor potencial ofensivo*. Estas foram inicialmente definidas, mediante um

368. *E.g.*, TAPR, EDcl 0134167-7/01.
369. *E.g.*, TACrimSP, ACrim 898.585.
370. *E.g.*, TRF-4ª Região, ACrim 2000.04.01.016014-0.
371. Registre-se no sentido defendido pelo texto, mas cuidando de crime contra a ordem tributária (situação ainda mais complexa que a que analisamos, em razão da incidência do art. 8º da Lei 8.137, que não se aplica em nosso caso), o precedente oriundo do TJMG, da lavra da Desa. Márcia Milanez, de cuja ementa se colhe que: "(...). Se já extinta a unidade de valor da multa cominada ao tipo legal quando da data de cometimento dos fatos, torna-se impossível sua aplicação, em obediência ao consubstanciado princípio do *nullum crimen nulla poena sine previa lege* (...)" (1ª Câmara Criminal, ACrim 1.0024.99.051316-0/001, m.v., *DJMG* 22.10.2004).

critério puramente objetivo, como sendo "as contravenções penais e os crimes a que a lei comine pena máxima não superior a um ano, excetuados os casos em que a lei preveja procedimento especial" (art. 61, redação original). Com promulgação da Lei federal 10.259/2001, autorizando a criação de Juizados Especiais Criminais para a esfera de competência da Justiça Federal (mas sem admitir o escabinado), a definição de "menor potencial lesivo" foi alterada e passou a admitir crimes que remetessem a ritos processuais especiais, bem como, quantitativamente, passou a abranger "os crimes a que lei comine pena máxima não superior a dois anos, ou multa" (parágrafo único do art. 2º). A jurisprudência do STJ pacificou-se no sentido de que estes novos parâmetros passavam a nortear não só o âmbito de atuação dos Juizados Federais, como, também, o dos Estaduais.[372]

179. E, diante da redação do novel dispositivo, chegou-se a defender que estariam incluídos na categoria de menor potencial lesivo todos os crimes aos quais fosse alternativamente cominada a pena de multa. Sem razão. Para além da discussão na esfera da interpretação gramatical ou literal diante da vírgula aposta após a referência ao lapso temporal da pena, o parâmetro teleológico aplicável para uma adequada caracterização de "menor lesividade" só pode mesmo ter por estalão de referência aquele da sanção privativa da liberdade.[373] Como a previsão é feita com fincas na pena prevista *in abstracto*, apenas aquela – *a contrario sensu* – pode ser a indicativa do grau de danosidade que se admite por "menor". De outro modo existiriam situações absurdas nas quais, apesar de a privação da liberdade ser menor (por exemplo, até três anos de detenção), à míngua da previsão de pena alternativa de multa, seriam

---

372. Assim, *e.g.*, nas duas Turmas Criminais do STJ: 5ª Turma, HC 45.512, rel. Min. Félix Fischer, v.u., *DJU* 7.8.2006, de cuja ementa consta: "(...). Com o advento da Lei n. 10.259/2001, devem ser considerados delitos de menor potencial ofensivo, para efeito do art. 61 da Lei n. 9.099/1995, aqueles que a lei comine pena máxima não superior a dois anos, ou multa, sem exceção. Precedentes (...)"; e, no mesmo diapasão: 6ª Turma, REsp 711.070, rel. Min. Arnaldo Lima, v.u., *DJU* 20.2.2006.

373. Neste sentido o precedente da lavra do honorável Min. José Arnaldo da Fonseca, cuja ementa assevera: "(...). Segundo a nova roupagem dos crimes de menor potencial ofensivo instituída pelo parágrafo único do art. 2º da Lei n. 10.259/2001, *o direito à transação penal se dá quando diante de conduta cuja pena privativa máxima prevista não exceda dois anos, sendo indiferente a indicação de multa alternativa nos casos acima do patamar reclusivo* (...)" (STJ, 5ª Turma, RHC 15.235, v.u., *DJU* 3.5.2004 – grifei).

tidas como sendo de "maior potencial lesivo", enquanto uma hipótese como a do crime estudado (até cinco anos de reclusão, mas com multa alternativa) seria considerada de "menor potencial lesivo". Finalmente, afastando qualquer dúvida acerca do acerto da posição defendida, o primeiro caso versando especificamente sobre a matéria no STF, cuidando exatamente do crime de formação de cartel e relatado pelo Min. Joaquim Barbosa, assestou que: "(...) incabível, na espécie, a aplicação do instituto da transação penal (art. 76 da Lei n. 9.099/1995), porquanto o crime previsto no art. 4º da Lei n. 8.137/1990 não se enquadra na definição de infração de menor potencial ofensivo, pois a pena máxima para esse delito é de cinco anos, sendo irrelevante a cominação de multa alternativamente à pena de reclusão (...)".[374]

V.4 Cabimento da privação da liberdade

180. Quanto à pena privativa da liberdade prevista para este crime, consideramos desde logo que merece encômios sua admissão, tratando-se de hipótese claramente lesiva a importantíssimo bem jurídico coletivo (ordem econômica) e que repercute, ainda, como largamente acentuado no texto, em outras searas comunitárias não menos importantes (livre iniciativa, concorrência, consumidores etc.). Aduza-se, também, em que pese a focado precipuamente em crimes contra a ordem tributária, considerarmos perfeitamente aplicáveis neste caso as pertinentes considerações de Anabela Miranda Rodrigues, vazadas nos seguintes termos: "(...). A previsão, ao nível legal, da pena de prisão como pena principal aplicada a pessoas singulares surge como inteiramente correcta. Tanto mais quanto, do mesmo passo, não se retira espaço à previsão, em alternativa, da pena de multa, utilizada também como pena principal. Mas são por demais conhecidos os óbices levantados à utilização da pena de multa neste tipo de criminalidade – sem que, ao dizer isto, eu queira já invalidar o papel da multa relativamente a este tipo de criminalidade – para que se possa prescindir da pena de prisão. Esta será, em abstracto, a pena mais adequada por ser a única capaz (eficácia) de responder às necessidades, por vezes acrescidas, de promover a consciência ética fiscal, não se lhe podendo assacar, por seu turno, os efeitos criminóge-

---

374. STF, 2ª Turma, HC 84.719-6, v.u., *DJU* 11.2.2005.

nos que normalmente andam ligados ao cumprimento deste tipo de pena. Para além disso, fazendo apelo aos factores da sensibilidade à pena e susceptibilidade de ser influenciado pela pena – que já em concreto devem ser considerados na determinação da medida da pena –, penas curtas de prisão, bem como pequenas variações quantitativas de pena, são susceptíveis de produzir aumentos exponenciais de taxas de eficácia. Os sentimentos de vergonha social sentidos por efeito da aplicação da pena de prisão são aqui de tomar em consideração, dado o médio ou elevado estatuto sócio-económico que normalmente detêm os autores destes crimes, fazendo crer – investigações recentes comprovam-no – que já uma curta pena oferece a possibilidade de o agente ser positivamente influenciado por ela. Acresce que o requisitório contra as penas curtas de prisão perde aqui muito da sua força: os efeitos dessocializadores que lhe andam ligados, na maior parte dos casos, não se fazem sentir ou são substancialmente minorados – o destinatário da pena ou é imune a esses efeitos ou é detentor de um maior potencial de *delabelling*".[375]

V.5 *Causas especiais de aumento da pena*

181. Por outro lado, possibilitando a exacerbação das sanções cominadas no tipo-de-ilícito, o art. 12 da Lei federal 8.137/1990, em seus incisos, estabeleceu três causas especiais de aumento da pena, que, destarte, poderá ser elevada de um terço até a metade daquelas previstas para o crime.[376] A primeira delas consiste no fato de o crime praticado *ocasionar grave dano à coletividade* (inciso I). À partida, tendo em vista que a estrutura do tipo penal considerado pode remeter a resultados eventualmente bastante prejudiciais aos consumidores, é preciso

---

375. Anabela Miranda Rodrigues, "Contributo para a fundamentação de um discurso punitivo em matéria fiscal", in *Direito Penal Econômico e Europeu: Textos Doutrinários*, vol. II, p. 482.

376. Estas serão sopesadas na terceira etapa do cálculo da pena, segundo o método trifásico consagrado pelo art. 68 do CP. Esta situação repercute, ainda, na contagem de lapsos prescricionais. Assim, *e.g.*, o precedente oriundo do STJ, cuja ementa registra: "(...). Em precedendo à interpretação analógica com o Código Penal, constata-se que a hipótese prevista no art. 12, I, da Lei n. 8.137/1990 é causa de aumento de pena e não de circunstância agravante, o que significa dizer que incide na cominação da pena para fins de análise da prescrição em abstrato da pretensão punitiva do Estado (...)" (6ª Turma, HC 45.452, rel. Min. Hélio Quaglia Barbosa, v.u., *DJU* 26.6.2006).

afastar a possibilidade da presença de *bis in idem* no reconhecimento desta qualificadora. Em primeiro lugar, por força dos exatos termos indicados pelo art. 61 do CP, a circunstância, quando constitutiva do tipo, não pode ser empregada para determinar o aumento de pena. Assim, no julgamento da formação de cartel, se o magistrado, na primeira etapa do cálculo da pena (ao estabelecer quais são as circunstâncias judiciais do crime, nos termos do art. 59 do CP), sopesar o dano à coletividade como fator de exacerbação da pena-base, por evidente não poderá a seguir, na terceira fase, considerar este mesmo fator como especial razão para aumento da pena. Em segundo lugar, tratando-se de elemento normativo, dir-se-ia mesmo que consubstancia um conceito juridicamente indeterminado e em sua densificação será preciso que se considerem a teleologia da norma penal, cuja pena será por ele exacerbada, bem como a contextura fática envolvida em sua realização prática. Nestes termos, os danos à coletividade ocasionados pela formação de cartel poderão ser quantitativa ou qualitativamente mensurados. Neste inciso predominam as variantes lesivas de feição quantitativa que, embora não se presumam e tenham de ser comprovadas pela acusação, nem sempre são expressas monetariamente. Assim, por exemplo, ela será gravosa quando for vultoso o benefício obtido, ou seja, quando forem elevados os ganhos auferidos pelas empresas que constituem o oligopólio, mercê das práticas ilegais ajustadas entre as mesmas (por exemplo, pequeno reajuste no preço de um produto imposto pelo cartel, quando potencializado pela magnitude da demanda existente para o consumo daquele). A diminuição da oferta de determinado produto, para após o decurso de determinado prazo possibilitar um aumento de preços do mesmo em prol do cartel, pode ter conseqüências de desabastecimento que resultem em sofrimento ou privação ou desconforto para um grande número de consumidores, caracterizando o grave dano comunitário. Por outro lado, também pode ser tido por qualitativamente grave o risco quando a atividade ilegal desenvolvida atinge todo o mercado geográfico nacional ou um grande número de Estados da Federação e periclita severamente a livre iniciativa e a concorrência no mercado daquele produto, para além dos valores envolvidos. No mesmo caso, ainda, quando um grande número de empresas é prejudicado em decorrência da atuação do cartel, seja impedindo o ingresso destas no mercado (iniciativa), seja alijando sua permanência, nele competindo (concorrência), ainda que o segmento não seja expressivo em termos de valores movimentados. De outra parte, analogicamente válido o raciocínio de que "é possível que certo agente pratique apenas um crime contra a ordem tributária e cause grave dano à coletividade, da mesma forma que também é possível o cometimento de diversos destes delitos e não se fazer aplicar o art. 12, inciso I, da Lei n. 8.137/90, por não restar caracterizado".[377]

182. A segunda situação de elevação especial da reprimenda penal é de delimitação conceitual mais tranquila ("ser o crime cometido por servidor público no exercício de suas funções" – inciso II), mas não será corriqueira sob o ponto de vista de incidência prática. Quanto ao seu significado, como se sabe, o conceito de "servidor público" é aquele fixado nos termos delimitados pelo art. 327 do CP.[378] E, como leciona Hungria, "referindo-se a função pública *in genere*, o art. 327 abrange todas as órbitas de atividade do Estado: a da *legis executio* (atividade rectória, pela qual o Estado praticamente se realiza), a da *legis latio* (atividade legislatória, ou de normatização da ordem político-social) e a da *juris dictio* (atividade judiciária, ou de apuração e declaração da vontade da lei nos casos concretos). Tanto é funcionário público o Presidente da República quando o estafeta de Vila dos Confins, tanto o senador ou deputado federal quanto o vereador do mais humilde Município, tanto o presidente da Suprema Corte quanto o mais bisonho juiz de paz da hinterlândia. É preciso, porém, não confundir 'função pública' com 'múnus público'. Assim, não são exercentes de função pública os tutores ou curadores dativos, os inventariantes judiciais, os síndicos falimentares (...). Também não são funcionários públicos os concessionários de serviços públicos e seus empregados".[379] Quanto ao aspecto de sua presença no concurso de agentes, o funcionário público poderá desempenhar suas funções em empresas públicas ou sociedades de economia mista que exerçam atividades concorrenciais e, assim, poderá participar diretamente da prática do crime de formação de cartel. Mediatamente, ainda, em atuação nos órgãos encarregados de controle e

---

377. STJ, 5ª Turma, HC 36.804, rel. Min. Gilson Dipp, v.u., *DJU* 3.11.2004 – que, com base no fundamento transcrito, afastou a incidência de *bis in idem* entre a agravação pela continuidade delitiva e a elevação pelo reconhecimento da causa especial.
378. "Art. 327. Considera-se funcionário público, para os efeitos penais, quem, embora transitoriamente ou sem remuneração, exerce cargo, emprego ou função pública.
"§ 1º. Equipara-se a funcionário público quem exerce cargo, emprego ou função em entidade paraestatal, (...).".
379. Nelson Hungria, *Comentários ao Código Penal*, vol. IX, p. 399.

fiscalização da concorrência poderá eventualmente coadjuvar a prática da formação de cartel (v. itens **80** e **81**, retro).

183. A derradeira causa especial prevista é "ser o crime praticado em relação à prestação de serviços ou ao comércio de bens essenciais à vida ou à saúde" (inciso III). Neste caso a própria norma presumiu a maior gravidade existente quando a atuação do cartel se manifesta através de interferências que repercutam direta ou indiretamente na seara dos serviços e bens considerados essenciais, não importando a maneira como ocorra concretamente esta atuação (aumentando seus preços, diminuindo suas ofertas, retirando-os do mercado, alterando suas especificações, afetando insumos indispensáveis à sua fabricação etc.). Assim, considerando que a presença de práticas cartelizadas já é um elemento constitutivo do próprio tipo-de-ilícito (*abusar do poder econômico dominando o mercado* ...), o requisito essencial para seu reconhecimento (*plus*) será a constatação da existência de vinculação entre aquelas e os bens e serviços essenciais. Ao regulamentar o direito constitucional de greve, a Lei federal 7.783/1989,[380] em seu art. 10, explicitou um rol de serviços ou atividades considerados essenciais que é bastante adequado, sob o ponto vista sistemático-teleológico, para a exegese da elevação da pena na hipótese estudada.[381] Em rol que para nossos objetivos pode ser visto como apenas exemplificativo,[382] são eles: *(a)* o serviço de tratamento e abastecimento de água; produção e distribuição de energia elétrica, gás e combustíveis; *(b)* a assistência médica e o atendimento

---

380. Sua ementa assinala: "Dispõe sobre o exercício do direito de greve, define as atividades essenciais, regula o atendimento das necessidades inadiáveis da comunidade, e dá outras providências".
381. Segundo a jurisprudência, *e.g.*: "(...) 'entre os bens essenciais à vida ou à saúde incluem-se os alimentos, em primeiro plano. Há equivalência entre os gêneros de primeira necessidade ou necessários ao consumo do povo (Lei de Economia Popular) e bens essenciais à vida ou à saúde (Lei n. 8.137/1990). Na venda de carne deteriorada incide a agravante do inciso III do art. 12 da Lei n. 8.137/1990' (*RT* 736:698) (...)" (TAMG, 1ª Câmara Mista, ACrim 404.975-6, rel. Juiz Ediwal José de Morais, j. 7.10.2003). E se decidiu que: "(...) incide também na espécie a causa de aumento de pena prevista no inciso III do art. 12 da Lei n. 8.137/1990, por tratar-se de crime praticado em relação à prestação de serviços ou a comércio de bens essenciais à vida e à saúde; afinal, todo alimento é considerado bem essencial à vida e à saúde, e assim especialmente tutelado" (TJSC, 1ª Câmara Criminal, ACrim 2001.008119-9, rela. Desa. Maria do Rocio Luz Santa Rita, v.u., j. 8.10.2002).
382. Evidentemente, no contexto de restrição a direito fundamental no qual eles foram editados, devem ser considerados para aqueles fins como sendo *numerus clausus*.

hospitalar; *(c)* a distribuição e a comercialização de medicamentos e alimentos; *(d)* os serviços funerários; *(e)* o serviço de transportes coletivos; *(f)* a captação e o tratamento de esgoto e lixo; *(g)* as atividades de telecomunicações; *(h)* a guarda, o uso e o controle das substâncias radioativas, dos equipamentos e dos materiais nucleares; *(i)* o processamento de dados ligados a serviços essenciais; *(j)* o controle de tráfego aéreo; e *(l)* a compensação bancária.

V.6 Delação premiada

184. O parágrafo único do art. 16 da Lei 8.137/1990, em dispositivo inserido pela Lei federal 9.080/1995, passou a estabelecer que "nos crimes cometidos em quadrilha ou co-autoria, o co-autor ou partícipe que através de confissão espontânea revelar à autoridade policial ou judicial toda a trama delituosa terá a sua pena reduzida de um a dois terços". Desde logo, por força dos elementos especializantes introduzidos e da especificação do *quantum* aplicável no cálculo da redução da pena privativa da liberdade, distingue-se da atenuação genérica prevista na Parte Geral do Código Penal sob o mesmo *nomen juris* (confissão espontânea[383]). Cuida-se, pois, de uma causa especial de redução da pena que vem sendo sistematicamente introduzida na legislação penal especial, sobretudo na que concerne ao crime organizado e à criminalidade de colarinho branco,[384] com resultados práticos que poderiam ser otimizados. A nosso ver, são quatro as principais razões para o relativo insucesso da delação premiada ou colaboração espontânea:

(a) Pertinência subjetiva – a restrição do benefício a pessoas envolvidas na prática do próprio ilícito considerado (como "integrante da quadrilha", autor, co-autor ou partícipe), quando, neste aspecto, melhor seria uma cláusula genérica de redução especial, capaz de beneficiar todos aqueles que colaborassem na elucidação de ilícitos apurados ou

---

383. "Art. 65. São circunstâncias que sempre atenuam a pena: (...) III ter o agente: (...) d) confessado espontaneamente, perante a autoridade, a autoria do crime; (...)."

384. Assim, *e.g.*, o art. 6º da Lei federal 9.034/1995, que trata de crime organizado; o § 2º do art. 25 da Lei 7.492/1986, que trata de crimes contra o Sistema Financeiro Nacional; o parágrafo único do art. 8º da Lei 8.072/1990, que versa sobre os crimes hediondos; o § 5º do art. 1º da Lei 9.613/1998, que cuida do branqueamento de ativos; etc.

processados em sede criminal, mesmo sendo réus em outros processos ou investigados em outros inquéritos policiais.

(b) Extensão do benefício – diante do princípio da obrigatoriedade da ação penal pública, secularmente vigente em nosso ordenamento jurídico, a vantagem usualmente oferecida ao delator cinge-se à redução da pena, mantendo-se a privação da liberdade. Neste particular, o dispositivo análogo da Lei de Lavagem de Dinheiro (Lei 9.613/1998) avança, ao acenar com as possibilidades do perdão judicial[385] e da substituição da pena privativa da liberdade por penas restritivas de direitos.[386] A toda evidência, estes são instrumentos capazes de estimular mais eficazmente sua ocorrência.

(c) Programas de proteção – nos moldes do programa de proteção às testemunhas, é mister assegurar ao colaborador da Justiça que este terá resguardada sua incolumidade física (através de transferência para setores separados das instituições penais em que esteja internado), bem como será preciso assegurar a segurança de seus familiares. De se ver que a simples concessão de regime aberto para o cumprimento da pena não resguarda o delator da *vendetta* de seus desafetos, eis que ele eventualmente poderá permanecer internado no sistema penal pela prática de outros ilícitos penais contemporâneos àquele em que logrou o benefício. E:

(d) Repressão à delação caluniosa – para evitar que as delações atinjam inocentes, como lamentavelmente ocorreu na Itália, com assustadora freqüência, no decorrer da chamada "Operação Mãos Limpas", o que é particularmente gravoso com a crescente exploração destes fatos pela comunicação social. Assim, é preciso impor uma exigência de adoção de critérios mais rígidos para apreciação probatória de sua validade, justificando-se, ainda, a criação de um tipo especial de delação caluniosa, mais específico e mais severamente punido.[387]

---

385. V. art. 120 do CP.
386. V. arts. 43 e ss. do CP.
387. Não se olvidando as relevantíssimas questões subjacentes à adoção destes mecanismos de delação premiada no que concerne às conseqüências desta no campo dos direitos fundamentais. Estes podem ser severamente atingidos pelos acordos entabulados em sede processual penal, como bem alerta Winfried Hassemer: "(...). Os acordos desformalizam o processo penal, abreviam-no, barateiam-no e expandem a capacidade da Justiça Penal de processar maior número de casos. Os acordos têm uma penca de princípios constitucionais e processuais fundamentais como inimigos naturais: publicidade das audiências (porque a conciliação requer decência e discrição); juiz natural (porque a proposta de se introduzir a participação de juízes leigos também

185. O dispositivo analisado, considerando-se, como assinalado anteriormente, que o crime estudado é de concurso necessário, em resumo: *(a)* estabelece uma diminuição obrigatória da pena cominada (de um a dois terços) *(b)* para todo aquele co-autor ou partícipe (atuantes na perpetração do crime delatado) que *(c)* espontaneamente (bastando que a colaboração seja voluntária, sem qualquer perquirição acerca dos motivos do delator, que são irrelevantes), *(d)* em face da autoridade judicial ou policial (não se excluindo, todavia, em indispensável integração analógica, o órgão do Ministério Público, em razão da inegável capacidade investigatória e da titularidade exclusiva na formação da *opinio delictis* para a propositura das ações penais públicas), *(e)* em qualquer fase do processo anterior à prolação da sentença (pelo princípio da utilidade), *(f)* revele toda a trama delituosa, fornecendo as informações, entregando ou indicando documentos ou quaisquer outros elementos probatórios comprovadamente úteis para a apuração do crime do qual participou (conhecimento da existência, evidências de sua materialidade e das circunstâncias de sua perpetração) e para o estabelecimento da sua autoria (delação de co-réus não descobertos ou confirmação da participação dos já conhecidos).

V.7 Acordo de leniência em sede administrativa e seus efeitos penais

186. Com a edição da Lei federal 10.149/2000[388] foi introduzido na Lei Antitruste o novel art. 35-B, que facultou à União Federal, através de um de seus órgãos de controle da concorrência (a Secretaria de De-

---

nas audiências de julgamento é pouco convincente); princípio da legalidade (porque, compreensivelmente, não será o conteúdo do direito penal material aplicável ao caso que guiará a decisão final, e sim a avaliação oportunista das perspectivas de desfecho do processo e da disposição dos *partners* para o acordo); princípio inquisitório (porque o 'grande achado' do acordo consiste exatamente em evitar investigações de outro modo inevitáveis); *nemo tenetur se ipsum accusare* (porque só faz sentido participar de uma conciliação se se tem algo a oferecer); igualdade de tratamento (porque deve-se proceder de tal modo que o acusado pouco disposto ou pouco capaz de cooperar seja por esta razão mesma tratado com mais rigor)" ("História das idéias penais na Alemanha do pós-guerra", *Revista Brasileira de Ciências Criminais* 6/65).

388. Sua ementa assinala: "Altera e acrescenta dispositivos à Lei n. 8.884, de 11 de junho de 1994, que transforma o Conselho Administrativo de Defesa Econômica – CADE em autarquia, dispõe sobre a prevenção e repressão às infrações contra a ordem econômica, e dá outras providências".

senvolvimento Econômico/SDE, do Ministério da Justiça – v. item **73**, retro), firmar acordos de leniência, *em sede administrativa*, "com pessoas físicas e jurídicas que forem autoras de infração à ordem econômica" (art. 35-B, *caput*). Estas avenças previstas no preceptivo, e cuja regulamentação caberá ao Ministro de Estado da Justiça (art. 35-B, § 11),[389] serão propostas em caráter sigiloso, "salvo no interesse das investigações e do processo administrativo" (art. 35-B, § 9º), e delas podem redundar "a extinção da ação punitiva da Administração Pública ou a redução de um a dois terços da penalidade aplicável" (art. 35-B, *caput*). Isto só ocorrerá, todavia, desde que sejam estipuladas no pacto "as condições necessárias para assegurar a efetividade da colaboração e o resultado útil do processo" (art. 35-B, § 3º), bem como sejam *cumulativamente* atendidas pelos infratores firmatários (empresas ou indivíduos) todas as condições previstas na norma.[390]

187. As condições exigíveis para validação do acordo administrativo-concorrencial de leniência são as seguintes: *(a)* a prestação pelo firmatário (as pessoas jurídicas através dos seus representantes legais;[391] ou as pessoas físicas diretamente) de efetiva colaboração com as investigações e o processo administrativo (art. 35-B, *caput*), desta resultando concretamente *(b)* a identificação dos demais co-autores da infração (art. 35-B, I) e *(c)* a obtenção de informações e documentos que comprovem a infração noticiada ou sob investigação (art. 35-B, II); *(d)* não tenha o firmatário *estado à frente da conduta tida como infracionária* (art. 35-B, § 1º) e *(e)* seja o primeiro a se qualificar com respeito à infração noticiada ou sob investigação (art. 35-B, § 2º, I), antecipando-se espontaneamente aos demais envolvidos, e não buscando o acordo apenas depois de ter sido delatado por terceiro que o antecedeu;[392] *(f)* cesse

---

389. Foi editada, ainda, a Portaria 4, de 5.1.2006, do Ministro da Justiça, cujo Capítulo VI disciplina os programas de leniência (arts. 61-72).
390. Na hipótese de desaprovação dos termos do acordo de leniência: "Não importará em confissão quanto à matéria de fato, nem reconhecimento de ilicitude da conduta analisada, a proposta de acordo de leniência rejeitada pelo Secretário da SDE, da qual não se fará qualquer divulgação" (art. 35-B, § 10).
391. Os efeitos do acordo de leniência na hipótese de seu firmatário ser pessoa jurídica estão previstos no § 6º do artigo analisado, segundo o qual "serão estendidos os efeitos do acordo de leniência aos dirigentes e administradores da empresa habilitada, envolvidos na infração, deste que firmem o respectivo instrumento em conjunto com a empresa, respeitadas as condições impostas nos incisos II a IV do § 2º deste artigo".
392. Ao interessado retardatário, todavia, fica assegurado que: "A empresa ou pessoa física que não obtiver, no curso de investigação ou processo administrativo,

o signatário completamente seu envolvimento na infração noticiada ou sob investigação a partir da data de propositura do acordo (art. 35-B, § 2º, II)[393] e *(g)* confesse sua participação no ilícito e coopere plena e permanentemente com as investigações e o processo administrativo, comparecendo, sob suas expensas, sempre que solicitado, a todos os atos processuais, até seu encerramento (art. 35-B, § 2º, IV); e *(h)* não disponha o órgão estatal fiscalizador (SDE), quando da propositura do acordo, de provas suficientes para assegurar a condenação da empresa ou pessoa física (art. 35-B, § 2º, III).[394]

188. A chamada política de leniência brasileira, inspirada no modelo norte-americano correspondente, ainda que na prática signifique um tratamento mais benevolente que se oferece aos autores de práticas lesivas à ordem econômica, na realidade surge como uma busca de endurecimento e de maior efetividade no enfrentamento das infrações concorrenciais.[395] É formulada a partir do fracasso prevencionista das medidas

---

habilitação para a celebração do acordo de que trata este artigo poderá celebrar com SDE, até a remessa do processo para julgamento, acordo de leniência relacionado a uma outra infração, da qual não tenha qualquer conhecimento prévio a Secretaria" (art. 35-B, § 7º). Neste caso, entretanto, "o infrator se beneficiará da redução de um terço da pena que lhe for aplicável naquele processo, sem prejuízo da obtenção dos benefícios de que trata o inciso I do § 4º deste artigo em relação à nova infração denunciada" (art. 35-B, § 8º).

393. Aplicando-se, neste caso, o estatuído pelo § 5º do artigo, segundo o qual "a pena sobre a qual incidirá o fator redutor não será superior à menor das penas aplicadas aos demais co-autores da infração, relativamente aos percentuais fixados para a aplicação das multas de que trata o art. 23 desta Lei".

394. Entendida como tal a situação em que a SDE, a quem cabe instaurar processo administrativo para apuração e repressão de infrações da ordem econômica (art. 14, VI), não esteja ainda em condições de remeter ao CADE, para julgamento, os processos que instaurar, quando entender configurada infração da ordem econômica (art. 14, VIII), considerados, ainda, os arts. 30 e 31 da Lei Antitruste. Observe-se que a SDE deverá prestar contas dos acordos entabulados (art. 35-B, § 4º): "A celebração de acordo de leniência não se sujeita à aprovação do CADE, competindo-lhe, no entanto, quando do julgamento do processo administrativo, verificado o cumprimento do acordo: I – decretar a extinção da ação punitiva da Administração Pública em favor do infrator, nas hipóteses em que a proposta de acordo tiver sido apresentada à SDE sem que essa tivesse conhecimento prévio da infração noticiada; ou II – nas demais hipóteses, reduzir de um a dois terços as penas aplicáveis, observado o disposto no art. 27 desta Lei, devendo ainda considerar na gradação da pena a efetividade da colaboração prestada e a boa-fé do infrator no cumprimento do acordo de leniência".

395. Foi com este escopo, inclusive, como relembra Massimo Motta, que surgiram em 1978 nos Estados Unidos as primeiras medidas de leniência, editadas pela Di-

repressivas, aplicáveis *ex ante*, consideradas passíveis de desestimular as práticas anticompetitivas. O caminho trilhado nesta direção basicamente envolvia a adoção das seguintes providências: *(a)* a repressão severa da colusão entre as empresas, por meio de aplicação de elevadas multas e outras sanções de repercussão pecuniária; *(b)* a garantia do pagamento de indenizações aos concorrentes e aos consumidores prejudicados; *(c)* a criminalização das condutas lesivas, com a conseqüente ameaça de inflição de pena privativa; *(d)* a criação de cadastros ou listagens de operações ou práticas de mercado que potencialmente podem ser prejudiciais à concorrência e à livre iniciativa, inclusive com indicação daquelas que *per se* já evidenciam lesão à ordem econômica; *(e)* a adoção de leilões, inclusive eletrônicos, para evitar os acordos para a oferta dos bens e serviços licitados; e *(f)* a obrigatoriedade da submissão de consulta prévia acerca de atos concentracionistas das empresas ou daqueles que possam negativamente repercutir na concorrência.[396]

189. Assim, a motivação essencial dos programas de leniência é trazida pelo insucesso relativo dos prévios provimentos sancionadores

---

visão Antitruste do Departamento de Justiça/DOJ, garantindo, inclusive, imunidade criminal aos aderentes (a Comunidade Européia introduziu-o pela primeira vez em 1996, até o momento com poucos resultados). Durante os primeiros 15 anos de existência o programa norte-americano não teve qualquer sucesso, até que, em 1993, foi redefinido com maior êxito. Atualmente ele é estruturado nos seguintes termos: "There is *automatic leniency* for firms that report evidence of a cartel *before* an investigation has begun, provided that the firm is the first to come forward; it terminates participation in the illegal activity; it fully and continuously collaborates with the DOJ; it makes restitution to injured parties; it did not coerce another party in the activity; nor was it its leader or originator. *Discretionary leniency* exists for firms that report evidence *after* an investigation has started, provided that the DOJ does not yet have evidence against the company that is likely to result in a sustainable conviction (plus similar accessory conditions as above).The 1993 reform has improved the leniency programme in two major ways. First, it has extended the possibility of leniency to firms that cooperate after an investigation is already under way (that is precisely what theory would suggest ...). Second, it is now *clear and certain* since – at least for the case where cooperation unveils a cartel before an investigation started – amnesty is automatic rather than discretionary. The changes have been extremely fruitful: while under the old policy on average only one corporation per year applied for amnesty, under the revised policy applications for amnesty have come in at the rate of approximately two per month (...)" (*Competition Policy (Theory and Practice)*, pp. 193-194; o autor apresenta ainda um modelo econômico acerca da validade da adoção destas medidas, pp. 195-202).

396. Exemplos colhidos em Massimo Motta, *Competition Policy (Theory and Practice)*, pp. 190-192. Quase todos estes instrumentos normativos foram infrutiferamente adotados no Brasil, como visto no texto.

administrativos e penais tradicionalmente empregados, sobretudo em virtude da reconhecida ineficiência estatal no enfretamento do poder econômico atuante no mercado. Nestes termos, todavia, sua implementação acaba por se constituir em medida inócua inserida em um círculo vicioso. Com efeito, além das intrínsecas dificuldades que resultam das exigências legais aplicáveis aos acordos de leniência (cf. itens anteriores), estando estas políticas estruturadas sob a roupagem de uma colaboração premiada, constitui premissa para o sucesso de seus programas que existam investigações suficientemente incisivas e abrangentes de modo a que os envolvidos, receosos da eficiente atuação das autoridades fiscalizadoras da concorrência, se sintam compelidos a colaborar, para se proteger de uma sanção que crêem ser inevitável. Ora, como registrado, foi exatamente a constatação da inexistência e/ou ineficácia da atuação fiscalizadora estatal nesta área que justificou e conduziu à adoção de políticas lenientes com os infratores colaboradores. Tanto é assim que, inserido na legislação concorrencial brasileira no ano de 2000, vicejando em uma economia, como antes referido, caracterizada por ser bastante oligopolizada, apenas em 2003 lavrou-se o primeiro acordo de leniência, nos termos preconizados no art. 35-B da Lei Antitruste.[397]

190. Introduziu-se, ainda por intermédio da Lei federal 10.149/2.000, uma outra norma, a variante designada como art. 35-C, admitindo que a celebração do referido acordo de leniência poderá ter conseqüências em sede criminal. Em relação aos "crimes contra a ordem econômica tipificados na Lei n. 8.137, de 27 de novembro de 1990", o *caput* do art. 35-C estatui que "a celebração de acordo de leniência, nos termos desta Lei, determina a suspensão do curso do prazo prescricional e impede o oferecimento da denúncia". E mais: consta de seu parágrafo único, em relação aos crimes referidos, que, uma vez "cumprido o acordo de leniência pelo agente, extingue-se automaticamente a punibilidade". Desde logo assinale-se que a redação do indigitado dispositivo não prima pela melhor técnica legislativa, por não considerar as especificidades que deve revestir a repercussão penal e processual de atos administrativos, para

---

397. Como anota Caroline Sanselme Vieira, "pela primeira vez no Brasil, em 8.10.2003, um ex-integrante de um suposto cartel denunciou às autoridades brasileiras de defesa da concorrência um esquema montado por um grupo de 21 empresas, 3 entidades e 30 pessoas físicas do setor de segurança privada do Rio Grande do Sul para fraudar licitações e combinar preços" ("O primeiro acordo de leniência firmado no Brasil", *Revista de Direito Internacional e Econômico* 11/91).

além de significar mais uma benesse que se concede exclusivamente aos crimes de colarinho branco, nos moldes do que já ocorre na sede de crimes contra a ordem tributária,[398] reforçando no imaginário social a constatação empírica de que a Justiça Penal é mesmo uma Justiça de classes.

191. Em nosso ver, para uma interpretação construtiva deste dispositivo legal, em particular de seu parágrafo único, o "automatismo" de seus efeitos – em especial a extinção da punibilidade dele decorrente – deve ser mitigado, tendo o legislador dito mais do que desejava. Na verdade, a pura e simples lavratura e o posterior cumprimento integral do acordo administrativo de leniência não terão o condão de produzir efeitos imediatos no processo penal que apure os mesmos fatos, com sua simples apresentação em sede judicial. Com efeito, tal entendimento não se coaduna com a já destacada inexistência de acessoriedade do direito penal em relação ao direito administrativo em nosso ordenamento, por corolário da exaustivamente referida autonomia destas instâncias e da prevalência constitucional do sistema de apreciação jurisdicional (v. itens **83** e ss., retro). Com efeito, defrontamo-nos com preceptivo legal que admite a produção de efeitos em sede jurídico-penal de um instituto de direito administrativo (o acordo de leniência), com caráter sinalagmático, reservado apenas para determinados crimes contra a ordem econômica (aqueles constantes dos arts. 4º, 5º e 6º do Capítulo II da Lei 8.137[399]), condicionado à perfectibilização de determinadas condições (aquelas previstas para o pacto firmado em sede administrativa) e que passa a ser dotado de efeitos revestidos de natureza dúplice: *(a)* processual penal, com o impedimento do oferecimento da denúncia[400] (conseqüentemente, com a postergação da instauração de ação penal pública), a partir da celebração do acordo; e *(b)* penal, neste caso com *(b1)* a suspensão do prazo prescricional[401] enquanto perdurar a execu-

---

398. Sobre este assunto, no âmbito dos crimes contra ordem tributária, remete-se à percuciente análise crítica efetuada por Douglas Fischer, *Delinqüência Econômica e Estado Social e Democrático de Direito*, pp. 173-185.
399. Não incluindo outros crimes contra o mesmo bem jurídico. Por exemplo, os que são previstos na Lei federal 8.176/1991.
400. Nos termos do art. 40 do CPP, "quando, em autos ou papéis de que conhecerem, os juízes ou tribunais verificarem a existência de crime de ação pública, remeterão ao Ministério Público as cópias e os documentos necessários ao oferecimento da denúncia".
401. Afetando a prescrição da pretensão punitiva (art. 116, *caput*, do CP).

ção do acordo e, ao final, com *(b2)* a extinção da punibilidade[402] após cumprido inteiramente o acordo. Neste ângulo *(b1)*, sendo mais gravoso para o agente, em razão disso, apesar de como norma processual se sujeitar ao *tempus regit actum*, este preceito do art. 35-C – que é incindível – configura-se como sendo irretroativo. Por outro lado, sendo a prescritibilidade a regra geral que caracteriza direito público subjetivo dos acusados no processo penal, há que estabelecer limites de razoabilidade ao lapso de tempo para o qual se admitirá a suspensão da prescrição, sob pena de se estar consagrando uma imprescritibilidade não autorizada pela Constituição.

192. Quanto ao momento em que é cabível sua introdução na sede penal, constata-se que, em princípio, será azada para sua admissão a etapa investigatória que antecede o *jus persequendi in judicio*,[403] quer já instaurado o pertinente inquérito policial ou, mesmo, quer apenas estejam em andamento diligências diretamente conduzidas pelo Ministério Público. No que refere aos seus aspectos temporais, pois, como manda a lei, é suficiente que o acordo de leniência tenha sido celebrado antes do oferecimento da denúncia, ou seja, antes do efetivo início da ação penal pública incondicionada, que se dá com o eventual recebimento daquela exordial pelo juízo criminal competente. Considerando-se que, com relação aos crimes previstos na Lei 8.137/1990, a ação penal cabível para seu sancionamento será aquela de natureza pública incondicionada, como de modo redundante prevê expressamente o art. 15 dessa lei,[404] a titularidade exclusiva para sua propositura é do Ministério Público.[405] Este, por sua vez, é uma instituição nacional de caráter permanente, constitucionalmente consagrada como sendo indispensável à função jurisdicional e que observa os princípios de unidade, indivisibilidade e independência funcional dos seus órgãos,[406] abrangendo o Ministério

---

402. Ampliando o rol do art. 107 do CP.
403. Relembre-se, com José Frederico Marques, que "o Estado, quando pratica atos de investigação, após a prática de um ato delituoso, está exercendo seu poder de polícia. A investigação não passa de um poder cautelar que o Estado exerce, através da Polícia, na luta contra o crime, para preparar a ação penal e impedir que se percam os elementos de convicção sobre o delito cometido" (*Elementos de Direito Processual*, p. 149).
404. Inútil por força exatamente do princípio da oficialidade da ação penal a que ele expressamente remete (estatuído pelo art. 100 do CP).
405. Art. 129, I, da CF de 1988.
406. Art. 127 da CF de 1988.

Público da União e o dos Estados Federados.[407] Por força das relevantes conseqüências supra-apontadas, que revestem a repercussão processual penal do novel instituto, fica patenteado que para a admissibilidade penal do acordo de leniência deve ser ouvido previamente o Ministério Público, na medida em que, como referido, a avença administrativa terá por decorrência imediata obstaculizar a formação da *opinio delicti*,[408] que cabe tão-somente a essa instituição, consubstanciando severa restrição a um poder/dever que lhe é constitucionalmente cominado com exclusividade, ao coartar a propositura da ação penal pública.

193. Noutro ângulo, tratando-se de processo penal acusatório, no qual cabe ao magistrado – eqüidistante das partes e dos interesses conflitantes expressos na relação processual – o controle da obrigatoriedade da ação penal pública,[409] tem ele o poder-dever de apreciar a juridicidade e a legitimidade do acordo com vistas a, se for o caso, homologar o acordo para que este produza os efeitos legais previstos. Aliás, além de apoio no princípio da indisponibilidade da ação penal e de suporte na aplicação analógica das normas processuais previstas para acordos celebrados nos casos de infrações penais de baixa ofensividade, antes referidas (v. item **178**, retro), a construção efetuada decorre dos poderes implícitos do órgão judicial, a quem caberá, ao final, com isenção, a responsabilidade de verificar a presença do fundamento legal que o autorize decretar a extinção da punibilidade. Sustenta-se aqui tão-somente o poder judicial de apreciar o acordo formulado pelas partes, qual seja, constitui um antecedente lógico incontornável para a intervenção jurisdicional nesta seara a existência de um acordo de leniência perfectibilizado em sede administrativa. A avença, por sua vez, dependerá inicialmente da exclusiva e espontânea manifestação de vontade – insubstituível pelos órgãos judiciário e ministerial – do interessado naquela sede, e para sua integração formal em seara penal, como anotado, num segundo momento, não poderá prescindir da oitiva do Ministério Público.

---

407. Art. 128 da CF de 1988.
408. Para, com base nos elementos probatórios colhidos da existência da prática de um crime e indicadores de sua autoria, se motivadamente convencido, dar início à persecução penal *in judicio*, ajuizando a denúncia.
409. Controle que não só é positivo, recusando o arquivamento quando entenda cabível a propositura da ação, mas que também é negativo, quando considere a denúncia ilegítima na hipótese apreciada.

194. De outra parte, sob a ótica do investigado que propôs e logrou sua confecção administrativa, desde que presentes e observadas todas as exigências e formalidades legais cabíveis, terá este proponente o inequívoco direito a que o acordo de leniência seja de fato aceito no juízo penal. É que, neste caso, seu interesse, se e quando legítimo, constitui direito público subjetivo. De se ver, em síntese, que na construção propugnada não se elide o controle jurisdicional da eventual validade do acordo, mas, da mesma forma que o magistrado, ao exercer o controle jurisdicional da obrigatoriedade da ação penal pública, sabidamente não pode compelir o agente político ministerial a oferecer denúncia, também não poderá obrigá-lo a aquiescer com o benefício em tela. Por outra vertente, a existência de duvidosa eficácia concreta que foi por nós suscitada em relação aos programas de leniência e as reiteradamente enfatizadas características diferenciais e funcionais existentes entre as infrações concorrenciais administrativas e os crimes contra a ordem econômica recomendavam ao legislador fornecer clara e expressamente quais os requisitos específicos para admissão de um instituto penal com repercussão tão importante, em seara particularmente sensível. Ao que se aduz, noutra vertente, que, cuidando-se de direito e de processo penais, a normativa administrativa de caráter complementar de nível infralegal eventualmente editada para a regulamentação da leniência em sede concorrencial, por evidente, não poderá trazer quaisquer restrições à liberdade dos investigados em sede penal, impondo-lhes condições que sejam restritivas de direitos fundamentais ou resultem nisso. Esta legislação tampouco terá o condão de vincular aos seus termos o Ministério Público, e muito menos o Poder Judiciário, sob pena de caracterizar interferência inaceitável da autoridade administrativa do Poder Executivo, violando a autonomia constitucional do primeiro e a independência potestativa do segundo.

195. Não bastassem estes aspectos, infere-se imediatamente da análise que efetuamos do acordo de leniência administrativo (v. item **186**, retro), como não poderia, mesmo, deixar de ser, que algumas das condições ali previstas não se coadunam com a admissibilidade do acordo de leniência em sede penal, sobretudo em razão de dificuldades lógico-jurídicas advindas do perfil garantístico inerente ao ordenamento criminal. Nestes termos, desde logo, apesar de a lógica inerente aos acordos desta natureza ser a de privilegiar os participantes de menor relevância na trama criminosa, não vemos, ainda, justificativas para discriminar em sede penal o autor – entendido, aqui, como pessoa física, e não o ente jurídico –, mesmo que este tenha *estado à frente da conduta tida como infracionária* (art. 35-B, § 1º). Tal exigência, ao que parece, conduz à eventual violação do princípio da igualdade e desconsidera que, etiologicamente, o que se persegue precipuamente com estes acordos é a cessação mais célere da atividade lesiva. Ao que se acrescenta, também, a existência de notórias dificuldades técnicas inatas à apuração destes casos, que recomendam a perspectiva de tornar mais abrangente o dispositivo, permitindo sua utilização pelos demais envolvidos, sejam eles autores, co-autores, partícipes ou cúmplices. Sendo a formação de cartel um crime de cooperação necessária – ou seja, havendo, no caso, pluralidade de autores em níveis similares de responsabilidades penais no concurso de agentes –, a celebração de acordo com um destes resultaria no atendimento de todas estas finalidades. Da mesma forma, por estes mesmos fundamentos, desde que ainda não tenha sido homologado o acordo, não deveria ser excluído da possibilidade de firmá-lo aquele que não seja o primeiro *a se qualificar com respeito à infração noticiada ou sob investigação* (art. 35-B, § 2º, I), mas desde que este aderente tardio traga novas informações que sejam ainda úteis à investigação e à futura persecução penal dos demais investigados não-colaboradores.

196. São exigências plenamente adequadas para justificar a repercussão do acordo de leniência em sede penal, em nosso ver, aquelas da *(a)* presença de efetiva colaboração com as investigações e o processo (art. 35-B, *caput*), desta resultando concretamente a *(b)* identificação dos demais co-autores da infração (art. 35-B, I) e *(c)* a obtenção de informações e documentos que comprovem a infração noticiada ou sob investigação (art. 35-B, II). Do mesmo modo, é razoável a imposição de que *(d)* interrompa o firmatário completamente seu envolvimento na infração noticiada ou sob investigação a partir da data de propositura do acordo (art. 35-B, § 2º, II) e de que *(e)* confesse sua participação no ilícito e coopere plena e permanentemente com as investigações e o processo, comparecendo, sempre que solicitado, a todos os atos processuais, até seu encerramento (art. 35-B, § 2º, IV). Por outro lado, sendo também uma variante de direito premial, caso não seja chancelado o acordo, não há qualquer incompatibilidade lógico-jurídica no aproveitamento dos elementos obtidos com vistas ao frustrado acordo de leniência para os fins da colaboração premiada do art. 16 da Lei 8.137. Desta maneira, a colaboração infrutífera prestada pelo investigado para fins do acordo de leniência, diante da superposição de requisitos impostos ao colaborador nos dois casos, poderá ser utilizada em seu benefício, se efetivamente forem atendidas todas as exigências constantes do referido art. 16.

197. É importante frisar, finalmente, apesar de lindar o truísmo, diante da inexistência de previsão legal expressa nesta direção, que a perspectiva da celebração de acordo de leniência administrativa não constitui a criação de uma nova condição de procedibilidade para a ação penal pública, mas apenas uma modalidade sinalagmática de direito premial que poderá culminar com a extinção da punibilidade. O eventual direito público subjetivo ao seu reconhecimento em sede penal, admitido por nós ao interessado quando presentes todos os requisitos legais para sua obtenção, não implica subordinar o exercício da atividade pública de repressão à criminalidade, atuada por meio da persecução penal, ao alvedrio do particular infrator da ordem econômica, aguardando que o mesmo procure a autoridade pública para o fim de celebrar acordo de leniência quando melhor lhe convier, ou exigindo que ele tenha recebido solicitação prévia instando-o a tanto.[410] Aliás, outro entendimento – qual seja, o de que caberia à autoridade administrativa, ou mesmo ao Ministério Público, a obrigação de intimá-lo para que este fosse compelido à eventual lavratura administrativa de acordo de leniência – teria por pressuposto a violação do direito constitucional do investigado a não se auto-incriminar; aliás, direito profundamente imbricado em toda esta questão.[411] Com efeito, como proceder na hipótese em que o indi-

---

410. Há precedente do TJRS neste sentido, assinalando-se corretamente em sua ementa que: "(...). A instância penal independe da instância administrativa, não sendo a finalização do procedimento administrativo condição de procedibilidade para a *persecutio criminis* – Acordo de leniência – Lei federal n. 10.149/2000 – Art. 35-B e art. 35-C – Faculdade da União que não condiciona a propositura da ação penal (...)" (4ª Câmara Criminal, HC 70009727181, rel. Des. José Eugênio Tedesco, v.u., j. 30.9.2004).
411. Resumido no apotegma *nemo tenetur se detegere*, art. 5º, LXIII, da Carta Política, do qual apenas ele pode livremente abdicar. Como se colhe da construção hegemônica no STF: "(...) qualquer indivíduo que figure como objeto de procedimentos investigatórios policiais ou que ostente em juízo penal a condição jurídica de imputado tem, dentre as várias prerrogativas que lhe são constitucionalmente asseguradas, o direito de permanecer calado. *Nemo tenetur se detegere*. Ninguém pode ser constrangido a confessar a prática de um ilícito penal. O direito de permanecer em silêncio insere-se no alcance concreto da cláusula constitucional do devido processo legal, e nesse direito ao silêncio inclui-se, até mesmo por implicitude, a prerrogativa processual de o acusado negar, ainda

víduo proponha o acordo, rompendo voluntariamente o silêncio que lhe é assegurado, e forneça ao órgão administrativo elementos probatórios que podem inclusive incriminá-lo e, a final, o acordo de leniência não seja efetuado ou homologado? Certo, dir-se-ia neste caso que, como homenagem à vedação de auto-incriminação, a prova obtida não poderia ser contra ele utilizada, com sua remessa ao Ministério Público como peças de informação, com amparo, inclusive, no tratamento que foi dado ao tema em sede administrativa (Lei 8.884, art. 35-B, § 10). Que fazer, então, quando dentre as provas "entregues" pelo proponente estiverem todas aquelas indispensáveis à sua própria condenação, se este nunca tenha tido *a priori* qualquer interesse na viabilização do acordo? Para evitar manobras desta ordem, conducentes à indevida manipulação do privilégio constitucional, que, nesta hipótese, deixa de ser um instrumento para proteção de direitos fundamentais, passando a veículo para assegurar a violação da lei e para garantir a impunidade de criminosos, seria necessário estabelecer os limites e os regramentos precisos para disciplinar estas situações. Assim, *e.g.*, não seriam atingidas pela proibição de utilização todas aquelas provas que já estivessem anteriormente em poder dos órgãos públicos ou cuja descoberta fosse decorrência inevitável do processo investigatório na forma e na direção em que estava sendo conduzido, ou, ainda, se as mesmas tivessem como fonte alternativa a colaboração de outros acordantes etc.

VI – Jurisprudência: a questão da competência

VI.1 Competência federal "vs." competência estadual

198. De modo geral, apesar de o crime estar previsto em lei há mais de 17 anos e da indiscutível atuação de inúmeros cartéis na economia brasileira, evidenciada pelos estudos econômicos, é bastante escassa a jurisprudência existente sobre o crime de formação de cartel nas Cortes brasileiras, seja nos tribunais superiores (STF e STJ), seja nos Tribunais de Justiça dos Estados ou nos Tribunais Regionais Federais.[412] Um dos

---

que falsamente, perante a autoridade policial ou judiciária, a prática da infração penal (...)" (1ª Turma, HC 68.929, rel. Min. Celso de Mello, v.u., *DJU* 28.8.1992).

412. Em nossa análise demos prioridade aos julgados oriundos do STF e do STJ, ainda que eventualmente sejam referidos arestos originários dos outros tribunais.

poucos aspectos nos quais se pode reconhecer relativa abundância de decisões,[413] tornando possível uma análise comparativa que aponte para existência de determinadas tendências jurisprudenciais, é aquele referente à questão da competência. Como se sabe, no sistema jurídico brasileiro a regra geral em matéria criminal estabelece ser da chamada Justiça comum Estadual a competência geral para conhecer deste tema. Esta competência, por sua vez, é determinada por exclusão, qual seja, abrange todos os crimes existentes no ordenamento jurídico que remanescem depois de excluídos aqueles que, por exceção, estejam incluídos na competência das Justiças especiais (Militar, Eleitoral etc.) e da Justiça comum Federal. A questão colocada, pois, em síntese, é a de definir se o conhecimento dos casos em que se atribui a prática do crime de formação de cartel e outros crimes contra a ordem econômica encontra-se no âmbito da competência da Justiça estadual ou se a mesma será da Justiça federal.

199. A prevalência da competência estadual, segundo seus defensores, defluiria da delimitação de competência da Justiça Federal, prevista no art. 109, VI da Carta Constitucional, segundo o qual apenas estariam na sua órbita os crimes contra o Sistema Financeiro e a ordem econômico-financeira cujos diplomas instituidores explicitem tal competência. Assim, não incidiria no caso a competência federal, pois na Lei federal 8.137/1990 não consta qualquer determinação atributiva de competência, e este silêncio falaria em prol da competência estadual. Segundo argumentam, reforçaria ainda mais esta conclusão o fato de o Sistema Financeiro Nacional (v. item **53**, retro) se inserir como um dos subsistemas constitutivos da ordem econômico-financeira (v. itens **54** e ss., retro); e, neste caso, o art. 26 da Lei federal 7.492/1986 (que define os crimes contra o Sistema Financeiro Nacional) estabeleceu expressamente a competência federal. Por outro lado, a posição em sentido contrário arrima-se no teor do art. 109, IV, da Carta Política, que estabelece as hipóteses de competência penal federal mediante a identificação dos entes jurídicos (União, autarquias e empresas públicas federais) na qualidade de titulares dos bens e serviços ou dos interesses em detrimento dos quais foram os crimes perpetrados. Assim, argumenta-se, o atingimento da ordem econômica afetaria o interesse da União Federal, a quem cabem precipuamente as atividades de regulação e fiscalização

---

413. Até porque, como se verá adiante, a matéria que os unifica envolve todos os crimes contra a ordem econômica previstos na Lei federal 8.137/1990.

da mesma, bem como atingiria os serviços da autarquia federal (CADE) encarregada da sua proteção.[414]

VI.2 Precedentes e a posição dominante no STJ

200. Vejamos os principais paradigmas existentes sobre o assunto. Na esfera do STF a discussão acerca da competência nestes casos parece indicar uma tendência ao afastamento da competência federal. Com efeito, apesar de localizarmos apenas três precedentes mais específicos[415] envolvendo crimes contra a ordem econômica (mas não os previstos na Lei federal 8.137/1990), há outros acórdãos relativos à delimitação da competência criminal federal, inclusive em outros crimes contra a ordem econômico-financeira, que parecem favorecer o reconhecimento da competência da Justiça Estadual. Nossa abordagem, por força do princípio da utilidade, restringir-se-á aos três arestos que são pertinentes à nossa discussão, por remeterem ao mesmo bem jurídico constitucional do crime de formação de cartel (a ordem econômico-financeira, em geral, e a ordem econômica, em particular). Assim, no julgamento do RE 198.488,[416] envolvendo a discussão de crimes contra

---

414. Observe-se, à partida, que, se houver qualquer modalidade de conexão entre os crimes contra a ordem econômica e outro ilícito que indisputadamente seja de competência federal (*e.g.*, crime previsto na Lei 7.492/1986), a discussão se tornará inócua, eis que incidirá o entendimento predominante na jurisprudência no sentido de que a reunião dos processos se dará no âmbito da Justiça Federal (*forum attractionis*). A regra geral sobre o tema, constante do Código de Processo Penal, estabelece que: "Art. 78. Na determinação da competência por conexão ou continência, serão observadas as seguintes regras: (...) II – no concurso de jurisdições da mesma categoria: a) preponderará a do lugar da infração, à qual for cominada a pena mais grave; (...)". A Súmula 52 do antigo TFR, entretanto, já reconhecia que "compete à Justiça Federal o processo e julgamento unificado dos crimes conexos de competência federal e estadual, não se aplicando a regra do art. 78, II, 'a', do CPP". Este entendimento foi reafirmado pela Súmula 122 do STJ: "Compete à Justiça Federal o processo e julgamento unificado dos crimes conexos de competência federal e estadual, não se aplicando a regra do art. 78, II, 'a', do Código de Processo Penal". No mesmo sentido é firme na jurisprudência do STF que, na hipótese de concurso de infrações penais, a competência da Justiça Federal para uma delas atrai por conexão a competência para o processo das demais (*v.g.*: 1ª Turma, HC 68.399, rel. Min. Sepúlveda Pertence, v.u., *DJU* 15.3.1991).
415. Pesquisa efetuada pelo autor, através de acesso realizado em junho/2006, no sítio do STF na Internet (*http://www.stf.gov.br/jurisprudencia/nova/jurisp.asp*).
416. STF, 2ª Turma, rel. Min. Carlos Velloso, v.u., *DJU* 11.12.1998.

o Sistema Financeiro[417] não previstos na mencionada Lei 7.492 (relembre-se que nesta lei há previsão expressa de competência federal), estabeleceu-se que: "(...) tratando-se de crimes contra o Sistema Financeiro e a ordem econômico-financeira, a regra de competência aplicável é a do inciso VI do art. 109 da CF (...), não a do inciso IV do mesmo dispositivo (...). Desse modo, à falta de previsão legal expressa atribuindo à Justiça Federal a competência para o julgamento dos referidos delitos, essa competência será da Justiça Estadual. (...)". Segundo se depreende do voto do Relator, *(a)* ao menos aparentemente foi reconhecida a existência de *uma relação de especialidade entre os incisos IV (regra geral) e VI (regra especial)*, ambos do art. 109 da CF de 1988, qual seja, a incidência do segundo repele a utilização do primeiro quando envolvidas as objetividades jurídicas consideradas.[418]

201. No entanto, esta inferência parece ser desmentida pelo próprio Ministro Relator ao apreciar outro caso,[419] no qual, inclusive, utiliza como precedente o primeiro aresto citado; e, explicitando melhor seu entendimento, agora *(b)* parece visualizar que *a relação entre os dois incisos do art. 109 seria de complementaridade*, e não de especialidade – qual seja, os dois dispositivos interpenetrar-se-iam e se complementariam, não sendo excludentes. Confira-se: "(...) Decido. O acórdão recorrido é de ser reformado. No essencial, assim se manifestou o Minis-

---

417. Os delitos objeto da ação penal apreciada no recurso foram aqueles tipificados no art. 34, I, e § 1º, da Lei federal 4.595/1964 – empréstimos vedados realizados no exterior – e no art. 30, VI, VII, IX e X, da Lei 1.521/1951 – gestão fraudulenta de estabelecimentos bancários –, cometidos antes do início da vigência da Lei 7.492/1986.
418. Cf. o voto: "(...). A primeira conclusão a que se chega é que a competência da Justiça Federal para o processo e julgamento dos crimes contra o Sistema Financeiro e a ordem econômico-financeira é prevista no inciso VI do art. 109 da CF. A segunda conclusão é mesmo esta – conclusão, aliás, a que chegou o acórdão recorrido: a lei que tipifica o crime contra o Sistema Financeiro ou contra a ordem econômico-financeira há de estabelecer, expressamente, a competência da Justiça Federal. Vamos ler, novamente, o que está disposto no inciso VI do art. 109 da CF: '(...) e, nos casos determinados por lei, contra o Sistema Financeiro e a ordem econômico-financeira'. (...). No caso, conforme foi visto, o recorrente sustenta a competência do Juízo Federal com base não no inciso específico – inciso VI do art. 109 da CF –, mas sim no inciso IV do art. 109, c/c o art. 21, VIII, da CF. (...)".
419. Referimo-nos à decisão monocrática exarada no RE 454.739-2 e publicada no *DJU* 1.8.2005, p. 183, que constitui o primeiro a abordar crimes contra a ordem econômica, ainda que referente aos previstos na Lei federal 8.176/1991, que "define crimes contra a ordem econômica e cria o Sistema de Estoques de Combustíveis".

tério Público Federal pelo parecer de fls. 80-82: '(...). 2. *Tem razão o recorrente. A interpretação conjunta dos incisos IV e VI do art. 109 da Constituição revela ser da Justiça Federal a competência para processar e julgar os crimes contra a ordem econômica se, independentemente de previsão da lei definidora, houver lesão a interesse da União ou de suas autarquias*. No caso, como explicitado no recurso, a comercialização de combustível fora dos padrões fixados pela Agência Nacional de Petróleo vulnera diretamente o interesse direto dessa autarquia federal no controle, fiscalização e regulação da atividade de distribuição e revenda de derivados de petróleo e álcool, o que está previsto na Lei n. 9.478/1997. *Conforme resumido na petição do recurso, 'as condutas delituosas imputadas aos recorridos violam interesses da União e da Agência Nacional do Petróleo – entidade autárquica federal –, especialmente o de garantir ao consumidor a aquisição de combustível de acordo com os padrões estabelecidos por este órgão fiscalizador, sem alterações do produto comercializado'.* (...)' (fls. 81-82). *Correto o parecer.* É que a jurisprudência do STF é no sentido de competir à Justiça Federal processar e julgar os delitos contra o Sistema Financeiro e a ordem econômico-financeira. *No julgamento do RE 198.488-SP*, por mim relatado (...). *Forte nos precedentes, dou provimento ao recurso* (...)" (grifei).

202. No terceiro julgamento mais específico existente na Corte,[420] a leitura do teor do voto-condutor do *decisum* evidencia que se aplicou a regra de especialidade *(a)*, invocando-se exatamente o primeiro precedente por nós analisado: "(...). Sustenta-se que as condutas delituosas imputadas aos recorridos violam interesses da União e da Agência Nacional do Petróleo, entidade autárquica federal, especialmente o de garantir ao consumidor a aquisição de combustível de acordo com os padrões estabelecidos pelo órgão fiscalizador, sem alterações do produto comercializado. Ao final, conclui-se que 'a competência para o julgamento do feito é, por aplicação do art. 109, inciso IV, da Carta Magna, da Justiça Federal, sendo irrelevante o fato de a lei não ter disposto, *a priori*, acerca de tal competência' (...). A questão que se apresenta inicialmente na análise do presente recurso diz com a possibilidade de se conhecer de extraordinário interposto com base na alínea 'a' do inciso III do art. 102 da CF, por suposta ofensa ao art. 109, inciso IV, da mes-

---

420. STF, 2ª Turma, RE 454.735, rela. Min. Ellen Gracie, v.u., *DJU* 18.11.2005. Versa sobre o crime do art. 1º, I, da Lei 8.176/1991.

ma Carta, quando o processo criminal trata da apuração de crime contra a ordem econômica, já que o inciso VI do art. 109 da Constituição regula expressamente a matéria. Tenho que a resposta há de ser negativa. Com efeito, *no que diz respeito a crimes contra o Sistema Financeiro e a ordem econômico-financeira, há regra específica a determinar a competência da Justiça Federal, de modo que, sob o ângulo da especialidade, a regra do inciso VI do art. 109 da Carta Constitucional coloca em segundo plano a norma geral do inciso IV desse mesmo dispositivo. Nesse sentido, em caso análogo, já decidiu a 2ª Turma desta Corte (RE 198.488, rel. Min. Carlos Velloso, DJU 11.12.1998)* (...). Quanto ao *disposto no inciso VI* do art. 109 da CF, ainda que o presente recurso não o tenha por fundamento, cumpre ressaltar que *nem todos os crimes praticados contra* o Sistema Financeiro Nacional e *a ordem econômico-financeira são de competência da Justiça Federal, mas somente aqueles definidos em lei*, por força da exigência constitucional (art. 109, inciso VI), que limita expressamente essa competência aos 'casos determinados por lei' (...)" (grifei).

203. Na esfera do STJ,[421] por sua vez, há um número mais elevado de julgamentos que envolvem o tema da competência nos crimes contra a ordem econômico-financeira (cerca de 30 arestos), dentre os quais selecionamos apenas aqueles que versam especificamente sobre crimes contra a ordem econômica previstos na Lei federal 8.137/1990 (seis julgados). Estes acórdãos, em razão da matéria abordada, por sua vez, suscitam outros aspectos envolvidos nesta discussão e possibilitam uma tomada de posição sobre a polêmica delineada mais consentânea com a estrutura sistêmica da ordem constitucional em matéria competencial. Dentre os específicos, aparece em segundo lugar o CComp 15.206,[422] cuja ementa aponta que: "(...). Não configurada a prática de infração penal em detrimento de bens, serviços ou interesses de entidades fede-

---

421. Pesquisa realizada pelo autor através de acesso efetuado em maio/2006 no sítio do STJ na Internet (*http://www.stj.gov.br/SCON/index.jsp*).

422. STJ, 3ª Seção, rel. Min. Fernando Gonçalves, v.u., *DJU* 23.6.1997. Antes deste precedente, em primeiro lugar, dentre os que versam sobre ordem econômica, como *leading case*, aparece apenas o CComp 2.111, 3ª Seção, rel. Min. Costa Lima, v.u., *DJU* 2.12.1991. A ementa assinala: "(...). Compete à Justiça Comum do Estado processar e julgar pessoa acusada de prática de crime contra a ordem econômico-financeira, de acordo com o disposto no inciso VI do art. 109 da Constituição, no silêncio da lei" – indicando como critério de especialidade prevalente o disposto no inciso VI.

rais, compete à Justiça Comum Estadual processar e julgar os crimes previstos nas Leis ns. 8. 137/1990 e 8.176/1991 (...)".[423] O voto, imediatamente após invocar a incidência da regra do inciso VI, do art. 109, explicita que: "(...). No entanto, não há na espécie prática de infração penal em detrimento de bens, serviços ou entidades federais, tampouco definição, por parte da legislação ordinária, Leis ns. 8.137/1990 e 8.176/1991, no sentido da competência do Juízo Federal. (...)"– ou seja, aplica a regra do inciso IV. Na mesma direção aponta o terceiro enfrentamento específico do tema, que se deu sintomaticamente mais de cinco anos depois do segundo, no julgamento do CComp 38.989,[424] tendo a súmula asseverado que: "(...). Compete à Justiça Estadual o processo e julgamento de feito que visa à apuração de possível infração contra a ordem econômica, prevista na Lei n. 8.884/1994. (...). *Não se configura a ofensa a bens ou interesses da União* se evidenciado que a conduta que provocou o bloqueio do escoamento da produção de indústria de cimento causou prejuízo, tão-somente, a particular (...)" (grifei).

204. O quarto precedente selecionado, o CComp 40.165,[425] em sua ementa parece deixar cristalina a opção pela prevalência do inciso VI: "(...). *Possíveis crimes praticados contra a ordem econômica, no caso o estipulado pela Lei n. 8.137/1990*, deve ser processado pelo juízo estadual, *considerando o disposto no art. 109, VI, da CF e não havendo qualquer determinação no sentido de se deslocar a competência para o juízo federal*".[426] Nestes autos buscava-se, como se colhe do relatório, exatamente "apurar possível delito do art. 4º, I, 'a', da Lei n. 8137/1990, consubstanciado em eventual *dumping* efetuado por parte da rede de postos *[de combustíveis]* (...)". Ocorre, todavia, que o eminente Relator adotou como razão de decidir o arrazoado do Magistrado Federal suscitante, no qual se colhe que: "'(...) como visto, o Ministério Público Federal sustenta a competência deste Juízo, baseado no inciso IV do art.

---

423. Imputava-se a prática do crime contra as relações de consumo previsto no art. 7º, III, da Lei 8.137 em concurso como o art. 1º, I, da Lei 8.176, consistente em "indícios de adulteração e transporte irregular de combustível e de óleo lubrificante em posto credenciado".
424. STJ, 3ª Seção, rel. Min. Gilson Dipp, v.u., *DJU* 25.8.2003.
425. STJ, 3ª Seção, rel. Min. José Arnaldo da Fonseca, v.u., *DJU* 2.2.2004.
426. Corrigiu-se erro material da ementa oficial, que referia o inciso I – quando, evidentemente, a remissão seria ao inciso VI, inclusive como resulta patente do voto do Relator, Min. José Arnaldo da Fonseca.

109 do Texto Maior, por entender que há interesse da ANP e do CADE, autarquias federais, na apuração dos fatos descritos neste caderno investigatório. Contudo, crimes praticados contra a ordem econômica e financeira, por si só, são insuficientes para caracterizar ameaça de natureza pública, capazes de lesar bens ou interesses da União. Quando se fala, no dispositivo supracitado, de infrações penais praticadas em detrimento de bens, serviços ou interesses da União ou de suas entidades autárquicas, exige-se efetivo interesse ou prejuízo, e não apenas um interesse genérico. (...). Eventual abuso econômico, através de eliminação de concorrência, mediante acordo dos postos de combustíveis em investigação, causaria dano aos demais postos de combustíveis locais e aos consumidores daquela região. Trata-se, por conseguinte, de violação a interesses coletivos de consumidores, plenamente identificáveis, segundo giza o art. 81, II, do CDC, e inábeis a deslocar a competência para a Justiça Federal' (...)". Ou seja, em última análise, mesmo diante da invocada incidência do inciso VI, argumentou-se, na verdade, com a necessária prévia inincidência do inciso IV.

205. O ponto de vista do mesmo Relator em prol da integração harmonizadora dos dois preceitos constitucionais fica claro no quinto precedente, o julgamento do HC 32.292[427] (cuida-se aqui de variante do crime de formação de cartel), no qual os impetrantes buscavam trancar a ação penal movida contra os pacientes, em instância federal, ao argumento de que a posição consolidada na Corte seria a da aplicação especializadora do inciso VI do art. 109, remetendo à competência estadual. A ementa já aponta o equívoco em que incorreram os autores da ação constitucional: "(...). *Inexistindo determinação expressa, os crimes contra a ordem econômica, previstos na Lei n. 8.137/1990, reclamam a jurisdição estadual ou federal na medida em que restar comprovado o interesse em jogo, se local ou se nacional. In casu*, ante a figura do crime sobrevindo da prática de cartel, onde a atuação do agente teve reflexo em vários Estados-membros, restringindo o livre exercício da atividade profissional de transportadores pelo Brasil afora, *resta patente o interesse supra-regional pelo qual se firmam a necessidade de interferência da União e a competência da Justiça Federal*. Tal se dá porque, apesar de a conduta ilícita ser oriunda de um núcleo determina-

---

427. STJ, 5ª Turma, rel. Min. José Arnaldo da Fonseca, v.u., *DJU* 3.5.2004.

do, a sua propensão ofensiva à ordem econômica se faz sentir em localidades diversas e em territórios distintos. Ordem denegada" (grifei).

206. O Min. José Arnaldo da Fonseca alinha em seu voto os argumentos exarados pelo Relator na Corte *a quo* e explicita: "(...). É necessária a citação dos fundamentos da decisão, delineados pelas seguintes passagens (fls. 135-136): 'Sabe-se que a competência federal criminal é determinada pela lei ou efetiva lesão de bens, serviços ou interesses da União ou de suas autarquias ou empresas públicas, de acordo com o art. 109, inciso IV, da CF. A mera suposição da existência desse interesse não desloca a competência da Justiça Comum, devendo o mesmo ser manifesto. No caso concreto, o paciente foi denunciado pela prática do crime previsto no art. 4º, incisos II, alíneas 'a', 'b' e 'c', e VII, c/c o art. 12, inciso I, da Lei n. 8.137/1990, em continuidade delitiva. Certamente constata-se que a referida lei não especifica a competência para o processo e julgamento das ações penais pela infração aos tipos que abarca. Assim, não há que se debater acerca dessa pretensão do impetrante, pois superada. Por essa razão, passamos à segunda possibilidade de fixação da competência, qual seja, a efetiva lesão de bens, serviços ou interesses da União ou de suas autarquias. Nesse sentido, merece registro passagem do ilustre Magistrado, ao receber a denúncia, a qual incorporo ao voto como razões de decidir, a saber: '(...). A regra geral, no caso, é a que atribui competência à Justiça Federal para processar e julgar os crimes praticados em detrimento de interesses da União ou de suas autarquias, ressalvada unicamente a competência das Justiças Militar e Eleitoral; a regra especial é a que versa apenas sobre crimes de natureza específica, contra o Sistema Financeiro ou a ordem econômica. Para que a regra especial esteja em harmonia com a regra geral, há que se ter o inciso VI do art. 109 da CF como complementar ao inciso IV, de modo que a competência da Justiça Federal alcance os crimes contra a ordem econômica praticados em detrimento de interesses da União ou de suas autarquias ainda que a lei definidora assim não determine; e, ainda, que caiba à Justiça Federal processar e julgar crimes contra a ordem econômica ainda que não afetem bens, serviços ou interesses federais, desde que a lei lhe atribua tal competência. (...)' (fls. 68) (...). *É certo que há citação de julgados deste Tribunal acerca de situações casuais nas quais houve a indicação do foro estadual quando presente crime contra a ordem econômica. Contudo, os precedentes não averbaram o interesse supra-regional, a exemplo do caso em questão,* *mas tão-somente vincularam a lesividade da operação ao contexto local*" (grifei).[428]

207. Parece consolidar-se no STJ, destarte, *(b)* a posição da complementaridade aplicativa entre os incisos IV e VI, ambos do art. 109 da CF de 1988, com a verificação casuística da ocorrência da incidência do duplo *standard* negativo, no sentido de que não é condição suficiente para afastar a competência federal nos crimes contra a ordem econômico-financeira a simples ausência de previsão legal expressa neste sentido (prevista no inciso VI); é preciso que tampouco tenha havido qualquer lesão aos interesses federais (indicados no inciso IV). Em nosso juízo, com pequenos ajustes, adiante explicitados, é a melhor construção.[429] Em *primeiro lugar*, harmoniza os dois mandamentos constitucionais, ponderando suas respectivas repercussões e dando-lhes as maiores densidade e elasticidade possíveis nas circunstâncias, sem que a adoção de um deles tenha por conseqüência a aniquilação total do outro, em conformidade com a melhor perspectiva hermenêutica de razoabilidade que deve presidir a exegese constitucional. Assim, nesta linha, figure-se

---

428. Esta a posição que predominou também no sexto precedente, o CComp 37.226, julgado pela unanimidade dos integrantes da 3ª Seção da Corte (rel. Min. Jorge Scartezzini, v.u., *DJU* 1.7.2004). Consta da ementa: "(...). A prática, em tese, de crime contra a ordem econômica (art. 4º da Lei n. 8.137/1990), consistente no monopólio de transporte de veículos novos, bem como na cobrança abusiva dos fretes, *não causa, objetivamente, detrimento a bens, serviços ou interesses da União. Não havendo qualquer determinação expressa em lei e ausente o dano concreto à Federação, a suas autarquias e às empresas públicas (art. 109, IV, da CF), não há como se deslocar tal competência para a Justiça Federal.* (...)" (grifei).

429. Este posicionamento parece ter sido consagrado em julgado mais recente do STF, cujo voto-condutor assinala: "(...) estou convencido de que o art. 109, VI, da Constituição não esgota a disciplina quanto à competência da Justiça Federal relativamente aos crimes contra o Sistema Financeiro e a ordem econômica. Referido inciso, na verdade, antes amplia que restringe a competência federal: possibilita ele, com efeito, que, a partir das peculiaridades de determinadas condutas lesivas ao Sistema Financeiro e à ordem econômica, possa a legislação ordinária subtrair da Justiça Estadual a competência para julgar causas que se recomenda sejam apreciadas pela Justiça Federal, mesmo que não abrangidas pelo art. 109, IV, da Constituição. Do contrário poderiam surgir situações em que o crime seria julgado pela Justiça Estadual mesmo que cometido contra bens, serviços e interesses, por exemplo, do Banco Central, com repercussões quiçá em toda a ordem econômico-financeira brasileira. Seria impingir ao inciso VI o sentido diametralmente oposto ao que se extrai da interpretação sistemática e teleológica dos demais dispositivos relativos à competência da Justiça Federal (...)" (1ª Turma, RE 502.915, rel. Min. Sepúlveda Pertence, v.u., *DJU* 27.4.2007, p. 69).

a hipótese em que uma empresa pública federal (remetendo ao inciso IV) esteja envolvida por seus gestores, servidores públicos federais, na prática de crime contra a ordem econômica previsto na Lei 8.137 (remetendo ao inciso VI), sofrendo sérios prejuízos materiais em razão disto; a aplicação de uma pretensa relação de especialidade entre os preceptivos conduziria a que, nesta situação, um juízo estadual apreciasse esta questão, com a subversão de toda a organização competencial estabelecida após a criação da Justiça Federal e consagrada constitucionalmente.

208. Em *segundo lugar*, o reconhecimento de um modelo estruturado em uma relação de feição "norma geral *vs.* norma especial" pressupõe a existência de um núcleo comum, que identifique os respectivos conteúdos normativos, e a de um elemento especializante, que acrescente ao teor de uma delas um *plus* distintivo em relação à outra. Isto não ocorre na hipótese. Na relação que se analisa agora, todavia, a identidade valorativa reside apenas e tão-somente no aspecto de os dois incisos versarem sobre a delimitação da competência criminal da Justiça Federal e, na verdade, complementos especializantes estão presentes nos dois casos e não se superpõem. E não é só: mesmo no que concerne ao cerne axiológico da designação competencial, desde logo *não* o fazem com exclusividade, haja vista que os incisos V, V-A, VII, VIII, IX, X e XI e o § 5º do art. 109 também remetem ao tema e devem ser igualmente compatibilizados entre si e em relação aos anteriores, considerando-se seu conjunto. Na realidade, em razão da regra geral de competência estadual e do caráter residual da competência federal, que impõe explicitação casuística por não se presumir, este *ensemble* é todo ele constituído por especializações autônomas, mas interdependentes, complementares e harmônicas, explicitando as exceções àquela regra geral. Não se pode confundir, destarte, abrangência competencial diferenciada, em razão de uma especialização ter o condão de conduzir a um maior alcance concreto (inciso IV) e de outra decorrer menor abrangência (inciso VI), com uma inexistente especialidade entre ambas; ao contrário, elas se interpenetram e se delimitam reciprocamente.

209. Em *terceiro lugar*, mesmo partindo desta premissa, que temos por equivocada, a "especialização" pode admitir outra construção, que conduz a um resultado diametralmente contrário (e melhor!) ao que sustentam seus defensores: a definição geral de competência em razão da pertinência subjetiva, articulada com presença de lesividade (inciso IV), é especializada para atingir outras situações nas quais, embora ausente aquela pertinência (não estão presentes entes públicos, mas empresas privadas), *ainda assim*, por força da relevância e repercussão coletiva do bem jurídico no qual estão inseridos estes interesses prejudicados (ordem econômico-financeira), será admitida a ampliação da competência federal, desde que exista previsão expressa neste sentido (inciso VI). Tanto é assim, que na esfera de aplicação da Lei 7.492/1986 (crimes contra o Sistema Financeiro), na qual há previsão expressa de competência federal, dentre as situações fáticas que encontram subsunção nos tipos penais previstos, inúmeras repercutem diretamente apenas na esfera de interesses privados ou reverberam em espectro espacialmente reduzido, que – não fosse a potencial reverberação no bem jurídico coletivo protegido – não se justificaria a especialização competencial. Ao invés de restringir a relevância de importantes bens jurídicos coletivos (ordem econômica, interesses dos consumidores, concorrência, livre iniciativa etc.), que recebem grande atenção constitucional, esta construção é a única consentânea com suas relevâncias institucionais.

210. Em *quarto lugar*, esta "lógica" da "especialidade" restritiva da competência federal (*consta que esta deve ser expressa; logo, ausente esta condição, ela não pode ser ampliada*) colide com outro posicionamento que, no âmbito deste próprio inciso VI, conduz a uma situação inversa. Isto ocorre no que tange aos ilícitos contra a organização do trabalho, quando passa a ser outra a "lógica" adotada (*a competência federal consta como expressa; logo, presente esta condição, ela deve ser restringida*). Estes crimes, como se sabe, estão expressamente incluídos como sendo de competência federal, mas em razão de uma interpretação restritiva, que se pacificou em todas as Cortes Federais, concluiu-se que o legislador constitucional havia dito mais do que pretendia, e se limitou seu alcance. A questão surgiu em razão do aparecimento de dispositivo análogo na Constituição de 1967 (art. 119, VI; após a Emenda de 1969, art. 125, VI), que fixou esta competência federal (na redação primordial: "VI – os crimes contra a organização do trabalho, ou decorrentes de greve"). A referência à objetividade jurídica "organização do trabalho", em uma interpretação sistêmica do ordenamento jurídico, parecia inequivocamente remeter ao conjunto dos crimes previstos sob esta designação no Título IV da Parte Especial do Código Penal (arts. 197-207), que, como se sabe, é sistematizada tendo por critério exatamente os bens jurídicos protegidos. Ocorre que o entendimento literal remetia para incidência do mandamento constitucional, por exemplo, em situações nas quais estavam presentes repercussões jurídicas restritas a prejuízos patrimoniais de pequena monta sofridos por um único trabalhador em razão de crime cometido por um microempresário individual, sobrecarregando a Justiça Federal com centenas de ações penais que, absolutamente, não tinham por quê ser por ela conhecidas.[430]

211. Destarte, após a intensa controvérsia jurisprudencial ocorrida,[431] o STF pacificou definitivamente a questão ao realizar uma interpretação restritiva do preceito (aliás, *mutatis mutandis*, na linha harmonizadora aqui sustentada), através de construção cujo marco consolidador foi o julgamento do RE 90.042-0.[432] A ementa assinalou que: "(...) em face do art. 125, VI, da CF {*de 1969*], são da competência da Justiça Federal apenas os crimes que ofendem o sistema de órgãos e instituições que preservam, coletivamente, os direitos e deveres dos trabalhadores (...)".[433] Ora, se é reconhecida a existência de competência federal para a organização do trabalho apenas quando esta se apresenta como um bem jurídico coletivo, *a fortiori*, como não reconhecê-la também quando se está – no mesmo preceito constitucional – diante de um outro bem jurídico coletivo (ordem econômica), ao qual este sistema (organização do trabalho), inclusive, está vinculado? Assim, colocados estes

---

430. Hipótese corriqueira no crime de frustração de direito assegurado por lei trabalhista, previsto no art. 203 do CP:
"Art. 203. Frustrar, mediante fraude ou violência, direito assegurado pela legislação do trabalho:
"Pena – detenção de um ano a dois anos, e multa, além da pena correspondente à violência."
431. Resultando na edição de uma súmula sobre o tema no âmbito do antigo TFR (Súmula 115 do TFR: "Compete à Justiça Federal processar e julgar os crimes contra a organização do trabalho, quando tenham por objeto a organização geral do trabalho ou direitos dos trabalhadores considerados coletivamente").
432. STF, Pleno, rel. Min. Moreira Alves, m.v., *DJU* 5.10.1979.
433. A lógica interna da decisão resulta nítida do voto do Relator: "(...). O que, em realidade, justifica a atribuição de competência, nessa matéria, à Justiça Federal Comum é um interesse de ordem geral – e, por isso mesmo, se atribui à União sua tutela – na manutenção dos princípios básicos sobre os quais se estrutura o trabalho em todo o país ou na defesa da ordem pública ou do trabalho coletivo. Daí, aliás, a razão de o texto constitucional haver distinguido os crimes contra a organização do trabalha do delito decorrente de greve. Nesse interesse, que justifica, a meu ver, a competência da Justiça Federal, em tal terreno, não se enquadram crimes como o de que tratam os presentes autos: deixar o empregador, fraudulentamente, de pagar o salário mínimo a um determinado empregado. Trata-se, aqui, de ato que atenta contra direito individual, mas que não coloca em risco a organização do trabalho (...)".

dois valores constitucionais no mesmo patamar de relevância sistêmica, como justificar uma "lógica" que acaba por privilegiar um bem coletivo em detrimento do outro, tratando-os diferentemente? Como antes referido, a ordem econômica projetada pela Constituição Federal de 1988, ecoando os princípios fundamentais que a estruturam, apresenta como um de seus alicerces essenciais o binômio integrado pela valorização do trabalho humano e pela livre iniciativa, reproduzindo, assim, o que já havia sido antecipado como sendo um dos fundamentos constitutivos do próprio Estado Brasileiro (art. 1º, IV, da CF).

212. Em *quinto lugar*, toda a reflexão realizada acerca da dignidade penal da ordem econômico-financeira (v. itens **94** e ss.) remete à inequívoca conclusão afirmativa da sua relevância constitucional e da sua essencialidade, e estas impõem a presença de interesse da União Federal, ao menos todas as vezes nas quais sua higidez seja colocada em sério risco ou, de uma forma global, que transcenda o interesse meramente individual ou local. Com efeito, as finalidades da ordem econômica confundem-se com aquelas mesmas que constituem os objetivos constitutivos do próprio Estado Brasileiro, caracterizando um patamar de dignidade penal que impõe a interpretação ampliativa vindicada mesmo diante do entendimento hermenêutico corrente que recomenda que a matéria de fixação de competências especiais convide exegese restritiva.[434] É que, segundo esta mesma construção tradicional, "a competência não se presume; entretanto, uma vez assegurada, entende-se conferida com a amplitude necessária para o exercício do poder ou desempenho da função a que se refere a lei".[435] Assim, no caso, a concorrência das duas órbitas jurisdicionais de competência configura-se como a contrapartida da distribuição constitucional de competências concorrentes entre a União Federal e os Estados-membros para legislar sobre a matéria referente a direito econômico (art. 24, I, da CF).[436]

---

434. Ensina Carlos Maximiliano que, "quando a norma atribui competência excepcional ou especialíssima, interpreta-se estritamente; opta-se, na dúvida, pela competência ordinária" (*Hermenêutica e Aplicação do Direito*, p. 265).
435. Carlos Maximiliano, *Hermenêutica e Aplicação do Direito*, p. 265.
436. Sendo certo, ainda, e coerentemente com o que se sustenta no texto, que em seara de competências legiferantes concorrentes prevalecerá a legislação federal editada acerca das normas gerais aplicáveis à matéria (art. 24, §§ 1º e 4º, da CF de 1988).

213. Ora, impõe-se a posição assumida não só em razão da importância intrínseca destacada e do poder de legislar sobre o assunto, como porque todo o sistema estrutural de proteção da ordem econômica é organizado, supervisionado, implementado e fiscalizado por agências federais, criadas exatamente para atender a estas finalidades, em cumprimento ao que determina a CF, especialmente nos arts. 170, IV, e 173, § 5º. Da mesma forma, atribuiu-se ao Ministério Público da União legitimidade para promover as ações necessárias em defesa da ordem econômico-financeira (Lei Complementar 75/1993, art. 6º, XIV, "b"), além de terem sido criados uma autarquia federal (CADE) e um órgão da Administração direta (SDE), pela Lei 8.884/1994, com a atribuição de velarem pela ordem econômica, fiscalizando, identificando, investigando e sancionando administrativamente condutas que sejam consideradas lesivas para aquele bem jurídico constitucional. O que remete – sem que exista qualquer dúvida sobre o tema – toda a discussão judicial acerca das questões diretamente decorrentes da atuação ou surgidas em razão deste sistema federal de proteção da ordem econômica (como, aliás, prevê a própria Lei Antitruste, art. 64) para a competência genérica da Justiça Federal, decorrente da presença de interesse da União (art. 109, I, da CF). Por estas mesmas razões, que são válidas para controvérsias de natureza extrapenal, inclusive para as infrações administrativas da ordem econômica, não há como negar, quando se trata de crimes, dotados de maior desvalor, que repercutem diretamente no sistema protetivo referido, a presença do mesmo interesse da União (art. 109, IV, da CF).[437] Acrescenta-se que os diversos órgãos da Administração Pública, nas hipóteses em que o ilícito praticado lhes cause prejuízo direto ou tenha repercussão nas suas correspondentes esferas de atuação, de fiscalização e/ou de regulação, consoante as normas legais que fixam suas atribuições funcionais, devem se habilitar no juízo criminal para coadjuvar o Ministério Público, como assistentes de acusação, conforme a regra

---

437. A instituição do acordo de leniência em sede penal (v. itens **195** e ss., retro), convivendo com acordo similar previsto para a sede administrativa, podendo ser aventados concomitantemente nas duas esferas e relacionados aos mesmos fatos, redundará na viabilidade da utilização pelo CADE da prerrogativa que lhe é assegurada pelo art. 89 da Lei Antitruste ("Art. 89. Nos processos judiciais em que se discuta a aplicação desta lei, o CADE deverá ser intimado para, querendo, intervir no feito na qualidade de assistente"), e esta intervenção também implicaria deslocamento do feito para a Justiça Federal (art. 109, I, da CF).

geral do art. 268 do CPP.[438] Acresce, ainda, *ad argumentandum tantum*, que no julgamento efetuado pelo STF antes citado[439] foi apreciada uma infração contra a ordem econômica (exatamente um crime de formação de cartel) que havia sido previamente julgada no STJ,[440] que, por sua vez, conhecia de uma decisão oriunda do TRF-4ª Região.[441] Assim, a matéria esteve todo o tempo sob apreciação de sede federal originária, sem que em qualquer das Cortes superiores envolvidas fosse repelida *ex officio* esta competência.

VI.3 Critérios para fixação da competência federal

214. Para encerrar a análise desta questão – e considerada, ainda, a posição por nós assumida –, resta estabelecer ao menos um esboço preliminar e exemplificativo daquelas *situações que podem redundar no reconhecimento da presença de interesse da União e que recomendariam o deslocamento de crimes contra a ordem econômica para a órbita competencial da Justiça Federal*.

(a) Conseqüências materiais das condutas investigadas, pelo fato de estas:

---

438. "Art. 268. Em todos os termos da ação pública, poderá intervir, como assistente do Ministério Público, o ofendido ou seu representante legal, (...)"; e: "Art. 271. Ao assistente será permitido propor meios de prova, requerer perguntas às testemunhas, aditar o libelo e os articulados, participar do debate oral e arrazoar os recursos interpostos pelo Ministério Público, ou por ele próprio (...)".

Ainda que cuidando de hipótese de prejuízo direto ao Estado (peculato), como consta do voto do Relator em importante precedente do STJ sobre o assunto: "(...). A ofensa imputada pelo Ministério Público, com a propositura da ação penal, se tem a ver com o interesse público de punir os culpados, por outro modo, repercute no interesse público do Estado de acompanhar a mesma ação, colaborando com o Ministério Público (...). Em suma, o interesse do Estado, dito secundário, se afina e se complementa com o interesse primário do Ministério Público. Verifica-se, desse modo, que o próprio legislador convenceu-se da possibilidade e da conveniência da assistência, tanto que, expressamente, a admitiu, como a reconhecer a não-identidade de interesses do Ministério Público e da Administração (...)" (5ª Turma, RHC 4.041, rel. Min. Jesus Costa Lima, *DJU* 24.4.1995).

439. STF, 2ª Turma, HC 84.719-6, rel. Min. Joaquim Barbosa, v.u., *DJU* 11.2.2005.

440. STJ, 5ª Turma, RHC 15.371, rel. Min. José Arnaldo da Fonseca, *DJU* 26.4.2004.

441. TRF-4ª Região, 7ª Turma, HC 2003.04.01.025038-5, rel. Des. Federal Tadaaqui Hirose, *DJU* 1.10.2003.

(a1) atingirem diretamente bens, serviços ou interesses da União e/ou de suas autarquias ou empresas públicas (inciso IV do art. 109 da CF),[442] inclusive quando cometidos em detrimento de monopólio confiado à União (art. 177 da CF) ou na hipótese de existirem decisões administrativas, versando sobre a matéria em apuração criminal, na esfera dos órgãos públicos federais que compõem o Sistema Brasileiro de Defesa da Concorrência[443] (inciso IV do art. 109 da CF e art. 64, c/c o art. 89, da Lei Antitruste);

(a2) redundarem em graves violações de direitos humanos, que o país se obrigou a resguardar em virtude de obrigações decorrentes de tratado do qual é signatário; nesta hipótese, mediante a proposta de desaforamento submetida pelo Procurador-Geral da República ao STJ (inciso V-A, c/c o § 5º, ambos do art. 109 da CF);

(a3) terem imediata repercussão interestadual, em razão de o mercado geográfico considerado abranger mais de um Estado da Federação,[444] recomendando a investigação e a repressão uniformes das mes-

---

442. Neste sentido o citado RE 502.915 (nota 429, retro). V., *a contrario*, o CComp 37.226, já referido.
443. Neste sentido o citado HC 2003.04.01.025038-5, cuja ementa assinala: "(...). Existindo ofensa a órgãos e instituições que preservam coletivamente as necessidades da sociedade, com a violação da ordem econômica geral e as conseqüentes relações de consumo, é patente a competência da Justiça Federal (...)".
Nos moldes do que o STF decidiu em situação passível de aproximação analógica com o aspecto analisado: "(...). A conduta imputada ao paciente e pela qual foi condenado é exatamente a prevista no art. 205 do CP: 'exercer atividade com infração de decisão administrativa'. 2. Era competente a Justiça Federal para o processo e julgamento, por se tratar de crime, se não contra a organização do trabalho propriamente dita (art. 109, inciso VI, da CF), ao menos em detrimento de interesses de autarquia federal, como é o Conselho Regional de Medicina, que impusera ao réu a proibição de exercer a profissão (...)" (STF, 1ª Turma, HC 74.826, rel. Min. Sydney Sanches, *DJU* 29.8.1997).
444. Neste sentido, v. o HC 32.292, já referido. Este critério, *a contrario*, foi consagrado no julgamento da ACrim 2000.71.04.000386-7 pelo TRF-4ª Região (7ª Turma, rel. Des. Federal Néfi Cordeiro, v.u.), cuja ementa assinala que: "(...). Inexistente dispositivo legal atribuindo à Justiça Federal a competência para o processo e julgamento dos delitos contra a ordem econômica previstos na Lei n. 8.137/1990, é indispensável que as infrações tenham sido praticadas em detrimento de bens, serviços ou interesse da União, ou de suas entidades autárquicas ou empresas públicas, para que seja atraída a competência jurisdicional criminal da Justiça Federal. (...). *Narrando a denúncia lesão à ordem econômica pela formação de cartel, eliminando-se parcialmente a concorrência, porém limitada a uma região de um Estado da Federação, sem haver prejuízo ou interesse direto da União, das suas entidades autárqui-*

mas (inciso I do § 1º do art. 144 da CF de 1988, especialmente os crimes constantes do art. 1º da Lei federal 10.446/2002);

(a4) repercutirem diretamente no fornecimento de bens ou na prestação de serviços essenciais em relação à vida ou à saúde, mas em contexto no qual o resultado das condutas praticadas possa mediatamente alcançar maior amplitude geográfica, de tal modo que se recomende a imediata atuação federal (inciso IV do art. 109 da CF e art. 12, III, da Lei federal 8.137/1990).

(b) Incidentes processuais envolvendo as condutas investigadas, por estar presente:

(b1) interesse processual da União Federal, e.g., em razão de o CADE se habilitar como assistente de acusação no processo penal correspondente (incisos I e IV do art. 109 da CF, art. 268 do CPP e art. 64, c/c o art. 89, ambos da Lei Antitruste), ou pela existência de acordos de leniência firmados na esfera administrativa que se pretenda validar em sede criminal (arts. 35-B e 35-C da Lei Antitruste); ou, ainda, por se configurar

(b2) conexão do crime de cartel com "os crimes que ofendem o sistema de órgãos e institutos destinados a preservar, coletivamente, os direitos e deveres dos trabalhadores, resultarem em lesão à *organização do trabalho* como um todo"[445] (inciso VI, primeira parte, do art. 109 da CF) ou, ainda, *com qualquer outro crime de inequívoca competência federal* (Súmula 122 do STJ).[446]

---

cas ou das suas empresas públicas, não há falar em competência da Justiça Federal para o feito (...)" (*DJU* 8.3.2006 – grifei). Do mesmo modo, no julgamento da Questão de Ordem no HC 2004.04.01.022247-3, do TRF-4ª Região (7ª Turma, rel. Des. Federal Luiz Fernando Wowk Penteado. m.v.), cuja ementa consigna: "(...). Se a suposta prática de crime de formação de cartel atinge interesse de consumidores de pequena região do Estado-membro, não há falar em competência da Justiça Federal para processar a ação penal (...)". E também no já citado CComp 38.989: "(...). Não se configura a ofensa a bens ou interesses da União se evidenciado que a conduta que provocou o bloqueio do escoamento da produção de indústria de cimento causou prejuízo, tão-somente, a particular (...)".
445. STF, 1ª Turma, RE 156.527-6, rel. Min. Ilmar Galvão, v.u., *DJU* 27.5.1994.
446. V. nota 414, retro.

BIBLIOGRAFIA

ALBANESE, Jay S. *White Collar Crime in America*. Englewood Ciffs, Prentice Hall, 1995.

ALMEIDA, Carlota Pizarro de, PALMA, Maria Fernanda, e VILALONGA, José Manuel (coords.). *Casos e Materiais de Direito Penal*. Coimbra, Livraria Almedina, 2002.

AMATO, Astolfo di. *Diritto Penale dell'Impresa*. Milão, Giuffrè Editore, 1995.

AMBOS, Kai. "Domínio do fato pelo domínio da vontade em virtude de aparatos organizados de poder". *Revista Brasileira de Ciências Criminais* 37(10)/43-72. São Paulo, Ed. RT, janeiro-março/2002.

ANDRADE, José Carlos Vieira de. *Os Direitos Fundamentais na Constituição Portuguesa de 1976*. Coimbra, Livraria Almedina, 2001.

ANDRADE, Manuel da Costa. "A 'dignidade penal' e a 'carência de tutela penal' como referências de uma doutrina teleológico-racional do crime". *Revista Portuguesa de Ciência Criminal* 2/173-205. Ano 2. Lisboa, Aequitas Editorial Notícias, abril-junho/1992.

—————. "A nova Lei dos Crimes Contra a Economia (Decreto-lei 26/1984, de 20 de janeiro) à luz do conceito de 'bem jurídico'". In: *Direito Penal Económico*. Coimbra, Centro de Estudos Judiciários, 1985.

—————. "Contributo para o conceito de contra-ordenação – A experiência alemã". In: *Direito Penal Económico e Europeu: Textos Doutrinários*. vol. I, "Problemas Gerais". Coimbra, Coimbra Editora, 1998.

—————, e COSTA, José Francisco de Faria. "Sobre a concepção e os princípios do direito penal econômico – Notas a propósito do Colóquio Preparatório da AIDP (Freiburg, setembro de 1982)". In: PODVAL, Roberto (org.). *Temas de Direito Penal Econômico*, São Paulo, Ed. RT, 2001 (pp. 99-120).

—————, e DIAS, Jorge de Figueiredo. "Problemática geral das infracções contra a economia nacional". In: PODVAL, Roberto (org.). *Temas de Direito Penal Econômico*. São Paulo, Ed. RT, 2001 (pp. 99-120).

ANDRADE, Maria Cecília. *Controle de Concentrações de Empresas (Estudo da Experiência Comunitária e a Aplicação do Art. 54 da Lei 8.884/1994)*. São Paulo, Editora Singular, 2002.

ANIYAR DE CASTRO, Lola.*Criminologia da Reação Social*. Trad. de Ester Kosovski. Rio de Janeiro, Forense, 1983.

ANTOLISEI, Francesco. *Manual de Derecho Penal – Parte General*. Trad. de Juan del Rosal e Ángel Torio. Buenos Aires, UTEHA, 1960.

ARAÚJO JR., João Marcello. *Dos Crimes Contra a Ordem Econômica*. São Paulo, Ed. RT, 1995.

ARZT, Gunther, ROXIN, Claus, e TIEDEMANN, Klaus. *Introducción al Derecho Penal y al Derecho Penal Procesal*. Versão espanhola, notas e comentários dos professores Luis Arroyo Zapatero e Juan Luis Gómez Colomer. Barcelona, Ariel, 1989.

BACHOF, Otto. *Normas Constitucionais Inconstitucionais?*. Trad. de José Manuel M. Cardoso da Costa. Coimbra, Livraria Almedina, 1994.

BAKER, Jonathan B., GAVIL, Andrew I., e KOVACIC, William E. *Antitrust Law in Perspective: Cases, Concepts and Problems in Competition Policy*. Saint Paul, West Group, 2002.

BANDEIRA DE MELLO, Celso Antônio. *Curso de Direito Administrativo*. 25ª ed. São Paulo, Malheiros Editores, 2008.

BARATTA, Alessandro. "Funções instrumentais e simbólicas do direito penal – Lineamentos de uma teoria do bem jurídico". *Revista Brasileira de Ciências Criminais* 5/5-24. Trad. de Ana Lúcia Sabadell. São Paulo, Ed. RT, 1994.

BARBOSA MOREIRA, José Carlos. "A legitimação para a defesa dos 'interesses difusos' no Direito Brasileiro". *Ajuris* 32/81-86. Ano XI. Porto Alegre, Associação de Juízes do Rio Grande do Sul, novembro/1984.

BARNET, Harold. "The enforcement of anti-monopoly legislation". In: GREENBERG, David F. (ed.). *Crime and Capitalism – Readings in Marxist Criminology*. Filadélfia, Temple University Press, 1993 (pp. 641-648).

BASOCO TERRADILLOS, Juan María, e SÁNCHEZ, María Acale (orgs.). *Temas de Derecho Penal Económico – III Encuentro Hispano-Italiano de Derecho Penal Económico*. Madri, Editorial Trotta, 2004.

BASTOS, Celso Ribeiro. *Direito Econômico Brasileiro*. São Paulo, ed. do autor, 2000.

BAUMAN, Zygmunt. *O Mal-Estar da Pós-Modernidade*. Trad. de Mauro Gama e Cláudia Martinelli Gama, revisão técnica de Luís Carlos Fridman. Rio de Janeiro, Jorge Zahar Editor, 1998.

———. *Vidas Desperdiçadas*. Trad. de Carlos Alberto Medeiros. Rio de Janeiro, Jorge Zahar Editor, 2005.

BELEZA, Teresa Pizarro. *Direito Penal*. vol. I. Lisboa, Associação Acadêmica da Faculdade de Lisboa, 1998.

BETTIOL, Giuseppe. *Direito Penal*. vol. I, trad. brasileira e anotações de Paulo José da Costa Jr. e Alberto Silva Franco. São Paulo, Ed. RT, 1977.

———. *Instituições de Direito e Processo Penal*. Trad. de Manuel da Costa Andrade. Coimbra, Coimbra Editora, 1974.

BLACK, Henry Campbell. *Black's Law Dictionary (with Pronunciations)*. 6ª ed. (edição do centenário) (1ª ed. de 1891), atualizada pela equipe da Editora, com contribuições de Joseph Nolan e Jacqueline M. Nolan-Haley *et alii*. Saint Paul, West Publishing Co., 1990.

BOBBIO, Noberto. *Teoria do Ordenamento Jurídico*. Trad. de Cláudio de Cicco e Maria Celeste C. J. Santos. São Paulo/Brasília, Polis/UnB, 1989.

BODE, Nancy, WARING, Elin, WEISBURD, David, e WHEELER, Stanton. *Crimes of the Middle Classes – White Collor Offenders in the Federal Courts*. New Haven, Yale University Press, 1991.

BONAVIDES, Paulo. *Curso de Direito Constitucional*. 22ª ed. São Paulo, Malheiros Editores, 2008.

———. "Método tópico de interpretação constitucional". *RDP (Revista de Direito Público)* 98/5-11. São Paulo, Ed. RT, abril-junho/1991.

BRITO, José de Souza e. "A lei penal na Constituição". In: *Textos de Direito Penal*. t. II. Lisboa, Associação Acadêmica da Faculdade de Lisboa, 1999 (pp. 7-63).

BUCCI, Maria Paula Dallari. "Políticas públicas e direito administrativo". *Revista de Informação Legislativa* 133/89-98. Ano 34. Brasília, Senado Federal, janeiro-março/1997.

BÜLLESBACH, Alfred. "Saber jurídico e ciências sociais". In: KAUFMANN, Arthur, e HASSEMER, Winfried (orgs.). *Introdução à Filosofia do Direito e à Teoria do Direito Contemporâneas*. Trad. de Marcos Keel e Manuel Seca de Oliveira. Lisboa, Fundação Calouste Gulbenkian, 2002 (pp. 481-509).

CABRAL DE MONCADA, Luis S. *Direito Econômico*. 2ª ed. Coimbra, Coimbra Editora, 1988.

CANOTILHO, José Joaquim Gomes. *Constituição Dirigente e Vinculação do Legislador: Contributo para a Compreensão das Normas Constitucionais Programáticas*. 2ª ed. da obra lançada em 1982. Coimbra, Coimbra Editora, 2001.

———. *Direito Constitucional e Teoria da Constituição*. 7ª ed. Coimbra, Livraria Almedina, 2003.

—————, e MOREIRA, Vital. *Constituição da República Portuguesa Anotada*. Coimbra, Coimbra Editora, 1993.

—————. *Fundamentos da Constituição*. Coimbra, Coimbra Editora, 1991.

CAPPELLETTI, Mauro. "Tutela dos interesses difusos". *Ajuris* 33/169-182. Ano XII. Porto Alegre, Associação de Juízes do Rio Grande do Sul, março/1985.

CASTEL, Robert. *As Metamorfoses da Questão Social – Uma Crônica do Salário*. 3ª ed., trad. de Iraci D. Poleti. Petrópolis, Vozes, 1998.

CAVALCANTI, Themístocles. *Constituição Federal Comentada*. 3ª ed. Rio de Janeiro, José Konfino Editor, 1958.

CERVINI, Raúl. "Derecho penal económico – Concepto y bien jurídico". *Revista Brasileira de Ciências Criminais* 43/81-108. São Paulo, Ed. RT, 2003.

COLEMAN, James William. *A Elite do Crime – Para Entender o Crime do Colarinho Branco*. 5ª ed. Barueri, Manole, 2005.

COMPARATO, Fábio Konder. "Ensaio sobre o juízo de constitucionalidade de políticas públicas". *Revista de Informação Legislativa* 138/39-48. Ano 35. Brasília, Senado Federal, abril-junho/1998.

—————. "Ordem econômica na Constituição brasileira de 1988". *RDP* 23(93)/263-276. São Paulo, Ed. RT, 1990.

CORREIA, Eduardo. *Direito Criminal*. vol. I (com a colaboração de Jorge de Figueiredo Dias). Coimbra, Livraria Almedina, 2001.

COSTA, José Francisco de Faria. "A importância da recorrência no pensamento jurídico. Um exemplo: a distinção entre o ilícito penal e o ilícito de mera ordenação social". In: *Direito Penal Económico e Europeu: Textos Doutrinários*. vol. I, "Problemas Gerais". Coimbra, Coimbra Editora, 1998.

—————. "A responsabilidade jurídico-penal da empresa e dos seus órgãos (ou uma reflexão sobre a alteridade, nas pessoas colectivas, à luz do direito penal)". *Revista Polícia e Justiça* 6-7/31-45. II Série. Lisboa, Colibri/Centro de Estudos Comunitários, dezembro/1993-junho/1994.

—————. *Direito Penal Económico*. Coimbra, Quarteto Editora, 2003.

—————. "O fenômeno da globalização e o direito penal econômico". *Revista Brasileira de Ciências Criminais* 35/9-25. São Paulo, Ed. RT, abril-junho/2001.

—————. *O Perigo em Direito Penal*. Coimbra, Coimbra Editora, 2000.

—————, e ANDRADE, Manuel da Costa. "Sobre a concepção e os princípios do direito penal econômico – Notas a propósito do Colóquio Preparatório da AIDP (Freiburg, setembro de 1982)". In: *Temas de Direito Penal Econômico*. São Paulo, Ed. RT, 2001 (pp. 99-120).

CUNHA, Carolina. *Controlo das Concentrações de Empresas – Direito Comunitário e Direito Português*. Coimbra, Livraria Almedina, 2005.

DELMAS-MARTY, Mireille. *Droit Penal des Affaires – Partie Générale: Responsabilité, Procédure, Sanctions*. 3ª ed., t. 1 (1ª ed. de 1973). Paris, Presses Universitaires de France (PUF), 1990.

DIAS, Augusto Silva. "Crimes e contra-ordenações fiscais". In: *Direito Penal Económico e Europeu: Textos Doutrinários*. vol. II, "Problemas Especiais". Coimbra, Coimbra Editora, 1999 (pp. 439-480).

———. "Entre 'comes e bebes'. Debate de algumas questões polémicas no âmbito da proteção jurídico-penal do consumidor (a propósito do Acórdão da Relação de Coimbra de 10.7.1996)". *Revista Portuguesa de Ciência Criminal* 1/45-84. Ano 9. Coimbra, Coimbra Editora, janeiro-março/1999.

———. "'What if everybody did it?': sobre a '(in)capacidade de ressonância' do direito penal à figura da acumulação". *Revista Portuguesa de Ciência Criminal* 3/303-345. Ano 13. Coimbra, Coimbra Editora, julho-setembro/2003.

DIAS, Jorge de Figueiredo. "A 'ciência conjunta do direito penal' – Da política criminal, da dogmática jurídico-penal, da criminologia e das suas mútuas relações". In: *Temas Básicos da Doutrina Penal*. Coimbra, Coimbra Editora, 2001 (pp. 3-31).

———. "Autoria e participação no domínio da criminalidade organizada: alguns problemas". In: *Questões Fundamentais do Direito Penal Revisitadas*. São Paulo, Ed. RT, 1999 (pp. 356-372).

———. "Do direito penal administrativo ao direito de mera ordenação social: das contravenções às contra-ordenações". In: *Temas Básicos da Doutrina Penal*. Coimbra, Coimbra Editora, 2001 (pp. 134-154).

———. "O direito penal na 'Sociedade do Risco'". In: *Temas Básicos da Doutrina Penal*. Coimbra, Coimbra Editora, 2001 (pp. 155-185).

———. "O papel do direito penal na protecção das gerações futuras". *Boletim da Faculdade de Direito*. Universisdade de Coimbra, Volume Comemorativo – 75 anos, 2003 (pp. 1.123-1.138).

———. "Para uma dogmática do direito penal secundário – Um contributo para a reforma do direito penal económico e social português". In: *Direito e Justiça*. vol. IV. Lisboa, Faculdade de Direito da Universidade Católica Portuguesa, 1989/1990 (pp. 7-57).

———, e ANDRADE, Manuel da Costa. "Problemática geral das infracções contra a economia nacional". In: PODVAL, Roberto (org.). *Temas de Direito Penal Econômico*. São Paulo, Ed. RT, 2001 (pp. 99-120).

———, SCHÜNEMANN, Bernd, e SILVA SÁNCHEZ, Jesús-María (coords.). *Fundamentos de un Sistema Europeo del Derecho Penal*. Barcelona, Bosch, 1995.

DIAS, Jorge de Figueiredo (dir.). *Comentário Conimbricense do Código Penal – Parte Especial*. t. II (arts. 202º a 307º). Coimbra, Coimbra Editora, 1999.

DOLCINI, Emilio, e MARINUCCI, Giorgio. "Constituição e escolha de bens jurídicos". *Revista Portuguesa de Ciência Criminal* 2/151-198. Ano 4. Trad. de José de Faria Costa. Lisboa, Aequitas Editorial Notícias, abril-junho/1994.

—————. "Diritto penale minimo e nuove forme di criminalità". *Rivista Italiana di Diritto e Procedura Penale* 3/802-820. Ano XLII. Milão, Giuffrè Editore, julho-setembro/1999.

DONINI, Massimo. "Metodo democratico e metodo scientifico nel rapporto fra diritto penale e politica". *Rivista Italiana di Diritto e Procedura Penale* 1. Ano XLIV. Milão, Giuffrè Editore, 2001.

—————. "Sussidiarietà penale e sussidiarietà comunitaria". *Rivista Italiana di Diritto e Procedura Penale* 1-2/141-183. Anno XLVI. Milão, Giuffrè Editore, janeiro-junho/2003.

—————; "¿Una nueva Edad Media penal? Lo viejo y lo nuevo en la expansión del derecho penal económico". In: *Temas de Derecho Penal Económico*. Trad. de Cristina Méndez Rodríguez. Madri, Editorial Trotta, 2004 (pp. 197-217).

DWORKIN, Ronald. *Levando os Direitos a Sério*. Trad. de Nelson Boeira. São Paulo, Martins Fontes, 2004.

FARIA, José Eduardo. *O Direito na Economia Globalizada*. 1ª ed., 4ª tir. (continuação de tiragem). São Paulo, Malheiros Editores, 2007.

FEINBERG, Joel. *Harm to Others. The Moral Limits of the Criminal Law*. vol. I. Nova York, Oxford University Press, 1987.

FERRAJOLI, Luigi. *A Soberania no Mundo Moderno – Nascimento e Crise do Estado Nacional*. Trad. de Carlo Coccioli e Márcio Lauria Filho, revisão de Karina Jannini. São Paulo, Martins Fontes, 2002.

—————. "Criminalidade e globalização". *Revista do Ministério Público* 96/7-20. Ano 24. Lisboa, Sindicato dos Magistrados do Ministério Público, outubro-dezembro/2003.

FIORENTINI, Gianluca, e PELTZMAN, Sam (eds.). *The Economics of Organised Crime*. Londres, Cambridge University Press, 1995.

FISCHER, Douglas. *Delinqüência Econômica e Estado Social e Democrático de Direito*. Porto Alegre, Verbo Jurídico, 2006.

FORGIONI, Paula A. *Os Fundamentos do Antitruste*. 2ª ed. São Paulo, Ed. RT, 2005.

FOUCAULT, Michel. *Vigiar e Punir*. Trad. de Lígia M. Pondé Vassallo. Petrópolis, Vozes, 1977.

FRAGOSO, Heleno Cláudio. "Aspectos da teoria do tipo". *RDPenal* 2/64-90. Rio de Janeiro, Forense, abril-junho/1971.

——————. "Direito penal econômico e direito penal dos negócios". *Revista de Direito Penal e Criminologia* 33/122-129. Rio de Janeiro, Forense, janeiro-junho/1982.

——————. *Lições de Direito Penal – A Nova Parte Geral*. 10ª ed., revista por Fernando Fragoso. Rio de Janeiro, Forense, 1986.

——————. "Objeto do crime". In: *Direito Penal e Direitos Humanos*. Rio de Janeiro, Forense, 1977 (pp. 33-61).

FRISCHEISEN, Luíza Cristina Fonseca. *Políticas Públicas – A Responsabilidade do Administrador e o Ministério Público*. São Paulo, Max Limonad, 2000.

GAMBETTA, Diego, e REUTER, Peter. "Conspiracy among the many: the mafia in legitimate industries". In: FIORENTINI, Gianluca, e PELTZMAN, Sam (eds.). *The Economics of Organised Crime*. Londres, Cambridge University Press, 1995 (pp. 116-139).

GAVIL, Andrew I., BAKER, Jonathan B., e KOVACIC, William E. *Antitrust Law in Perspective: Cases, Concepts and Problems in Competition Policy*. Saint Paul, West Group, 2002.

GIARETA, Gerci. "Teoria da despersonalização da pessoa jurídica". *Ajuris* 44/111-133. Ano XV. Porto Alegre, Associação de Juízes do Rio Grande do Sul, novembro/1988.

GRAU, Eros Roberto. *A Ordem Econômica na Constituição de 1988*. 12ª ed. São Paulo, Malheiros Editores, 2007.

——————. *O Direito Posto e o Direito Pressuposto*. 7ª ed. São Paulo, Malheiros Editores, 2008.

——————. *Planejamento Econômico e Regra Jurídica*. São Paulo, Ed. RT, 1981.

GRECO, Luís. "'Princípio da ofensividade' e crimes de perigo abstrato – Uma introdução ao debate sobre bem jurídico e as estruturas do delito". *Revista Brasileira de Ciências Criminais* 49/89-147. São Paulo, Ed. RT, 2004.

GRISOLIA, Giovanni. *Il Reato Permanente*. Pádua, Casa Editrice Dott. Antonio Milani/CEDAM, 1996.

HÄBERLE, Peter. *La Libertad Fundamental en el Estado Constitucional*. Trad. de Jürgen Saligmann e César Landa, revisão técnica de José Luis Monereo Pérez. Granada, Comares, 2003.

HABERMAS, Jürgen. *Sobre a Legitimação pelos Direitos Humanos*. Trad. de Cláudio Molz, revisão técnica de Luiz Moreira e Cláudia Toledo.

HABERMAS, Jürgen. "Sobre a legitimidade pelos direitos humanos". In: MERLE, Jean-Cristophe, e MOREIRA, Luiz (orgs.). *Direito & Legitimidade*. Trad. de Cláudio Molz e Tito Livio Cruz Romão. São Paulo, Landy, 2003 (pp. 67-82).

HALL, Kermit (ed.). *The Oxford Companion to the Supreme Court of the United States*. Nova York: Oxford University Press, 1992.

HARDT, Michael, e NEGRI, Antonio. *Multidão – Guerra e Democracia na Era do Império*. Trad. de Clóvis Marques, revisão técnica de Giuseppe Cocco. Rio de Janeiro, Record, 2005.

HASSEMER, Winfried. "História das idéias penais na Alemanha do pós-guerra". *Revista Brasileira de Ciências Criminais* 6/36-71. Ano 2. São Paulo, Ed. RT, abril-junho/1994.

—————. "Perspectivas de uma moderna política criminal". *Revista Brasileira de Ciências Criminais* 8/41-51. Ano 2. São Paulo, Ed. RT, outubro-dezembro/1994.

—————, e KAUFMANN, Arthur (orgs.). *Introdução à Filosofia do Direito e à Teoria do Direito Contemporâneas*. Trad. de Marcos Keel e Manuel Seca de Oliveira. Lisboa, Fundação Calouste Gulbenkian, 2002.

HEFENDEHL, Rolland (org.). *La Teoría del Bien Jurídico. ¿Fundamento de Legitimación del Derecho Penal o Juego de Abalorios Dogmático?*. Trad. de Rafael Alcacer, María Martín e Iñigo Ortiz de Urbina. Madri, Marcial Pons, 2007.

HEGEL, Georg Wilhelm Friedrich. *Princípios da Filosofia do Direito*. Trad. de Norberto de Paula Lima (ed. original de 1821). São Paulo, Ícone Editora, 1997.

HESSE, Konrad. *Escritos de Derecho Constitucional (Selección)*. Trad. de Pedro Cruz Villalón. Madri, Centro de Estudios Constitucionales, 1983.

HOBSBAWN, Eric J. *A Era dos Impérios – 1875/1914*. Trad. de Sieni Maria Campos e Yolanda Steidel de Toledo, revisão técnica de Maria Célia Paoli. São Paulo, Paz e Terra, 2005.

—————. *Era dos Extremos – O Breve Século XX (1914-1991)*. Trad. de Marcos Santarrita. São Paulo, Cia. das Letras, 1996.

HORTA, Raul Machado. "A ordem econômica na nova Constituição: problemas e contradições". In: *A Constituição Brasileira 1988 – Interpretações. II Fórum Jurídico – Fundação Dom Cabral & Academia Internacional de Direito e Economia*. Rio de Janeiro, Forense Universitária, 1988 (pp. 388-392).

HUNGRIA, Nelson. *Comentários ao Código Penal*. vols. I, V e IX. Rio de Janeiro, Forense, 1963, 1955 e 1958 (respectivamente).

JAKOBS, Günther. "Criminalización en el estadio previo a la lesión de un bien jurídico". In: *Estudios de Derecho Penal*. Trad. de Enrique Peñaranda Ramos, Carlos J. Suárez González e Manuel Cancio Meliá. Madri, Civitas, 1997 (pp. 93-324).

—————. *Derecho Penal – Parte General: Fundamentos e Teoría de la Imputación*. 2ª ed., trad. de Joaquín Cuello Contreras e Jose Luis Serrano Gonzalez de Murillo. Madri, Marcial Pons, 1997.

———. "O princípio da culpabilidade (*Das Schuldprinzip*)". In: *Estudios de Derecho Penal*. Madri, Civitas, 1997 (pp. 365 e ss.).

———. "¿Superación del pasado mediante el derecho penal?". *Anuario de Derecho Penal y Ciencias Penales* XLVII-1/137-158. Trad. de Patricia S. Ziffer. Madri, Instituto Nacional de Estudios Jurídicos, maio-agosto/1994.

JESCHECK, Hans-Heinrich, e WEIGEND, Thomas. *Tratado de Derecho Penal – Parte General*. 5ª ed., trad. de Miguel Olmedo Cardenete. Madri, Comares, 2002.

KANT, Immanuel. *Metafísica dos Costumes – Parte I: Princípios Metafísicos da Doutrina do Direito*. Trad. de Artur Morão (a edição original é de 1797/1798). Lisboa, Edições 70, 2004.

KAUFMANN, Arthur, e HASSEMER, Winfried (orgs.). *Introdução à Filosofia do Direito e à Teoria do Direito Contemporâneas*. Trad. de Marcos Keel e Manuel Seca de Oliveira. Lisboa, Fundação Calouste Gulbenkian, 2002.

KOVACIC, William E., BAKER, Jonathan B., e GAVIL, Andrew I. *Antitrust Law in Perspective: Cases, Concepts and Problems in Competition Policy*. Saint Paul, West Group, 2002.

LANDI, Guido, e POTENZA, Giuseppe. *Manuale di Diritto Amministrativo*. 10ª ed., atualizada e revista por Vittorio Italia e Cesare Mastrocola. Milão, Giuffrè Editore, 1997.

LECEY, Eladio. "Tutela penal do meio ambiente". *Boletim Jurídico – Escola da Magistratura* 52/18-45. Porto Alegre, TRF-4ª Região, setembro-outubro/ 2005.

LEFORT, Claude. *A Invenção Democrática (os Limites do Totalitarismo)*. Trad. de Isabel Marva Loureiro. São Paulo, Brasiliense, 1983.

LUZÓN PEÑA, Diego-Manuel. "La relación del merecimiento de pena y de la necesidad de pena con la estructura del delito". In: DIAS, Jorge de Figueiredo, SCHÜNEMANN, Bernd, e SILVA SÁNCHEZ, Jesús-María (coords.). *Fundamentos de un Sistema Europeo del Derecho Penal*. Barcelona, Bosch, 1995 (pp. 115-138).

MACHADO, Miguel Pedrosa, e MIRANDA, Jorge. "Constitucionalidade da protecção penal dos direitos de autor e da propriedade industrial – Normas penais em branco, tipos abertos, crimes formais e interpretação conforme à Constituição". *Revista Portuguesa de Ciência Criminal* 4/423-503. Ano 4. Coimbra, Coimbra Editora, outubro-dezembro/1999.

MAGALHÃES, Agamêmnon. "Abuso do poder econômico". *RF* agosto/1949. Rio de Janeiro, Forense (pp. 285-289).

MARINUCCI, Giorgio, e DOLCINI, Emilio. "Constituição e escolha de bens jurídicos". *Revista Portuguesa de Ciência Criminal* 2/151-198. Ano 4. Trad. de José de Faria Costa. Lisboa, Aequitas Editorial Notícias, abril-junho/1994.

——————. "Diritto penale minimo e nuove forme di criminalità". *Rivista Italiana di Diritto e Procedura Penale* 3/802-820. Ano XLII. Milão, Giuffrè Editore, julho-setembro/1999.

MARQUES, José Frederico. *Elementos de Direito Processual.* vol. I. São Paulo, Saraiva, 1965.

——————. *Estudos de Direito Processual Penal.* Rio de Janeiro, Forense, 1960.

MATTA, Paulo Saragoça da. *O Art. 12º do Código Penal e a Responsabilidade dos 'Quadros' das 'Instituições'.* Coimbra, Coimbra Editora, 2001.

MAXIMILIANO, Carlos. *Hermenêutica e Aplicação do Direito.* Rio de Janeiro, Forense, 1984.

MEIRELLES, Hely Lopes. *Direito Administrativo Brasileiro.* 34ª ed. São Paulo, Malheiros Editores 2008.

MIRANDA, Jorge. *Manual de Direito Constitucional.* t. I ("Preliminares – O Estado e os Sistemas Constitucionais"). 7ª ed., Coimbra, Coimbra Editora, 2003; t. IV ("Direitos Fundamentais"). 3ª ed. Coimbra, Coimbra Editora, 2000.

——————, e MACHADO, Miguel Pedrosa. "Constitucionalidade da protecção penal dos direitos de autor e da propriedade industrial – Normas penais em branco, tipos abertos, crimes formais e interpretação conforme à Constituição". *Revista Portuguesa de Ciência Criminal* 4/423-503. Ano 4. Coimbra, Coimbra Editora, outubro-dezembro/1999.

MIRANDA, Jorge (org.). *Perspectivas Constitucionais nos 20 Anos da Constituição de 1976.* vol. II. Coimbra, Coimbra Editora, 1997.

MOCCIA, Sergio. "Emergência e defesa dos direitos fundamentais". *Revista Brasileira de Ciências Criminais* 25/50-91. São Paulo, Ed. RT, janeiro-março/1999.

MONIZ, Helena. "Aspectos do resultado no direito penal". *Revista Brasileira de Ciências Criminais* 57/9-43. Ano 13. São Paulo, Ed. RT, novembro-dezembro/2005.

——————. "Comentários ao art. 271º do Código Penal". In: *Comentário Conimbricense do Código Penal – Parte Especial.* t. II (arts. 202º a 307º). Coimbra, Coimbra Editora, 1999 (pp. 857-864).

MONTEIRO, Dina, NEVES, Luíz M. Vaz das, e SIMÕES, António Oliveira (coords.). *Estudos Comemorativos do 150º Aniversário do Tribunal da Boa-Hora.* Lisboa, Ministério da Justiça, 1995.

MOREIRA, Vital. *Direito Econômico.* Coimbra, Faculdade de Direito de Coimbra, 1986.

―――――. *Constituição da República Portuguesa Anotada*. Coimbra, Coimbra Editora, 1993.

―――――, e CANOTILHO, José Joaquim Gomes. *Fundamentos da Constituição*. Coimbra, Coimbra Editora, 1991.

MOTTA, Massimo. *Competition Policy (Theory and Practice)*. Nova York, Cambridge University Press, 2005.

MUÑOZ CONDE, Francisco. "¿Dominio de la voluntad en virtud de aparatos de poder organizados en organizaciones 'no desvinculadas del Derecho'?". In: *Problemas Fundamentais de Direito Penal – Homenagem a Claus Roxin*. Lisboa, Universidade Lusíada Editora, 2002 (pp. 88-107).

―――――. "Principios políticocriminales que inspiran el tratamiento de los delitos contra el orden socioeconómico en el Proyecto de Codigo Penal Español de 1994". *Revista Brasileira de Ciências Criminais* 11/7-20. Ano 3. São Paulo, Ed. RT, julho-setembro/1995.

MUSEO, Enzo. "El nuevo derecho penal económico entre Poder Legislativo y Poder Ejecutivo". In: *Temas de Derecho Penal Económico*. Trad. de María Acale Sánchez. Madri, Editorial Trotta, 2004 (pp. 169-196).

NASCIMENTO, Tupinambá Miguel Castro do. *Comentários à Constituição Federal – Ordem Econômica e Financeira – Arts. 170 a 192*. Porto Alegre, Livraria do Advogado, 1997.

NEGRI, Antonio, e HARDT, Michael. *Multidão – Guerra e Democracia na Era do Império*. Trad. de Clóvis Marques, revisão técnica de Giuseppe Cocco. Rio de Janeiro, Record, 2005.

NEVES, Luíz M. Vaz das, MONTEIRO, Dina, e SIMÕES, António Oliveira (coords.). *Estudos Comemorativos do 150º Aniversário do Tribunal da Boa-Hora*. Lisboa, Ministério da Justiça, 1995.

NOVAIS, Jorge Reis. *As Restrições aos Direitos Fundamentais Não Expressamente Autorizadas pela Constituição*. Coimbra, Coimbra Editora, 2003.

―――――. *Os Princípios Constitucionais Estruturantes da República Portuguesa*. Coimbra, Coimbra Editora, 2004.

NOVOA MONREAL, Eduardo. "Reflexiones para la determinación y delimitación del delito económico". *Anuario de Derecho Penal y Ciencias Penales* XXXVI-1/43-75. Madri, Instituto Nacional de Estudios Jurídicos, janeiro-abril/1982.

OTERO, Paulo, e PALMA, Maria Fernanda. "Revisão do regime legal do ilícito de mera ordenação social: parecer e proposta de alteração legislativa". *Revista da Faculdade de Direito da Universidade de Lisboa* 37-2/557-591. Lisboa, Faculdade de Direito da Universidade de Lisboa, 1996.

PALAZZO, Francesco. *Valores Constitucionais e Direito Penal*. Trad. de Gérson Pereira dos Santos. Porto Alegre, Sérgio Antonio Fabris Editor, 1989.

PALMA, Maria Fernanda. "A teoria do crime como teoria da decisão penal". *Revista Portuguesa de Ciência Criminal* 4/523-603. Ano 9. Coimbra, Coimbra Editora, outubro-dezembro/1999.

——————. "As alterações reformadoras da Parte Geral do Código Penal na revisão de 1995: desmantelamento, reforço e paralisia da sociedade punitiva". In: PALMA, Maria Fernanda, ALMEIDA, Carlota Pizarro de, e VILALONGA, José Manuel (coords.). *Casos e Materiais de Direito Penal*. Coimbra, Livraria Almedina, 2002.

——————. "Constituição e direito penal – As questões inevitáveis". In: MIRANDA, Jorge (org.). *Perspectivas Constitucionais nos 20 Anos da Constituição de 1976*. vol. II. Coimbra, Coimbra Editora, 1997 (pp. 227-237).

——————. "Consumo e tráfico de estupefacientes e Constituição: absorção do direito penal de justiça pelo direito penal secundário?". *Revista do Ministério Público* 96/21-37. Ano 24. Lisboa, Sindicato dos Magistrados do Ministério Público, outubro-dezembro/2003.

——————. "Dolo eventual e culpa em direito penal". In: *Problemas Fundamentais de Direito Penal – Homenagem a Claus Roxin*. Lisboa, Universidade Lusíada Editora, 2002 (pp. 45-67).

——————. "Novas formas de criminalidade: o problema do direito penal do ambiente". In: MONTEIRO, Dina, NEVES, Luíz M. Vaz das, e SIMÕES, António Oliveira (coords.). *Estudos Comemorativos do 150º Aniversário do Tribunal da Boa-Hora*. Lisboa, Ministério da Justiça, 1995 (pp. 199-211).

——————, ALMEIDA, Carlota Pizarro de, e VILALONGA, José Manuel (coords.). *Casos e Materiais de Direito Penal*. Coimbra, Livraria Almedina, 2002.

——————, e OTERO, Paulo. "Revisão do regime legal do ilícito de mera ordenação social: parecer e proposta de alteração legislativa". *Revista da Faculdade de Direito da Universidade de Lisboa* 37-2/557-591. Lisboa, Faculdade de Direito da Universidade de Lisboa, 1996.

PARADISO. *La Criminalità negli Affari*. Pádua, CEDAM, 1983.

PATERNITI, Carlo. *Diritto Penale dell'Economia*. Turim, G. Giappichelli, 1995.

PATRICÍO, Rui. "Norma penal em branco (em comentário ao Acórdão do Tribunal da Relação de Évora de 17.4.2001)". *Revista do Ministério Público* 88. Ano 22. Lisboa, Sindicato dos Magistrados do Ministério Público, outubro-dezembro/2001.

PELTZMAN, Sam, e FIORENTINI, Gianluca (eds.). *The Economics of Organised Crime*. Londres, Cambridge University Press, 1995.

PEÑA CABRERA, Raúl. "El bien jurídico en los delitos económicos (con referencia al Código Penal peruano)". *Revista Brasileira de Ciências Criminais* 11/36-49. Ano 3. São Paulo, Ed. RT, julho-setembro/1995.

PETTER, Lafayete Josué. *Princípios Constitucionais da Ordem Econômica – O Significado e o Alcance do Art. 170 da CF*. São Paulo, Ed. RT, 2005.

PIERANGELI, José Henrique, e ZAFFARONI, Eugenio Raúl. *Da Tentativa*. São Paulo, Ed. RT, 1988.

PIMENTEL, Manoel Pedro. *Crimes de Mera Conduta*. São Paulo, Ed. RT, 1975.

——————. *Direito Penal Econômico*. São Paulo, Ed. RT, 1973.

PODVAL, Roberto (org.). *Temas de Direito Penal Econômico*. São Paulo, Ed. RT, 2001.

POGGI, Gianfranco. *A Evolução do Estado Moderno*. Trad. de Álvaro Cabral, Rio de Janeiro, Jorge Zahar Editor, 1981.

PONTES DE MIRANDA, F. C. *Comentários á Constituição de 1946*. 3ª ed., t. V. Rio de Janeiro, Borsói, 1960.

POSNER, Richard A. *Antitrust Law*. Chicago, Chicago University Press, 2001.

POTENZA, Giuseppe, e LANDI, Guido. *Manuale di Diritto Amministrativo*. 10ª ed., atualizada e revista por Vittorio Italia e Cesare Mastrocola. Milão, Giuffrè Editore, 1997.

PRICE, Richard G. "Market power and monopoly power in antitrust analysis". *Cornell Law Review* 75/190-217. 1989.

RAMOS. João Gualberto Garcez. "Breve introdução ao direito penal econômico". *Boletim dos Procuradores da República* 66. Ano VI. Brasília, Associação Nacional dos Procuradores da República, março/2005 (disponível na Internet no sítio: *http://www.pedrojorge.org.br/boletins/boletim_66.pdf*).

REUTER, Peter, e GAMBETTA, Diego. "Conspiracy among the many: the mafia in legitimate industries". In: FIORENTINI, Gianluca, e PELTZMAN, Sam (eds.). *The Economics of Organised Crime*. Londres, Cambridge University Press, 1995 (pp. 116-139).

RODRIGUES, Anabela Miranda. "A defesa do arguido: uma garantia constitucional em perigo no 'Admirável Mundo Novo'". *Revista Portuguesa de Ciência Criminal* 4/549-571. Ano 12. Coimbra, Coimbra Editora, outubro-dezembro/2002.

——————. *A Determinação da Medida da Pena Privativa da Liberdade*. Coimbra, Coimbra Editora, 1995.

——————. "Consensualismo e prisão". *Documentação e Direito Comparado* 79-80/355-377. Lisboa, Ministério da Justiça, 1999.

——————. "Contributo para a fundamentação de um discurso punitivo em matéria penal fiscal". In: *Direito Penal Econômico e Europeu: Textos Doutrinários*. vol. II, "Problemas Especiais". Coimbra, Coimbra Editora, 1999 (pp. 481/489).

———. "Criminalidade organizada – Que política criminal?". *Themis* 6/29-46. Ano IV. Lisboa, Faculdade de Direito da Universidade Nova de Lisboa, 2003.

ROLLA, Giancarlo. *La Tutela Costituzionale dei Diritti*. Milão, Giuffrè Editore, 2003.

ROMANO, Mario. "'Merecimiento de pena', 'necesidad de pena' y teoría del delito". In: DIAS, Jorge de Figueiredo, SCHÜNEMANN, Bernd, e SILVA SÁNCHEZ, Jesús-María (coords.). *Fundamentos de un Sistema Europeo del Derecho Penal*. Barcelona, Bosch, 1995 (pp. 139-152).

ROXIN, Claus. *A Proteção de Bens Jurídicos como Função do Direito Penal*. Org. e trad. de André Luís Callegari e Nereu José Giacomolli. Porto Alegre, Livraria do Advogado, 2006.

———. *Derecho Penal – Parte General*. t. I ("Fundamentos, la Estructura de la Teoría del Delito"), trad. de Diego-Manuel Luzón Peña, Manuel Díaz y García Conlledo e Javier de Vicente Remesal. Madri, Civitas, 1997.

———. *Política Criminal e Sistema Jurídico-Penal*. Trad. de Luís Greco. Rio de Janeiro, Renovar, 2002.

———. "Que comportamentos pode o Estado proibir sob ameaça de pena? Sobre a legitimação das proibições penais". In: *Estudos de Direito Penal*. Trad. de Luís Greco. Rio de Janeiro, Renovar, 2006 (pp. 31-53).

———. "Sobre a evolução da ciência juspenalista alemã no período posterior à guerra". In: *Problemas Fundamentais de Direito Penal – Homenagem a Claus Roxin*. Lisboa, Universidade Lusíada Editora, 2002 (pp. 237-248).

———. "Tem futuro o direito penal?". In: *Estudos de Direito Penal*. Trad. de Luís Greco. Rio de Janeiro, Renovar, 2006 (pp. 1-30).

———. *Teoría del Tipo Penal – Tipos Abiertos y Elementos del Deber Jurídico*. Trad. de Enrique Bacigalupo. Buenos Aires, Depalma, 1979.

———, ARZT, Gunther; e TIEDEMANN, Klaus. *Introducción al Derecho Penal y al Derecho Penal Procesal*. Versão espanhola, notas e comentários dos professores Luis Arroyo Zapatero e Juan Luis Gómez Colomer. Barcelona, Ariel, 1989.

RUGGIERO, Vincenzo. *Organized and Corporate Crime in Europe – Offers that Can't be Refused*. Aldershot, Dartmouth,1996.

SÁ, Fernando Augusto Cunha de. *Abuso do Direito*. Coimbra, Livraria Almedina, 1997.

SÁNCHEZ, María Acale, e BASOCO TERRADILLOS, Juan María (orgs.). *Temas de Derecho Penal Económico – III Encuentro Hispano-Italiano de Derecho Penal Económico*. Madri, Editorial Trotta, 2004.

SANDRONI, Paulo (org. e superv.). *Novíssimo Dicionário de Economia*. 11ª ed. São Paulo, Best Seller, 2003.

SANTOS, Cláudia Maria Cruz. "O crime de colarinho branco (da origem do conceito e sua relevância criminológica à questão da desigualdade na administração da Justiça Penal)". *Boletim da Faculdade de Direito* 2001. Coimbra, Universidade de Coimbra, Coimbra Editora.

SANTOS, Juarez Cirino dos. *A Moderna Teoria do Fato Punível*. 3ª ed. Curitiba, Fórum, 2000.

——————. "Direito penal econômico". *Revista de Direito Penal e Criminologia* 33/196-1201. Rio de Janeiro, Forense, janeiro-junho/1982.

SCHÜNEMANN, Bernd. "Cuestiones básicas de dogmática jurídico-penal y de política criminal acerca de la criminalidad de empresa". *Anuario de Derecho Penal y Ciencias Penales* XLI-1/529-558. Trad. de Daniela Bruckner e Juan Antonio Lascurain Sánchez. Madri, Centro de Publicaciones del Ministerio de Justicia e Interior, janeiro-abril/1988.

——————. "Del derecho penal de la clase baja al derecho penal de la clase alta. ¿Un cambio de paradigma como exigencia moral?". In: *Temas Actuales y Permanentes de Derecho Penal Después del Milenio*. Trad. de Lourdes Baza. Madri, Tecnos, 2002 (pp. 49-69).

——————. "Las reglas de la técnica en derecho penal". *Anuario de Derecho Penal y Ciencias Penales* XLVII-3/307-341. Madri, Centro de Publicaciones del Ministerio de Justicia e Interior, setembro-dezembro/1994.

——————. "Los fundamentos de la responsabilidad penal de los órganos de dirección de las empresas". In: *Temas Actuales y Permanentes de Derecho Penal Después del Milenio*. Trad. de Lourdes Baza, Madri, Tecnos, 2002 (pp. 129-152).

——————. "¿Ofrece la reforma del Derecho penal económico alemán un modelo o un escarmiento?". Trad. de Teresa Rodrígues Montañes. In: *Temas Actuales y Permanentes de Derecho Penal Después del Milenio*. Trad. de Lourdes Baza, Madri, Tecnos, 2002 (pp. 185-202).

——————. "Sobre la dogmática y la política criminal del derecho penal del medio ambiente". In: *Temas Actuales y Permanentes de Derecho Penal Después del Milenio*. Trad. de Lourdes Baza. Madri, Tecnos, 2002 (pp. 203-223).

——————, DIAS, Jorge de Figueiredo, e SILVA SÁNCHEZ, J. M. (coords.). *Fundamentos de un Sistema Europeo del Derecho Penal*. Barcelona, Bosch, 1995.

SERRA, Teresa. "A autoria mediata através de um aparelho organizado de poder – A propósito da responsabilidade jurídico-penal dos membros do Conselho de Defesa Nacional da ex-RDA pelos homicídios ocorridos nas fronteiras com a RFA". *Revista Portuguesa de Ciência Criminal* 3-4/303-327. Ano 5. Coimbra, Coimbra Editora, julho-dezembro/1995.

SILVA, Américo Luís Martins da. *A Ordem Constitucional Econômica*. Rio de Janeiro, Forense, 2003.

SILVA, José Afonso da. *Aplicabilidade das Normas Constitucionais*. 7ª ed., 2ª tir. São Paulo, Malheiros Editores, 2008.

——————. *Curso de Direito Constitucional Positivo*. 30ª ed. São Paulo, Malheiros Editores, 2008.

SILVA SÁNCHEZ, Jesús-María. *La Expansión del Derecho Penal – Aspectos de la Política Criminal en las Sociedades Postindustriales*. Madri, Civitas, 2001.

——————, DIAS, Jorge de Figueiredo, e SCHÜNEMANN, Bernd (coords.). *Fundamentos de un Sistema Europeo del Derecho Penal*. Barcelona, Bosch, 1995.

SIMÕES, António Oliveira, MONTEIRO, Dina, e NEVES, Luíz M. Vaz das (coords.). *Estudos Comemorativos do 150º Aniversário do Tribunal da Boa-Hora*. Lisboa, Ministério da Justiça, 1995.

SMANIO, Gianpaolo Poggio. *Tutela Penal dos Interesses Difusos*. São Paulo, Atlas, 2000.

SOUZA, Washington Albino Peluso de. *Teoria da Constituição Econômica*. Belo Horizonte, Del Rey, 2002.

SUTHERLAND, Edwin H. "White collar criminality". *American Sociological Review* 5/1-12. American Sociological Association, fevereiro/1940.

——————. *White Collar Crime – The Uncut Version*. New Haven, Yale University Press, 1983.

TAYLOR, Ian. "Criminology post-Maastricht". *Crime, Law & Social Change* 30-4/333-346. Dordrech, Springer Netherlands, dezembro/1998.

TIEDEMANN, Klaus. "La ley penal en blanco – Concepto y cuestiones conexas". *Revista Brasileira de Ciências Criminais* 37/73-97. São Paulo, Ed. RT, janeiro-março/2002.

——————. "Responsabilidad penal de personas jurídicas y empresas en Derecho Comparado". *Revista Brasileira de Ciências Criminais* 11/21-35. São Paulo, Ed. RT, julho-setembro/1995.

——————, ARZT, Gunther, e ROXIN, Claus. *Introducción al Derecho Penal y al Derecho Penal Procesal*. Versão espanhola, notas e comentários dos professores Luis Arroyo Zapatero e Juan Luis Gómez Colomer. Barcelona, Ariel, 1989.

TOLEDO, Francisco de Assis. *Princípios Básicos de Direito Penal*. São Paulo, Saraiva, 1991.

VÉRON, Michel. *Droit Pénal des Affaires*. Paris, Armand Colin, 1997.

VIEIRA, Caroline Sanselme. "O primeiro acordo de leniência firmado no Brasil". *Revista de Direito Internacional e Econômico* 11/91-98. Ano III. São Paulo, Instituto Nacional do Contencioso Econômico/INCE, abril-junho/2005.

VILALONGA, José Manuel, ALMEIDA, Carlota Pizarro de, e PALMA, Maria Fernanda (coords.). *Casos e Materiais de Direito Penal*. Coimbra, Livraria Almedina, 2002.

VOLK, Klaus. *Sistema Penale e Criminalità Economica – I Rapporti tra Dommatica, Politica Criminale e Processo*. Nápoles, Edizioni Scientifiche Italiane, 1998.

WACQUANT, Loïc. *As Prisões da Miséria*. Trad. de Miguel Serras Pereira. Oeiras, Celta Editora, 2000.

WARING, Elin, BODE, Nancy, WEISBURD, David, e WHEELER, Stanton. *Crimes of the Middle Classes – White Collor Offenders in the Federal Courts*. New Haven, Yale University Press, 1991.

WEBER, Max. *Economia e Sociedade*. vol. 1. Brasília, UnB, 1998.

WEIGEND, Thomas, e JESCHECK, Hans-Heinrich. *Tratado de Derecho Penal – Parte General*. 5ª ed., trad. de Miguel Olmedo Cardenete. Madri, Comares, 2002.

WEISBURD, David, BODE, Nancy, WARING, Elin, e WHEELER, Stanton. *Crimes of the Middle Classes – White Collor Offenders in the Federal Courts*. New Haven, Yale University Press, 1991.

WELZEL, Hans. *Derecho Penal Alemán – Parte General*. 11ª ed., trad. de Juan Bustos Ramírez e Sergio Yáñez Pérez. Santiago, Editorial Jurídica de Chile, 1970.

WHEELER, Stanton, BODE, Nancy, WARING, Elin, e WEISBURD, David. *Crimes of the Middle Classes – White Collor Offenders in the Federal Courts*. New Haven, Yale University Press, 1991.

ZAFFARONI, Eugenio Raúl. *Manual de Derecho Penal – Parte General*. 6ª ed. Buenos Aires, Ediar, 1991.

—————, e PIERANGELI, José Henrique. *Da Tentativa*. São Paulo, Ed. RT, 1988.

APÊNDICE LEGISLATIVO[1]

A) Legislação Interna

I – CONSTITUIÇÃO DA REPÚBLICA FEDERATIVA DO BRASIL, DE 5.10.1988
(Consoante o texto consolidado até a Emenda Constitucional 56, de 20.12.2007)

(...).

TÍTULO VII – DA ORDEM ECONÔMICA E FINANCEIRA

Capítulo I – Dos Princípios Gerais da Atividade Econômica

Art. 170. A ordem econômica, fundada na valorização do trabalho humano e na livre iniciativa, tem por fim assegurar a todos existência digna, conforme os ditames da justiça social, observados os seguintes princípios:

I – soberania nacional;

II – propriedade privada;

III – função social da propriedade;

IV – livre concorrência;

V – defesa do consumidor;

---

1. Apenas com o escopo de facilitar a leitura, integram este Apêndice as principais normas jurídicas referenciadas nesta obra. A legislação transcrita, assim como todas as demais referências legislativas brasileiras constantes do presente texto, foi obtida (acesso realizado no período de maio/2005 a maio/2008) no sítio do Senado Federal do Brasil na Internet (*http://www6.senado.gov.br/sicon/PreparaPesquisaLegislacao.action*).

VI – defesa do meio ambiente, inclusive mediante tratamento diferenciado conforme o impacto ambiental dos produtos e serviços e de seus processos de elaboração e prestação;

VII – redução das desigualdades regionais e sociais;

VIII – busca do pleno emprego;

IX – tratamento favorecido para as empresas de pequeno porte constituídas sob as leis brasileiras e que tenham sua sede e administração no País.

Parágrafo único. É assegurado a todos o livre exercício de qualquer atividade econômica, independentemente de autorização de órgãos públicos, salvo nos casos previstos em lei.

Art. 171. (*Revogado Emenda Constitucional 6/1995*).

Art. 172. A lei disciplinará, com base no interesse nacional, os investimentos de capital estrangeiro, incentivará os reinvestimentos e regulará a remessa de lucros.

Art. 173. Ressalvados os casos previstos nesta Constituição, a exploração direta de atividade econômica pelo Estado só será permitida quando necessária aos imperativos da segurança nacional ou a relevante interesse coletivo, conforme definidos em lei.

§ 1º. A lei estabelecerá o estatuto jurídico da empresa pública, da sociedade de economia mista e de suas subsidiárias que explorem atividade econômica de produção ou comercialização de bens ou de prestação de serviços, dispondo sobre:

I – sua função social e formas de fiscalização pelo Estado e pela sociedade;

II – a sujeição ao regime jurídico próprio das empresas privadas, inclusive quanto aos direitos e obrigações civis, comerciais, trabalhistas e tributários;

III – licitação e contratação de obras, serviços, compras e alienações, observados os princípios da administração pública;

IV – a constituição e o funcionamento dos conselhos de administração e fiscal, com a participação de acionistas minoritários;

V – os mandatos, a avaliação de desempenho e a responsabilidade dos administradores.

§ 2º. As empresas públicas e as sociedades de economia mista não poderão gozar de privilégios fiscais não extensivos às do setor privado.

§ 3º. A lei regulamentará as relações da empresa pública com o Estado e a sociedade.

§ 4º. A lei reprimirá o abuso do poder econômico que vise à dominação dos mercados, à eliminação da concorrência e ao aumento arbitrário dos lucros.

§ 5º. A lei, sem prejuízo da responsabilidade individual dos dirigentes da pessoa jurídica, estabelecerá a responsabilidade desta, sujeitando-a às punições compatíveis com sua natureza, nos atos praticados contra a ordem econômica e financeira e contra a economia popular.

Art. 174. Como agente normativo e regulador da atividade econômica, o Estado exercerá, na forma da lei, as funções de fiscalização, incentivo e planejamento, sendo este determinante para o setor público e indicativo para o setor privado.

§ 1º. A lei estabelecerá as diretrizes e bases do planejamento do desenvolvimento nacional equilibrado, o qual incorporará e compatibilizará os planos nacionais e regionais de desenvolvimento.

§ 2º. A lei apoiará e estimulará o cooperativismo e outras formas de associativismo.

§ 3º. O Estado favorecerá a organização da atividade garimpeira em cooperativas, levando em conta a proteção do meio ambiente e a promoção econômico-social dos garimpeiros.

§ 4º. As cooperativas a que se refere o parágrafo anterior terão prioridade na autorização ou concessão para pesquisa e lavra dos recursos e jazidas de minerais garimpáveis, nas áreas onde estejam atuando, e naquelas fixadas de acordo com o art. 21, XXV, na forma da lei.

Art. 175. Incumbe ao Poder Público, na forma da lei, diretamente ou sob regime de concessão ou permissão, sempre através de licitação, a prestação de serviços públicos.

Parágrafo único. A lei disporá sobre:

I – o regime das empresas concessionárias e permissionárias de serviços públicos, o caráter especial de seu contrato e de sua prorrogação, bem como as condições de caducidade, fiscalização e rescisão da concessão ou permissão;

II – os direitos dos usuários;

III – política tarifária;

IV – a obrigação de manter serviço adequado.

Art. 176. As jazidas, em lavra ou não, e demais recursos minerais e os potenciais de energia hidráulica constituem propriedade distinta da do solo, para efeito de exploração ou aproveitamento, e pertencem à União, garantida ao concessionário a propriedade do produto da lavra.

§ 1º. A pesquisa e a lavra de recursos minerais e o aproveitamento dos potenciais a que se refere o *caput* deste artigo somente poderão ser efetuados mediante autorização ou concessão da União, no interesse nacional, por brasileiros ou empresa constituída sob as leis brasileiras e que tenha sua sede e administração no País, na forma da lei, que estabelecerá as condições específicas quando essas atividades se desenvolverem em faixa de fronteira ou terras indígenas.

§ 2º. É assegurada participação ao proprietário do solo nos resultados da lavra, na forma e no valor que dispuser a lei.

§ 3º. A autorização de pesquisa será sempre por prazo determinado, e as autorizações e concessões previstas neste artigo não poderão ser cedidas ou transferidas, total ou parcialmente, sem prévia anuência do poder concedente.

§ 4º. Não dependerá de autorização ou concessão o aproveitamento do potencial de energia renovável de capacidade reduzida.

Art. 177. Constituem monopólio da União:

I – a pesquisa e a lavra das jazidas de petróleo e gás natural e outros hidrocarbonetos fluidos;

II – a refinação do petróleo nacional ou estrangeiro;

III – a importação e exportação dos produtos e derivados básicos resultantes das atividades previstas nos incisos anteriores;

IV – o transporte marítimo do petróleo bruto de origem nacional ou de derivados básicos de petróleo produzidos no País, bem assim o transporte, por meio de conduto, de petróleo bruto, seus derivados e gás natural de qualquer origem;

V – a pesquisa, a lavra, o enriquecimento, o reprocessamento, a industrialização e o comércio de minérios e minerais nucleares e seus derivados, com exceção dos radioisótopos cuja produção, comercialização e utilização poderão ser autorizadas sob regime de permissão, conforme as alíneas "b" e "c" do inciso XXIII do *caput* do art. 21 desta Constituição Federal.

§ 1º. A União poderá contratar com empresas estatais ou privadas a realização das atividades previstas nos incisos I a IV deste artigo, observadas as condições estabelecidas em lei.

§ 2º. A lei a que se refere o § 1º disporá sobre:

I – a garantia do fornecimento dos derivados de petróleo em todo o território nacional;

II – as condições de contratação;

III – a estrutura e atribuições do órgão regulador do monopólio da União.

§ 3º. A lei disporá sobre o transporte e a utilização de materiais radioativos no território nacional.

§ 4º. A lei que instituir contribuição de intervenção no domínio econômico relativa às atividades de importação ou comercialização de petróleo e seus derivados, gás natural e seus derivados e álcool combustível deverá atender aos seguintes requisitos:

I – a alíquota da contribuição poderá ser:

a) diferenciada por produto ou uso;

b) reduzida e restabelecida por ato do Poder Executivo, não se lhe aplicando o disposto no art. 150, III, "b";

II – os recursos arrecadados serão destinados:

a) ao pagamento de subsídios a preços ou transporte de álcool combustível, gás natural e seus derivados e derivados de petróleo;

b) ao financiamento de projetos ambientais relacionados com a indústria do petróleo e do gás; c) ao financiamento de programas de infra-estrutura de transportes.

Art. 178. A lei disporá sobre a ordenação dos transportes aéreo, aquático e terrestre, devendo, quanto à ordenação do transporte internacional, observar os acordos firmados pela União, atendido o princípio da reciprocidade.

Parágrafo único. Na ordenação do transporte aquático, a lei estabelecerá as condições em que o transporte de mercadorias na cabotagem e a navegação interior poderão ser feitos por embarcações estrangeiras.

Art. 179. A União, os Estados, o Distrito Federal e os Municípios dispensarão às microempresas e às empresas de pequeno porte, assim definidas em lei, tratamento jurídico diferenciado, visando a incentivá-las pela simplificação de suas obrigações administrativas, tributárias, previdenciárias e creditícias, ou pela eliminação ou redução destas por meio de lei.

Art. 180. A União, os Estados, o Distrito Federal e os Municípios promoverão e incentivarão o turismo como fator de desenvolvimento social e econômico.

Art. 181. O atendimento de requisição de documento ou informação de natureza comercial, feita por autoridade administrativa ou judiciária estrangeira, a pessoa física ou jurídica residente ou domiciliada no país dependerá de autorização do Poder competente.

Capítulo II – Da Política Urbana

Art. 182. A política de desenvolvimento urbano, executada pelo Poder Público municipal, conforme diretrizes gerais fixadas em lei, tem por objetivo ordenar o pleno desenvolvimento das funções sociais da cidade e garantir o bem-estar de seus habitantes.

§ 1º. O plano diretor, aprovado pela Câmara Municipal, obrigatório para cidades com mais de vinte mil habitantes, é o instrumento básico da política de desenvolvimento e de expansão urbana.

§ 2º. A propriedade urbana cumpre sua função social quando atende às exigências fundamentais de ordenação da cidade expressas no plano diretor.

§ 3º. As desapropriações de imóveis urbanos serão feitas com prévia e justa indenização em dinheiro.

§ 4º. É facultado ao Poder Público municipal, mediante lei específica para área incluída no plano diretor, exigir, nos termos da lei federal, do proprietário do solo urbano não edificado, subutilizado ou não utilizado, que promova seu adequado aproveitamento, sob pena, sucessivamente, de:

I – parcelamento ou edificação compulsórios;

II – imposto sobre a propriedade predial e territorial urbana progressivo no tempo;

III – desapropriação com pagamento mediante títulos da dívida pública de emissão previamente aprovada pelo Senado Federal, com prazo de resgate de até dez anos, em parcelas anuais, iguais e sucessivas, assegurados o valor real da indenização e os juros legais.

Art. 183. Aquele que possuir como sua área urbana de até duzentos e cinqüenta metros quadrados, por cinco anos, ininterruptamente e sem oposição, utilizando-a para sua moradia ou de sua família, adquirir-lhe-á o domínio, desde que não seja proprietário de outro imóvel urbano ou rural.

§ 1º. O título de domínio e a concessão de uso serão conferidos ao homem ou à mulher, ou a ambos, independentemente do estado civil.

§ 2º. Esse direito não será reconhecido ao mesmo possuidor mais de uma vez.

§ 3º. Os imóveis públicos não serão adquiridos por usucapião.

**Capítulo III – Da Política Agrícola e Fundiária
e da Reforma Agrária**

Art. 184. Compete à União desapropriar por interesse social, para fins de reforma agrária, o imóvel rural que não esteja cumprindo sua função social, mediante prévia e justa indenização em títulos da dívida agrária, com cláusula de preservação do valor real, resgatáveis no prazo de até vinte anos, a partir do segundo ano de sua emissão, e cuja utilização será definida em lei.

§ 1º. As benfeitorias úteis e necessárias serão indenizadas em dinheiro.

§ 2º. O decreto que declarar o imóvel como de interesse social, para fins de reforma agrária, autoriza a União a propor a ação de desapropriação.

§ 3º. Cabe à lei complementar estabelecer procedimento contraditório especial, de rito sumário, para o processo judicial de desapropriação.

§ 4º. O orçamento fixará anualmente o volume total de títulos da dívida agrária, assim como o montante de recursos para atender ao programa de reforma agrária no exercício.

§ 5º. São isentas de impostos federais, estaduais e municipais as operações de transferência de imóveis desapropriados para fins de reforma agrária.

Art. 185. São insuscetíveis de desapropriação para fins de reforma agrária:

I – a pequena e média propriedade rural, assim definida em lei, desde que seu proprietário não possua outra;

II – a propriedade produtiva.

Parágrafo único. A lei garantirá tratamento especial à propriedade produtiva e fixará normas para o cumprimento dos requisitos relativos à sua função social.

Art. 186. A função social é cumprida quando a propriedade rural atende, simultaneamente, segundo critérios e graus de exigência estabelecidos em lei, aos seguintes requisitos:

I – aproveitamento racional e adequado;

II – utilização adequada dos recursos naturais disponíveis e preservação do meio ambiente;

III – observância das disposições que regulam as relações de trabalho;

IV – exploração que favoreça o bem-estar dos proprietários e dos trabalhadores.

Art. 187. A política agrícola será planejada e executada na forma da lei, com a participação efetiva do setor de produção, envolvendo produtores e trabalhadores rurais, bem como dos setores de comercialização, de armazenamento e de transportes, levando em conta, especialmente:

I – os instrumentos creditícios e fiscais;

II – os preços compatíveis com os custos de produção e a garantia de comercialização;

III – o incentivo à pesquisa e à tecnologia;

IV – a assistência técnica e extensão rural;

V – o seguro agrícola;

VI – o cooperativismo;

VII – a eletrificação rural e irrigação;

VIII – a habitação para o trabalhador rural.

§ 1º. Incluem-se no planejamento agrícola as atividades agroindustriais, agropecuárias, pesqueiras e florestais.

§ 2º. Serão compatibilizadas as ações de política agrícola e de reforma agrária.

Art. 188. A destinação de terras públicas e devolutas será compatibilizada com a política agrícola e com o plano nacional de reforma agrária.

§ 1º. A alienação ou a concessão, a qualquer título, de terras públicas com área superior a dois mil e quinhentos hectares a pessoa física ou jurídica, ainda que por interposta pessoa, dependerá de prévia aprovação do Congresso Nacional.

§ 2º. Excetuam-se do disposto no parágrafo anterior as alienações ou as concessões de terras públicas para fins de reforma agrária.

Art. 189. Os beneficiários da distribuição de imóveis rurais pela reforma agrária receberão títulos de domínio ou de concessão de uso, inegociáveis pelo prazo de dez anos.

Parágrafo único. O título de domínio e a concessão de uso serão conferidos ao homem ou à mulher, ou a ambos, independentemente do estado civil, nos termos e condições previstos em lei.

Art. 190. A lei regulará e limitará a aquisição ou o arrendamento de propriedade rural por pessoa física ou jurídica estrangeira e estabelecerá os casos que dependerão de autorização do Congresso Nacional.

Art. 191. Aquele que, não sendo proprietário de imóvel rural ou urbano, possua como seu, por cinco anos ininterruptos, sem oposição, área de terra, em zona rural, não superior a cinqüenta hectares, tornando-a produtiva por seu trabalho ou de sua família, tendo nela sua moradia, adquirir-lhe-á a propriedade.

Parágrafo único. Os imóveis públicos não serão adquiridos por usucapião.

Capítulo IV – Do Sistema Financeiro Nacional

Art. 192. O sistema financeiro nacional, estruturado de forma a promover o desenvolvimento equilibrado do país e a servir aos interesses da coletividade, em todas as partes que o compõem, abrangendo as cooperativas de crédito, será regulado por leis complementares que disporão, inclusive, sobre a participação do capital estrangeiro nas instituições que o integram.

Título VIII – DA ORDEM SOCIAL

Capítulo I – Disposição Geral

Art. 193. A ordem social tem como base o primado do trabalho, e como objetivo o bem-estar e a justiça sociais.

(...).

II – LEI FEDERAL 8.137, DE 27.9.1990

(Define crimes contra a ordem tributária, econômica e contra as relações de consumo, e dá outras providências.)

(...).

Capítulo II – Dos Crimes Contra a Ordem Econômica e as Relações de Consumo

Art. 4º. Constitui crime contra a ordem econômica:

I – abusar do poder econômico, dominando o mercado ou eliminando, total ou parcialmente, a concorrência mediante:

a) ajuste ou acordo de empresas;

b) aquisição de acervos de empresas ou cotas, ações, títulos ou direitos;

c) coalizão, incorporação, fusão ou integração de empresas;

d) concentração de ações, títulos, cotas, ou direitos em poder de empresa, empresas coligadas ou controladas, ou pessoas físicas;

e) cessação parcial ou total das atividades da empresa;

f) impedimento a constituição, funcionamento ou desenvolvimento de empresa concorrente;

II – formar acordo, convênio, ajuste ou aliança entre ofertantes, visando:

a) à fixação artificial de preços ou quantidades vendidas ou produzidas;

b) ao controle regionalizado do mercado por empresa ou grupo de empresas;

c) ao controle, em detrimento da concorrência, de rede de distribuição ou de fornecedores;

III – discriminar preços de bens ou de prestação de serviços por ajustes ou acordo de grupo econômico, com o fim de estabelecer monopólio, ou de eliminar, total ou parcialmente, a concorrência;

IV – açambarcar, sonegar, destruir ou inutilizar bens de produção ou de consumo, com o fim de estabelecer monopólio ou de eliminar, total ou parcialmente, a concorrência;

V – provocar oscilação de preços em detrimento de empresa concorrente ou vendedor de matéria-prima, mediante ajuste ou acordo, ou por outro meio fraudulento;

VI – vender mercadorias abaixo do preço de custo, com o fim de impedir a concorrência;

VII – elevar sem justa causa o preço de bem ou serviço, valendo-se de posição dominante no mercado.

Pena – reclusão, de dois a cinco anos, ou multa.

Art. 5º. Constitui crime da mesma natureza:

I – exigir exclusividade de propaganda, transmissão ou difusão de publicidade, em detrimento de concorrência;

II – subordinar a venda de bem ou a utilização de serviço à aquisição de outro bem, ou ao uso de determinado serviço;

III – sujeitar a venda de bem ou a utilização de serviço à aquisição de quantidade arbitrariamente determinada;

IV – recusar-se, sem justa causa, o diretor, administrador, ou gerente de empresa a prestar à autoridade competente, ou prestá-la de modo inexato, informação sobre o custo de produção ou preço de venda.

Pena – detenção, de dois a cinco anos, ou multa.

Parágrafo único. A falta de atendimento da exigência da autoridade, no prazo de dez dias, que poderá ser convertido em horas em razão da maior ou menor complexidade da matéria ou da dificuldade quanto ao atendimento da exigência, caracteriza a infração prevista no inciso IV.

Art. 6º. Constitui crime da mesma natureza:

I – vender ou oferecer à venda mercadoria, ou contratar ou oferecer serviço, por preço superior ao oficialmente tabelado, ao fixado por órgão ou entidade governamental, e ao estabelecido em regime legal de controle;

II – aplicar fórmula de reajustamento de preços ou indexação de contrato proibida, ou diversa daquela que for legalmente estabelecida, ou fixada por autoridade competente;

III – exigir, cobrar ou receber qualquer vantagem ou importância adicional de preço tabelado, congelado, administrado, fixado ou controlado pelo Poder Público, inclusive por meio da adoção ou de aumento de taxa ou outro percentual, incidente sobre qualquer contratação.

Pena – detenção, de um a quatro anos, ou multa.

(...).

Capítulo III – Das Multas

Art. 8º. Nos crimes definidos nos arts. 1º a 3º desta Lei, a pena de multa será fixada entre dez e trezentos e sessenta dias-multa, conforme seja necessário e suficiente para reprovação e prevenção do crime.

Parágrafo único. O dia-multa será fixado pelo juiz em valor não inferior a quatorze nem superior a duzentos Bônus do Tesouro Nacional – BTN.

Art. 9º. A pena de detenção ou reclusão poderá ser convertida em multa de valor equivalente a:

I – duzentos mil até cinco milhões de BTNs, nos crimes definidos no art. 4º;

II – cinco mil até duzentos mil BTNs, nos crimes definidos nos arts. 5º e 6º;

III – cinqüenta mil até um milhão de BTNs, nos crimes definidos no art. 7º.

Art. 10. Caso o juiz, considerado o ganho ilícito e a situação econômica do réu, verifique a insuficiência ou excessiva onerosidade das penas pecuniárias previstas nesta Lei, poderá diminuí-las até a décima parte ou elevá-las ao décuplo.

Capítulo IV – Das Disposições Gerais

Art. 11. Quem, de qualquer modo, inclusive por meio de pessoa jurídica, concorre para os crimes definidos nesta Lei, incide nas penas a estes cominadas, na medida de sua culpabilidade.

Parágrafo único. Quando a venda ao consumidor for efetuada por sistema de entrega ao consumo ou por intermédio de distribuidor ou revendedor, seja em regime de concessão comercial ou outro em que o preço ao consumidor é estabelecido ou sugerido pelo fabricante ou concedente, o ato por este praticado não alcança o distribuidor ou revendedor.

Art. 12. São circunstâncias que podem agravar de um terço até a metade as penas previstas nos arts. 1º, 2º e 4º a 7º:

I – ocasionar grave dano à coletividade;

II – ser o crime cometido por servidor público no exercício de suas funções;

III – ser o crime praticado em relação à prestação de serviços ou ao comércio de bens essenciais à vida ou à saúde.

Art. 13. *(Vetado)*.

Art. 14. *(Revogado pela Lei federal 8.383/1991)*.

Art. 15. Os crimes previstos nesta Lei são de ação penal pública, aplicando-se-lhes o disposto no art. 100 do Decreto-lei n. 2.848, de 7 de dezembro de 1940 – Código Penal.

Art. 16. Qualquer pessoa poderá provocar a iniciativa do Ministério Público nos crimes descritos nesta Lei, fornecendo-lhe por escrito informações sobre o fato e a autoria, bem como indicando o tempo, o lugar e os elementos de convicção.

Parágrafo único. Nos crimes previstos nesta Lei, cometidos em quadrilha ou co-autoria, o co-autor ou partícipe que através de confissão espontânea revelar à autoridade policial ou judicial toda a trama delituosa terá a sua pena reduzida de um a dois terços.

(...).

Art. 22. Esta Lei entra em vigor na data de sua publicação.

(...).

III – LEI ANTITRUSTE – LEI FEDERAL 8.884, DE 11.6.1994

(Transforma o Conselho Administrativo de Defesa Econômica/CADE em autarquia, dispõe sobre a prevenção e a repressão às infrações contra a ordem econômica.)

TÍTULO I – DAS DISPOSIÇÕES GERAIS

Capítulo I – Da Finalidade

Art. 1º. Esta Lei dispõe sobre a prevenção e a repressão às infrações contra a ordem econômica, orientada pelos ditames constitucionais de liberdade de iniciativa, livre concorrência, função social da propriedade, defesa dos consumidores e repressão ao abuso do poder econômico.

Parágrafo único. A coletividade é a titular dos bens jurídicos protegidos por esta Lei.

Capítulo II – Da Territorialidade

Art. 2º. Aplica-se esta Lei, sem prejuízo de convenções e tratados de que seja signatário o Brasil, às práticas cometidas no todo ou em parte no território nacional ou que nele produzam ou possam produzir efeitos.

§ 1º. Reputa-se domiciliada no Território Nacional a empresa estrangeira que opere ou tenha no Brasil filial, agência, sucursal, escritório, estabelecimento, agente ou representante.

§ 2º. A empresa estrangeira será notificada e intimada de todos os atos processuais, independentemente de procuração ou de disposição contratual ou estatutária, na pessoa do responsável por sua filial, agência, sucursal, estabelecimento ou escritório instalado no Brasil.

Título II – DO CONSELHO ADMINISTRATIVO DE DEFESA ECONÔMICA – CADE

Capítulo I – Da Autarquia

Art. 3º. O Conselho Administrativo de Defesa Econômica – CADE, órgão judicante com jurisdição em todo o território nacional, criado pela Lei n. 4.137, de 10 de setembro de 1962, passa a se constituir em autarquia federal, vinculada ao Ministério da Justiça, com sede e foro no Distrito Federal, e atribuições previstas nesta Lei.

Capítulo II – Da Composição do Conselho

Art. 4º. O Plenário do CADE é composto por um Presidente e seis Conselheiros escolhidos dentre cidadãos com mais de trinta anos de idade, de notório saber jurídico ou econômico e reputação ilibada, nomeados pelo Presidente da República, depois de aprovados pelo Senado Federal.

§ 1º. O mandato do Presidente e dos Conselheiros é de dois anos, permitida uma recondução.

§ 2º. Os cargos de Presidente e de Conselheiro são de dedicação exclusiva, não se admitindo qualquer acumulação, salvo as constitucionalmente permitidas.

§ 3º. No caso de renúncia, morte ou perda de mandato do Presidente do CADE, assumirá o Conselheiro mais antigo ou o mais idoso, nessa ordem, até nova nomeação, sem prejuízo de suas atribuições.

§ 4º. No caso de renúncia, morte ou perda de mandato de Conselheiro, proceder-se-á a nova nomeação, para completar o mandato do substituído.

§ 5º. Se, nas hipóteses previstas no parágrafo anterior, ou no caso de encerramento de mandato dos Conselheiros, a composição do Conselho ficar reduzida a número inferior ao estabelecido no art. 49, considerar-se-ão automaticamente interrompidos os prazos previstos nos arts. 28, 31, 32, 33, 35, 37, 39, 42, 45, 46, parágrafo único, 52, § 2º, 54, §§ 4º, 6º, 7º e 10, e 59, § 1º, desta Lei, e suspensa a tramitação de processos, iniciando-se a nova contagem imediatamente após a recomposição do quórum.

Art. 5º. A perda de mandato do Presidente ou dos Conselheiros do CADE só poderá ocorrer em virtude de decisão do Senado Federal, por provocação do Presidente da República, ou em razão de condenação penal irrecorrível por crime doloso, ou de processo disciplinar de conformidade com o que prevê a

Lei n. 8.112, de 11 de dezembro de 1990 e a Lei n. 8.429, de 2 de junho de 1992, e por infringência de quaisquer das vedações previstas no art. 6º.

Parágrafo único. Também perderá o mandato, automaticamente, o membro do CADE que faltar a três reuniões ordinárias consecutivas, ou vinte intercaladas, ressalvados os afastamentos temporários autorizados pelo Colegiado.

Art. 6º. Ao Presidente e aos Conselheiros é vedado:

I – receber, a qualquer título, e sob qualquer pretexto, honorários, percentagens ou custas;

II – exercer profissão liberal;

III – participar, na forma de controlador, diretor, administrador, gerente, preposto ou mandatário, de sociedade civil, comercial ou empresas de qualquer espécie;

IV – emitir parecer sobre matéria de sua especialização, ainda que em tese, ou funcionar como consultor de qualquer tipo de empresa;

V – manifestar, por qualquer meio de comunicação, opinião sobre processo pendente de julgamento, ou juízo depreciativo sobre despachos, votos ou sentenças de órgãos judiciais, ressalvada a crítica nos autos, em obras técnicas ou no exercício do magistério;

VI – exercer atividade político-partidária.

Capítulo III – Da Competência do Plenário do CADE

Art. 7º. Compete ao Plenário do CADE:

I – zelar pela observância desta Lei e seu Regulamento e do Regimento Interno do Conselho;

II – decidir sobre a existência de infração à ordem econômica e aplicar as penalidades previstas em lei;

III – decidir os processos instaurados pela Secretaria de Direito Econômico do Ministério da Justiça;

IV – decidir os recursos de ofício do Secretário da SDE;

V – ordenar providências que conduzam à cessação de infração à ordem econômica, dentro do prazo que determinar;

VI – aprovar os termos do compromisso de cessação de prática e do compromisso de desempenho, bem como determinar à SDE que fiscalize seu cumprimento;

VII – apreciar em grau de recurso as medidas preventivas adotadas pela SDE ou pelo Conselheiro-Relator;

VIII – intimar os interessados de suas decisões;

IX – requisitar informações de quaisquer pessoas, órgãos, autoridades e entidades públicas ou privadas, respeitando e mantendo o sigilo legal quando for o caso, bem como determinar as diligências que se fizerem necessárias ao exercício das suas funções;

X – requisitar dos órgãos do Poder Executivo Federal e solicitar das autoridades dos Estados, Municípios, Distrito Federal e Territórios as medidas necessárias ao cumprimento desta Lei;

XI – contratar a realização de exames, vistorias e estudos, aprovando, em cada caso, os respectivos honorários profissionais e demais despesas de processo, que deverão ser pagas pela empresa, se vier a ser punida nos termos desta Lei;

XII – apreciar os atos ou condutas, sob qualquer forma manifestados, sujeitos à aprovação nos termos do art. 54, fixando compromisso de desempenho, quando for o caso;

XIII – requerer ao Poder Judiciário a execução de suas decisões, nos termos desta Lei;

XIV – requisitar serviços e pessoal de quaisquer órgãos e entidades do Poder Público Federal;

XV – determinar à Procuradoria do CADE a adoção de providências administrativas e judiciais;

XVI – firmar contratos e convênios com órgãos ou entidades nacionais e submeter, previamente, ao Ministro de Estado da Justiça os que devam ser celebrados com organismos estrangeiros ou internacionais;

XVII – responder a consultas sobre matéria de sua competência;

XVIII – instruir o público sobre as formas de infração da ordem econômica;

XIX – elaborar e aprovar seu Regimento Interno, dispondo sobre seu funcionamento, na forma das deliberações, normas de procedimento e organização de seus serviços internos, inclusive estabelecendo férias coletivas do Colegiado e do Procurador-Geral, durante o qual não correrão os prazos processuais nem aquele referido no § 6º do art. 54 desta Lei; *(redação dada pela Lei 9.069/1995)*

XX – propor a estrutura do quadro de pessoal da autarquia, observado o disposto no inciso II do art. 37 da Constituição Federal;

XXI – elaborar proposta orçamentária nos termos desta Lei; XXII – indicar o substituto eventual do Procurador-Geral nos casos de faltas, afastamento ou impedimento.

Capítulo IV – Da Competência do Presidente do CADE

Art. 8º. Compete ao Presidente do CADE:

I – representar legalmente a autarquia, em juízo e fora dele;

II – presidir, com direito a voto, inclusive o de qualidade, as reuniões do Plenário;

III – distribuir os processos, por sorteio, nas reuniões do Plenário;

IV – convocar as sessões e determinar a organização da respectiva pauta;

V – cumprir e fazer cumprir as decisões do CADE;

VI – determinar à Procuradoria as providências judiciais para execução das decisões e julgados da autarquia;

VII – assinar os compromissos de cessação de infração da ordem econômica e os compromissos de desempenho;

VIII – submeter à aprovação do Plenário a proposta orçamentária, e a lotação ideal do pessoal que prestará serviço à entidade;

IX – orientar, coordenar e supervisionar as atividades administrativas da entidade.

Capítulo V – Da Competência dos Conselheiros do CADE

Art. 9º. Compete aos Conselheiros do CADE:

I – emitir voto nos processos e questões submetidas ao Plenário;

II – proferir despachos e lavrar as decisões nos processos em que forem relatores;

III – submeter ao Plenário a requisição de informações e documentos de quaisquer pessoas, órgãos, autoridades e entidades públicas ou privadas, a serem mantidas sob sigilo legal, quando for o caso, bem como determinar as diligências que se fizerem necessárias ao exercício das suas funções;

IV – adotar medidas preventivas fixando o valor da multa diária pelo seu descumprimento;

V – desincumbir-se das demais tarefas que lhes forem cometidas pelo Regimento.

Capítulo VI – Da Procuradoria do CADE

Art. 10. Junto ao CADE funcionará uma Procuradoria, com as seguintes atribuições:

I – prestar assessoria jurídica à autarquia e defendê-la em juízo;

II – promover a execução judicial das decisões e julgados da autarquia;

III – requerer, com autorização do Plenário, medidas judiciais visando à cessação de infrações da ordem econômica;

IV – promover acordos judiciais nos processos relativos a infrações contra a ordem econômica, mediante autorização do Plenário do CADE, e ouvido o representante do Ministério Público Federal;

V – emitir parecer nos processos de competência do CADE;

VI – zelar pelo cumprimento desta Lei;

VII – desincumbir-se das demais tarefas que lhe sejam atribuídas pelo Regimento Interno.

Art. 11. O Procurador-Geral será indicado pelo Ministro de Estado da Justiça e nomeado pelo Presidente da República, dentre brasileiros de ilibada reputação e notório conhecimento jurídico, depois de aprovado pelo Senado Federal.

§ 1º. O Procurador-Geral participará das reuniões do CADE, sem direito a voto.

§ 2º. Aplicam-se ao Procurador-Geral as mesmas normas de tempo de mandato, recondução, impedimentos, perda de mandato e substituição aplicáveis aos Conselheiros do CADE.

§ 3º. Nos casos de faltas, afastamento temporário ou impedimento do Procurador-Geral, o Plenário indicará e o Presidente do CADE nomeará o substituto eventual, para atuar por prazo não superior a noventa dias, dispensada a aprovação pelo Senado Federal, fazendo ele jus à remuneração do cargo enquanto durar a substituição.

Título III – DO MINISTÉRIO PÚBLICO FEDERAL
PERANTE O CADE

Art. 12. O Procurador-Geral da República, ouvido o Conselho Superior, designará membro do Ministério Público Federal para, nesta qualidade, oficiar nos processos sujeitos à apreciação do CADE.

Parágrafo único. O CADE poderá requerer ao Ministério Público Federal que promova a execução de seus julgados ou do compromisso de cessação, bem como a adoção de medidas judiciais, no exercício da atribuição estabelecida pela alínea "b" do inciso XIV do art. 6º da Lei Complementar n. 75, de 20 de maio de 1993.

Título IV – DA SECRETARIA DE DIREITO ECONÔMICO

Art. 13. A Secretaria de Direito Econômico do Ministério da Justiça – SDE, com a estrutura que lhe confere a lei, será dirigida por um Secretário, indicado pelo Ministro de Estado de Justiça, dentre brasileiros de notório saber jurídico ou econômico e ilibada reputação, nomeado pelo Presidente da República.

Art. 14. Compete à SDE:

I – zelar pelo cumprimento desta Lei, monitorando e acompanhando as práticas de mercado;

II – acompanhar, permanentemente, as atividades e práticas comerciais de pessoas físicas ou jurídicas que detiverem posição dominante em mercado relevante de bens ou serviços, para prevenir infrações da ordem econômica, podendo, para tanto, requisitar as informações e documentos necessários, mantendo o sigilo legal, quando for o caso;

III – proceder, em face de indícios de infração da ordem econômica, a averiguações preliminares para instauração de processo administrativo;

IV – decidir pela insubsistência dos indícios, arquivando os autos das averiguações preliminares;

V – requisitar informações de quaisquer pessoas, órgãos, autoridades e entidades públicas ou privadas, mantendo o sigilo legal quando for o caso, bem como determinar as diligências que se fizerem necessárias ao exercício das suas funções;

VI – instaurar processo administrativo para apuração e repressão de infrações da ordem econômica;

VII – recorrer de ofício ao CADE, quando decidir pelo arquivamento das averiguações preliminares ou do processo administrativo;

VIII – remeter ao CADE, para julgamento, os processos que instaurar, quando entender configurada infração da ordem econômica;

IX – celebrar, nas condições que estabelecer, compromisso de cessação, submetendo-o ao CADE, e fiscalizar o seu cumprimento;

X – sugerir ao CADE condições para a celebração de compromisso de desempenho, e fiscalizar o seu cumprimento;

XI – adotar medidas preventivas que conduzam à cessação de prática que constitua infração da ordem econômica, fixando prazo para seu cumprimento e o valor da multa diária a ser aplicada, no caso de descumprimento;

XII – receber e instruir os processos a serem julgados pelo CADE, inclusive consultas, e fiscalizar o cumprimento das decisões do CADE;

XIII – orientar os órgãos da Administração Pública quanto à adoção de medidas necessárias ao cumprimento desta Lei;

XIV – desenvolver estudos e pesquisas objetivando orientar a política de prevenção de infrações da ordem econômica;

XV – instruir o público sobre as diversas formas de infração da ordem econômica, e os modos de sua prevenção e repressão;

XVI – exercer outras atribuições previstas em lei.

Título V – DAS INFRAÇÕES DA ORDEM ECONÔMICA

Capítulo I – Das Disposições Gerais

Art. 15. Esta Lei aplica-se às pessoas físicas ou jurídicas de direito público ou privado, bem como a quaisquer associações de entidades ou pessoas, constituídas de fato ou de direito, ainda que temporariamente, com ou sem personalidade jurídica, mesmo que exerçam atividade sob regime de monopólio legal.

Art. 16. As diversas formas de infração da ordem econômica implicam a responsabilidade da empresa e a responsabilidade individual de seus dirigentes ou administradores, solidariamente.

Art. 17. Serão solidariamente responsáveis as empresas ou entidades integrantes de grupo econômico, de fato ou de direito, que praticarem infração da ordem econômica.

Art. 18. A personalidade jurídica do responsável por infração da ordem econômica poderá ser desconsiderada quando houver da parte deste abuso de direito, excesso de poder, infração da lei, fato ou ato ilícito ou violação dos estatutos ou contrato social. A desconsideração também será efetivada quando houver falência, estado de insolvência, encerramento ou inatividade da pessoa jurídica provocados por má administração.

Art. 19. A repressão das infrações da ordem econômica não exclui a punição de outros ilícitos previstos em lei.

Capítulo II – Das Infrações

Art. 20. Constituem infração da ordem econômica, independentemente de culpa, os atos sob qualquer forma manifestados, que tenham por objeto ou possam produzir os seguintes efeitos, ainda que não sejam alcançados:

I – limitar, falsear ou de qualquer forma prejudicar a livre concorrência ou a livre iniciativa;

II – dominar mercado relevante de bens ou serviços;

III – aumentar arbitrariamente os lucros;

IV – exercer de forma abusiva posição dominante.

§ 1º. A conquista de mercado resultante de processo natural fundado na maior eficiência de agente econômico em relação a seus competidores não caracteriza o ilícito previsto no inciso II.

§ 2º. Ocorre posição dominante quando uma empresa ou grupo de empresas controla parcela substancial de mercado relevante, como fornecedor, intermediário, adquirente ou financiador de um produto, serviço ou tecnologia a ele relativa.

§ 3º. A posição dominante a que se refere o parágrafo anterior é presumida quando a empresa ou grupo de empresas controla vinte por cento de mercado relevante, podendo este percentual ser alterado pelo CADE para setores específicos da economia. *(Redação dada pela Lei 9.069/1995)*

Art. 21. As seguintes condutas, além de outras, na medida em que configurem hipótese prevista no art. 20 e seus incisos, caracterizam infração da ordem econômica:

I – fixar ou praticar, em acordo com concorrente, sob qualquer forma, preços e condições de venda de bens ou de prestação de serviços;

II – obter ou influenciar a adoção de conduta comercial uniforme ou concertada entre concorrentes;

III – dividir os mercados de serviços ou produtos, acabados ou semi-acabados, ou as fontes de abastecimento de matérias-primas ou produtos intermediários;

IV – limitar ou impedir o acesso de novas empresas ao mercado;

V – criar dificuldades à constituição, ao funcionamento ou ao desenvolvimento de empresa concorrente ou de fornecedor, adquirente ou financiador de bens ou serviços;

VI – impedir o acesso de concorrente às fontes de insumo, matérias-primas, equipamentos ou tecnologia, bem como aos canais de distribuição;

VII – exigir ou conceder exclusividade para divulgação de publicidade nos meios de comunicação de massa;

VIII – combinar previamente preços ou ajustar vantagens na concorrência pública ou administrativa;

IX – utilizar meios enganosos para provocar a oscilação de preços de terceiros;

X – regular mercados de bens ou serviços, estabelecendo acordos para limitar ou controlar a pesquisa e o desenvolvimento tecnológico, a produção de bens ou prestação de serviços, ou para dificultar investimentos destinados à produção de bens ou serviços ou à sua distribuição;

XI – impor, no comércio de bens ou serviços, a distribuidores, varejistas e representantes, preços de revenda, descontos, condições de pagamento, quantidades mínimas ou máximas, margem de lucro ou quaisquer outras condições de comercialização relativos a negócios destes com terceiros;

XII – discriminar adquirentes ou fornecedores de bens ou serviços por meio da fixação diferenciada de preços, ou de condições operacionais de venda ou prestação de serviços;

XIII – recusar a venda de bens ou a prestação de serviços, dentro das condições de pagamento normais aos usos e costumes comerciais;

XIV – dificultar ou romper a continuidade ou desenvolvimento de relações comerciais de prazo indeterminado em razão de recusa da outra parte em submeter-se a cláusulas e condições comerciais injustificáveis ou anticoncorrenciais;

XV – destruir, inutilizar ou açambarcar matérias-primas, produtos intermediários ou acabados, assim como destruir, inutilizar ou dificultar a operação de equipamentos destinados a produzi-los, distribuí-los ou transportá-los;

XVI – açambarcar ou impedir a exploração de direitos de propriedade industrial ou intelectual ou de tecnologia;

XVII – abandonar, fazer abandonar ou destruir lavouras ou plantações, sem justa causa comprovada;

XVIII – vender injustificadamente mercadoria abaixo do preço de custo;

XIX – importar quaisquer bens abaixo do custo no país exportador, que não seja signatário dos Códigos *Antidumping* e de Subsídios do GATT;

XX – interromper ou reduzir em grande escala a produção, sem justa causa comprovada;

XXI – cessar parcial ou totalmente as atividades da empresa sem justa causa comprovada;

XXII – reter bens de produção ou de consumo, exceto para garantir a cobertura dos custos de produção;

XXIII – subordinar a venda de um bem à aquisição de outro ou à utilização de um serviço, ou subordinar a prestação de um serviço à utilização de outro ou à aquisição de um bem;

XXIV – impor preços excessivos, ou aumentar sem justa causa o preço de bem ou serviço.

Parágrafo único. Na caracterização da imposição de preços excessivos ou do aumento injustificado de preços, além de outras circunstâncias econômicas e mercadológicas relevantes, considerar-se-á:

I – o preço do produto ou serviço, ou sua elevação, não justificados pelo comportamento do custo dos respectivos insumos, ou pela introdução de melhorias de qualidade;

II – o preço de produto anteriormente produzido, quando se tratar de sucedâneo resultante de alterações não substanciais;

III – o preço de produtos e serviços similares, ou sua evolução, em mercados competitivos comparáveis;

IV – a existência de ajuste ou acordo, sob qualquer forma, que resulte em majoração do preço de bem ou serviço ou dos respectivos custos.

Art. 22. *(Vetado)*.

Parágrafo único. *(Vetado)*.

Capítulo III – Das Penas

Art. 23. A prática de infração da ordem econômica sujeita os responsáveis às seguintes penas:

I – no caso de empresa, multa de um a trinta por cento do valor do faturamento bruto no seu último exercício, excluídos os impostos, a qual nunca será inferior à vantagem auferida, quando quantificável;

II – no caso de administrador, direta ou indiretamente responsável pela infração cometida por empresa, multa de dez a cinqüenta por cento do valor daquela aplicável à empresa, de responsabilidade pessoal e exclusiva ao administrador;

III – no caso das demais pessoas físicas ou jurídicas de direito público ou privado, bem como quaisquer associações de entidades ou pessoas constituídas de fato ou de direito, ainda que temporariamente, com ou sem personalidade jurídica, que não exerçam atividade empresarial, não sendo possível utilizar-se o critério do valor do faturamento bruto, a multa será de seis mil a seis milhões de Unidades Fiscais de Referência – UFIRs, ou padrão superveniente.

Parágrafo único. Em caso de reincidência, as multas cominadas serão aplicadas em dobro.

Art. 24. Sem prejuízo das penas cominadas no artigo anterior, quando assim o exigir a gravidade dos fatos ou o interesse público geral, poderão ser impostas as seguintes penas, isolada ou cumulativamente:

I – a publicação, em meia página e às expensas do infrator, em jornal indicado na decisão, de extrato da decisão condenatória, por dois dias seguidos, de uma a três semanas consecutivas;

II – a proibição de contratar com instituições financeiras oficiais e participar de licitação tendo por objeto aquisições, alienações, realização de obras e serviços, concessão de serviços públicos, junto à Administração Pública Federal, Estadual, Municipal e do Distrito Federal, bem como entidades da Administração indireta, por prazo não inferior a cinco anos;

III – a inscrição do infrator no Cadastro Nacional de Defesa do Consumidor;

IV – a recomendação aos órgãos públicos competentes para que:

a) seja concedida licença compulsória de patentes de titularidade do infrator;

b) não seja concedido ao infrator parcelamento de tributos federais por ele devidos ou para que sejam cancelados, no todo ou em parte, incentivos fiscais ou subsídios públicos;

V – a cisão de sociedade, transferência de controle societário, venda de ativos, cessação parcial de atividade, ou qualquer outro ato ou providência necessários para a eliminação dos efeitos nocivos à ordem econômica.

Art. 25. Pela continuidade de atos ou situações que configurem infração da ordem econômica, após decisão do Plenário do CADE determinando sua cessação, ou pelo descumprimento de medida preventiva ou compromisso de cessação previstos nesta Lei, o responsável fica sujeito a multa diária de valor não inferior a cinco mil Unidades Fiscais de Referência – UFIRs, ou padrão superveniente, podendo ser aumentada em até vinte vezes se assim o recomendar sua situação econômica e a gravidade da infração.

Art. 26. A recusa, omissão, enganosidade, ou retardamento injustificado de informação ou documentos solicitados pelo CADE, SDE, SEAE, ou qualquer entidade pública atuando na aplicação desta Lei, constitui infração punível com multa diária de cinco mil UFIRs, podendo ser aumentada em até vinte vezes se necessário para garantir sua eficácia em razão da situação econômica do infrator.

§ 1º. O montante fixado para a multa diária de que trata o *caput* deste artigo constará do documento que contiver a requisição da autoridade competente.

§ 2º. A multa prevista neste artigo será computada diariamente até o limite de noventa dias contados a partir da data fixada no documento a que se refere o parágrafo anterior.

§ 3º. Compete à autoridade requisitante a aplicação da multa prevista no *caput* deste artigo.

§ 4º. Responde solidariamente pelo pagamento da multa de que trata este artigo a filial, sucursal, escritório ou estabelecimento, no país, de empresa estrangeira.

§ 5º. A falta injustificada do representado ou de terceiros, quando intimados para prestar esclarecimentos orais, no curso de procedimento, de averiguações preliminares ou de processo administrativo, sujeitará o faltante à multa de

R$ 500,00 (quinhentos Reais) a R$ 10.700,00 (dez mil e setecentos Reais), conforme sua situação econômica, que será aplicada mediante auto de infração pela autoridade requisitante.

Art. 26-A. Impedir, obstruir ou de qualquer outra forma dificultar a realização de inspeção autorizada pela SDE ou SEAE no âmbito de averiguação preliminar, procedimento ou processo administrativo sujeitará o inspecionado ao pagamento de multa de R$ 21.200,00 (vinte e um mil e duzentos Reais) a R$ 425.700,00 (quatrocentos e vinte e cinco mil e setecentos Reais), conforme a situação econômica do infrator, mediante a lavratura de auto de infração pela Secretaria competente.

Art. 27. Na aplicação das penas estabelecidas nesta Lei serão levados em consideração:

I – a gravidade da infração;

II – a boa-fé do infrator;

III – a vantagem auferida ou pretendida pelo infrator;

IV – a consumação ou não da infração;

V – o grau de lesão, ou perigo de lesão, à livre concorrência, à economia nacional, aos consumidores, ou a terceiros;

VI – os efeitos econômicos negativos produzidos no mercado;

VII – a situação econômica do infrator;

VIII – a reincidência.

Capítulo IV – Da Prescrição

Art. 28. Prescrevem em cinco anos as infrações da ordem econômica, contados da data da prática do ilícito ou, no caso de infração permanente ou continuada, do dia em que tiver cessado.

§ 1º. Interrompe a prescrição qualquer ato administrativo ou judicial que tenha por objeto a apuração de infração contra a ordem econômica.

§ 2º. Suspende-se a prescrição durante a vigência do compromisso de cessação ou de desempenho.

Capítulo V – Do Direito de Ação

Art. 29. Os prejudicados, por si ou pelos legitimados do art. 82 da Lei n. 8.078, de 11 de setembro de 1990, poderão ingressar em juízo para, em defesa de seus interesses individuais ou individuais homogêneos, obter a cessação de práticas que constituam infração da ordem econômica, bem como o recebimento de indenização por perdas e danos sofridos, independentemente do processo administrativo, que não será suspenso em virtude do ajuizamento de ação.

TÍTULO VI – DO PROCESSO ADMINISTRATIVO

Capítulo I – Das Averiguações Preliminares

Art. 30. A SDE promoverá averiguações preliminares, de ofício ou à vista de representação escrita e fundamentada de qualquer interessado, quando os indícios de infração à ordem econômica não forem suficientes para a instauração de processo administrativo.

§ 1º. Nas averiguações preliminares, o Secretário da SDE poderá adotar quaisquer das providências previstas nos arts. 35, 35-A e 35-B, inclusive requerer esclarecimentos do representado ou de terceiros, por escrito ou pessoalmente.

§ 2º. A representação de Comissão do Congresso Nacional, ou de qualquer de suas Casas, independe de averiguações preliminares, instaurando-se desde logo o processo administrativo.

§ 3º. As averiguações preliminares poderão correr sob sigilo, no interesse das investigações, a critério do Secretário da SDE.

Art. 31. Concluídas, dentro de sessenta dias, as averiguações preliminares, o Secretário da SDE determinará a instauração do processo administrativo ou o seu arquivamento, recorrendo de ofício ao CADE neste último caso.

Capítulo II – Da Instauração e Instrução do Processo Administrativo

Art. 32. O processo administrativo será instaurado em prazo não superior a oito dias, contado do conhecimento do fato, da representação, ou do encerramento das averiguações preliminares, por despacho fundamentado do Secretário da SDE, que especificará os fatos a serem apurados.

Art. 33. O representado será notificado para apresentar defesa no prazo de quinze dias.

§ 1º. A notificação inicial conterá inteiro teor do despacho de instauração do processo administrativo e da representação, se for o caso.

§ 2º. A notificação inicial do representado será feita pelo correio, com Aviso de Recebimento em nome próprio, ou, não tendo êxito a notificação postal, por edital publicado no *Diário Oficial da União* e em jornal de grande circulação no Estado em que resida ou tenha sede, contando-se os prazos da juntada do Aviso de Recebimento, ou da publicação, conforme o caso.

§ 3º. A intimação dos demais atos processuais será feita mediante publicação no *Diário Oficial da União*, da qual deverão constar o nome do representado e de seu advogado.

§ 4º. O representado poderá acompanhar o processo administrativo por seu titular e seus diretores ou gerentes, ou por advogado legalmente habilitado, assegurando-se-lhes amplo acesso ao processo na SDE e no CADE.

Art. 34. Considerar-se-á revel o representado que, notificado, não apresentar defesa no prazo legal, incorrendo em confissão quanto à matéria de fato, contra ele correndo os demais prazos, independentemente de notificação. Qualquer que seja a fase em que se encontre o processo, nele poderá intervir o revel, sem direito à repetição de qualquer ato já praticado.

Art. 35. Decorrido o prazo de apresentação da defesa, a SDE determinará a realização de diligências e a produção de provas de interesse da Secretaria, a serem apresentadas no prazo de quinze dias, sendo-lhe facultado exercer os poderes de instrução previstos nesta Lei, mantendo-se o sigilo legal quando for o caso.

§ 1º. As diligências e provas determinadas pelo Secretário da SDE, inclusive inquirição de testemunhas, serão concluídas no prazo de quarenta e cinco dias, prorrogável por igual período em caso de justificada necessidade.

§ 2º. Respeitado o objeto de averiguação preliminar, de procedimento ou de processo administrativo, compete ao Secretário da SDE autorizar, mediante despacho fundamentado, a realização de inspeção na sede social, estabelecimento, escritório, filial ou sucursal de empresa investigada, notificando-se a inspecionada com pelo menos vinte e quatro horas de antecedência, não podendo a diligência ter início antes das seis ou após as dezoito horas.

§ 3º. Na hipótese do parágrafo anterior, poderão ser inspecionados estoques, objetos, papéis de qualquer natureza, assim como livros comerciais, computadores e arquivos magnéticos, podendo-se extrair ou requisitar cópias de quaisquer documentos ou dados eletrônicos.

Art. 35-A. A Advocacia-Geral da União, por solicitação da SDE, poderá requerer ao Poder Judiciário mandado de busca e apreensão de objetos, papéis de qualquer natureza, assim como de livros comerciais, computadores e arquivos magnéticos de empresa ou pessoa física, no interesse da instrução do procedimento, das averiguações preliminares ou do processo administrativo, aplicando-se, no que couber, o disposto no art. 839 e ss. do Código de Processo Civil, sendo inexigível a propositura de ação principal.

§ 1º. No curso de procedimento administrativo destinado a instruir representação a ser encaminhada à SDE, poderá a SEAE exercer, no que couber, as competências previstas no *caput* deste artigo e no art. 35 desta Lei.

§ 2º. O procedimento administrativo de que trata o parágrafo anterior poderá correr sob sigilo, no interesse das investigações, a critério da SEAE.

Art. 35-B. A União, por intermédio da SDE, poderá celebrar acordo de leniência, com a extinção da ação punitiva da Administração Pública ou a redução de um a dois terços da penalidade aplicável, nos termos deste artigo, com pessoas físicas e jurídicas que forem autoras de infração à ordem econômica, desde que colaborem efetivamente com as investigações e o processo administrativo e que dessa colaboração resulte:

I – a identificação dos demais co-autores da infração; e

II – a obtenção de informações e documentos que comprovem a infração noticiada ou sob investigação.

§ 1º. O disposto neste artigo não se aplica às empresas ou pessoas físicas que tenham estado à frente da conduta tida como infracionária.

§ 2º. O acordo de que trata o *caput* deste artigo somente poderá ser celebrado se preenchidos, cumulativamente, os seguintes requisitos:

I – a empresa ou pessoa física seja a primeira a se qualificar com respeito à infração noticiada ou sob investigação;

II – a empresa ou pessoa física cesse completamente seu envolvimento na infração noticiada ou sob investigação a partir da data de propositura do acordo;

III – a SDE não disponha de provas suficientes para assegurar a condenação da empresa ou pessoa física quando da propositura do acordo; e

IV – a empresa ou pessoa física confesse sua participação no ilícito e coopere plena e permanentemente com as investigações e o processo administrativo, comparecendo, sob suas expensas, sempre que solicitada, a todos os atos processuais, até seu encerramento.

§ 3º. O acordo de leniência firmado com a União, por intermédio da SDE, estipulará as condições necessárias para assegurar a efetividade da colaboração e o resultado útil do processo.

§ 4º. A celebração de acordo de leniência não se sujeita à aprovação do CADE, competindo-lhe, no entanto, quando do julgamento do processo administrativo, verificado o cumprimento do acordo:

I – decretar a extinção da ação punitiva da Administração Pública em favor do infrator, nas hipóteses em que a proposta de acordo tiver sido apresentada à SDE sem que essa tivesse conhecimento prévio da infração noticiada; ou

II – nas demais hipóteses, reduzir de um a dois terços as penas aplicáveis, observado o disposto no art. 27 desta Lei, devendo ainda considerar na gradação da pena a efetividade da colaboração prestada e a boa-fé do infrator no cumprimento do acordo de leniência.

§ 5º. Na hipótese do inciso II do parágrafo anterior, a pena sobre a qual incidirá o fator redutor não será superior à menor das penas aplicadas aos demais co-autores da infração, relativamente aos percentuais fixados para a aplicação das multas de que trata o art. 23 desta Lei.

§ 6º. Serão estendidos os efeitos do acordo de leniência aos dirigentes e administradores da empresa habilitada, envolvidos na infração, desde que firmem o respectivo instrumento em conjunto com a empresa, respeitadas as condições impostas nos incisos II a IV do § 2º deste artigo.

§ 7º. A empresa ou pessoa física que não obtiver, no curso de investigação ou processo administrativo, habilitação para a celebração do acordo de que trata este artigo, poderá celebrar com a SDE, até a remessa do processo para julgamento, acordo de leniência relacionado a uma outra infração, da qual não tenha qualquer conhecimento prévio a Secretaria.

§ 8º. Na hipótese do parágrafo anterior, o infrator se beneficiará da redução de um terço da pena que lhe for aplicável naquele processo, sem prejuízo da obtenção dos benefícios de que trata o inciso I do § 4º deste artigo em relação à nova infração denunciada.

§ 9º. Considera-se sigilosa a proposta de acordo de que trata este artigo, salvo no interesse das investigações e do processo administrativo.

§ 10. Não importará em confissão quanto à matéria de fato, nem reconhecimento de ilicitude da conduta analisada, a proposta de acordo de leniência rejeitada pelo Secretário da SDE, da qual não se fará qualquer divulgação.

§ 11. A aplicação do disposto neste artigo observará a regulamentação a ser editada pelo Ministro de Estado da Justiça.

Art. 35-C. Nos crimes contra a ordem econômica, tipificados na Lei n. 8.137, de 27 de novembro de 1990, a celebração de acordo de leniência, nos termos desta Lei, determina a suspensão do curso do prazo prescricional e impede o oferecimento da denúncia.

Parágrafo único. Cumprido o acordo de leniência pelo agente, extingue-se automaticamente a punibilidade dos crimes a que se refere o *caput* deste artigo.

Art. 36. As autoridades federais, os diretores de autarquia, fundação, empresa pública e sociedade de economia mista e federais são obrigados a prestar, sob pena de responsabilidade, toda a assistência e colaboração que lhes for solicitada pelo CADE ou SDE, inclusive elaborando pareceres técnicos sobre as matérias de sua competência.

Art. 37. O representado apresentará as provas de seu interesse no prazo máximo de quarenta e cinco dias contado da apresentação da defesa, podendo apresentar novos documentos a qualquer momento, antes de encerrada a instrução processual.

Parágrafo único. O representado poderá requerer ao Secretário da SDE que designe dia, hora e local para oitiva de testemunhas, em número não superior a três.

Art. 38. A Secretaria de Acompanhamento Econômico do Ministério da Fazenda será informada por ofício da instauração do processo administrativo para, querendo, emitir parecer sobre as matérias de sua especialização, o qual deverá ser apresentado antes do encerramento da instrução processual.

Art. 39. Concluída a instrução processual, o representado será notificado para apresentar alegações finais, no prazo de cinco dias, após o quê o Secretário de Direito Econômico, em relatório circunstanciado, decidirá pela remessa dos autos ao CADE para julgamento, ou pelo seu arquivamento, recorrendo de ofício ao CADE nesta última hipótese.

Art. 40. As averiguações preliminares e o processo administrativo devem ser conduzidos e concluídos com a maior brevidade compatível com o esclarecimento dos fatos, nisso se esmerando o Secretário da SDE, e os membros do CADE, assim como os servidores e funcionários desses órgãos, sob pena de promoção da respectiva responsabilidade.

Art. 41. Das decisões do Secretário da SDE não caberá recurso ao superior hierárquico.

Capítulo III – Do Julgamento do Processo Administrativo pelo CADE

Art. 42. Recebido o processo, o Presidente do CADE o distribuirá, mediante sorteio, ao Conselheiro-Relator, que abrirá vistas à Procuradoria para manifestar-se no prazo de vinte dias. *(Redação dada pela Lei 9.069/1995)*

Art. 43. O Conselheiro-Relator poderá determinar a realização de diligências complementares ou requerer novas informações, na forma do art. 35, bem como facultar à parte a produção de novas provas, quando entender insuficientes para a formação de sua convicção os elementos existentes nos autos.

Art. 44. A convite do Presidente, por indicação do Relator, qualquer pessoa poderá apresentar esclarecimento ao CADE, a propósito de assuntos que estejam em pauta.

Art. 45. No ato do julgamento em Plenário, de cuja data serão intimadas as partes com antecedência mínima de cinco dias, o Procurador-Geral e o representado ou seu advogado terão, respectivamente, direito à palavra por quinze minutos cada um.

Art. 46. A decisão do CADE, que em qualquer hipótese será fundamentada, quando for pela existência de infração da ordem econômica, conterá:

I – especificação dos fatos que constituam a infração apurada e a indicação das providências a serem tomadas pelos responsáveis para fazê-la cessar;

II – prazo dentro do qual devam ser iniciadas e concluídas as providências referidas no inciso anterior;

III – multa estipulada;

IV – multa diária em caso de continuidade da infração.

Parágrafo único. A decisão do CADE será publicada dentro de cinco dias no *Diário Oficial da União*.

Art. 47. O CADE fiscalizará o cumprimento de suas decisões.

Art. 48. Descumprida a decisão, no todo ou em parte, será o fato comunicado ao Presidente do CADE, que determinará ao Procurador-Geral que providencie sua execução judicial.

Art. 49. As decisões do CADE serão tomadas por maioria absoluta, com a presença mínima de cinco membros.

Art. 50. As decisões do CADE não comportam revisão no âmbito do Poder Executivo, promovendo-se, de imediato, sua execução e comunicando-se, em seguida, ao Ministério Público, para as demais medidas legais cabíveis no âmbito de suas atribuições.

Art. 51. O Regulamento e o Regimento Interno do CADE disporão de forma complementar sobre o processo administrativo.

Capítulo IV – Da Medida Preventiva e da Ordem de Cessação

Art. 52. Em qualquer fase do processo administrativo poderá o Secretário da SDE ou o Conselheiro-Relator, por iniciativa própria ou mediante provocação do Procurador-Geral do CADE, adotar medida preventiva, quando houver indício ou fundado receio de que o representado, direta ou indiretamente, cause ou possa causar ao mercado lesão irreparável ou de difícil reparação, ou torne ineficaz o resultado final do processo.

§ 1º. Na medida preventiva, o Secretário da SDE ou o Conselheiro-Relator determinará a imediata cessação da prática e ordenará, quando materialmente possível, a reversão à situação anterior, fixando multa diária nos termos do art. 25.

§ 2º. Da decisão do Secretário da SDE ou do Conselheiro-Relator do CADE que adotar medida preventiva caberá recurso voluntário, no prazo de cinco dias, ao Plenário do CADE, sem efeito suspensivo.

Capítulo V – Do Compromisso de Cessação

Art. 53. Em qualquer fase do processo administrativo poderá ser celebrado, pelo CADE ou pela SDE *ad referendum* do CADE, compromisso de cessação de prática sob investigação, que não importará confissão quanto à matéria de fato, nem reconhecimento de ilicitude da conduta analisada.

§ 1º. O termo de compromisso conterá, necessariamente, as seguintes cláusulas:

a) obrigações do representado, no sentido de fazer cessar a prática investigada no prazo estabelecido;

b) valor da multa diária a ser imposta no caso de descumprimento, nos termos do art. 25;

c) obrigação de apresentar relatórios periódicos sobre a sua atuação no mercado, mantendo as autoridades informadas sobre eventuais mudanças em sua estrutura societária, controle, atividades e localização.

§ 2º. O processo ficará suspenso enquanto estiver sendo cumprido o compromisso de cessação e será arquivado ao término do prazo fixado, se atendidas todas as condições estabelecidas no termo respectivo.

§ 3º. As condições do termo de compromisso poderão ser alteradas pelo CADE, se comprovada sua excessiva onerosidade para o representado e desde que não acarrete prejuízo para terceiros ou para a coletividade, e a nova situação não configure infração da ordem econômica.

§ 4º. O compromisso de cessação constitui título executivo extrajudicial, ajuizando-se imediatamente sua execução em caso de descumprimento ou colocação de obstáculos à sua fiscalização, na forma prescrita no art. 60 e ss.

§ 5º. O disposto neste artigo não se aplica às infrações à ordem econômica relacionadas ou decorrentes das condutas previstas nos incisos I, II, III e VIII do art. 21 desta Lei.

Título VII – DAS FORMAS DE CONTROLE

Capítulo I – Do Controle de Atos e Contratos

Art. 54. Os atos, sob qualquer forma manifestados, que possam limitar ou de qualquer forma prejudicar a livre concorrência, ou resultar na dominação de mercados relevantes de bens ou serviços, deverão ser submetidos à apreciação do CADE.

§ 1º. O CADE poderá autorizar os atos a que se refere o *caput*, desde que atendam às seguintes condições:

I – tenham por objetivo, cumulada ou alternativamente:
a) aumentar a produtividade;
b) melhorar a qualidade de bens ou serviço; ou
c) propiciar a eficiência e o desenvolvimento tecnológico ou econômico;

II – os benefícios decorrentes sejam distribuídos eqüitativamente entre os seus participantes, de um lado, e os consumidores ou usuários finais, de outro;

III – não impliquem eliminação da concorrência de parte substancial de mercado relevante de bens e serviços;

IV – sejam observados os limites estritamente necessários para atingir os objetivos visados.

§ 2º. Também poderão ser considerados legítimos os atos previstos neste artigo, desde que atendidas pelo menos três das condições previstas nos incisos do parágrafo anterior, quando necessários por motivo preponderantes da economia nacional e do bem comum, e desde que não impliquem prejuízo ao consumidor ou usuário final.

§ 3º. Incluem-se nos atos de que trata o *caput* aqueles que visem a qualquer forma de concentração econômica, seja através de fusão ou incorporação de empresas, constituição de sociedade para exercer o controle de empresas ou qualquer forma de agrupamento societário, que implique participação de empresa ou grupo de empresas resultante em vinte por cento de um mercado relevante, ou em que qualquer dos participantes tenha registrado faturamento bruto anual no último balanço equivalente a R$ 400.000.000,00 (quatrocentos milhões de Reais).

§ 4º. Os atos de que trata o *caput* deverão ser apresentados para exame, previamente ou no prazo máximo de quinze dias úteis de sua realização, mediante encaminhamento da respectiva documentação em três vias à SDE, que imediatamente enviará uma via ao CADE e outra à SEAE.

§ 5º. A inobservância dos prazos de apresentação previstos no parágrafo anterior será punida com multa pecuniária, de valor não inferior a sessenta mil UFIRs nem superior a seis milhões de UFIRs a ser aplicada pelo CADE, sem prejuízo da abertura de processo administrativo, nos termos do art. 32.

§ 6º. Após receber o parecer técnico da SEAE, que será emitido em até trinta dias, a SDE manifestar-se-á em igual prazo, e em seguida encaminhará o processo devidamente instruído ao Plenário do CADE, que deliberará no prazo de sessenta dias.

§ 7º. A eficácia dos atos de que trata este artigo condiciona-se à sua aprovação, caso em que retroagirá à data de sua realização; não tendo sido apreciados pelo CADE no prazo estabelecido no parágrafo anterior, serão automaticamente considerados aprovados.

§ 8º. Os prazos estabelecidos nos §§ 6º e 7º ficarão suspensos enquanto não forem apresentados esclarecimentos e documentos imprescindíveis à análise do processo, solicitados pelo CADE, SDE ou SPE.

§ 9º. Se os atos especificados neste artigo não forem realizados sob condição suspensiva ou deles já tiverem decorrido efeitos perante terceiros, inclusive de natureza fiscal, o Plenário do CADE, se concluir pela sua não-aprovação, determinará as providências cabíveis no sentido de que sejam desconstituídos, total ou parcialmente, seja através de distrato, cisão de sociedade, venda de ativos, cessação parcial de atividades ou qualquer outro ato ou providência que elimine os efeitos nocivos à ordem econômica, independentemente da responsabilidade civil por perdas e danos eventualmente causados a terceiros.

§ 10. As mudanças de controle acionário de companhias abertas e os registros de fusão, sem prejuízo da obrigação das partes envolvidas, devem ser comunicados à SDE, pela Comissão de Valores Mobiliários – CVM e pelo Departamento Nacional de Registro Comercial do Ministério da Indústria, Comércio e Turismo – DNRC/MICT, respectivamente, no prazo de cinco dias úteis para, se for o caso, serem examinados.

Art. 55. A aprovação de que trata o artigo anterior poderá ser revista pelo CADE, de ofício ou mediante provocação da SDE, se a decisão for baseada em informações falsas ou enganosas prestadas pelo interessado, se ocorrer o descumprimento de quaisquer das obrigações assumidas ou não forem alcançados os benefícios visados.

Art. 56. As Juntas Comerciais ou órgãos correspondentes nos Estados não poderão arquivar quaisquer atos relativos à constituição, transformação, fusão, incorporação ou agrupamento de empresas, bem como quaisquer alterações, nos respectivos atos constitutivos, sem que dos mesmos conste:

I – a declaração precisa e detalhada do seu objeto;

II – o capital de cada sócio e a forma e prazo de sua realização;

III – o nome por extenso e qualificação de cada um dos sócios acionistas;

IV – o local da sede e respectivo endereço, inclusive das filiais declaradas;

V – os nomes dos diretores por extenso e respectiva qualificação;

VI – o prazo de duração da sociedade;

VII – o número, espécie e valor das ações.

Art. 57. Nos instrumentos de distrato, além da declaração da importância repartida entre os sócios e a referência à pessoa ou pessoas que assumirem o ativo e passivo da empresa, deverão ser indicados os motivos da dissolução.

Capítulo II – Do Compromisso de Desempenho

Art. 58. O Plenário do CADE definirá compromissos de desempenho para os interessados que submetam atos a exame na forma do art. 54, de modo a assegurar o cumprimento das condições estabelecidas no § 1º do referido artigo.

§ 1º. Na definição dos compromissos de desempenho será levado em consideração o grau de exposição do setor à competição internacional e as alterações no nível de emprego, dentre outras circunstâncias relevantes.

§ 2º. Deverão constar dos compromissos de desempenho metas qualitativas ou quantitativas em prazos predefinidos, cujo cumprimento será acompanhado pela SDE.

§ 3º. O descumprimento injustificado do compromisso de desempenho implicará a revogação da aprovação do CADE, na forma do art. 55, e a abertura de processo administrativo para adoção das medidas cabíveis.

Art. 59. *(Revogado)*.

TÍTULO VIII – DA EXECUÇÃO JUDICIAL DAS DECISÕES DO CADE

Capítulo I – Do Processo

Art. 60. A decisão do Plenário do CADE, cominando multa ou impondo obrigação de fazer ou não fazer, constitui título executivo extrajudicial.

Art. 61. A execução que tenha por objeto exclusivamente a cobrança de multa pecuniária será feita de acordo com o disposto na Lei n. 6.830, de 22 de setembro de 1980.

Art. 62. Na execução que tenha por objeto, além da cobrança de multa, o cumprimento de obrigação de fazer ou não fazer, o juiz concederá a tutela específica da obrigação, ou determinará providências que assegurem o resultado prático equivalente ao do adimplemento.

§ 1º. A conversão da obrigação de fazer ou não fazer em perdas e danos somente será admissível se impossível a tutela específica ou a obtenção do resultado prático correspondente.

§ 2º. A indenização por perdas e danos far-se-á sem prejuízo das multas.

Art. 63. A execução será feita por todos os meios, inclusive mediante intervenção na empresa, quando necessária.

Art. 64. A execução das decisões do CADE será promovida na Justiça Federal do Distrito Federal ou da sede ou domicílio do executado, à escolha do CADE.

Art. 65. O oferecimento de embargos ou o ajuizamento de qualquer outra ação que vise à desconstituição do título executivo não suspenderá a execução, se não for garantido o juízo no valor das multas aplicadas, assim como de prestação de caução, a ser fixada pelo juízo, que garanta o cumprimento da decisão final proferida nos autos, inclusive no que tange a multas diárias.

Art. 66. Em razão da gravidade da infração da ordem econômica, e havendo fundado receio de dano irreparável ou de difícil reparação, ainda que tenha havido o depósito das multas e prestação de caução, poderá o juiz determinar a adoção imediata, no todo ou em parte, das providências contidas no título executivo.

Art. 67. No cálculo do valor da multa diária pela continuidade da infração, tomar-se-á como termo inicial a data final fixada pelo CADE para a adoção voluntária das providências contidas em sua decisão, e como termo final o dia do seu efetivo cumprimento.

Art. 68. O processo de execução das decisões do CADE terá preferência sobre as demais espécies de ação, exceto *habeas corpus* e mandado de segurança.

Capítulo II – Da Intervenção Judicial

Art. 69. O juiz decretará a intervenção na empresa quando necessária para permitir a execução específica, nomeando o interventor.

Parágrafo único. A decisão que determinar a intervenção deverá ser fundamentada e indicará, clara e precisamente, as providências a serem tomadas pelo interventor nomeado.

Art. 70. Se, dentro de quarenta e oito horas, o executado impugnar o interventor por motivo de inaptidão ou inidoneidade, feita a prova da alegação em três dias, o juiz decidirá em igual prazo.

Art. 71. Sendo a impugnação julgada procedente, o juiz nomeará novo interventor no prazo de cinco dias.

Art. 72. A intervenção poderá ser revogada antes do prazo estabelecido, desde que comprovado o cumprimento integral da obrigação que a determinou.

Art. 73. A intervenção judicial deverá restringir-se aos atos necessários ao cumprimento da decisão judicial que a determinar, e terá duração máxima de cento e oitenta dias, ficando o interventor responsável por suas ações e omissões, especialmente em caso de abuso de poder e desvio de finalidade.

§ 1º. Aplica-se ao interventor, no que couber, o disposto nos arts. 153 a 159 da Lei n. 6.404, de 15 de dezembro de 1976.

§ 2º. A remuneração do interventor será arbitrada pelo juiz, que poderá substituí-lo a qualquer tempo, sendo obrigatória a substituição quando incorrer em insolvência civil, quando for sujeito passivo ou ativo de qualquer forma de corrupção ou prevaricação, ou infringir quaisquer de seus deveres.

Art. 74. O juiz poderá afastar de suas funções os responsáveis pela administração da empresa que, comprovadamente, obstarem o cumprimento de atos de competência do interventor. A substituição dar-se-á na forma estabelecida no contrato social da empresa.

§ 1º. Se, apesar das providências previstas no *caput*, um ou mais responsáveis pela administração da empresa persistirem em obstar a ação do interventor, o juiz procederá na forma do disposto no § 2º.

§ 2º. Se a maioria dos responsáveis pela administração da empresa recusar colaboração ao interventor, o juiz determinará que este assuma a administração total da empresa.

Art. 75. Compete ao interventor:

I – praticar ou ordenar que sejam praticados os atos necessários à execução;

II – denunciar ao juiz quaisquer irregularidade praticadas pelos responsáveis pela empresa e das quais venha a ter conhecimento;

III – apresentar ao juiz relatório mensal de suas atividades.

Art. 76. As despesas resultantes da intervenção correrão por conta do executado contra quem ela tiver sido decretada.

Art. 77. Decorrido o prazo da intervenção, o interventor apresentará ao juiz federal relatório circunstanciado de sua gestão, propondo a extinção e o arquivamento do processo ou pedindo a prorrogação do prazo na hipótese de não ter sido possível cumprir integralmente a decisão exeqüenda.

Art. 78. Todo aquele que se opuser ou obstaculizar a intervenção ou, cessada esta, praticar quaisquer atos que direta ou indiretamente anulem seus efeitos, no todo ou em parte, ou desobedecer a ordens legais do interventor será, conforme o caso, responsabilizado criminalmente por resistência, desobediência ou coação no curso do processo, na forma dos arts. 329, 330 e 344 do Código Penal.

Título IX – DAS DISPOSIÇÕES FINAIS E TRANSITÓRIAS

(...).

Art. 89. Nos processos judiciais em que se discuta a aplicação desta Lei, o CADE deverá ser intimado para, querendo, intervir no feito na qualidade de assistente.

Art. 90. Ficam interrompidos os prazos relativos aos processos de consulta formulados com base no art. 74 da Lei n. 4.137, de 10 de setembro de 1962, com a redação dada pelo art. 13 da Lei n. 8.158, de 8 de janeiro de 1991, aplicando-se aos mesmos o disposto no Título VII, Capítulo I, desta Lei.

Art. 91. O disposto nesta Lei não se aplica aos casos de *dumping* e subsídios de que tratam os Acordos Relativos à Implementação do Artigo VI do Acordo Geral sobre Tarifas Aduaneiras e Comércio, promulgados pelos Decretos n. 93.941 e n. 93.962, de 16 e 22 de janeiro de 1987, respectivamente.

Art. 92. Revogam-se as disposições em contrário, assim como as Leis ns. 4.137, de 10 de setembro de 1962, 8.158, de 8 de janeiro de 1991, e 8.002, de 14 de março de 1990, mantido o disposto no art. 36 da Lei n. 8.880, de 27 de maio de 1994.

Art. 93. Esta Lei entra em vigor na data de sua publicação.

B) Direito Comparado

IV – ESTADOS UNIDOS DA AMÉRICA: *U.S. CODE, TITLE 15, CHAPTER* 1

(...).

TITLE 15 – COMMERCE AND TRADE

Chapter 1 – Monopolies and Combinations in Restraint of Trade

§ 1. Trusts, etc., in restraint of trade illegal; penalty

Every contract, combination in the form of trust or otherwise, or conspiracy, in restraint of trade or commerce among the several States, or with foreign nations, is declared to be illegal. Every person who shall make any contract or engage in any combination or conspiracy hereby declared to be illegal shall be deemed guilty of a felony, and, on conviction thereof, shall be punished by fine not exceeding $10,000,000 if a corporation, or, if any other person, $350,000, or by imprisonment not exceeding three years, or by both said punishments, in the discretion of the court.

§ 2. Monopolizing trade a felony; penalty

Every person who shall monopolize, or attempt to monopolize, or combine or conspire with any other person or persons, to monopolize any part of the trade or commerce among the several States, or with foreign nations, shall be deemed guilty of a felony, and, on conviction thereof, shall be punished by fine not exceeding $10,000,000 if a corporation, or, if any other person, $350,000, or by imprisonment not exceeding three years, or by both said punishments, in the discretion of the court.

§ 3. Trusts in Territories or District of Columbia illegal; combination a felony

(a) Every contract, combination in form of trust or otherwise, or conspiracy, in restraint of trade or commerce in any Territory of the United States or of the District of Columbia, or in restraint of trade or commerce between any such Territory and another, or between any such Territory or Territories and any State or States or the District of Columbia, or with foreign nations, or between the District of Columbia and any State or States or foreign nations, is declared illegal. Every person who shall make any such contract or engage in any such combination or conspiracy, shall be deemed guilty of a felony, and, on conviction thereof, shall be punished by fine not exceeding $10,000,000 if a corporation, or, if any other person, $350,000, or by imprisonment not exceeding three years, or both said punishments, in the discretion of the court.

(b) Every person who shall monopolize, or attempt to monopolize, or combine or conspire with any other person or persons, to monopolize any part of the trade or commerce in any Territory of the United States or of the District of Columbia, or between any such Territory and another, or between any such Territory or Territories and any State or States or the District of Columbia, or with foreign nations, or between the District of Columbia, and any State or States or foreign nations, shall be deemed guilty of a felony, and, on conviction thereof, shall be punished by fine not exceeding $10,000,000 if a corporation, or, if any other person, $350,000, or by imprisonment not exceeding three years, or by both said punishments, in the discretion of the court.

§ 4. Jurisdiction of courts; duty of United States attorneys; procedure

The several district courts of the United States are invested with jurisdiction to prevent and restrain violations of Sections 1 to 7 of this Title; and it shall be the duty of the several United States attorneys, in their respective districts, under the direction of the Attorney General, to institute proceedings in equity to prevent and restrain such violations. Such proceedings may be by way of petition setting forth the case and praying that such violation shall be enjoined or otherwise prohibited. When the parties complained of shall have been duly notified of such petition the court shall proceed, as soon as may be, to the hearing and determination of the case; and pending such petition and before final decree, the court may at any time make such temporary restraining order or prohibition as shall be deemed just in the premises.

§ 5. Bringing in additional parties

Whenever it shall appear to the court before which any proceeding under Section 4 of this Title may be pending, that the ends of justice require that other parties should be brought before the court, the court may cause them to be summoned, whether they reside in the district in which the court is held or not; and subpoenas to that end may be served in any district by the marshal thereof.

§ 6. Forfeiture of property in transit

Any property owned under any contract or by any combination, or pursuant to any conspiracy (and being the subject thereof) mentioned in Section 1 of this Title, and being in the course of transportation from one State to another, or to a foreign country, shall be forfeited to the United States, and may be seized and condemned by like proceedings as those provided by law for the forfeiture, seizure, and condemnation of property imported into the United States contrary to law.

§ 6a. Conduct involving trade or commerce with foreign nations

Sections 1 to 7 of this Title shall not apply to conduct involving trade or commerce (other than import trade or import commerce) with foreign nations unless –

(1) such conduct has a direct, substantial, and reasonably foreseeable effect –

(A) on trade or commerce which is not trade or commerce with foreign nations, or on import trade or import commerce with foreign nations; or

(B) on export trade or export commerce with foreign nations, of a person engaged in such trade or commerce in the United States; and

(2) such effect gives rise to a claim under the provisions of Sections 1 to 7 of this Title, other than this Section.

If Sections 1 to 7 of this Title apply to such conduct only because of the operation of paragraph (1)(B), then Sections 1 to 7 of this Title shall apply to such conduct only for injury to export business in the United States.

§ 7. "Person" or "persons" defined

The word "person", or "persons", wherever used in Sections 1 to 7 of this Title shall be deemed to include corporations and associations existing under or authorized by the laws of either the United States, the laws of any of the Territories, the laws of any State, or the laws of any foreign country.

§ 8. Trusts in restraint of import trade illegal; penalty

Every combination, conspiracy, trust, agreement, or contract is declared to be contrary to public policy, illegal, and void when the same is made by or between two or more persons or corporations, either of whom, as agent or principal, is engaged in importing any article from any foreign country into the United States, and when such combination, conspiracy, trust, agreement, or contract is intended to operate in restraint of lawful trade, or free competition in lawful trade or commerce, or to increase the market price in any part of the United States of any article or articles imported or intended to be imported into the United States, or of any manufacture into which such imported article enters or is intended to enter. Every person who shall be engaged in the importation of goods or any commodity from any foreign country in violation of this Section, or who shall combine or conspire with another to violate the same, is guilty of a misdemeanor, and on conviction thereof in any court of the United States such person shall be fined in a sum not less than $100 and not exceeding $5,000, and shall be further punished by imprisonment, in the discretion of the court, for a term not less than three months nor exceeding twelve months.

(...).

§ 12. Definitions; short title

(a) "Antitrust laws," as used herein, includes the Act entitled "An Act to protect trade and commerce against unlawful restraints and monopolies," approved July second, eighteen hundred and ninety; Sections seventy-three to seventy-six, inclusive, of an Act entitled "An Act to reduce taxation, to provide revenue for the Government, and for other purposes," of August twenty-seventh, eighteen hundred and ninety-four; an Act entitled "An Act to amend Sections seventy-three and seventy-six of the Act of August twenty-seventh, eighteen hundred and ninety-four, entitled 'An Act to reduce taxation, to provide revenue for the Government, and for other purposes,'" approved February twelfth, nineteen hundred and thirteen; and also this Act.

"Commerce," as used herein, means trade or commerce among the several States and with foreign nations, or between the District of Columbia or any Territory of the United States and any State, Territory, or foreign nation, or between any insular possessions or other places under the jurisdiction of the United States, or between any such possession or place and any State or Territory of the United States or the District of Columbia or any foreign nation, or within the District of Columbia or any Territory or any insular possession or other place under the jurisdiction of the United States: Provided, That nothing in this Act contained shall apply to the Philippine Islands.

The word "person" or "persons" wherever used in this Act shall be deemed to include corporations and associations existing under or authorized by the laws of either the United States, the laws of any of the Territories, the laws of any State, or the laws of any foreign country.

(b) This Act may be cited as the "Clayton Act".

§ 13. Discrimination in price, services, or facilities

(a) Price; selection of customers

It shall be unlawful for any person engaged in commerce, in the course of such commerce, either directly or indirectly, to discriminate in price between different purchasers of commodities of like grade and quality, where either or any of the purchases involved in such discrimination are in commerce, where such commodities are sold for use, consumption, or resale within the United States or any Territory thereof or the District of Columbia or any insular possession or other place under the jurisdiction of the United States, and where the effect of such discrimination may be substantially to lessen competition or tend to create a monopoly in any line of commerce, or to injure, destroy, or prevent competition with any person who either grants or knowingly receives the benefit of such discrimination, or with customers of either of them: Provided, That nothing herein contained shall prevent differentials which make only due allowance for differences in the cost of manufacture, sale, or delivery resulting from the differing methods or quantities in which such commodities are to such purchasers sold or delivered: Provided, however, That the Federal Trade Commission may, after due investigation and hearing to all interested parties, fix and establish quantity limits, and revise the same as it finds necessary, as to particular commodities or classes of commodities, where it finds that available purchasers in greater quantities are so few as to render differentials on account thereof unjustly discriminatory or promotive of monopoly in any line of commerce; and the foregoing shall then not be construed to permit differentials based on differences in quantities greater than those so fixed and established: And provided further, That nothing herein contained shall prevent persons engaged in selling goods, wares, or merchandise in commerce from selecting their own customers in bona fide transactions and not in restraint of trade: And provided further, That nothing herein contained shall prevent price changes from time to time where in response to changing conditions affecting the market for or the marketability of the goods concerned, such as but not limited to actual or imminent deterioration of perishable goods, obsolescence of seasonal goods, distress sales under court process, or sales in good faith in discontinuance of business in the goods concerned.

(b) Burden of rebutting prima-facie case of discrimination

Upon proof being made, at any hearing on a complaint under this Section, that there has been discrimination in price or services or facilities furnished, the burden of rebutting the prima-facie case thus made by showing justification shall be upon the person charged with a violation of this Section, and unless justification shall be affirmatively shown, the Commission is authorized to issue an order terminating the discrimination: Provided, however, That nothing herein contained shall prevent a seller rebutting the prima-facie case thus made by showing that his lower price or the furnishing of services or facilities to any purchaser or purchasers was made in good faith to meet an equally low price of a competitor, or the services or facilities furnished by a competitor.

(c) Payment or acceptance of commission, brokerage, or other compensation

It shall be unlawful for any person engaged in commerce, in the course of such commerce, to pay or grant, or to receive or accept, anything of value as a commission, brokerage, or other compensation, or any allowance or discount in lieu thereof, except for services rendered in connection with the sale or purchase of goods, wares, or merchandise, either to the other party to such transaction or to an agent, representative, or other intermediary therein where such intermediary is acting in fact for or in behalf, or is subject to the direct or indirect control, of any party to such transaction other than the person by whom such compensation is so granted or paid.

(d) Payment for services or facilities for processing or sale

It shall be unlawful for any person engaged in commerce to pay or contact for the payment of anything of value to or for the benefit of a customer of such person in the course of such commerce as compensation or in consideration for any services or facilities furnished by or through such customer in connection with the processing, handling, sale, or offering for sale of any products or commodities manufactured, sold, or offered for sale by such person, unless such payment or consideration is available on proportionally equal terms to all other customers competing in the distribution of such products or commodities.

(e) Furnishing services or facilities for processing, handling, etc.

It shall be unlawful for any person to discriminate in favor of one purchaser against another purchaser or purchasers of a commodity bought for resale, with or without processing, by contracting to furnish or furnishing, or by contributing to the furnishing of, any services or facilities connected with the processing, handling, sale, or offering for sale of such commodity so purchased upon terms not accorded to all purchasers on proportionally equal terms.

(f) Knowingly inducing or receiving discriminatory price

It shall be unlawful for any person engaged in commerce, in the course of such commerce, knowingly to induce or receive a discrimination in price which is prohibited by this Section.

§ 13a. Discrimination in rebates, discounts, or advertising service charges; underselling in particular localities; penalties

It shall be unlawful for any person engaged in commerce, in the course of such commerce, to be a party to, or assist in, any transaction of sale, or contract to sell, which discriminates to his knowledge against competitors of the purchaser, in that, any discount, rebate, allowance, or advertising service charge is granted to the purchaser over and above any discount, rebate, allowance, or advertising service charge available at the time of such transaction to said competitors in respect of a sale of goods of like grade, quality, and quantity; to sell, or contract to sell, goods in any part of the United States at prices lower than those exacted by said person elsewhere in the United States for the purpose of destroying competition, or eliminating a competitor in such part of the United States; or, to sell, or contract to sell, goods at unreasonably low prices for the purpose of destroying competition or eliminating a competitor.

Any person violating any of the provisions of this Section shall, upon conviction thereof, be fined not more than $5,000 or imprisoned not more than one year, or both.

§ 13b. Cooperative association; return of net earnings or surplus

Nothing in this Act shall prevent a cooperative association from returning to its members, producers, or consumers the whole, or any part of, the net earnings or surplus resulting from its trading operations, in proportion to their purchases or sales from, to, or through the association.

§ 13c. Exemption of non-profit institutions from price discrimination provisions

Nothing in the Act approved June 19, 1936, known as the Robinson-Patman Antidiscrimination Act, shall apply to purchases of their supplies for their own use by schools, colleges, universities, public libraries, churches, hospitals, and charitable institutions not operated for profit.

§ 14. Sale, etc., on agreement not to use goods of competitor

It shall be unlawful for any person engaged in commerce, in the course of such commerce, to lease or make a sale or contract for sale of goods, wares, merchandise, machinery, supplies, or other commodities, whether patented or unpatented, for use, consumption, or resale within the United States or any Territory thereof or the District of Columbia or any insular possession or other place under the jurisdiction of the United States, or fix a price charged therefor, or discount from, or rebate upon, such price, on the condition, agreement, or understanding that the lessee or purchaser thereof shall not use or deal in the goods, wares, merchandise, machinery, supplies, or other commodities of a competitor or competitors of the lessor or seller, where the effect of such lease, sale, or contract for sale or such condition, agreement, or understanding may be to substantially lessen competition or tend to create a monopoly in any line of commerce.

§ 15. Suits by persons injured

(a) Amount of recovery; prejudgment interest

Except as provided in Subsection (b) of this Section, any person who shall be injured in his business or property by reason of anything forbidden in the antitrust laws may sue therefor in any district court of the United States in the district in which the defendant resides or is found or has an agent, without respect to the amount in controversy, and shall recover threefold the damages by him sustained, and the cost of suit, including a reasonable attorney's fee. The court may award under this Section, pursuant to a motion by such person promptly made, simple interest on actual damages for the period beginning on the date of service of such person's pleading setting forth a claim under the antitrust laws and ending on the date of judgment, or for any shorter period therein, if the court finds that the award of such interest for such period is just in the circumstances. In determining whether an award of interest under this Section for any period is just in the circumstances, the court shall consider only –

(1) whether such person or the opposing party, or either party's representative, made motions or asserted claims or defenses so lacking in merit as to show that such party or representative acted intentionally for delay, or otherwise acted in bad faith;

(2) whether, in the course of the action involved, such person or the opposing party, or either party's representative, violated any applicable rule, statute, or court order providing for sanctions for dilatory behavior or otherwise providing for expeditious proceedings; and

(3) whether such person or the opposing party, or either party's representative, engaged in conduct primarily for the purpose of delaying the litigation or increasing the cost thereof.

(b) Amount of damages payable to foreign states and instrumentalities of foreign states

(1) Except as provided in paragraph (2), any person who is a foreign state may not recover under Subsection (a) of this Section an amount in excess of the actual damages sustained by it and the cost of suit, including a reasonable attorney's fee.

(2) Paragraph (1) shall not apply to a foreign state if –

(A) such foreign state would be denied, under Section 1605 (a)(2) of Title 28, immunity in a case in which the action is based upon a commercial activity, or an act, that is the subject matter of its claim under this Section;

(B) such foreign state waives all defenses based upon or arising out of its status as a foreign state, to any claims brought against it in the same action;

(C) such foreign state engages primarily in commercial activities; and

(D) such foreign state does not function, with respect to the commercial activity, or the act, that is the subject matter of its claim under this Section as a procurement entity for itself or for another foreign state.

(c) Definitions

For purposes of this Section –

(1) the term "commercial activity" shall have the meaning given it in Section 1603 (d) of Title 28, and

(2) the term "foreign state" shall have the meaning given it in Section 1603 (a) of Title 28.

§ 15a. Suits by United States; amount of recovery; prejudgment interest

Whenever the United States is hereafter injured in its business or property by reason of anything forbidden in the antitrust laws it may sue therefor in the United States district court for the district in which the defendant resides or is found or has an agent, without respect to the amount in controversy, and shall recover threefold the damages by it sustained and the cost of suit. The court may award under this Section, pursuant to a motion by the United States promptly made, simple interest on actual damages for the period beginning on the date of service of the pleading of the United States setting forth a claim under the antitrust laws and ending on the date of judgment, or for any shorter period therein, if the court finds that the award of such interest for such period is just in the circumstances. In determining whether an award of interest under this Section for any period is just in the circumstances, the court shall consider only –

(1) whether the United States or the opposing party, or either party's representative, made motions or asserted claims or defenses so lacking in merit as to show that such party or representative acted intentionally for delay or otherwise acted in bad faith;

(2) whether, in the course of the action involved, the United States or the opposing party, or either party's representative, violated any applicable rule, statute, or court order providing for sanctions for dilatory behavior or otherwise providing for expeditious proceedings;

(3) whether the United States or the opposing party, or either party's representative, engaged in conduct primarily for the purpose of delaying the litigation or increasing the cost thereof; and

(4) whether the award of such interest is necessary to compensate the United States adequately for the injury sustained by the United States.

§ 15b. Limitation of actions

Any action to enforce any cause of action under Section 15, 15a, or 15c of this Title shall be forever barred unless commenced within four years after the cause of action accrued. No cause of action barred under existing law on the effective date of this Act shall be revived by this Act.

§ 15c. Actions by State attorneys general

(...).

§ 15d. Measurement of damages

In any action under Section 15c (a)(1) of this Title, in which there has been a determination that a defendant agreed to fix prices in violation of Sections 1 to 7 of this Title, damages may be proved and assessed in the aggregate by statistical or sampling methods, by the computation of illegal overcharges, or by such other reasonable system of estimating aggregate damages as the court in its discretion may permit without the necessity of separately proving the individual claim of, or amount of damage to, persons on whose behalf the suit was brought.

§ 15e. Distribution of damages

Monetary relief recovered in an action under Section 15c (a)(1) of this Title shall –

(1) be distributed in such manner as the district court in its discretion may authorize; or

(2) be deemed a civil penalty by the court and deposited with the State as general revenues;

subject in either case to the requirement that any distribution procedure adopted afford each person a reasonable opportunity to secure his appropriate portion of the net monetary relief.

§ 15f. Actions by Attorney General

(...).

§ 15g. Definitions

For the purposes of Sections 15c, 15d, 15e, and 15f of this Title:

(1) The term "State attorney general" means the chief legal officer of a State, or any other person authorized by State law to bring actions under Section 15c of this Title, and includes the Corporation Counsel of the District of Columbia, except that such term does not include any person employed or retained on –

(A) a contingency fee based on a percentage of the monetary relief awarded under this Section; or

(B) any other contingency fee basis, unless the amount of the award of a reasonable attorney's fee to a prevailing plaintiff is determined by the court under Section 15c (d)(1) of this Title.

(2) The term "State" means a State, the District of Columbia, the Commonwealth of Puerto Rico, and any other territory or possession of the United States.

(3) The term "natural persons" does not include proprietorships or partnerships.

§ 15h. Applicability of parens patriae actions

Sections 15c, 15d, 15e, 15f, and 15g of this Title shall apply in any State, unless such State provides by law for its nonapplicability in such State.

§ 16. Judgments

(a) *Prima facie* evidence; collateral estoppel

A final judgment or decree heretofore or hereafter rendered in any civil or criminal proceeding brought by or on behalf of the United States under the antitrust laws to the effect that a defendant has violated said laws shall be *prima facie* evidence against such defendant in any action or proceeding brought by any other party against such defendant under said laws as to all matters respecting which said judgment or decree would be an estoppel as between the parties thereto: Provided, That this Section shall not apply to consent judgments or decrees entered before any testimony has been taken. Nothing contained in this Section shall be construed to impose any limitation on the application of collateral estoppel, except that, in any action or proceeding brought under the antitrust laws, collateral estoppel effect shall not be given to any finding made by the Federal Trade Commission under the antitrust laws or under Section 45 of this Title which could give rise to a claim for relief under the antitrust laws.

(b) Consent judgments and competitive impact statements; publication in Federal Register; availability of copies to the public

Any proposal for a consent judgment submitted by the United States for entry in any civil proceeding brought by or on behalf of the United States under the antitrust laws shall be filed with the district court before which such proceeding is pending and published by the United States in the Federal Register at least 60 days prior to the effective date of such judgment. Any written comments relating to such proposal and any responses by the United States thereto, shall also be filed with such district court and published by the United States in the Federal Register within such sixty-day period. Copies of such proposal and any other materials and documents which the United States considered determinative in formulating such proposal, shall also be made available to the public at the district court and in such other districts as the court may subsequently direct. Simultaneously with the filing of such proposal, unless otherwise instructed by the court, the United States shall file with the district court, publish in the Federal Register, and thereafter furnish to any person upon request, a competitive impact statement which shall recite –

(1) the nature and purpose of the proceeding;

(2) a description of the practices or events giving rise to the alleged violation of the antitrust laws;

(3) an explanation of the proposal for a consent judgment, including an explanation of any unusual circumstances giving rise to such proposal or any provision contained therein, relief to be obtained thereby, and the anticipated effects on competition of such relief;

(4) the remedies available to potential private plaintiffs damaged by the alleged violation in the event that such proposal for the consent judgment is entered in such proceeding;

(5) a description of the procedures available for modification of such proposal; and

(6) a description and evaluation of alternatives to such proposal actually considered by the United States.

(c) Publication of summaries in newspapers

The United States shall also cause to be published, commencing at least 60 days prior to the effective date of the judgment described in Subsection (b) of this Section, for 7 days over a period of 2 weeks in newspapers of general circulation of the district in which the case has been filed, in the District of Columbia, and in such other districts as the court may direct –

(i) a summary of the terms of the proposal for consent judgment,

(ii) a summary of the competitive impact statement filed under Subsection (b) of this Section,

(iii) and a list of the materials and documents under Subsection (b) of this Section which the United States shall make available for purposes of meaningful public comment, and the place where such materials and documents are available for public inspection.

(d) Consideration of public comments by Attorney General and publication of response

During the 60-day period as specified in Subsection (b) of this Section, and such additional time as the United States may request and the court may grant, the United States shall receive and consider any written comments relating to the proposal for the consent judgment submitted under Subsection (b) of this Section. The Attorney General or his designee shall establish procedures to carry out the provisions of this Subsection, but such 60-day time period shall not be shortened except by order of the district court upon a showing that –

(1) extraordinary circumstances require such shortening and

(2) such shortening is not adverse to the public interest. At the close of the period during which such comments may be received, the United States shall file with the district court and cause to be published in the Federal Register a response to such comments.

(e) Public interest determination

Before entering any consent judgment proposed by the United States under this Section, the court shall determine that the entry of such judgment is in the public interest. For the purpose of such determination, the court may consider –

(1) the competitive impact of such judgment, including termination of alleged violations, provisions for enforcement and modification, duration or relief sought, anticipated effects of alternative remedies actually considered, and any other considerations bearing upon the adequacy of such judgment;

(2) the impact of entry of such judgment upon the public generally and individuals alleging specific injury from the violations set forth in the complaint including consideration of the public benefit, if any, to be derived from a determination of the issues at trial.

(f) Procedure for public interest determination

In making its determination under Subsection (e) of this Section, the court may –

(1) take testimony of Government officials or experts or such other expert witnesses, upon motion of any party or participant or upon its own motion, as the court may deem appropriate;

(2) appoint a special master and such outside consultants or expert witnesses as the court may deem appropriate; and request and obtain the views, evaluations, or advice of any individual, group or agency of government with respect to any aspects of the proposed judgment or the effect of such judgment, in such manner as the court deems appropriate;

(3) authorize full or limited participation in proceedings before the court by interested persons or agencies, including appearance amicus curiae, intervention as a party pursuant to the Federal Rules of Civil Procedure, examination of witnesses or documentary materials, or participation in any other manner and extent which serves the public interest as the court may deem appropriate;

(4) review any comments including any objections filed with the United States under Subsection (d) of this Section concerning the proposed judgment and the responses of the United States to such comments and objections; and

(5) take such other action in the public interest as the court may deem appropriate.

(g) Filing of written or oral communications with the district court

Not later than 10 days following the date of the filing of any proposal for a consent judgment under Subsection (b) of this Section, each defendant shall file with the district court a description of any and all written or oral communications by or on behalf of such defendant, including any and all written or oral communications on behalf of such defendant, or other person, with any officer or employee of the United States concerning or relevant to such proposal, except that any such communications made by counsel of record alone with the Attorney General or the employees of the Department of Justice alone shall be excluded from the requirements of this Subsection. Prior to the entry of any consent judgment pursuant to the antitrust laws, each defendant shall certify to the district court that the requirements of this Subsection have been complied with and that such filing is a true and complete description of such communications known to the defendant or which the defendant reasonably should have known.

(h) Inadmissibility as evidence of proceedings before the district court and the competitive impact statement

Proceedings before the district court under Subsections (e) and (f) of this Section, and the competitive impact statement filed under Subsection (b) of this Section, shall not be admissible against any defendant in any action or proceeding brought by any other party against such defendant under the antitrust laws or by the United States under Section 15a of this Title nor constitute a basis for the introduction of the consent judgment as *prima facie* evidence against such defendant in any such action or proceeding.

(i) Suspension of limitations

Whenever any civil or criminal proceeding is instituted by the United States to prevent, restrain, or punish violations of any of the antitrust laws, but not including an action under Section 15a of this Title, the running of the statute of limitations in respect to every private or State right of action arising under said laws and based in whole or in part on any matter complained of in said proceeding shall be suspended during the pendency thereof and for one year thereafter: Provided, however, That whenever the running of the statute of limitations in respect of a cause of action arising under Section 15 or 15c of this Title is suspended hereunder, any action to enforce such cause of action shall be forever barred unless commenced either within the period of suspension or within four years after the cause of action accrued.

§ 17. Antitrust laws not applicable to labor organizations

The labor of a human being is not a commodity or article of commerce. Nothing contained in the antitrust laws shall be construed to forbid the existence and operation of labor, agricultural, or horticultural organizations, instituted for the purposes of mutual help, and not having capital stock or conducted for profit, or to forbid or restrain individual members of such organizations from lawfully carrying out the legitimate objects thereof; nor shall such organizations, or the members thereof, be held or construed to be illegal combinations or conspiracies in restraint of trade, under the antitrust laws.

§ 18. Acquisition by one corporation of stock of another
§ 18a. Premerger notification and waiting period
§ 19. Interlocking directorates and officers

(...).

§ 21. Enforcement provisions

(...).

§ 24. Liability of directors and agents of corporation

Whenever a corporation shall violate any of the penal provisions of the antitrust laws, such violation shall be deemed to be also that of the individual directors, officers, or agents of such corporation who shall have authorized, ordered, or done any of the acts constituting in whole or in part such violation, and such violation shall be deemed a misdemeanor, and upon conviction therefor of any such director, officer, or agent he shall be punished by a fine of not exceeding $5,000 or by imprisonment for not exceeding one year, or by both, in the discretion of the court.

(...).

§ 29. Appeals

(a) Court of appeals; review by Supreme Court

Except as otherwise expressly provided by this Section, in every civil action brought in any district court of the United States under the Act entitled "An Act to protect trade and commerce against unlawful restraints and monopolies", approved July 2, 1890, or any other Acts having like purpose that have been or hereafter may be enacted, in which the United States is the complainant and equitable relief is sought, any appeal from a final judgement entered in any such action shall be taken to the court of appeals pursuant to Sections 1291 and 2107 of Title 28. Any appeal from an interlocutory order entered in any such action shall be taken to the court of appeals pursuant to Sections 1292 (a)(1) and 2107 of Title 28 but not otherwise. Any judgment entered by the court of appeals in any such action shall be subject to review by the Supreme Court upon a writ of certiorari as provided in Section 1254 (1) of Title 28.

(b) Direct appeals to Supreme Court

An appeal from a final judgment pursuant to Subsection (a) of this Section shall lie directly to the Supreme Court, if, upon application of a party filed within fifteen days of the filing of a notice of appeal, the district judge who adjudicated the case enters an order stating that immediate consideration of the appeal by the Supreme Court is of general public importance in the administration of justice. Such order shall be filed within thirty days after the filing of a notice of appeal. When such an order is filed, the appeal and any cross appeal shall be docketed in the time and manner prescribed by the rules of the Supreme Court. The Supreme Court shall thereupon either –

(1) dispose of the appeal and any cross appeal in the same manner as any other direct appeal authorized by law, or

(2) in its discretion, deny the direct appeal and remand the case to the court of appeals, which shall then have jurisdiction to hear and determine the same as if the appeal and any cross appeal therein had been docketed in the court of appeals in the first instance pursuant to Subsection (a) of this Section.

(...) .

§ 37. Immunity from antitrust laws

(a) Inapplicability of antitrust laws

Except as provided in Subsection (d) of this Section, the antitrust laws, and any State law similar to any of the antitrust laws, shall not apply to charitable gift annuities or charitable remainder trusts.

(b) Immunity

Except as provided in Subsection (d) of this Section, any person subjected to any legal proceeding for damages, injunction, penalties, or other relief of any kind under the antitrust laws, or any State law similar to any of the antitrust laws, on account of setting or agreeing to rates of return or other terms for, negotiating, issuing, participating in, implementing, or otherwise being involved in the planning, issuance, or payment of charitable gift annuities or charitable remainder trusts shall have immunity from suit under the antitrust laws, including the right not to bear the cost, burden, and risk of discovery and trial, for the conduct set forth in this Subsection.

(c) Treatment of certain annuities and trusts

Any annuity treated as a charitable gift annuity, or any trust treated as a charitable remainder trust, either –

(1) in any filing by the donor with the Internal Revenue Service; or

(2) in any schedule, form, or written document provided by or on behalf of the donee to the donor;

shall be conclusively presumed for the purposes of this Section and Section 37a of this Title to be respectively a charitable gift annuity or a charitable remainder trust, unless there has been a final determination by the Internal Revenue Service that, for fraud or otherwise, the donor's annuity or trust did not qualify respectively as a charitable gift annuity or charitable remainder trust when created.

(d) Limitation

Subsections (a) and (b) of this Section shall not apply with respect to the enforcement of a State law similar to any of the antitrust laws, with respect to charitable gift annuities, or charitable remainder trusts, created after the State enacts a statute, not later than December 8, 1998, that expressly provides that Subsections (a) and (b) of this Section shall not apply with respect to such charitable gift annuities and such charitable remainder trusts.

§ 37a. Definitions

For purposes of this Section and Section 37 of this Title:

(1) Antitrust laws

The term "antitrust laws" has the meaning given it in Subsection (a) of Section 12 of this Title, except that such term includes Section 45 of this Title to the extent that such Section 45 applies to unfair methods of competition.

(2) Charitable remainder trust

The term "charitable remainder trust" has the meaning given it in Section 664 (d) of Title 26.

(3) Charitable gift annuity

The term "charitable gift annuity" has the meaning given it in Section 501 (m)(5) of Title 26.

(4) Final determination

The term "final determination" includes an Internal Revenue Service determination, after exhaustion of donor's and donee's administrative remedies, disallowing the donor's charitable deduction for the year in which the initial contribution was made because of the donee's failure to comply at such time with the requirements of Section 501 (m)(5) or 664 (d), respectively, of Title 26.

(5) Person

The term "person" has the meaning given it in Subsection (a) of Section 12 of this Title.

(6) State

The term "State" has the meaning given it in Section 15g (2) of this Title.

(...).

V – União Européia: Tratado de Maastricht/1992
(Com a consolidação efetuada pelo Tratado de Amsterdã/1997)

(...).

TÍTULO VI – AS REGRAS COMUNS RELATIVAS À CONCORRÊNCIA, À FISCALIDADE E À APROXIMAÇÃO DAS LEGISLAÇÕES

Capítulo 1 – As Regras de Concorrência

Secção 1 – As Regras Aplicáveis às Empresas

Artigo 81º

1. São incompatíveis com o mercado comum e proibidos todos os acordos entre empresas, todas as decisões de associações de empresas e todas as práticas concertadas que sejam susceptíveis de afectar o comércio entre os Estados-membros e que tenham por objectivo ou efeito impedir, restringir ou falsear a concorrência no mercado comum, designadamente as que consistam em:

a) fixar, de forma directa ou indirecta, os preços de compra ou de venda, ou quaisquer outras condições de transacção;

b) limitar ou controlar a produção, a distribuição, o desenvolvimento técnico ou os investimentos;

c) repartir os mercados ou as fontes de abastecimento;

d) aplicar, relativamente a parceiros comerciais, condições desiguais no caso de prestações equivalentes colocando-os, por esse facto, em desvantagem na concorrência;

e) subordinar a celebração de contratos à aceitação, por parte dos outros contraentes, de prestações suplementares que, pela sua natureza ou de acordo com os usos comerciais, não têm ligação com o objecto desses contratos.

2. São nulos os acordos ou decisões proibidos pelo presente artigo.

3. As disposições no n. 1 podem, todavia, ser declaradas inaplicáveis: – a qualquer acordo, ou categoria de acordos, entre empresas, – a qualquer decisão, ou categoria de decisões, de associações de empresas, e – a qualquer prática concertada, ou categoria de práticas concertadas, que contribuam para melhorar a produção ou a distribuição dos produtos ou para promover o pro-

gresso técnico ou económico, contanto que aos utilizadores se reserve uma parte equitativa do lucro daí resultante, e que:

a) não imponham às empresas em causa quaisquer restrições que não sejam indispensáveis à consecução desses objectivos;

b) nem dêem a essas empresas a possibilidade de eliminar a concorrência relativamente a uma parte substancial dos produtos em causa.

Artigo 82º

É incompatível com o mercado comum e proibido, na medida em que tal seja susceptível de afectar o comércio entre os Estados-membros, o facto de uma ou mais empresas explorarem de forma abusiva uma posição dominante no mercado comum ou numa parte substancial deste. Estas práticas abusivas podem, nomeadamente, consistir em:

a) impor, de forma directa ou indirecta, preços de compra ou de venda ou outras condições de transacção não equitativas;

b) limitar a produção, a distribuição ou o desenvolvimento técnico em prejuízo dos consumidores;

c) aplicar, relativamente a parceiros comerciais, condições desiguais no caso de prestações equivalentes colocando-os, por esse facto, em desvantagem na concorrência;

d) subordinar a celebração de contratos à aceitação, por parte dos outros contraentes, de prestações suplementares que, pela sua natureza ou de acordo com os usos comerciais, não têm ligação com o objecto desses contratos.

Artigo 83º

1. Os regulamentos ou directivas necessários à aplicação dos princípios constantes dos arts. 81º e 82º serão estabelecidos pelo Conselho, deliberando por maioria qualificada sob proposta da Comissão, após consulta do Parlamento Europeu.

2. Os regulamentos e as directivas referidas no n. 1 têm por finalidade, designadamente:

a) garantir o respeito das proibições referidas no n. 1 do art. 81º e no art. 82º, pela cominação de multas e adstrições;

b) determinar as modalidades de aplicação do n. 3 do art. 81º, tendo em conta a necessidade, por um lado, de garantir uma fiscalização eficaz e, por outro, de simplificar o mais possível o controlo administrativo;

c) definir, quando necessário, o âmbito de aplicação do disposto nos arts. 81º e 82º, relativamente aos diversos sectores económicos;

d) definir as funções respectivas da Comissão e do Tribunal de Justiça quanto à aplicação do disposto no presente número;

e) definir as relações entre as legislações nacionais e as disposições constantes da presente secção ou as adoptadas em execução do presente artigo.

Artigo 84º

Até à data da entrada em vigor das disposições adoptadas em execução do art. 83º, as autoridades dos Estados-membros decidirão sobre a admissibilidade dos acordos, decisões e práticas concertadas e sobre a exploração abusiva de uma posição dominante no mercado comum, em conformidade com o Direito dos seus próprios países e com o disposto no art. 81º, designadamente no n. 3, e no art. 82º.

Artigo 85º

1. Sem prejuízo do disposto no art. 84º, a Comissão velará pela aplicação dos princípios enunciados nos arts. 81º e 82º. A pedido de um Estado-membro, ou oficiosamente, e em cooperação com as autoridades competentes dos Estados-membros, que lhe prestarão assistência, a Comissão instruirá os casos de presumível infracção a estes princípios. Se a Comissão verificar que houve infracção, proporá os meios adequados para se lhe pôr termo.

2. Se a infracção não tiver cessado, a Comissão declarará verificada essa infracção aos princípios, em decisão devidamente fundamentada. A Comissão pode publicar a sua decisão e autorizar os Estados-membros a tomarem as medidas, de que fixará as condições e modalidades, necessárias para sanar a situação.

Artigo 86º

1. No que respeita às empresas públicas e às empresas a que concedam direitos especiais ou exclusivos, os Estados-membros não tomarão nem manterão qualquer medida contrária ao disposto no presente Tratado, designadamente ao disposto nos arts. 12º e 81º a 89º, inclusive.

2. As empresas encarregadas da gestão de serviços de interesse económico geral ou que tenham a natureza de monopólio fiscal ficam submetidas ao disposto no presente Tratado, designadamente às regras de concorrência, na medida em que a aplicação destas regras não constitua obstáculo ao cumprimento, de direito ou de facto, da missão particular que lhes foi confiada. O desenvolvimento das trocas comerciais não deve ser afectado de maneira que contrarie os interesses da Comunidade.

3. A Comissão velará pela aplicação do disposto no presente artigo e dirigirá aos Estados-membros, quando necessário, as directivas ou decisões adequadas.

(...).

VI – Portugal: Lei 18/2003
(Publicada no Diário da República 134/Série I-A, de 11 de junho)

Capítulo I – Das Regras de Concorrência

Secção I – Disposições Gerais

Artigo 1º. Âmbito de aplicação

1 – A presente Lei é aplicável a todas as actividades económicas exercidas, com carácter permanente ou ocasional, nos sectores privado, público e cooperativo.

2 – Sob reserva das obrigações internacionais do Estado Português, a presente Lei é aplicável às práticas restritivas da concorrência e às operações de concentração de empresas que ocorram em território nacional ou que neste tenham ou possam ter efeitos.

Artigo 2º. Noção de empresa

1 – Considera-se empresa, para efeitos da presente Lei, qualquer entidade que exerça uma actividade económica que consista na oferta de bens ou serviços num determinado mercado, independentemente do seu estatuto jurídico e do modo de funcionamento.

2 – Considera-se como uma única empresa o conjunto de empresas que, embora juridicamente distintas, constituem uma unidade económica ou que mantêm entre si laços de interdependência ou subordinação decorrentes dos direitos ou poderes enumerados no n. 1 do art. 10º.

Artigo 3º. Serviços de interesse económico geral

1 – As empresas públicas e as empresas a quem o Estado tenha concedido direitos especiais ou exclusivos encontram-se abrangidas pelo disposto na presente Lei, sem prejuízo do disposto no número seguinte.

2 – As empresas encarregadas por lei da gestão de serviços de interesse económico geral ou que tenham a natureza de monopólio legal ficam submetidas ao disposto no presente diploma, na medida em que a aplicação destas regras não constitua obstáculo ao cumprimento, de direito ou de facto, da missão particular que lhes foi confiada.

Secção II – Práticas Proibidas

Artigo 4º. Práticas proibidas

1 – São proibidos os acordos entre empresas, as decisões de associações de empresas e as práticas concertadas entre empresas, qualquer que seja a for-

ma que revistam, que tenham por objecto ou como efeito impedir, falsear ou restringir de forma sensível a concorrência no todo ou em parte do mercado nacional, nomeadamente os que se traduzam em:

a) fixar, de forma directa ou indirecta, os preços de compra ou de venda ou interferir na sua determinação pelo livre jogo do mercado, induzindo, artificialmente, quer a sua alta quer a sua baixa;

b) fixar, de forma directa ou indirecta, outras condições de transacção efectuadas no mesmo ou em diferentes estádios do processo económico;

c) limitar ou controlar a produção, a distribuição, o desenvolvimento técnico ou os investimentos;

d) repartir os mercados ou as fontes de abastecimento;

e) aplicar, de forma sistemática ou ocasional, condições discriminatórias de preço ou outras relativamente a prestações equivalentes;

f) recusar, directa ou indirectamente, a compra ou venda de bens e a prestação de serviços;

g) subordinar a celebração de contratos à aceitação de obrigações suplementares que, pela sua natureza ou segundo os usos comerciais, não tenham ligação com o objecto desses contratos.

2 – Excepto nos casos em que se considerem justificadas, nos termos do art. 5º, as práticas proibidas pelo n. 1 são nulas.

Artigo 5º. Justificação das práticas proibidas

1 – Podem ser consideradas justificadas as práticas referidas no artigo anterior que contribuam para melhorar a produção ou a distribuição de bens e serviços ou para promover o desenvolvimento técnico ou económico desde que, cumulativamente:

a) reservem aos utilizadores desses bens ou serviços uma parte equitativa do benefício daí resultante;

b) não imponham às empresas em causa quaisquer restrições que não sejam indispensáveis para atingir esses objectivos;

c) não dêem a essas empresas a possibilidade de eliminar a concorrência numa parte substancial do mercado dos bens ou serviços em causa.

2 – As práticas previstas no art. 4º podem ser objecto de avaliação prévia por parte da Autoridade da Concorrência, adiante designada por Autoridade, segundo procedimento a estabelecer por regulamento a aprovar pela Autoridade nos termos dos respectivos estatutos.

3 – São consideradas justificadas as práticas proibidas pelo art. 4º que, embora não afectando o comércio entre os Estados-membros, preencham os restantes requisitos de aplicação de um regulamento comunitário adoptado ao

abrigo do disposto no n. 3 do art. 81º do Tratado que institui a Comunidade Europeia.

4 – A Autoridade pode retirar o benefício referido no número anterior se verificar que, em determinado caso, uma prática por ele abrangida produz efeitos incompatíveis com o disposto no n. 1.

Artigo 6º. Abuso de posição dominante

1 – É proibida a exploração abusiva, por uma ou mais empresas, de uma posição dominante no mercado nacional ou numa parte substancial deste, tendo por objecto ou como efeito impedir, falsear ou restringir a concorrência.

2 – Entende-se que dispõem de posição dominante relativamente ao mercado de determinado bem ou serviço:

a) a empresa que actua num mercado no qual não sofre concorrência significativa ou assume preponderância relativamente aos seus concorrentes;

b) duas ou mais empresas que actuam concertadamente num mercado, no qual não sofrem concorrência significativa ou assumem preponderância relativamente a terceiros.

3 – Pode ser considerada abusiva, designadamente:

a) a adopção de qualquer dos comportamentos referidos no n. 1 do art. 4º;

b) a recusa de facultar, contra remuneração adequada, a qualquer outra empresa o acesso a uma rede ou a outras infra-estruturas essenciais que a primeira controla, desde que, sem esse acesso, esta última empresa não consiga, por razões factuais ou legais, operar como concorrente da empresa em posição dominante no mercado a montante ou a jusante, a menos que a empresa dominante demonstre que, por motivos operacionais ou outros, tal acesso é impossível em condições de razoabilidade.

Artigo 7º. Abuso de dependência económica

1 – É proibida, na medida em que seja susceptível de afectar o funcionamento do mercado ou a estrutura da concorrência, a exploração abusiva, por uma ou mais empresas, do estado de dependência económica em que se encontre relativamente a elas qualquer empresa fornecedora ou cliente, por não dispor de alternativa equivalente.

2 – Pode ser considerada abusiva, designadamente:

a) a adopção de qualquer dos comportamentos previstos no n. 1 do art. 4º;

b) a ruptura injustificada, total ou parcial, de uma relação comercial estabelecida, tendo em consideração as relações comerciais anteriores, os usos reconhecidos no ramo da actividade económica e as condições contratuais estabelecidas.

3 – Para efeitos da aplicação do n. 1, entende-se que uma empresa não dispõe de alternativa equivalente quando:

a) o fornecimento do bem ou serviço em causa, nomeadamente o de distribuição, for assegurado por um número restrito de empresas; e

b) a empresa não puder obter idênticas condições por parte de outros parceiros comerciais num prazo razoável.

Secção III – Concentração de Empresas

(...).

Secção IV – Auxílios de Estado

Artigo 13º. Auxílios de Estado

1 – Os auxílios a empresas concedidos por um Estado ou qualquer outro ente público não devem restringir ou afectar de forma significativa a concorrência no todo ou em parte do mercado.

2 – A pedido de qualquer interessado, a Autoridade pode analisar qualquer auxílio ou projecto de auxílio e formular ao Governo as recomendações que entenda necessárias para eliminar os efeitos negativos desse auxílio sobre a concorrência.

3 – Para efeitos do disposto no presente artigo, não se consideram auxílios as indemnizações compensatórias, qualquer que seja a forma que revistam, concedidas pelo Estado como contrapartida da prestação de um serviço público.

Capítulo II – Autoridade da Concorrência

Artigo 14º. Autoridade da concorrência

O respeito pelas regras da concorrência é assegurado pela Autoridade da Concorrência, nos limites das atribuições e competências que lhe são legalmente cometidas.

Artigo 15º. Autoridades reguladoras sectoriais

A Autoridade da Concorrência e as Autoridades Reguladoras Sectoriais colaboram na aplicação da legislação de concorrência, nos termos previstos no Capítulo III da presente Lei.

Artigo 16º. Relatório

A Autoridade da Concorrência elabora e envia anualmente ao Governo, que o remete nesse momento à Assembleia da República, um relatório sobre as actividades e o exercício dos seus poderes e competências, em especial quanto aos poderes sancionatórios, de supervisão e de regulamentação, o qual será publicado.

Capítulo III – Do Processo

(...).

Secção II – Processos Relativos a Práticas Proibidas

Artigo 22º. Normas aplicáveis

1 – Os processos por infracção ao disposto nos arts. 4º, 6º e 7º regem-se pelo disposto na presente Secção, na Secção I do presente Capítulo e, subsidiariamente, pelo regime geral dos ilícitos de mera ordenação social.

2 – O disposto no número anterior é igualmente aplicável, com as necessárias adaptações, aos processos por infracção aos arts. 81º e 82º do Tratado que institui a Comunidade Europeia instaurados pela Autoridade, ou em que esta seja chamada a intervir, ao abrigo das competências que lhe são conferidas pela alínea "g" do n. 1 do art. 6º do Decreto-lei n. 10/2003, de 18 de janeiro.

Artigo 23º. Notificações

1 – As notificações são feitas pessoalmente, se necessário com o auxílio das autoridades policiais, ou por carta registada com Aviso de Recepção, dirigida para a sede social, estabelecimento principal ou domicílio em Portugal da empresa, do seu representante legal ou para o domicílio profissional do seu mandatário judicial para o efeito constituído.

2 – Quando a empresa não tiver sede ou estabelecimento em Portugal a notificação é feita por carta registada com Aviso de Recepção para a sede social ou estabelecimento principal.

3 – Quando não for possível realizar a notificação, nos termos dos números anteriores, a notificação considera-se feita, respectivamente, nos 3º e 7º dias úteis posteriores ao do envio, devendo a cominação aplicável constar do acto de notificação.

Artigo 24º. Abertura do inquérito

1 – Sempre que a Autoridade tome conhecimento, por qualquer via, de eventuais práticas proibidas pelos arts. 4º, 6º e 7º, procede à abertura de um

inquérito, em cujo âmbito promoverá as diligências de investigação necessárias à identificação dessas práticas e dos respectivos agentes.

2 – Todos os serviços da Administração directa, indirecta ou autónoma do Estado, bem como as autoridades administrativas independentes, têm o dever de participar à Autoridade os factos de que tomem conhecimento susceptíveis de serem qualificados como práticas restritivas da concorrência.

Artigo 25º. Decisão do inquérito

1 – Terminado o inquérito, a Autoridade decidirá:

a) proceder ao arquivamento do processo, se entender que não existem indícios suficientes de infracção;

b) dar início à instrução do processo, através de notificação dirigida às empresas ou associações de empresas arguidas, sempre que conclua, com base nas investigações levadas a cabo, que existem indícios suficientes de infracção às regras de concorrência.

2 – Caso o inquérito tenha sido instaurado com base em denúncia de qualquer interessado, a Autoridade não pode proceder ao seu arquivamento sem dar previamente conhecimento das suas intenções ao denunciante, concedendo-lhe um prazo razoável para se pronunciar.

Artigo 26º. Instrução do processo

1 – Na notificação a que se refere a alínea "b" do n. 1 do artigo precedente, a Autoridade fixa às arguidas um prazo razoável para que se pronunciem por escrito sobre as acusações formuladas e as demais questões que possam interessar à decisão do processo, bem como sobre as provas produzidas, e para que requeiram as diligências complementares de prova que considerem convenientes.

2 – A audição por escrito a que se refere o número anterior pode, a solicitação das empresas ou associações de empresas arguidas, apresentada à Autoridade no prazo de cinco dias a contar da notificação, ser completada ou substituída por uma audição oral, a realizar na data fixada para o efeito pela Autoridade, a qual não pode, em todo o caso, ter lugar antes do termo do prazo inicialmente fixado para a audição por escrito.

3 – A Autoridade pode recusar a realização de diligências complementares de prova sempre que for manifesta a irrelevância das provas requeridas ou o seu intuito meramente dilatório.

4 – A Autoridade pode ordenar oficiosamente a realização de diligências complementares de prova, mesmo após a audição a que se referem os ns. 1 e 2, desde que assegure às arguidas o respeito pelo princípio do contraditório.

5 – Na instrução dos processos a Autoridade acautela o interesse legítimo das empresas na não-divulgação dos seus segredos de negócio.

Artigo 27º. Medidas cautelares

1 – Sempre que a investigação indicie que a prática objecto do processo é susceptível de provocar um prejuízo iminente, grave e irreparável ou de difícil reparação para a concorrência ou para os interesses de terceiros, pode a Autoridade, em qualquer momento do inquérito ou da instrução, ordenar preventivamente a imediata suspensão da referida prática ou quaisquer outras medidas provisórias necessárias à imediata reposição da concorrência ou indispensáveis ao efeito útil da decisão a proferir no termo do processo.

2 – As medidas previstas neste artigo podem ser adoptadas pela Autoridade oficiosamente ou a requerimento de qualquer interessado e vigorarão até à sua revogação pela Autoridade e, em todo o caso, por período não superior a noventa dias, salvo prorrogação devidamente fundamentada.

3 – Sem prejuízo do disposto no n. 5, a adopção das medidas referidas nos números anteriores é precedida de audição dos interessados, excepto se tal puser em sério risco o objectivo ou a eficácia da providência.

4 – Sempre que esteja em causa um mercado objecto de regulação sectorial, a Autoridade solicita o parecer prévio da respectiva autoridade reguladora, o qual é emitido no prazo máximo de cinco dias úteis.

5 – O disposto no número anterior não prejudica a possibilidade de a Autoridade, em caso de urgência, determinar provisoriamente as medidas que se mostrem indispensáveis ao restabelecimento ou manutenção de uma concorrência efectiva.

Artigo 28º. Conclusão da instrução

1 – Concluída a instrução, a Autoridade adopta, com base no relatório do serviço instrutor, uma decisão final, na qual pode, consoante os casos:

a) ordenar o arquivamento do processo;

b) declarar a existência de uma prática restritiva da concorrência e, se for caso disso, ordenar ao infractor que adopte as providências indispensáveis à cessação dessa prática ou dos seus efeitos no prazo que lhe for fixado;

c) aplicar as coimas e demais sanções previstas nos arts. 43º, 45º e 46º;

d) autorizar um acordo, nos termos e condições previstos no art. 5º.

2 – Sempre que estejam em causa práticas com incidência num mercado objecto de regulação sectorial, a adopção de uma decisão ao abrigo das alíneas "b" a "d" do número anterior é precedida de parecer prévio da respectiva Autoridade Reguladora Sectorial, o qual será emitido num prazo razoável fixado pela Autoridade.

Artigo 29º. Articulação com autoridades reguladoras sectoriais

1 – Sempre que a Autoridade tome conhecimento, nos termos previstos no art. 24º da presente Lei, de factos ocorridos num domínio submetido a regula-

ção sectorial e susceptíveis de serem qualificados como práticas restritivas da concorrência, dá imediato conhecimento dos mesmos à Autoridade Reguladora Sectorial competente em razão da matéria, para que esta se pronuncie num prazo razoável fixado pela Autoridade.

2 – Sempre que, no âmbito das respectivas atribuições e sem prejuízo do disposto no n. 2 do art. 24º, uma Autoridade Reguladora Sectorial apreciar, oficiosamente ou a pedido de entidades reguladas, questões que possam configurar uma violação do disposto na presente Lei, deve dar imediato conhecimento do processo à Autoridade, bem como dos respectivos elementos essenciais.

3 – Nos casos previstos nos números anteriores a Autoridade pode, por decisão fundamentada, sobrestar na sua decisão de instaurar ou de prosseguir um inquérito ou um processo, durante o prazo que considere adequado.

4 – Antes da adopção da decisão final a Autoridade Reguladora Sectorial dá conhecimento do projecto da mesma à Autoridade, para que esta se pronuncie num prazo razoável por aquela fixado.

Secção III – Procedimento de Controlo das Operações de Concentração de Empresas

(...)

Capítulo IV – Das Infracções e Sanções

Artigo 42º. Qualificação

Sem prejuízo da responsabilidade criminal e das medidas administrativas a que houver lugar, as infracções às normas previstas no presente diploma e às normas de direito comunitário cuja observância seja assegurada pela Autoridade constituem contra-ordenação punível nos termos do disposto no presente Capítulo.

Artigo 43º. Coimas

1 – Constitui contra-ordenação punível com coima que não pode exceder, para cada uma das empresas-partes na infracção, dez por cento do volume de negócios no último ano:

a) a violação do disposto nos arts. 4º, 6º e 7º;

b) a realização de operações de concentração de empresas que se encontrem suspensas, nos termos previstos no n. 1 do art. 11º, ou que hajam sido proibidas por decisão adoptada ao abrigo da alínea "b" do n. 1 do art. 37º;

c) o desrespeito por decisão que decrete medidas provisórias, nos termos previstos no art. 27º;

d) o desrespeito de condições ou obrigações impostas às empresas pela Autoridade, nos termos previstos no n. 4 do art. 11º, no n. 3 do art. 35º e no n. 2 do art. 37º.

2 – No caso de associações de empresas, a coima prevista no número anterior não excederá dez por cento do volume de negócios agregado anual das empresas associadas que hajam participado no comportamento proibido.

3 – Constitui contra-ordenação punível com coima que não pode exceder, para cada uma das empresas, um por cento do volume de negócios do ano anterior:

a) a falta de notificação de uma operação de concentração sujeita a notificação prévia nos termos do art. 9º;

b) a não-prestação ou a prestação de informações falsas, inexactas ou incompletas, em resposta a pedido da Autoridade, no uso dos seus poderes sancionatórios ou de supervisão;

c) a não-colaboração com a Autoridade ou a obstrução ao exercício por esta dos poderes previstos no art. 17º.

4 – Em caso de falta de comparência injustificada, em diligência de processo para que tenham sido regularmente notificados, de testemunhas, peritos ou representantes das empresas queixosas ou infractoras, a Autoridade pode aplicar uma coima no valor máximo de dez unidades de conta.

5 – Nos casos previstos nos números anteriores, se a contra-ordenação consistir na omissão do cumprimento de um dever jurídico ou de uma ordem emanada da Autoridade, a aplicação da coima não dispensa o infractor do cumprimento do dever, se este ainda for possível.

6 – A negligência é punível.

Artigo 44º. Critérios de determinação da medida da coima

As coimas a que se refere o artigo anterior são fixadas tendo em consideração, entre outras, as seguintes circunstâncias:

a) a gravidade da infracção para a manutenção de uma concorrência efectiva no mercado nacional;

b) as vantagens de que hajam beneficiado as empresas infractoras em consequência da infracção;

c) o carácter reiterado ou ocasional da infracção;

d) o grau de participação na infracção;

e) a colaboração prestada à Autoridade, até ao termo do procedimento administrativo;

f) o comportamento do infractor na eliminação das práticas proibidas e na reparação dos prejuízos causados à concorrência.

Artigo 45º. Sanções acessórias

Caso a gravidade da infracção o justifique, a Autoridade promove a publicação, a expensas do infractor, da decisão proferida no âmbito de um processo instaurado ao abrigo da presente Lei no *Diário da República* e/ou num jornal nacional de expansão nacional, regional ou local, consoante o mercado geográfico relevante em que a prática proibida produziu os seus efeitos.

Artigo 46º. Sanções pecuniárias compulsórias

Sem prejuízo do disposto no art. 43º, a Autoridade pode decidir, quando tal se justifique, aplicar uma sanção pecuniária compulsória, num montante que não excederá cinco por cento da média diária do volume de negócios no último ano, por dia de atraso, a contar da data fixada na decisão, nos casos seguintes:

a) não-acatamento de decisão da Autoridade que imponha uma sanção ou ordene a adopção de medidas determinadas;

b) falta de notificação de uma operação de concentração sujeita a notificação prévia nos termos do art. 9º;

c) não-prestação ou prestação de informações falsas aquando de uma notificação prévia de uma operação de concentração de empresas.

Artigo 47º. Responsabilidade

1 – Pela prática das contra-ordenações previstas nesta Lei podem ser responsabilizadas pessoas singulares, pessoas colectivas, independentemente da regularidade da sua constituição, sociedades e associações sem personalidade jurídica.

2 – As pessoas colectivas e as entidades que lhes são equiparadas, nos termos do disposto no número anterior, são responsáveis pelas contra-ordenações previstas nesta Lei quando os factos tiverem sido praticados, no exercício das respectivas funções ou em seu nome ou por sua conta, pelos titulares dos seus órgãos sociais, mandatários, representantes ou trabalhadores.

3 – Os titulares do órgão de administração das pessoas colectivas e entidades equiparadas incorrem na sanção prevista para o autor, especialmente atenuada, quando, conhecendo ou devendo conhecer a prática da infracção, não adoptem as medidas adequadas para lhe pôr termo imediatamente, a não ser que sanção mais grave lhe caiba por força de outra disposição legal.

4 – As empresas que integrem uma associação de empresas que seja objecto de uma coima ou de uma sanção pecuniária compulsória, nos termos previstos nos arts. 43º e 46º, são solidariamente responsáveis pelo pagamento da coima.

Artigo 48º. Prescrição

1 – O procedimento de contra-ordenação extingue-se por prescrição no prazo de:

a) três anos, nos casos previstos nos ns. 3 e 4 do art. 43º;

b) cinco anos, nos restantes casos.

2 – O prazo de prescrição das sanções é de cinco anos a contar do dia em que se torna definitiva ou transita em julgado a decisão que determinou a sua aplicação, salvo no caso previsto no n. 4 do art. 43º, que é de três anos.

3 – O prazo de prescrição suspende-se ou interrompe-se nos casos previstos nos arts. 27º-A e 28º do Decreto-lei n. 433/82, de 27 de outubro, na redacção resultante do Decreto-lei n. 109/2001, de 24 de dezembro.

Capítulo V – Dos Recursos

Secção I – Processos Contra-Ordenacionais

Artigo 49º. Regime jurídico

Salvo disposição em sentido diverso da presente Lei, aplicam-se à interposição, ao processamento e ao julgamento dos recursos previstos na presente Secção os artigos seguintes e, subsidiariamente, o regime geral dos ilícitos de mera ordenação social.

Artigo 50º. Tribunal competente e efeitos

1 – Das decisões proferidas pela Autoridade que determinem a aplicação de coimas ou de outras sanções previstas na lei cabe recurso para o Tribunal de Comércio de Lisboa, com efeito suspensivo.

2 – Das demais decisões, despachos ou outras medidas adoptadas pela Autoridade cabe recurso para o mesmo Tribunal, com efeito meramente devolutivo, nos termos e limites fixados no n. 2 do art. 55º do Decreto-lei n. 433/1982, de 27 de outubro.

Artigo 51º. Regime processual

1 – Interposto o recurso de uma decisão da Autoridade, esta remete os autos ao Ministério Público no prazo de vinte dias úteis, podendo juntar alegações.

2 – Sem prejuízo do disposto no art. 70º do Decreto-lei n. 433/1982, de 27 de outubro, na redacção resultante do Decreto-lei n. 244/1995, de 14 de setembro, a Autoridade pode ainda juntar outros elementos ou informações que considere relevantes para a decisão da causa, bem como oferecer meios de prova.

3 – A Autoridade, o Ministério Público ou os arguidos podem opor-se a que o Tribunal decida por despacho, sem audiência de julgamento.

4 – A desistência da acusação pelo Ministério Público depende da concordância da Autoridade.

5 – Se houver lugar a audiência de julgamento, o Tribunal decide com base na prova realizada na audiência, bem como na prova produzida na fase administrativa do processo de contra-ordenação.

6 – A Autoridade tem legitimidade para recorrer autonomamente das decisões proferidas no processo de impugnação que admitam recurso.

Artigo 52º. Recurso das decisões do Tribunal de Comércio de Lisboa

1 – As decisões do Tribunal de Comércio de Lisboa que admitam recurso, nos termos previstos no regime geral dos ilícitos de mera ordenação social, são impugnáveis junto do Tribunal da Relação de Lisboa, que decide em última instância.

2 – Dos acórdãos proferidos pelo Tribunal da Relação de Lisboa não cabe recurso ordinário.

Secção II – Procedimentos Administrativos

Artigo 53º. Regime processual

À interposição, ao processamento e ao julgamento dos recursos referidos na presente Secção é aplicável o disposto nos artigos seguintes e, subsidiariamente, o regime de impugnação contenciosa de actos administrativos definido no Código de Processo nos Tribunais Administrativos.

Artigo 54º. Tribunal competente e efeitos do recurso

1 – Das decisões da Autoridade proferidas em procedimentos administrativos a que se refere a presente Lei, bem como da decisão ministerial prevista no art. 34º do Decreto-lei n. 10/2003, de 18 de janeiro, cabe recurso para o Tribunal de Comércio de Lisboa, a ser tramitado como acção administrativa especial.

2 – O recurso previsto no número anterior tem efeito meramente devolutivo, salvo se lhe for atribuído, exclusiva ou cumulativamente com outras medidas provisórias, o efeito suspensivo por via do decretamento de medidas provisórias.

Artigo 55º. Recurso das decisões do Tribunal de Comércio de Lisboa

1 – Das decisões proferidas pelo Tribunal de Comércio de Lisboa nas acções administrativas a que se refere a presente Secção cabe recurso jurisdi-

cional para o Tribunal da Relação de Lisboa e deste, limitado à matéria de direito, para o Supremo Tribunal de Justiça.

2 – Se o recurso jurisdicional respeitar apenas a questões de direito, o recurso é interposto directamente para o Supremo Tribunal de Justiça.

3 – Os recursos previstos neste artigo têm efeito devolutivo.

(...).

Artigo 59º. Norma revogatória

1 – É revogado o Decreto-lei n. 371/1993, de 29 de outubro.

2 – São revogadas as normas que atribuam competências em matéria de defesa da concorrência a outros órgãos que não os previstos no direito comunitário ou na presente Lei.

3 – Até à publicação do regulamento da Autoridade a que se refere o n. 2 do art. 5º do presente Diploma mantém-se em vigor a Portaria n. 1.097/1993, de 29 de outubro.

Artigo 60º. Revisão

1 – O regime jurídico da concorrência estabelecido na presente Lei, bem como no diploma que estabelece a Autoridade, será adaptado para ter em conta a evolução do regime comunitário aplicável às empresas, ao abrigo do disposto nos arts. 81º e 82º do Tratado que institui a Comunidade Europeia e dos regulamentos relativos ao controlo das operações de concentração de empresas.

2 – O Governo adoptará as alterações legislativas necessárias, após ouvir a Autoridade da Concorrência.

(...).

VII – REINO UNIDO: *ENTERPRISE ACT, 2002*

(*Part 6 – Cartel Offence*)

PART 6 – CARTEL OFFENCE

Cartel Offence

188 Cartel offence

(1) An individual is guilty of an offence if he dishonestly agrees with one or more other persons to make or implement, or to cause to be made or implemented, arrangements of the following kind relating to at least two undertakings (A and B).

(2) The arrangements must be ones which, if operating as the parties to the agreement intend, would –

(a) directly or indirectly fix a price for the supply by A in the United Kingdom (otherwise than to B) of a product or service,

(b) limit or prevent supply by A in the United Kingdom of a product or service,

(c) limit or prevent production by A in the United Kingdom of a product,

(d) divide between A and B the supply in the United Kingdom of a product or service to a customer or customers,

(e) divide between A and B customers for the supply in the United Kingdom of a product or service, or

(f) be bid-rigging arrangements.

(3) Unless Subsection (2)(d), (e) or (f) applies, the arrangements must also be ones which, if operating as the parties to the agreement intend, would –

(a) directly or indirectly fix a price for the supply by B in the United Kingdom (otherwise than to A) of a product or service,

(b) limit or prevent supply by B in the United Kingdom of a product or service, or

(c) limit or prevent production by B in the United Kingdom of a product.

(4) In Subsections (2) (a) to (d) and (3), references to supply or production are to supply or production in the appropriate circumstances (for which see Section 189).

(5) "Bid-rigging arrangements" are arrangements under which, in response to a request for bids for the supply of a product or service in the United Kingdom, or for the production of a product in the United Kingdom –

(a) A but not B may make a bid, or

(b) A and B may each make a bid but, in one case or both, only a bid arrived at in accordance with the arrangements.

(6) But arrangements are not bid-rigging arrangements if, under them, the person requesting bids would be informed of them at or before the time when a bid is made.

(7) "Undertaking" has the same meaning as in Part 1 of the 1998 Act.

189 Cartel offence: supplementary

(1) For Section 188(2)(a), the appropriate circumstances are that A's supply of the product or service would be at a level in the supply chain at which the product or service would at the same time be supplied by B in the United Kingdom.

(2) For Section 188(2)(b), the appropriate circumstances are that A's supply of the product or service would be at a level in the supply chain –

(a) at which the product or service would at the same time be supplied by B in the United Kingdom, or

(b) at which supply by B in the United Kingdom of the product or service would be limited or prevented by the arrangements.

(3) For Section 188(2)(c), the appropriate circumstances are that A's production of the product would be at a level in the production chain –

(a) at which the product would at the same time be produced by B in the United Kingdom, or

(b) at which production by B in the United Kingdom of the product would be limited or prevented by the arrangements.

(4) For Section 188(2)(d), the appropriate circumstances are that A's supply of the product or service would be at the same level in the supply chain as B's.

(5) For Section 188(3)(a), the appropriate circumstances are that B's supply of the product or service would be at a level in the supply chain at which the product or service would at the same time be supplied by A in the United Kingdom.

(6) For Section 188(3)(b), the appropriate circumstances are that B's supply of the product or service would be at a level in the supply chain –

(a) at which the product or service would at the same time be supplied by A in the United Kingdom, or

(b) at which supply by A in the United Kingdom of the product or service would be limited or prevented by the arrangements.

(7) For Section 188(3)(c), the appropriate circumstances are that B's production of the product would be at a level in the production chain –

(a) at which the product would at the same time be produced by A in the United Kingdom, or

(b) at which production by A in the United Kingdom of the product would be limited or prevented by the arrangements.

190 Cartel offence: penalty and prosecution

(1) A person guilty of an offence under Section 188 is liable –

(a) on conviction on indictment, to imprisonment for a term not exceeding five years or to a fine, or to both;

(b) on summary conviction, to imprisonment for a term not exceeding six months or to a fine not exceeding the statutory maximum, or to both.

(2) In England and Wales and Northern Ireland, proceedings for an offence under Section 188 may be instituted only –

(a) by the Director of the Serious Fraud Office, or

(b) by or with the consent of the OFT.

(3) No proceedings may be brought for an offence under Section 188 in respect of an agreement outside the United Kingdom, unless it has been implemented in whole or in part in the United Kingdom.

(4) Where, for the purpose of the investigation or prosecution of offences under Section 188, the OFT gives a person written notice under this Subsection, no proceedings for an offence under Section 188 that falls within a description specified in the notice may be brought against that person in England and Wales or Northern Ireland except in circumstances specified in the notice.

191 Extradition

The offences to which an Order in Council under Section 2 of the Extradition Act 1870 (c. 52) (arrangements with foreign states) can apply include –

(a) an offence under Section 188,

(b) conspiracy to commit such an offence, and

(c) attempt to commit such an offence.

Criminal Investigations by OFT

192 Investigation of offences under Section 188

(1) The OFT may conduct an investigation if there are reasonable grounds for suspecting that an offence under Section 188 has been committed.

(2) The powers of the OFT under Sections 193 and 194 are exercisable, but only for the purposes of an investigation under Subsection (1), in any case where it appears to the OFT that there is good reason to exercise them for the purpose of investigating the affairs, or any aspect of the affairs, of any person ("the person under investigation").

193 Powers when conducting an investigation

(1) The OFT may by notice in writing require the person under investigation, or any other person who it has reason to believe has relevant information, to answer questions, or otherwise provide information, with respect to any matter relevant to the investigation at a specified place and either at a specified time or forthwith.

(2) The OFT may by notice in writing require the person under investigation, or any other person, to produce, at a specified place and either at a specified time or forthwith, specified documents, or documents of a specified description, which appear to the OFT to relate to any matter relevant to the investigation.

(3) If any such documents are produced, the OFT may –

(a) take copies or extracts from them;

(b) require the person producing them to provide an explanation of any of them.

(4) If any such documents are not produced, the OFT may require the person who was required to produce them to state, to the best of his knowledge and belief, where they are.

(5) A notice under Subsection (1) or (2) must indicate –

(a) the subject matter and purpose of the investigation; and

(b) the nature of the offences created by Section 201.

194 Power to enter premises under a warrant

(1) On an application made by the OFT to the High Court, or, in Scotland, by the procurator fiscal to the sheriff, in accordance with rules of court, a judge or the sheriff may issue a warrant if he is satisfied that there are reasonable grounds for believing –

(a) that there are on any premises documents which the OFT has power under Section 193 to require to be produced for the purposes of an investigation; and

(b) that –

(i) a person has failed to comply with a requirement under that Section to produce the documents;

(ii) it is not practicable to serve a notice under that Section in relation to them; or

(iii) the service of such a notice in relation to them might seriously prejudice the investigation.

(2) A warrant under this Section shall authorise a named officer of the OFT, and any other officers of the OFT whom the OFT has authorised in writing to accompany the named officer –

(a) to enter the premises, using such force as is reasonably necessary for the purpose;

(b) to search the premises and –

(i) take possession of any documents appearing to be of the relevant kind, or

(ii) take, in relation to any documents appearing to be of the relevant kind, any other steps which may appear to be necessary for preserving them or preventing interference with them;

(c) to require any person to provide an explanation of any document appearing to be of the relevant kind or to state, to the best of his knowledge and belief, where it may be found;

(d) to require any information which is stored in any electronic form and is accessible from the premises and which the named officer considers relates to any matter relevant to the investigation, to be produced in a form –

(i) in which it can be taken away, and

(ii) in which it is visible and legible or from which it can readily be produced in a visible and legible form.

(3) Documents are of the relevant kind if they are of a kind in respect of which the application under Subsection (1) was granted.

(4) A warrant under this Section may authorise persons specified in the warrant to accompany the named officer who is executing it.

(5) In Part 1 of Schedule 1 to the Criminal Justice and Police Act 2001 (c. 16) (powers of seizure to which Section 50 of that Act applies), after paragraph 73 there is inserted –

"73B. [a] Enterprise Act 2002

"The power of seizure conferred by Section 194(2) of the Enterprise Act 2002 (seizure of documents for the purposes of an investigation under Section 192(1) of that Act)."

195 Exercise of powers by authorized person

(1) The OFT may authorise any competent person who is not an officer of the OFT to exercise on its behalf all or any of the powers conferred by Section 193 or 194.

(2) No such authority may be granted except for the purpose of investigating the affairs, or any aspect of the affairs, of a person specified in the authority.

(3) No person is bound to comply with any requirement imposed by a person exercising powers by virtue of any authority granted under this Section unless he has, if required to do so, produced evidence of his authority.

196 Privileged information etc.

(1) A person may not under Section 193 or 194 be required to disclose any information or produce any document which he would be entitled to refuse to disclose or produce on grounds of legal professional privilege in proceedings in the High Court, except that a lawyer may be required to provide the name and address of his client.

(2) A person may not under Section 193 or 194 be required to disclose any information or produce any document in respect of which he owes an obligation of confidence by virtue of carrying on any banking business unless –

(a) the person to whom the obligation of confidence is owed consents to the disclosure or production; or

(b) the OFT has authorised the making of the requirement.

(3) In the application of this Section to Scotland, the reference in Subsection (1) –

(a) to proceedings in the High Court is to be read as a reference to legal proceedings generally; and

(b) to an entitlement on grounds of legal professional privilege is to be read as a reference to an entitlement by virtue of any rule of law whereby –

(i) communications between a professional legal adviser and his client, or

(ii) communications made in connection with or in contemplation of legal proceedings and for the purposes of those proceedings, are in such proceedings protected from disclosure on the ground of confidentiality.

197 Restriction on use of statements in Court

(1) A statement by a person in response to a requirement imposed by virtue of Section 193 or 194 may only be used in evidence against him –

(a) on a prosecution for an offence under Section 201(2); or

(b) on a prosecution for some other offence where in giving evidence he makes a statement inconsistent with it.

(2) However, the statement may not be used against that person by virtue of paragraph (b) of Subsection (1) unless evidence relating to it is adduced, or a question relating to it is asked, by or on behalf of that person in the proceedings arising out of the prosecution.

(...).

201 Offences

(1) Any person who without reasonable excuse fails to comply with a requirement imposed on him under Section 193 or 194 is guilty of an offence and liable on summary conviction to imprisonment for a term not exceeding six months or to a fine not exceeding level 5 on the standard scale or to both.

(2) A person who, in purported compliance with a requirement under Section 193 or 194 –

(a) makes a statement which he knows to be false or misleading in a material particular; or

(b) recklessly makes a statement which is false or misleading in a material particular, is guilty of an offence.

(3) A person guilty of an offence under Subsection (2) is liable –

(a) on conviction on indictment, to imprisonment for a term not exceeding two years or to a fine or to both; and

(b) on summary conviction, to imprisonment for a term not exceeding six months or to a fine not exceeding the statutory maximum, or to both.

(4) Where any person –

(a) knows or suspects that an investigation by the Serious Fraud Office or the OFT into an offence under Section 188 is being or is likely to be carried out; and

(b) falsifies, conceals, destroys or otherwise disposes of, or causes or permits the falsification, concealment, destruction or disposal of documents which he knows or suspects are or would be relevant to such an investigation, he is guilty of an offence unless he proves that he had no intention of concealing the facts disclosed by the documents from the persons carrying out such an investigation.

(5) A person guilty of an offence under Subsection (4) is liable –

(a) on conviction on indictment, to imprisonment for a term not exceeding 5 years or to a fine or to both; and

(b) on summary conviction, to imprisonment for a term not exceeding six months or to a fine not exceeding the statutory maximum, or to both.

(6) A person who intentionally obstructs a person in the exercise of his powers under a warrant issued under Section 194 is guilty of an offence and liable –

(a) on conviction on indictment, to imprisonment for a term not exceeding 2 years or to a fine or to both; and

(b) on summary conviction, to a fine not exceeding the statutory maximum.

202 Interpretation of Sections 192 to 201

In Sections 192 to 201 –

"documents" includes information recorded in any form and, in relation to information recorded otherwise than in a form in which it is visible and legible, references to its production include references to producing it in a form in which it is visible and legible or from which it can readily be produced in a visible and legible form; "person under investigation" has the meaning given in Section 192(2).

GRÁFICA PAYM
Tel. (011) 4392-3344
paym@terra.com.br